珍本大六壬丛刊

壬占彙選

[清] 程树勋【辑】
肖岱宗【点校】

六壬其传甚古，先贤记载备详。其术源同河洛，法演古今；运用之妙，存乎一心。凡目为小道者，皆未深思也。

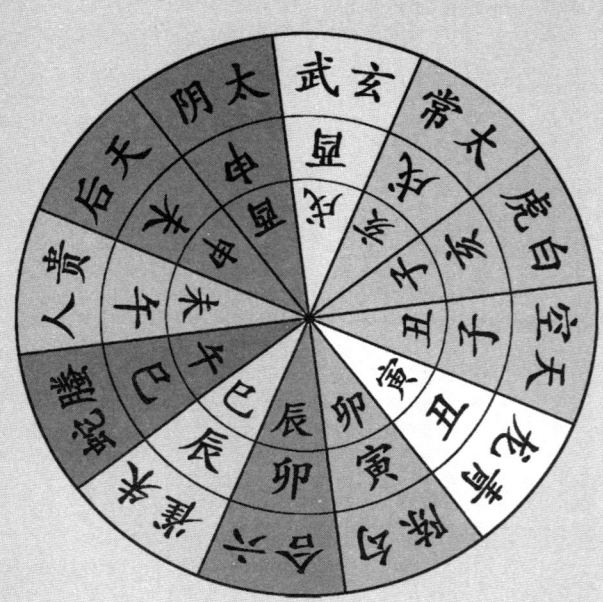

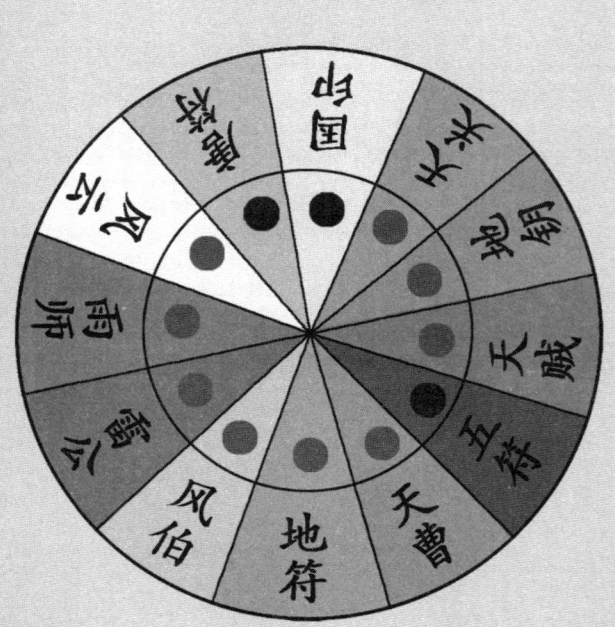

华龄出版社

责任编辑：李成志　张伟晶
责任印制：李未圻

图书在版编目（CIP）数据

壬占汇选 /（清）程树勋辑；肖岱宗点校. —— 北京：华龄出版社，2013.1
ISBN 978－7－5169－0239－4

Ⅰ.①壬. Ⅱ.①程.②肖. Ⅲ.①占卜－中国－古代 Ⅳ.①B992.2

中国版本图书馆 CIP 数据核字(2012)第 284331 号

书　　名：	壬占汇选
作　　者：	（清）程树勋辑　肖岱宗点校
出版发行：	华龄出版社
地　　址：	北京市东城区安定门外大街甲 57 号　邮　编：100011
电　　话：	(010) 58122246　　传　真：(010) 84049572
网　　址：	http://www.hualingpress.com
印　　刷：	九洲财鑫印刷有限公司
版　　次：	2013 年 1 月第 1 版　2022 年 8 月第 5 次印刷
开　　本：	710×1020　1/16　　印　张：23.5
字　　数：	380 千字　　印　数：13001～16000
定　　价：	48.00 元

版权所有　　翻印必究
本书如有破损、缺页、装订错误，请与本社联系调换

目　录

壬占汇选卷之一 …………………………………………………… 1
甲子日 …………………………………………………………… 1
占验 001　徐占来意 ………………………………………… 1
占验 002　徐占来意 ………………………………………… 1
占验 003　灵文来意 ………………………………………… 2
占验 004　邵占疾病 ………………………………………… 2
占验 005　范鑫占病 ………………………………………… 2
占验 006　邵占省试 ………………………………………… 3
占验 007　邵占罢官 ………………………………………… 3
占验 008　苗占射覆 ………………………………………… 4
占验 009　灵文来意 ………………………………………… 5
占验 010　陈占官讼 ………………………………………… 5
占验 011　雪占行人 ………………………………………… 5
占验 012　苗占逃亡 ………………………………………… 6
占验 013　邵占流年 ………………………………………… 6
占验 014　邵占前程 ………………………………………… 7
占验 015　陈占仕宦 ………………………………………… 8
占验 016　邵占医病 ………………………………………… 8
占验 017　王占疾病 ………………………………………… 9
占验 018　雪占行人 ………………………………………… 10
占验 019　叔芳占病 ………………………………………… 10
占验 020　陈占仕宦 ………………………………………… 10

乙丑日 …………………………………………………………… 11
占验 021　陈占会试 ………………………………………… 11
占验 022　邵占六甲 ………………………………………… 11

占验023	王占索债	11
占验024	徐占来意	12
占验025	陈占应候	12
占验026	王占风水	13
占验027	王宏宇占	13
占验028	陈占仕宦	14
占验029	王占风水	14
占验030	邵占役事	15
占验031	王占复任	15

丙寅日 ……………………………………………… 16

占验032	轸占渡兵	16
占验033	陈占仕宦	17
占验034	陈占逃亡	17
占验035	苗占官讼	17
占验036	陈占仕宦	18
占验037	王占散轮	18
占验038	刘占行人	18
占验039	邵占赴任	19
占验040	陈占章奏	19
占验041	邵占平生	20
占验042	邵占身位	21
占验043	王占鬼哭	21
占验044	徐占来意	22
占验045	黄占终身	22

丁卯日 ……………………………………………… 23

占验046	邵占失物	23
占验047	王占官讼	23
占验048	邵占家宅	24
占验049	王占升迁	24
占验050	王占批词	25
占验051	黄占委差	25

戊辰日 26

 占验052 王占失柩 26

 占验053 邵占家宅 26

 占验054 陈占仕宦 27

 占验055 王占月建 27

 占验056 邵占前程 28

 占验057 郭占任地 29

 占验058 徐占来意 29

 占验059 陈占兵乱 30

 占验060 陈占会试 30

己巳日 31

 占验061 陈占会试 31

 占验062 范占归国 31

 占验063 陈占祈雨 32

 占验064 王占走失 32

 占验065 提刑占宅 32

 占验066 提刑占讼 33

 占验067 某占家宅 33

 占验068 灵文来意 34

 占验069 捷录占讼 34

庚午日 35

 占验070 王占休咎 35

 占验071 某占讼事 35

 占验072 邵占失银 36

 占验073 邵占失银 36

 占验074 徐占官讼 37

辛未日 38

 占验075 徐占来意 38

 占验076 邵占功名 38

 占验077 陈占仕宦 39

 占验078 王占人在何方 39

 占验079 王占疾病 39

占验080	王占官讼	40

壬申日 ... 41
- 占验081　徐占来意 ... 41
- 占验082　徐占来意 ... 41
- 占验083　王占弃产 ... 42
- 占验084　徐占来意 ... 42

癸酉日 ... 43
- 占验085　陈占婚姻 ... 43
- 占验086　某占生产 ... 43
- 占验087　郭占出行 ... 44
- 占验088　某占家宅 ... 44
- 占验089　陈占功名 ... 45
- 占验090　邵占家宅 ... 45
- 占验091　某占来意 ... 46

壬占汇选卷之二 ... 47
甲戌日 ... 47
- 占验092　郭占吉凶 ... 47
- 占验093　陈占雨泽 ... 47
- 占验094　陈占枚卜 ... 48
- 占验095　王占月建 ... 48
- 占验096　王占失物 ... 48
- 占验097　邵占考试 ... 49
- 占验098　王占应候 ... 49
- 占验099　苗占婚姻 ... 50
- 占验100　王占盐船到期 ... 50
- 占验101　某占省试 ... 51
- 占验102　邵占逃亡 ... 51
- 占验103　陈占会试 ... 51
- 占验104　伍员占国政 ... 52
- 占验105　徐占来意 ... 52
- 占验106　王占流年 ... 53

乙亥日 ………………………………………………… 53
 占验107　郭占行人 ………………………………… 53
 占验108　中黄占讼 ………………………………… 54
 占验109　某占生产 ………………………………… 54
 占验110　徐占来意 ………………………………… 54
 占验111　郭有为而占 ……………………………… 55
 占验112　邵占风闻 ………………………………… 55
 占验113　邵占平生 ………………………………… 56
 占验114　陈占金兵 ………………………………… 57

丙子日 ………………………………………………… 57
 占验115　祝占边事 ………………………………… 57
 占验114　徐占来意 ………………………………… 58
 占验117　徐占来意 ………………………………… 58
 占验118　陈占东省 ………………………………… 59
 占验119　邵占升迁 ………………………………… 59
 占验120　苗占盗贼 ………………………………… 60
 占验121　邵占前程 ………………………………… 61
 占验122　陈占升迁 ………………………………… 61

丁丑日 ………………………………………………… 62
 占验123　陈占奏章 ………………………………… 62
 占验124　陈占扬城 ………………………………… 62
 占验125　陈占升迁 ………………………………… 63
 占验126　邵占前程 ………………………………… 63
 占验127　衍断鹦鹉 ………………………………… 64
 占验128　轸占贡使 ………………………………… 64
 占验129　邵占前程 ………………………………… 65
 占验130　陈占行人 ………………………………… 66
 占验131　邵占前程 ………………………………… 66
 占验132　邵占家宅 ………………………………… 67
 占验133　邵占失马 ………………………………… 67

戊寅日 ………………………………………………… 68
 占验134　某占官讼 ………………………………… 68

占验 135	郭占援兵	68
占验 136	范占赦音	69
占验 137	某占婚姻	69
占验 138	徐占来意	69
占验 139	陈占仕宦	70
占验 140	王占官讼	70
占验 141	邵占前程	71
占验 142	邵占顶店	72
占验 143	邵占前程	72
占验 144	邵占前程	73
占验 145	郭占会试	74

己卯日 ... 74

占验 146	邵占祈雪	74
占验 147	邵占前程	75
占验 148	邵占婚姻	76
占验 149	邵占秋试	76
占验 150	邵占后运	77
占验 151	邵占行者	77
占验 152	王占胎产	78
占验 153	邵占赴任	78
占验 154	徐占来意	79
占验 155	邵占失羊	79

庚辰日 ... 80

占验 156	王占窝价	80
占验 157	邵占家宅	81
占验 158	邵占失物	81
占验 159	邵占失物	82
占验 160	邵占前程	82
占验 161	某占疾病	83
占验 162	邵占访谒	83
占验 163	邵占在任候迁	84
占验 164	邵占流年	84

占验 165	邵占前程	85
占验 166	邵占流年	86
占验 167	邵占赴任	86
占验 168	邵占应试	87
占验 169	邵占前程	88
占验 170	苗占来意	88

辛巳日 …… 89

占验 171	褒占考试	89
占验 172	邵占省试	89
占验 173	邵占迁转	90
占验 174	邵占家宅	90
占验 175	邵占前程	91
占验 176	轸占盗贼	92
占验 177	邵占赴任	93
占验 178	邵占释褐	93
占验 179	陈占出师	93
占验 180	陈占兵乱	94
占验 181	范占六甲	94
占验 182	庄占日食	94
占验 183	郭占家事	95
占验 184	某占求财	95
占验 185	王占前程	95
占验 186	王占行人	96
占验 187	庄占行人	96
占验 188	邵占监试	96
占验 189	邵占前程	97
占验 190	王占胎产	97

壬午日 …… 98

占验 191	邵占平生	98
占验 192	王占谒贵	98
占验 193	公孙圣占召	99
占验 194	徐占来意	99

占验 195	邵占家宅	100
占验 196	邵占疾病	100
占验 197	邵占失马	101
占验 198	邵占失船	101
占验 199	邵占终身	102
占验 200	邵占前程	102

癸未日 103

占验 201	灵文来意	103
占验 202	邵占前程	103
占验 203	邵占身位	104
占验 204	衍占年岁	105
占验 205	陈占会试	105
占验 206	邵占疾病	106
占验 207	邵占交易	106
占验 208	陈占官讼	107
占验 209	王占官讼	107

壬占汇选卷之三 109

甲申日 109

占验 210	王占婚姻	109
占验 211	陈占射覆	109
占验 212	占官讼	110
占验 213	邵占官职	110
占验 214	邵占买卖	111
占验 215	陈占升迁	112
占验 216	陈占科举	112
占验 217	陈占雪否	112
占验 218	邵占行人	113
占验 219	郭占会试	113
占验 220	邵占前程	113
占验 221	邵占家宅	114
占验 222	张鋐占馆	114
占验 223	郭占会试	115

占验224　邵占身位…………………………………………115

乙酉日……………………………………………………………116
　　占验225　陈占六甲…………………………………………116
　　占验226　邵占讼事…………………………………………116
　　占验227　陈占出师…………………………………………117
　　占验228　陈占逃亡…………………………………………117
　　占验229　邵占家宅…………………………………………118
　　占验230　邵占谒见…………………………………………118
　　占验231　程占年岁…………………………………………119
　　占验232　陈占吉凶…………………………………………119
　　占验233　陈占风水…………………………………………119

丙戌日……………………………………………………………120
　　占验234　陈占科试…………………………………………120
　　占验235　郭占会试…………………………………………120
　　占验236　邵占差遣…………………………………………121
　　占验237　邵占家宅…………………………………………121
　　占验238　徐占来意…………………………………………122
　　占验239　郭占会试…………………………………………123
　　占验240　郭占秋闱…………………………………………123
　　占验241　郭占会试…………………………………………123
　　占验242　邵占前程…………………………………………124
　　占验243　邵占前程…………………………………………125
　　占验244　邵占开店…………………………………………125
　　占验245　某占前程…………………………………………126
　　占验246　邵占前程…………………………………………126
　　占验247　邵占终身…………………………………………127

丁亥日……………………………………………………………128
　　占验248　陈占疾病…………………………………………128
　　占验249　邵占疾病…………………………………………128
　　占验250　陈占章奏…………………………………………129
　　占验251　王占讼事…………………………………………130
　　占验252　郭占会试…………………………………………130

占验253	邵占行人	130
占验254	郭占产期	130
占验255	郭占会试	131
占验256	邵占谒贵	131
占验257	陈占来意	132
占验258	郭占会试	132
占验259	邵占终身	132
占验260	邵占家宅	133
占验261	邵占生产	133
占验262	徐占来意	134
占验263	陈占吉凶	135
占验264	邵占前程	135
占验265	戴洋占兵	136
占验266	邵占平生	137
占验267	程占年岁	137

戊子日 ······ 138

占验268	邵占失羊	138
占验269	郭占疾病	138
占验270	祝泌占寇	139
占验271	某占官事	139
占验272	郭占会试	139
占验273	郭占功名	140
占验274	邵占官讼	140
占验275	邵占家宅	141
占验276	陈占仕宦	141
占验277	郭占会试	142

己丑日 ······ 142

占验278	郭占会试	142
占验279	陈占考选	143
占验280	郭占会试	143
占验281	郭占子息	143
占验282	某占儿病	144

占验 283　郭占会试 …… 144
占验 284　某占闱题 …… 144
占验 285　徐占来意 …… 145
占验 286　郭占会试 …… 145
占验 287　陈占日晕 …… 146
占验 288　郭占会试 …… 146
占验 289　邵占失物 …… 147

庚寅日 …… 147

占验 290　邵占宅基 …… 147
占验 291　郭占会试 …… 148
占验 292　郭占会试 …… 148
占验 293　中黄占讼 …… 149
占验 294　邵占家宅 …… 149
占验 295　陈占拜相 …… 150
占验 296　郭占会试 …… 150
占验 297　郭占会试 …… 150
占验 298　王占胎产 …… 151
占验 299　叔芳占名 …… 152
占验 300　朱占失物 …… 152
占验 301　郭占行人 …… 153
占验 302　邵占店业 …… 153
占验 303　邵占疾病 …… 154
占验 304　王占雨雪 …… 154

辛卯日 …… 154

占验 305　邵占平生 …… 154
占验 306　陈占乡试 …… 155
占验 307　刘占家宅 …… 155
占验 308　邵占家宅 …… 156
占验 309　邵占失物 …… 157
占验 310　郭占功名 …… 157
占验 311　邵占医道 …… 158
占验 312　邵占官讼 …… 159

占验 313	郭占会试	159
占验 314	邵占失物	159
占验 315	邵占文字	160
占验 316	郭占会试	160
占验 317	郭占会试	161
占验 318	邵占终身	161
占验 319	陈占六甲	162

壬辰日 ········· 162

占验 320	邵占疾病	162
占验 321	某占逃亡	163
占验 322	郭占孟津	163
占验 323	邵占谪官	164
占验 324	邵占赴任	164
占验 325	邵占官事	165
占验 326	邵占赦否	165
占验 327	王占成事	166
占验 328	叔芳占宅	166
占验 329	王占楚匣	167
占验 330	郭占会试	167

癸巳日 ········· 167

占验 331	黄占终身	167
占验 332	邵占身命	168
占验 333	邵占求财	169
占验 334	雪占行人	169
占验 335	邵占家宅	170
占验 336	邵占婚姻	170
占验 337	邵占疾病	171
占验 338	郭占会试	172
占验 339	郭占会试	172

壬占汇选卷之四 ········· 173

甲午日 ········· 173

占验 340	陈占来意	173

占验 341	中黄行人	173
占验 342	刘占扣门	174
占验 343	邵占谒贵	175
占验 344	陈占功名	175
占验 345	邵占前程	176
占验 346	邵占出行	176
占验 347	郭占赴任	176
占验 348	邵占平生	177

乙未日 ……………………………………… 178

占验 350	陈占应候	178
占验 351	邵占家宅	178
占验 352	邵占财产	179
占验 353	邵占盗贼	180
占验 354	陈占章奏	180
占验 355	郭占会试	180
占验 356	陈占隐遁	181
占验 357	陈占疾病	181
占验 358	陈占会试	182
占验 359	郭占会试	182
占验 360	郭占会试	182
占验 361	邵占讼事	183
占验 362	陈占仕宦	183
占验 363	王占母病	184
占验 364	邵占前程	184
占验 365	陈占会试	185
占验 366	邵占前程	185
占验 367	陈占逮问	186
占验 368	陈占释罪	186

丙申日 ……………………………………… 187

占验 369	陈占拜相	187
占验 370	邵占疾病	187
占验 371	祝占国家	188

占验372 陈占仕宦	188
占验373 邵占前程	189

丁酉日 ……………………………………………… 189

占验374 陈占仕宦	189
占验375 陈占雨雪	190
占验376 李占子息	190
占验377 邵占求财	191
占验378 邵占家宅	191
占验379 邵占官讼	191
占验380 灵文占事	192
占验381 邵占继子	192
占验382 朱占来意	193
占验383 陈占扣门	193
占验384 邵占前程	194
占验385 邵占前程	194
占验386 陈占请假	195

戊戌日 ……………………………………………… 195

占验387 王占回乡	195
占验388 郭占产期	196
占验389 邵占住持	196
占验390 邵占终身	197
占验391 某占递呈	198
占验392 王占疾病	198
占验393 祝占六甲	199

己亥日 ……………………………………………… 200

占验394 邵占前程	200
占验395 邵占开店	200
占验396 祝占贼寇	201
占验397 陈占疾病	201
占验398 郭占卖马	202
占验399 陈占仕宦	202
占验400 邵占疾病	203

占验401　陈占来意 …………………………………… 203

庚子日 ………………………………………………………… 204
　　　占验402　邵占进屋 …………………………………… 204
　　　占验403　邵占成亲 …………………………………… 205
　　　占验404　徐占来意 …………………………………… 205
　　　占验405　苗占行人 …………………………………… 205
　　　占验406　陈占仕宦 …………………………………… 206
　　　占验407　陈占来意 …………………………………… 207
　　　占验408　陈占守城 …………………………………… 207

辛丑日 ………………………………………………………… 208
　　　占验409　邵占官讼 …………………………………… 208
　　　占验410　邵占人命 …………………………………… 208
　　　占验411　陈占官讼 …………………………………… 209
　　　占验412　刘占开店 …………………………………… 209
　　　占验413　某占讼事 …………………………………… 209
　　　占验414　陈占生产 …………………………………… 210
　　　占验415　邵占官事 …………………………………… 210

壬寅日 ………………………………………………………… 211
　　　占验416　陈占人品 …………………………………… 211
　　　占验417　郭占产期 …………………………………… 211
　　　占验418　郭占许州 …………………………………… 211
　　　占验419　王占流年 …………………………………… 212
　　　占验420　邵占家宅 …………………………………… 212
　　　占验421　郭占六甲 …………………………………… 213
　　　占验422　邵占求财 …………………………………… 213
　　　占验423　邵占前程 …………………………………… 213
　　　占验424　王占疾病 …………………………………… 214
　　　占验425　邵占前程 …………………………………… 215
　　　占验426　张占选期 …………………………………… 215
　　　占验427　邵占坟地 …………………………………… 216
　　　占验428　刘占生产 …………………………………… 216

癸卯日 ... 217
- 占验429 徐占来意 ... 217
- 占验430 郭占行人 ... 217
- 占验431 邵占坟地 ... 218
- 占验432 戴占六甲 ... 219
- 占验433 王占走失 ... 219
- 占验434 王占差遣 ... 219
- 占验435 陈占上疏 ... 220
- 占验436 徐占来意 ... 220
- 占验437 邵占家宅 ... 221
- 占验438 陈占失马 ... 221
- 占验439 邵占谋干 ... 222
- 占验440 邵占捕逃 ... 222

壬占汇选卷之五 ... 223

甲辰日 ... 223
- 占验441 范占归国 ... 223
- 占验442 雪心占信 ... 224
- 占验443 苗占子信 ... 224
- 占验444 王占子息 ... 225
- 占验445 某占官讼 ... 225
- 占验446 邵占失狗 ... 225

乙巳日 ... 226
- 占验447 何占武试 ... 226
- 占验448 邵占家宅 ... 226
- 占验449 刘占家宅 ... 227
- 占验450 灵文来意 ... 228
- 占验451 陈占钦差 ... 228
- 占验452 邵占交易 ... 228
- 占验453 徐占来意 ... 229
- 占验454 邵占争保正 ... 230

丙午日 ... 230
- 占验455 邵占家宅 ... 230

占验 456　祝占夷寇 …………………………………… 231
占验 457　王占阴晴 …………………………………… 231
占验 458　邵占疾病 …………………………………… 232
占验 459　衍占生产 …………………………………… 232
占验 460　刘占风水 …………………………………… 233
占验 461　陈占城池 …………………………………… 233
占验 462　陈占高杰被困 ……………………………… 233
占验 463　陈占仕宦 …………………………………… 234
占验 464　苗占老鹤 …………………………………… 234

丁未日 ……………………………………………………… 235

占验 465　祝占贼寇 …………………………………… 235
占验 466　邵占赴任 …………………………………… 235
占验 467　陈占疾病 …………………………………… 236
占验 468　陈占公讼 …………………………………… 236
占验 469　王占乡试 …………………………………… 237
占验 470　邵占失羊 …………………………………… 237
占验 471　邵占前程 …………………………………… 238
占验 472　苗占求财 …………………………………… 238
占验 473　王占婚姻 …………………………………… 239
占验 474　陈占仕宦 …………………………………… 239
占验 475　王占官讼 …………………………………… 239

戊申日 ……………………………………………………… 240

占验 476　邵占漕武 …………………………………… 240
占验 477　邵占赴任 …………………………………… 241
占验 478　邵占家宅 …………………………………… 241
占验 479　邵占比试 …………………………………… 242
占验 480　王占兄信 …………………………………… 242
占验 481　邵占家宅 …………………………………… 243
占验 482　王占疾病 …………………………………… 243
占验 483　苗占行人 …………………………………… 244
占验 484　王占疾病 …………………………………… 244
占验 485　郭占梦兆 …………………………………… 245

占验486 邵占晴雨 …… 246
占验487 邵占家宅 …… 246
占验488 陈占疾病 …… 247
占验489 陈占功名 …… 247
占验490 邵占前程 …… 248

己酉日 …… 248
占验491 王占生计 …… 248
占验492 陈占出狱 …… 249
占验493 张占疾病 …… 249
占验494 邵占失婢 …… 250
占验495 王占行人 …… 250
占验496 邵占后运 …… 250
占验497 陈占疾病 …… 251
占验498 邵占前程 …… 251

庚戌日 …… 252
占验499 邵占家宅 …… 252
占验500 邵占前程 …… 253
占验501 邵占前程 …… 254
占验502 俞占忧疑 …… 254
占验503 祝占蝗灾 …… 255
占验504 陈占疾病 …… 255
占验505 王占晴期 …… 255
占验506 王占六甲 …… 256
占验507 王占家宅 …… 256
占验508 邵占宅基 …… 256
占验509 王占六甲 …… 257
占验510 王占友病 …… 257

辛亥日 …… 258
占验511 子胥占伐齐 …… 258
占验512 邵占文字到否 …… 258
占验513 陈占功名 …… 259
占验514 某占婚姻 …… 259

- 占验515　陈占疾病 …… 260
- 占验516　邵占赴任及前程 …… 260
- 占验517　邵占失鸡 …… 261
- 占验518　苗占射覆 …… 261

壬子日 …… 262
- 占验519　邵占终身 …… 262
- 占验520　祝占风烛及宫室灾祥 …… 262
- 占验521　祝占六甲 …… 263
- 占验522　邵占前程 …… 263
- 占验523　王占流年 …… 264
- 占验524　张占妻病 …… 264
- 占验525　邵占求酒 …… 265
- 占验526　邵占家宅 …… 265

癸丑日 …… 266
- 占验527　邵占休咎 …… 266
- 占验528　邵占雨泽 …… 266
- 占验529　邵占失物 …… 267
- 占验530　邵占家宅 …… 267
- 占验531　邵占前程 …… 268
- 占验532　邵占前程 …… 269
- 占验533　王占婚姻 …… 270
- 占验534　邵占赴任 …… 270
- 占验535　徐占来意 …… 270
- 占验536　陈占六甲 …… 271
- 占验537　王占仆病 …… 271
- 占验538　郭占兵戈 …… 272

壬占汇选卷之六 …… 273
甲寅日 …… 273
- 占验539　陈占枚卜 …… 273
- 占验540　王占天花 …… 273
- 占验541　邵占家宅 …… 274
- 占验542　王占怪异 …… 274

- 占验543　邵占失婢 … 275
- 占验544　轸占雨泽 … 275
- 占验545　王占生产 … 276
- 占验546　邵占疾病 … 276
- 占验547　陈占雨泽 … 277
- 占验548　王占首尾 … 277
- 占验549　邵占家宅 … 278
- 占验550　邵占求财 … 278
- 占验551　郭占省城 … 278
- 占验552　陈占射覆 … 279
- 占验553　邵占前程 … 279

乙卯日 … 280
- 占验554　邵占前程 … 280
- 占验555　中黄占讼 … 281
- 占验556　衍占疾病 … 281
- 占验557　管辂占风 … 282
- 占验558　邵占前程 … 282
- 占验559　王占应候 … 283
- 占验560　邵占捕捉 … 283

丙辰日 … 284
- 占验561　徐占来意 … 284
- 占验562　王占开店 … 284
- 占验563　王占风水 … 285
- 占验564　祝占边事 … 285
- 占验565　郭占生产 … 285
- 占验566　邵占生产 … 286
- 占验567　陈占乡试 … 286
- 占验568　邵占家宅 … 286
- 占验569　邵占动静 … 287
- 占验570　陈占公讼 … 288
- 占验571　王占风潮 … 288
- 占验572　祝占胎产 … 288

丁巳日 ... 289
- 占验 573　邵占疾病 ... 289
- 占验 574　陈占升迁 ... 289
- 占验 575　邵占家宅 ... 290
- 占验 576　祝占风烛 ... 291
- 占验 577　邵占前程 ... 291
- 占验 578　江占幕馆 ... 292
- 占验 579　邵占终身 ... 293
- 占验 580　邵占行人 ... 293

戊午日 ... 294
- 占验 581　王占射覆 ... 294
- 占验 582　祝占泰州 ... 294
- 占验 583　某占晴期 ... 295
- 占验 584　陈占仕宦 ... 295
- 占验 585　邵占官职 ... 296
- 占验 586　王占求财 ... 296
- 占验 587　邵占疾病 ... 296
- 占验 588　裒占物价 ... 297
- 占验 589　祝占飞蝗 ... 297
- 占验 590　王占射覆 ... 298

己未日 ... 298
- 占验 591　陈占仕宦 ... 298
- 占验 592　陈占仕宦 ... 299
- 占验 593　陈占来意 ... 299
- 占验 594　陈占仕宦 ... 299
- 占验 595　郭占城池 ... 300
- 占验 596　徐占来意 ... 300
- 占验 597　刘占凶梦 ... 300
- 占验 598　王占阴晴 ... 301
- 占验 599　陈占卜相 ... 301
- 占验 600　王占天时 ... 302
- 占验 601　邵占终身 ... 302

- 占验 602　王占失职 …… 303
- 占验 603　邵占子嗣 …… 303
- 占验 604　邵占官讼 …… 304
- 占验 605　邵占贸易 …… 304
- 占验 606　陈占起造 …… 304
- 占验 607　邵占官事 …… 304
- 占验 608　邵占失婢 …… 305
- 占验 609　陈占功名 …… 305

庚申日 …… 306
- 占验 610　陈占燕京 …… 306
- 占验 611　陈占远行 …… 306
- 占验 612　王占流年 …… 307
- 占验 613　某占夜梦 …… 307
- 占验 614　邵占官讼 …… 308
- 占验 615　江占猫子 …… 308
- 占验 616　王占索债 …… 309
- 占验 617　邵占生产 …… 309
- 占验 618　刘占行人 …… 310

辛酉日 …… 310
- 占验 619　邵占微病 …… 310
- 占验 620　中黄占讼 …… 311
- 占验 621　灵文来意 …… 312
- 占验 622　邵占前程 …… 312
- 占验 623　中黄占盗 …… 313
- 占验 624　邵占继子 …… 313
- 占验 625　邵占疾病 …… 314
- 占验 626　徐占来意 …… 314
- 占验 627　徐占来意 …… 315
- 占验 628　邵占官事 …… 315
- 占验 629　陈占进兵 …… 316

壬戌日 …… 316
- 占验 630　天民占婚 …… 316

占验 631 王占挽回	317
占验 632 邵占平生	317
占验 633 邵占前程	317
占验 634 邵占秋试	318
占验 635 张占终身	319
占验 636 邵占家宅	319
占验 637 郭氏自占	320
占验 638 陈占升迁	320
占验 639 陈占行人	320

癸亥日 ········ 321

占验 640 邵占进畜	321
占验 641 邵占谒选	321
占验 642 邵占秋试	322
占验 643 灵文来意	322
占验 644 陈占隐遁	323
占验 645 陈占官讼	323
占验 646 郭占任所	323
占验 647 邵占赴试	324
占验 648 陈占功名	324
占验 649 邵占出行	324
占验 650 邵占前程	325
占验 651 邵占家宅	326
占验 652 邵占生地	327

壬占汇选卷之一

甲子日

占验001　徐占来意

○七月甲子日午将申时，占来意。（《一字诀玉连环》）

```
        朱合勾青
        卯辰巳午          虎玄玄后          财　戌玄◎
    蛇寅　　未空          申戌戌子          官壬申虎⊙
    贵丑　　申虎          戌子子甲          子庚午青
        子亥戌酉
        后阴玄常
```

徐次宾曰："来意因西南上，紧速追捕一盗，坠马折伤右足，感风七日而殒。"盖时为日刑日破与日马并，主外动。发用天魁，为日干之财，上得玄武为盗贼，故知西南上紧追一盗也。先锋门传送为白虎，作中传，带日马克日，又与刑杀并，故主坠马也。① 戌为足，在日辰之右，是伤右足也。白虎为风神，七月申为风煞，故感风也。甲木秋死而被旺金所克，申数七，至第七日庚午，又并起白虎，故知七日殒也。末传胜光不论救神者，盖秋火休囚也。

占验002　徐占来意

○**正月甲子日子将寅时，占来意。**（《玉连环》）**课式同前。**

徐次宾曰："来意因失陷官钱，勾唤入官，而得惊恐，以致患脾虚下脏之疾，见祟持刃相惊，可移病人于南方，设绯幕，至第九日，南方有属马巫医，以撒火为姓名，下赤药、艾灸、书朱符，其祟自除也。"何以知失陷官钱而得惊恐？盖发用天魁为财，上得玄武，为失财之象。时为日德日禄，主动官，

---

① 愚按：《管子神书》："马加辰戌为跌扑煞"。

上见螣蛇，主惊恐。何以知脾虚下脏之疾？盖发用天魁，主脾，春土无气，又为甲木所克，故主脾虚。上得玄武水与天魁内战，故知下脏病。又言有祟者，《经》云："传见天魁为有祟。"又中传申金为鬼，上得白虎为刀兵，故言见祟持刃相惊。移于南方设绯幕者，南方及绯幕，皆火象，火能制金祟矣。末传胜光火为救神，胜光九数，故云九日。胜光为马、为灸、为赤、为巫，故云"巫医"也。《经》云："土丸、木散、水汤、火灸、金针。"今申金为鬼，若针则病加，灸则病减也。金为日鬼，火为救神，故宜书朱符以镇之。春月木旺火相，金无气矣，救神秉相气，病当瘥也。

占验003　灵文来意

○**七月甲子日巳将未时，占来意。**（《指归灵文论》）**课式同前。**

断曰："来意主奴仆奸谋，道路出行之状。又主一外任武官，不满任而回者。"何以知之？戌为用，主奴仆，玄武主奸谋。初传在天乙后，末传在天乙前，名传阴出阳，主在家者远出。况申与白虎俱是道路之神，而午又为天马也，又申并白虎为武官，以申主刀兵，且为日之官星也，奈末传胜光克之，故云不满任而回也。①

占验004　邵占疾病

○**六月甲子日，午将申时，占病。**（《张本占案》）②**课式同前。**

邵彦和曰："四课不足，脉息短小。发用戌土乘玄武，主脾病泻痢。中传申鬼并白虎，主沉重。然得末传午火作青龙克制虎鬼，久而自安，药宜辛温及升阳耳。"

占验005　范蠡占病

○**三月甲子日酉将酉时，范蠡占吴王病。**（《直指》引《吴越春秋》）

```
  朱蛇贵后
  巳午未申        虎虎青青        兄丙寅青
合辰    酉阴      子子寅寅        子己巳朱
勾卯    戌玄      子子寅甲        官壬申后
  寅丑子亥
  青空虎常
```

---

① 余按：四课不全亦为不满任也。万田孙记。
② 此课出于《通神集》，然非邵案。

范蠡曰："德禄在寅,病在巳,绝在申,春木旺金囚,无伤也。① 己巳日有瘳,壬申日痊愈。"②

占验006　邵占省试

○建炎己酉年九月甲子日卯将寅时,谢省元乙丑生,四十五岁,占赴省试。(《口鉴》、《方本占案》)

```
        蛇贵后阴
        午未申酉         青空合勾         财戊辰合
    朱巳    戌玄         寅丑辰卯         子己巳朱
    合辰    亥常         丑子卯甲         子庚午蛇
        卯寅丑子
        勾青空虎
```

邵彦和曰:"谢省元三次到场屋,今次又不得,更五次不遂,不免受文学中心病而死。盖甲日迤逦生去,更不回顾,以此言之,无文学尚可,有则不利。行年上亥加戌,亥乃甲之长生学堂,惜乎空而加空,而宅上日贵又作天空,不过虚名文学耳。中末传巳午火脱干,午火心病,见蛇,病必死。"谢果省试不中,后为文学不遂,遂纳贿,又是五甲,大不如意,回家遂成心病,辛酉年十一月卒。盖甲木生巳午蛇雀诸火,木随火而上炎,木向南奔,本主便死。因背后行年见亥,亥为甲木之长生学堂,故尚有虚名而未死耳。造化前定,所以不由人也。

占验007　邵占罢官

○大观己丑年十二月甲子日子将戌时,建宁李大夫占忧银纲事,恐罢官。(《方本占案》、《一针见血》)

```
        贵后阴玄
        未申酉戌         合青蛇合         财戊辰合
    蛇午    亥常         辰寅午辰         子庚午蛇
    朱巳    子虎         寅子辰甲         官壬申后
        辰卯寅丑
        合勾青空
```

---

① 程圣一曰:德化百凶,禄主百祥,德旺居旺发用,固无恩也,秋占则凶矣。
② 愚按:白虎生日,主病愈。子属水,故断壬日痊愈。己巳日有瘳者,巳火制申金鬼也。然查《吴越春秋》,无日时,不知《直指》何所据。

邵彦和曰："登三天，主有挠。中传午作螣蛇，五月末冲替可知。末传申作天后，六月初有赦。寅作青龙入宅，明年三月必转官。"果然庚寅年正月朝廷差两浙提刑，三月转大夫，五月冲替，六月赦。盖明年者，来年太岁上发用也。五月替者，蛇入中传也。六月赦者，申加午作天后恩泽之神也。寅为天吏作龙入宅，故必迁转。

占验008　苗占射覆

○嘉祐七年，太岁壬寅，三月十七甲子日，上宣苗公达赐当日午时占课，问射覆。①（《苗公达断经》）

```
    青勾合朱
    申酉戌亥         虎阴青常         官壬申青
空未    子蛇      午卯申巳         父  亥朱◎
虎午    丑贵      卯子巳甲         兄丙寅后☉
    巳辰卯寅
    常玄阴后
```

苗公达奏曰："臣闻《古经》云：'凡传课，刚日先看日上神，柔日先看辰上神；次分天乙顺逆，及看三传，并太岁行年，只取胜者为事类。'据来意，主贵人将妇人使用铜铁尖长之物，欲伤小虫之命。其虫必生于秽杂不洁之处，人所不喜。今虫却未伤死而飞去，而铜铁尖长之物，反在木上伤折，不堪用矣。"上宣问曰："何以知之？"公达奏曰："日上巳作太常，卦名重审，亦名天网。天乙逆行，故取太岁是寅，并天后胜事言也。故云'主有贵人欲有害心也'。将妇人铜铁尖长之物者，为发用得申金，春占又是甲日，申金囚死，更加巳上受克，故为铜铁尖长之物也。妇人使用者，初传冲末传，见天后寅木，此乃旺相，又在所生之处也。在木上伤折者，为木受生旺，金受囚死，又在巳火之上，所谓重无气也。小飞虫生于秽杂不洁之处者，为发用是月厌，为污秽，将得青龙，中传将得朱雀，皆有飞象。金为虫，虽然无气，又申亥相害，然末传见生气加亥，其生气春以日旺，又在生乡，故主欲害飞虫，究竟未伤死而飞去也。臣出于短拙，有犯圣皇，合当万死。"上曰："为适来有蝇子，在殿柱之上，朕戏以针刺之，而蝇飞去，其针在柱上伤折，故应课也。"

---

① 射覆当作来意。

占验009　灵文来意

○**正月甲子日亥将申时，占来意。**（《指归灵文论》）**课式同前。**

断曰："来意主望道路行人，其人路遇奸贼，欲相谋害，幸而奸贼自受其难，谋害不成，但主道路上迟延，终平安而归也。又主有文字两重，一明一暗，藏在楼阁中，其楼柱系用物垫着。"何以知之？盖初传在天乙前，末传在天乙后，名"传阳入阴"，主在家不出，远人归家，外来之信立至。况申主道路，又主行人，奈为日鬼，又在巳上被刑害，故遇奸贼。申鬼受旺火克，故云"贼人受难"。干为占者，上得巳火为救，故谋害不成，但主迟归耳。朱雀乘亥，主明文字，天后乘寅，主暗文字，寅加于亥上，故藏在楼阁。亥是旬空，其柱必有损而用物垫之也。

占验010　陈占官讼

○**崇正丁丑年五月甲子日申将巳时，上虞顾友与徽友吴于达为壬午命人代占吉凶。**（《指南》）①

```
       青勾合朱
     申酉戌亥          虎阴青常         官壬申青
  空未    子蛇        午卯申巳       父    亥朱◎
  虎午    丑贵        卯子巳甲       兄丙寅后☉
     巳辰卯寅
     常玄阴后
```

陈公献曰："月将龙官内战，必因宰辅窝里生非而败事者。但龙官与年神生合，断非寻常可比。嫌干乘飞符，支见游魂，目今入宅，必有灾非之事。且本命上勾陈为祟，又丁动刃逢，贵人履狱，必忧公讼拘系。然喜勾阴生日，事可辩雪。"曰："日后如何？"曰："喜德神禄马会入天门，定然位居显要。忌见旬空，难以久远。"后知为常熟钱牧斋太史占也。甲戌年官至大宗伯。②

占验011　雪占行人

○**十月甲子日卯将子时，乙卯人占子命行人。**（《行人类证》）

---

① 原书未载本命，愚据《文武星案》书中补入。
② 甲戌在丁丑之前，何故是丁丑年占？

```
    蛇朱合勾
    申酉戌亥              后常蛇阴              官壬申蛇
  贵未    子青           午卯申巳            父  亥勾◎
  后午    丑空           卯子巳甲            兄丙寅虎☉
    巳辰卯寅
    阴玄常虎
```

雪心曰："占行人，责元武及末传。今元武在辰加丑，末传寅为马，当主来。"果于十一月十四癸巳日大雪归。

占验012　苗占逃亡

○天圣戊辰年正月甲子日亥将未时，七十四岁老人占逃亡。（《一针见血》）

```
    勾合朱蛇
    酉戌亥子              青玄合虎              财戊辰玄
  青申    丑贵           申辰戌午            官壬申青
  空未    寅后           辰子午甲            父甲子蛇
    午巳辰卯
    虎常玄阴
```

苗公达曰："主昨夜三更，门户不闭，婢逃失财，网罗水际，[①] 往正北所至人家藏匿。其钱藏水中，速寻可得。"[②] 果于当日申时获之。[③] 论曰："贵人临酉，门户惊恐。"天罡加子，将得元武，子为三更，在支上发用，是急应之兆。行年立卯上，天空乘未，属阴为婢，被旺木所制，故逃窜。元武阴上见申金，金生水，故钱藏水中。言逃往北者，谓阳作元武，婢走求阳也。法以初觉逃时，只就元武立处求之，今在子，[④] 故云正北。本人行年在卯，卯刑子，是元武遭刑，可获。当日申时者，甲日属木，克元武所乘辰土，又末传临申，是元武三传之终也。

占验013　邵占流年

○建炎戊申年二月甲子日亥将午时，何七秀才壬申命三十七岁，占流年。

---

① 辰为罗网。
② 愚按："门户不闭"句，似从斩关课取义也。失财者，元武临财也。《精华摘锦》云："元阴见青龙，乘申为损鳞。"故主失财。
③ 愚按：甲木克元武辰土，干上午火克元武阴神申金，故易获。
④ 原夹批：逃亡未经旬，只看元武立处。愚按：元武从不临东南，岂逃亡未经旬者，从不往来东南方乎？

（《口鉴》、方本作占家宅）

```
    合朱蛇贵
    戌亥子丑         合常蛇空       父甲子蛇
勾酉    寅后     戌巳子未       子己巳常
青申    卯阴     巳子未甲       财　戌合◎
    未午巳辰
    空虎常玄
```

邵彦和曰："岁内眷属人来，必成大狱。天罡加日本，名天狱故也。① 破碎作太常入宅，主有丧服人归来分挠，被他争屋。以行年与身作一处，② 只是今年事。末后须添一口，又见分灶也。"盖未加甲乃墓神，未为眷属，天空为平地起堆之象。初传子为父母，未为眷属而作六害害人也，螣蛇扰人也。传归入宅却是两重破碎，巳为厨灶，必主分灶不宁也。何秀才兄弟五人，最小者与姑为子，父母在日，家产已作四股均分。当年四月，其姑丈死，姑已先亡，家务又已久退，故小弟于六月归家，诸兄皆不容，遂兴讼。州县断理拨财产与之，着依旧归姑家过活，小弟仍不服，直上控至大理寺，始有归条。自戊申六月兴讼，至壬子年十一月方止。③

占验014　邵占前程

〇建炎戊申年二月甲子日亥将巳时，徐学士戊辰生四十一岁，占前程。

（《方本占案》、《口鉴》）

```
    朱蛇贵后
    亥子丑寅         蛇虎后青       兄丙寅后
合戌    卯阴     子午寅申       官壬申青
勾酉    辰亥     午子申甲       兄丙寅后
    申未午巳
    青空虎常
```

---

① 郑体功先生曰：占流年，以行年为主。行年上未来墓干，故主一年之事皆不亨通。其事为何体用，体是天狱课，用是子与未六害，故以官讼等事断之。讼起六月者，未为六月建也。〇愚按：《指掌赋》云：太常乘破碎为孝服，加天狱螣蛇，生灾致讼，法本于此。
② 爱甬曰：盖未交生，行年尚在丑，丑加申命，故曰行年与身作一处。
③ 甲以巳为子息，未传戌刑未，故动而有争。所谓不冲不发，不刑不发也。戌乘六合，卯与戌合，主进人口，是此子归来之兆。当年六月兴讼，未加甲，蛇挠之。初子与未相害，故兴讼。壬子年十一月又见子水克火，制破碎，故宁贴。〇愚按：此小注惟方本有之，盖后人所增也。〇愚按：邵诸课皆以六合为人口，此注是也。《直指》以戌刑出未字，火为添小口，大谬。

邵彦和曰："主本身庚戌年及第，当在第三甲。令郎当亦沾恩。"至庚戌年，徐果中，在第三甲。其子习春秋，中在第五甲。徐铨试不中，六月授潭州司户，七月病死。甲寅年其子亦死。盖因日上见申，读书人见之为无后，又是太岁来克干，当年即应不宁。何直至庚戌年中，后方死耶？盖因行年上子水生甲木，宅上午火制申金，且是催官使者，须见官而后死。及至庚戌年，行年在申，甲木临申金而绝，故死。初末寅作天后，两重雨露恩神，在官星之上，甲与寅皆承其恩泽。甲，尊也，父也；寅，卑也，子也。故俱沾恩。庚戌年身死，甲寅年子死，乃刑冲之故。又年神克第三课，死神乘白虎入宅，为水所克，又甲木以午为子息，故子必受殃也。①

占验015　陈占仕宦

○崇正癸酉年二月甲子日亥将巳时，丹阳贺中怜先生居大寅台时请占。（《指南》）课式同前。

陈公献曰："朝官占此，必主去位。"贺曰："未去。"曰："是何年生？"曰："己丑。"曰："此必会状之命，但不能久居朝堂矣。盖现任得夜贵，即为不仕闲官也。况干支乘死绝，又德丧禄绝，四月尚有温旨相留，交秋必驰驿而去。因朱雀月将加巳，我知其四月有温旨相留。课传二马逢冲，我知其交秋驰驿而去。"后知为宜兴周首揆占也。②

占验016　邵占医病

○己酉年九月甲子日卯将申时，樊郎中占项秀才病。项丁丑生，三十三岁。（《口鉴》、《方本占案》）

```
      蛇贵后阴
      子丑寅卯          后空玄勾          兄丙寅后
   朱亥     辰玄         寅未辰酉         官癸酉勾
   合戌     巳常         未子酉甲         财戊辰玄
      酉申未午
      勾青空虎
```

---

① 愚按：此课邵公先未断出，事后乃推测言之。○愚按：寅为德禄，马作天后为恩泽，寅与戌为三合，故戌年及第，寅既有两重，又生支上午火子孙，故子亦沾恩，但返吟事不悠久，虽有德禄诸吉，及第后而即亡也，禄临绝地，岂能食禄乎？○程圣一曰：此课全在德禄马上看出功名。○郑体功先生曰：两重禄马日德官星，当有两重功名。一重系占人不待言矣，仍一重看支上是何六亲，今支上午为子息，故父子同及第。

② 周延儒六月罢。

邵彦和曰："此病因往妻家，有私情，暗中违约，又失去情人所赠之物，遂思虑而得病。久而不治，必成痨怯。丑事固难言，然必说明而病乃安矣。"当时樊亦庸医，因闻此断，假托诊脉为名，言其病症，人皆惊异，以为神医。盖项先与舅嫂通，被妻舅知觉，项遂归。舅嫂以手帕赠之，后为妻窃去。项不敢问，思之成病，肌肤消瘦。妻闻樊言，以帕还之，且深戒利害，兼服药饵而愈。盖此课，日干投入四课发用，传复归于日之二课，主循环不断。支为宅，支上未为妻。四课者，宅内也，是妻家矣。今寅投入四课，加妻财上作天后，是与妻家妇人通矣。日上酉为色，作勾陈，为思虑，今为日鬼，阴神又见辰，辰为脾，为肌肤，加酉败气上，是思虑伤脾，肌肤消瘦。① 辰作元武，兼主走泄，酉为闭口，丑事难言。行年在戌，戌上巳作太常，常主丝绵，是手帕也。巳与酉三合，故主情人之物也。太常临空，故遗失也。说明而安者，行年上巳火，能制酉金之鬼也。

占验017　王占疾病

○乾隆乙卯年子月甲子日丑将巳时，某占辛亥女病，二十九岁。（《牧夫占验》）

```
        贵后阴玄
        丑寅卯辰              玄青虎合              财　戌合◎
    蛇子      巳常          辰申午戌              子庚午虎☉
    朱亥      午虎          申子戌甲              兄丙寅后
        戌酉申未
        合勾青空
```

王牧夫曰："占病得寅午戌炎上之局。天后在下，上生午火，戌墓盖之，火不能出。炎上为狂荡，病由高兴太过所致，无碍，久而自痊。"此数细看，支上申作青龙为夫星，而天后即乘寅，本命上未作天空。申阴神又作华盖，此与僧人有私，狂荡太过，有所伤而致病耳。不然何故局得炎上？支得申子相生，子乃妇人，行年上与申会合，种种可疑。后有人道其事，始知数不妄发耳。②

---

① 愚按：寅中有甲，未中有己，甲己相合是以相通，况阴神见酉为色欲也。
② 愚按：此课正是芜淫，所以有奸淫之事也。

占验018　雪占行人

〇十一月甲子日丑将巳时，占行人。(雪心《行人类证》)**课式同前。**

雪心曰："三传日同初，辰得申加子。占行人，是要来方动。盖初传戌加驿马上也。"十二月节至。

占验019　叔芳占病

〇杭州灵芝寺住持印宗师，一日害背病疽甚重，臭秽至见骨，往求苗叔芳，卜医生。甲子日，三传午卯子。(《一针见血》)

```
           蛇朱合勾
           寅卯辰巳          青常虎阴          子庚午青
      贵丑      午青          午酉申亥          兄丁卯朱
      后子      未空          酉子亥甲          父甲子后
           亥戌酉申
           阴玄常虎
```

苗叔芳曰："无妨，可救，宜向南方求医。初传青龙胜光，须用火，针一开即愈。"后果得南方医者，用针一开之后却不溃脓，乃子卯相刑之故。再加一针，脓方出尽。用凉药敷贴，旬日全愈。此是天医之验，加于三传，病必可治。①

占验020　陈占仕宦

〇天启丁卯年十一月甲子日寅将巳时，云间杨方壶太史自燕京抵扬索占。(《指南》)**课式同前。**

陈公献曰："青龙发用无气，又上克下，是以暂归林下。来春禄马生青龙，定然出山，由此位跻公卿矣。"太史曰："星家云十二月欠利。"公献曰："更有当途推荐。"曰："前此何月不利？"曰："勾龙刑克申酉，七八月间不利。"曰："因何不利？"曰："嫌德蛇相加，有邪正同处之非耳。"又问何非，曰："传中太岁朱雀遥克年上贵人，必为门户是非。"太史遂默然。次年春初果起官，历转官詹。

---

① 愚按：此课不载月将正时。若据午为天医制鬼而吉，则七月占或十一月占也，若三月占则不用昼贵矣。天医有两种，一是正月起子，顺行四仲；一是正月起辰，顺行十二支。

乙丑日

占验021　陈占会试

○崇正癸未年二月乙丑日亥将卯时，何九叙为泰州孝廉宫子元占会试。（《指南》）

```
　　　蛇朱合勾
　　　丑寅卯辰　　　青玄常贵　　　子己巳青
　贵子　　巳青　　　巳酉申子　　　财乙丑蛇
　后亥　　午空　　　酉丑子乙　　　官癸酉玄
　　　戌酉申未
　　　阴玄常虎
```

陈公献曰："此课占会试，必中无疑。缘传将递生，格合周遍，且干支交车生合，主文思滔滔，题目合举子之意。又喜朱雀乘旺气通丙奇，主文章华藻，正合时宜，试官必然首荐，高登黄甲矣。"果验。

占验022　邵占六甲

○七月乙丑日午将申时，某占生产。（《方本占案》）

```
　　　合勾青空
　　　卯辰巳午　　　玄后贵朱　　　父　亥后◎
　朱寅　　未虎　　　酉亥子寅　　　官癸酉玄⊙
　蛇丑　　申常　　　亥丑寅乙　　　财辛未虎
　　　子亥戌酉
　　　贵后阴玄
```

邵彦和曰："此课主母死子存。"书云："支是母兮干是儿。"今天后被支所克发传，中末又归凶将，白虎乘墓入酉之内门。内门者，产户也，故主母死。① 子存者，乙干是儿，乘寅为少阳，朱雀火又临其上，乙日木旺火相，日干得旺相气，故主儿存也。

占验023　王占索债

○乾隆辛巳年七月乙丑日巳将未时，某占索逋。（《牧夫占验》）**课式同前。**

---

① 愚按：白虎在末传克天后，亦主母凶。

王牧夫曰："此债非其人有心不还，实因好赌好饮，日就衰败，将来居屋都要卖，卖屋始能得其财，然亦不能全其数矣。"问之，果然。盖支上亥水生干，是有心要还也。奈阴神酉加亥上，酉乃乙日之鬼，乘元武，酉加亥为酒，元武为嬉戏之神，走减之煞，未乘白虎，为赌博呼卢而散财也。三传自生传鬼，自鬼传墓，安得不败坏乎？卖屋者，支为宅，末传未乘虎冲之也。屋卖而末传见财，为干之财库，故尚有也。不全者，白虎临于其上耳。

占验024　徐占来意

○**六月乙丑日午将未时，占来意。**（《一字诀玉连环》）

```
勾青空虎
辰巳午未              后贵朱合          父甲子贵
合卯  申常           亥子寅卯          父　亥后◎
朱寅  酉玄           子丑卯乙          财　戌阴◎⊙
丑子亥戌
蛇贵后阴
```

徐次宾曰："来意事干西北方，承继姓王人财产，相托一属鼠有官人，九月内定见成就。又目下西南方，虚望外财，道路有所畏隔，不敢往也。"盖末传天魁为日干之财，天魁临亥，主王字，发用神后，为日干三合，上见天乙为贵人，又子属鼠，故知承继姓王人财产，而得属鼠贵人力也。九月成就者，归计戌为九月建也。又言西南方虚望外财者，未时为日干之财，阴神见天空，主虚诈，又值事门上见白虎，主道路。白虎，金也，为日之鬼，故知畏而不敢往也。

占验025　陈占应候

○**顺治己丑年三月乙丑日戌将亥时，扬州广储门外普贤庵僧人敏若半夜闻鸦鸣，占主何应候。**（《指南》）

```
勾合朱蛇
辰巳午未              玄常空青          父甲子常
青卯  申贵           亥子寅卯          父　亥玄◎
空寅  酉后           子丑卯乙          财　戌阴◎⊙
丑子亥戌
虎常玄阴
```

陈公献曰："主有贼八九人，自东北来，劫邻人衣物银钱，遂渡河而去，汝庵无伤也。"曰："亥时右邻木客被劫。盖因游都贼符临干支，右见玄武驿马，左见劫煞贼符，故有此象。提防复至，然五日内必获。因子加丑发用，知贼东北而来。子数九，丑数八，故八九人。勾陈居支前五辰，遥克玄武，又魁度元阴，贼何所逃乎？"果次日北关外行劫，遂获二名。

占验026　王占风水

○乾隆戊辰年闰七月乙丑日巳将巳时，占风水。（《牧夫占验》）

　　青空虎常
　　巳午未申　　　　蛇蛇勾勾　　　财戊辰勾
　勾辰　　酉玄　　　丑丑辰辰　　　财乙丑蛇
　合卯　　戌阴　　　丑丑辰乙　　　财　戌阴◎⊙
　　寅丑子亥
　　朱蛇贵后

王牧夫曰：庸寔七兄为以宁侄子容溪隐汰看风水，已定向封固，命余占是何向，以觇数学精粗。余以前人看来龙山向法，用干支上神合者断之。曰："祖龙从西南坤上来，落脉在巽上，立乙山辛向加卯酉。以宁侄拆封阅之，果符所定。"七兄曰："龙脉山向如见，此地可扦葬否？"余曰："勾陈居辰为山，山高峻，穴却在中平处，以蛇居中传丑为平土故也。此课虽伏吟静象，却不可葬。以太阴在末，冲干刑支，戌中又怀暗鬼耳。穴乘丁，虽有情活泼，惟此处亦曾葬有人来，不然丑乃鬼墓，垒垒在支上何故？"以宁侄曰："此地名程家坟。"——果符所占，遂共叹服。

占验027　王宏宇占

○乙丑日束鹿黄冠乔鉴元、王充山住钟吕堂，求占吉凶。（附《郭氏占案》）

　　青勾合朱
　　未申酉戌　　　　虎玄勾空　　　官壬申勾
　空午　　亥蛇　　　巳卯申午　　　财　戌朱◎
　虎巳　　子贵　　　卯丑午乙　　　父甲子贵⊙
　　辰卯寅丑
　　常玄阴后

王宏宇曰："二命乘辰戌凶神，干支又交车相害，脱上逢脱，禄神乘丁神玄武入宅，当主盗失，二人不和之象。"果后数月，二人反目，盗侵失财而离居。①

占验028　陈占仕宦

○顺治甲申年，②如皋李大生铨部，占进京补官。二月乙丑日亥将申时。（《指南》）

```
        勾合朱蛇
        申酉戌亥        青常朱青        财辛未青
    青未  子贵          未辰戌未        财 戌朱◎
    空午  丑后          辰丑未乙        财乙丑后⊙
        巳辰卯寅
        虎常玄阴
```

陈公献曰："必不能北行，即行亦必半途而旋。"盖因干支乘墓，所为不通，况课传年命未见二马，干神归支，利静而不利动，又中末二传空亡，主半道言旋。但青龙居干发用，今年却要起官，必补尚宝之职，因年上酉乃印也。阴神见贵人生日，岂非司印乎？后闻李贼陷京，因未北上，而官南京尚宝。

占验029　王占风水

○乾隆己巳年三月乙丑日酉将午时，某占风水。（《牧夫占验》）

```
        贵后阴玄
        申酉戌亥        蛇勾阴蛇        财辛未蛇
    蛇未  子常          未辰戌未        财 戌阴◎
    朱午  丑虎          辰丑未乙        财乙丑虎⊙
        巳辰卯寅
        合勾青空
```

王牧夫曰："此地无风水，纯是粗石，不可买也。凡占风水，以支辰为主。今支上戴墓，干上又戴墓，是前此已有坟墓，皆在平田处，因气不足，今皆衰替。此占乃未葬而占风水，已有穴处，故以蛇论之。未乘蛇，坐辰上。辰为恶山，辰戌重见为石，未又不备，何能求全？若必扞葬，人亦衰败，安

---

① 愚按：此课附在《郭御青占案》内，然不载月将正时，但郭氏类如此者正多。
② 崇正十七年。

可买耶？"后其人不信，买之，开穴数处皆石，始弃之。

占验030　邵占役事

○**建炎己酉年九月乙丑日卯将戌时，沈保正壬戌生四十八岁，占脱役事。**（《方本占案》、《口鉴》）

```
       朱合勾青
       戌亥子丑          合阴空蛇          兄丙寅空
   蛇酉    寅空          亥午寅酉          财辛未后
   贵申    卯虎          午丑酉乙          父甲子勾
       未午巳辰
       后阴玄常
```

邵彦和曰："保正不能脱手，于道理上合当做此役也。酉加乙作蛇，官鬼自缠其身，初传功曹，身已在公了；① 为保正之后，平安无些子事。汝若不认此役，须被监系，必待认了方释。又行年与宅上，午作太阴，有一人与尔家阴人是亲眷，来为尔打关节太阴也，反探尔口气午为言语，却去报他为内鬼也午遁庚为暗鬼，加支为内。盖乙见酉，为官所制，蛇是被监勒。初寅作天空，为官吏，若不认，必入狱。② 中传天后，认了却无虑。③ 末传子未相穿，又作勾陈，断然难脱，脱后又重做也。"沈公之事，果皆如其言。自后既脱，九年又做一次。

占验031　王占复任

○**乾隆己巳年五月乙丑日未将丑时，扬州商人占盐院复任否。**（《牧夫占验》）

```
       蛇贵后阴
       亥子丑寅          后青常朱          财　戌朱◎
   朱戌    卯玄          丑未辰戌          财戌辰常⊙
   合酉    辰常          未丑戌乙          财　戌朱◎
       申未午巳
       勾青空虎
```

王牧夫曰：占此数，新旧皆官，何以核实？因思数不妄传。今戌辰戌，辰为新，戌为旧，今戌居始末，是旧官复莅任也。夏占火墓发用，虽空，然

---

① 郑云：功曹为胥吏，保正亦胥吏之属。
② 辰加日本为天狱。
③ 全赖寅制之，寅为吏，天空为役，故充了保正之役便不入狱。

得时之旺气，况反复仍归干上，干为外，故仍莅外任也。贵居申上为刑宪，为往来，又是日德，丑为扬州，未为太阳，丑见青龙，龙阳相遇，亦无祸患，况丁神作日禄，与马作合，将来戌旺辰衰，则旧官至矣。来期其在夏秋之交乎？果于六月末旬，立秋前一日到。

凡占官，以官星为主，马附之。干为外任，支为内任。以新旧论，生气为新，死气为旧；天罡旺气为新，河魁休囚为旧；长生为新，死墓为旧。推而广之，干上为新，支上为旧。以职守而论，申为兵宪，亥子为盐法。以贵而论，则昼贵昼占为现任，夜贵夜占为退休。以动而言，则斩关为动，返吟为动，马作长生为动，贵临传送为动。钦差则以马为主，禄次之。以此类推，无有不验。

丙寅日

占验032　轸占渡兵

○庆历八年，河东有贼寇作叛，差郝太尉统兵讨之，差元轸充随军阴阳官。其年二月间，欲渡兵马过河，元轸占之。郝公四十七岁。其日丙寅，课得辰时，以月将登明加辰。（《玉连环》末卷、《一针见血》）

```
    蛇朱合勾
   子丑寅卯        青阴常蛇        官甲子蛇
 贵亥    辰青     辰酉未子        子辛未常
 后戌    巳空     酉寅子丙        父丙寅合
   酉申未午
    阴玄常虎
```

元轸曰："今日有风涛，不可渡河。"郝公曰："我奉朝廷之旨，统率大兵渡河，以讨凶贼，何虑风涛之有阻耶？可只就今日辰时渡河，管在申时渡绝。"其入渡人马至午时渡及一半，风涛忽然大作，舟尽倾覆，损万人。公大悔。再问元轸，甚时可渡，轸曰："可来日寅初渡之，必无恐惧。"议曰：日辰俱见克下，二月咸池煞在子，加于丙上克作用，其应最速。又主将行年在子，见未亦有所损，犹幸得太常吉将相助，故只损兵一半。午时风起者，是冲动咸池也。来日寅时可再渡者，来日属丁卯，化贵人在酉，临于寅位，当有神助之福也。

占验033　陈占仕宦

○东省沂州名昌时王大行索占，崇正戊寅年三月丙寅日戌将卯时。[①]（《指南》）课式同前。

陈公献曰："在朝官占得此课，主有台省参劾。盖因官贵履天罗之位，禄马入空墓之乡，且身宅坐墓，必自甘受人欺，终难解脱。又传将逆行，三传递克，仕途得此，理应请告而退，否则必挂弹章矣。"后知为田大冢宰而占，果如此断。伊子仍被逮下狱。

占验034　陈占逃亡

○扬州北关外建龙寺僧人丽天求占，丙寅年四月丙寅日寅时。（《指南》）课式同前。

陈公献曰："神后蛇鬼临干发用，必有阴人往来缠绕。"僧默然久之曰："吉凶若何？"曰："干支首尾相见，一时不能拆离。且河魁加卯命，驿马临行年，必有相携而逃之意。然而传将互克，提防邻人有攻讦之事。"因而众施主送僧渡江，后复来扬，携妇而去。

占验035　苗占官讼

○天圣六年戊辰五月丙寅日申将丑时，丁卯人六十二岁，占讼。（《一针见血》、《玉连环》末卷）

```
        合勾青空
        子丑寅卯        虎贵阴合        官甲子合
    朱亥    辰虎        辰酉未子        子辛未阴
    蛇戌    巳常        酉寅子丙        父丙寅青
        酉申未午
        贵后阴玄
```

苗公达曰："主门户不宁。卑幼为尊长所欺，反有词讼，须坐狱两旬，必有贵人释罪。来日丁卯，便见官入狱也。"果是兄讼其弟，得大尹劝和。论曰：魁罡乘蛇虎立卯酉，故知门户不宁。三上克下，为幼度厄，故主尊凌卑。神后加丙为用，水在五月为囚气，丙火正旺，不受上神所制，则反起争讼。年上见戌，戌为日墓，故主坐狱。发用神后为甲子旬首，年上河魁为甲戌旬

[①]《指南》原文作："戊寅三月丙寅日辛卯时，东省沂州讳昌时王大行来燕京寓中索占。"

首，应以两旬为期。传中合阴龙，俱是吉神，又是比用课，故主和允。酉作贵人临日支，顺行与用神金水相生，故得贵人释罪。卯上见戌，戌为火墓，故在丁卯日见官入狱也。

占验036　陈占仕宦

○顺治五年戊子七月丙寅日，扬州兵盐道胡公相召未去，随令乔中军来占，指一"晚"字，算十二划，用亥时午将。（《指南》）课式同前。

陈公献曰："日得夜时，见官贵旬空，反为不祥之占。"曰："何故不祥？"曰："太岁发用克日，传将递互相克，提防台谏封章。且龙神克下，主朝廷台谏不喜。况干支俱伤，日禄空墓，秋末冬初，定有他忧忧矣。"后胡公请告未久，随被北台参劾勘问。

占验037　王占散轮

○扬商占散轮否。乾隆甲戌年六月丙寅日午将酉时。（《牧夫占验》）

```
    合勾青空
    寅卯辰巳          玄贵贵合        官　亥贵◎
朱丑      午虎        申亥亥寅        财壬申玄⊙
蛇子      未常        亥寅寅丙        兄己巳空
    亥戌酉申
    贵后阴玄
```

王牧夫曰："此等占，惟淮南盐务中有之，古之所无，故无成断模楷。夫轮之为象，循序动而不息，中传传送乃其象也。申又乘马，其象更的。贵人乘亥发用，贵为官，亥为监，盐官司之首，先发用作不备，是盐不足而贵为之踌躇也。申在中末，巳合之，金火相合，有疑而未决之象。然初末相冲，终必散也；散而不久，又必合也。其散期在秋后。"果验。口岸之盐，各旗挨次轮卖，散轮则由人越次而卖也。

占验038　刘占行人

○九月丙寅日卯将卯时，占行人。（《玉连环》末卷）

```
空虎常玄
巳午未申            合合空空            兄己巳空
青辰    酉阴        寅寅巳巳          财壬申玄
勾卯    戌后        寅寅巳丙          父丙寅合
寅丑子亥
合朱蛇贵
```

刘曰新曰:"此乃贵人占从人到否,须责天空。其人已动在路,巳乃地足为用,更在日辰上,主亥日当到。末寅作六合,乃船车动也。又寅申巳亥,乃传终也。"凡天驿二马加日辰发用,定主行人至,更传尽处定归。或传送在日辰之后,阴神在日辰之后,未到也。

占验039　邵占赴任

○徐经幹,辛酉生,三月二十日巳时生,四十八,占赴任。建炎戊申年六月丙寅日巳时未将。(《口鉴》)

```
勾合朱蛇
未申酉戌            青虎朱勾          子戊辰虎
青午    亥贵        午辰酉未          兄庚午青
空巳    子后        辰寅未丙          财壬申合
辰卯寅丑
虎常玄阴
```

邵彦和曰:"辰午申登三天课,因高峻而致危险。占行人不归,占疾病不起,今经幹占赴任得此,万不可往,恐有去无回。来年行年到寅,正是登三天,尤不可往也。"经幹不信,于己酉年七月动身赴任,八月到京西,庚戌年五月病死,自后子孙家眷俱不得归,以飞廉作白虎故也。①

占验040　陈占章奏

○兵桓孙鲁山先生,占上疏请告。崇正戊寅年三月丙寅日戌将申时。(《指南》)**课式同前。**

陈公献曰:"请告不允,更主升迁。盖因官登三天,又传将引进,安得退居林下乎?况青龙乘相气,太岁加行年,又生青龙日干,将来功名远大。"到后吏部复疏,旨意不允。旋历任宣大制台。

---

① 《口鉴》。愚按:六月飞廉在卯,不在辰。

占验041　邵占平生

○徐教授丙子命，十一月二十一日丑时生，三十三岁，占前程。建炎戊申年二月丙寅日亥将申时。(《口鉴》)

```
            合朱蛇贵
            申酉戌亥         合空贵合         财壬申合
         勾未    子后       申巳亥申         官　亥贵◎
         青午    丑阴       巳寅申丙         父丙寅玄☉
            巳辰卯寅
            空虎常玄
```

邵彦和曰："申本时临日，为日所克。丙为夫，申为妻，既从日上发用，空亡又临妻宫，必主克妻。亥数四，主克四妻。中年子息亦克，以六合不得地也。申为西南之金，到巳之炉冶上，必有声名于西北也。申为今日之马，干又坐本命之马而得长生，主为官至老不倦也。宅上丙火受寅而生，不可以外内言也。年将四旬必遇曹姓人而显官，亦终于六曹。亥为月将，不论空亡，但时少迟耳。月将乘贵人入传，四年之后，便显自绛帐，从此达于天庭。又寅来生身，十一月天马在寅，寅临天门，元武归本家，为黑煞，黑煞为刑职。中传既有天门，寅又在天门上，以天见天，必出疆见诸侯，然后入侍天子，处六曹中而带刑职也。寅申巳亥为四维，主代天子而守四方，必四任也。"徐君当年服满，得江州德化县令，次年二月赴任。五月丧妻杨氏，庚戌正月再娶李氏。辛亥年宣抚使刘大中保举，得诸王府教授。李氏又亡，又娶毛氏。此应中传之亥，自绛帐而入绛帐，从此达于天庭也。果然四年自诸王府教授出为饶州通判，丁母忧，服阕，得宣州通判。是时知州曹球乃秦太师上客，曹赴京，因荐之，徐随赴召。毛氏又卒，再娶江氏。转知江阴州军，召为监察御史，又除殿中侍御史，七月除吏部侍郎，出作奉使兼枢密院承旨，年八十六矣。①

---

① 《口鉴》。愚按：内有十一月天马在寅之句，今系二月占，非十一月占也，岂用其生月乎？○郑体功先生曰："命上丁神太常，又上下相刑，便有丧服之凶。财为妻，六合为子，受克发用，空亡加之；又得阴不备课，阳为尊，阴为卑，阴不备，亦是妻与子不足也。"

占验042　邵占身位

○何三公，丙午生，六十三岁，占身位。戊申年六月丙寅日未将寅时。

（《口鉴》、方本作《占案》）

```
蛇朱合勾
  戌亥子丑        合阴空蛇        官甲子合
贵酉    寅青      子未卯戌        兄己巳常
后申    卯空      未寅戌丙        子　戌蛇◎
  未午巳辰
阴玄常虎
```

邵彦和曰："干支带墓，第四课见子鬼发动，却又传归日上；六月死神在戌，作蛇，主有伏尸，带迷惑煞，殃及于人。因宅中皆是旧墓，前后俱有尸骸，鬼入四课，在内之鬼也。传出日上，渐次侵害于人也。主不出八年，痨病相缠，当死五人。中传虽有生气，受克化而为鬼，是以不利。戌年戌月，难以救也。"考何三公宅内，原是旧冢，闻此言，乃掘之，共掘出十四穴，皆无主之墓。庚戌年九月未日，何公不禄。七年之内，果丧五人。[1]

占验043　王占鬼哭

○某占宅内鬼哭。丁卯年未月丙寅日未将寅时。（《牧夫占验》）

```
蛇贵后阴
  戌亥子丑        后勾常蛇        官甲子后
朱酉    寅玄      子未卯戌        兄己巳空
合申    卯常      未寅戌丙        子　戌蛇◎
  未午巳辰
勾青空虎
```

王牧夫曰："鬼由四课发用，乃宅内之鬼。天后主哭泣，子属半夜，后为女鬼，仪神为尊长，当自东北而依西北迤逦哭去。主家中有月厌气事，此来警觉耳，于人无伤也。"中传巳作天空，天空乃奏事之神，又为月厌煞，又是生气，家中恐有糊涂不明事，不然何自宅内传归戌地？乃是日墓又归干上以墓丙火，支辰又乘墓，人宅招晦，不得分明，当慎之也。夫事见理明，尚义

---

[1] 郑曰：《毕法赋》云："两蛇夹墓凶难免。"此课凶矣。再详其凶所自，内发用见子水为鬼，自支上未传出，迤逦归于干上，未为天目煞，加宅主有伏尸侵害人也。

体仁，关照大局，弃小过，内外整肃，则祟可禳而祸自可远矣。

占验044 徐占来意

○**六月丙寅日午将未时，占来意。**（《一字诀玉连环》）

```
青空虎常
辰巳午未        蛇朱勾青        官甲子蛇
勾卯    申玄    子丑卯辰        官 亥贵◎
合寅    酉阴    丑寅辰丙        子 戌后◎⊙
丑子亥戌
朱蛇贵后
```

徐次宾曰："来意主北面近水酒筵间，与额尖眼小之人相争。又一贵人与彼相助照，乃息怒而欲见官，却得一姓王人劝合无事也。"盖值事门上见太常，主酒食，发用亥子为北面，又临亥为近水，神后为日之鬼，见蛇为眼小额尖之人。中传登明亦为日鬼，上见贵人，知与彼相助照。缘日上见天罡土能制亥子水，又主怒恶，故知息怒恶而欲见官。卦体比用，主和合，末传天魁临亥，主"王"字，故云"姓王人劝合"也。

占验045 黄占终身

○**吴公望问终身，即以生年月日时演课断之。康熙二十四年，乙丑岁五月初七丙寅日申将酉时。**（《残篇》）

```
青勾合朱
辰巳午未        玄常空青        官甲子玄
空卯    申蛇    子丑卯辰        官 亥阴◎
虎寅    酉贵    丑寅辰丙        子 戌后◎⊙
丑子亥戌
常玄阴后
```

黄断曰："初传旬仪，二十岁以前，自在快活之场，有无边之乐事。干支上神虽系龙常，各载鬼墓，鬼亦官也，官星入墓，功名有不蹭蹬者乎？宜其十赴棘闱①而悲于不遇耳。况甲科最要帘幕贵人得力，中传亥，幕贵也，兼是官星，乃又旬空，空则无力也。欲填实，除是有亥年之恩科，则填补而可望。又或有巳年之恩科，冲实亦可望，否则不能矣。末传子息又空，乃是天将后

---

① 点校者注：棘闱，科举时代对考场、试院的称谓。

加，后，妻也，妻室空而尚能育子乎？故须觅一肖夫之妾以填补之。邓攸之哭，① 吾知其可免矣。"

丁卯日

占验046　邵占失物

○某占失去麦面，未知何人所偷。九月丁卯日戌建卯将戌时。

　　蛇朱合勾
　　戌亥子丑　　　勾后常合　　　兄己巳常
　贵酉　　寅青　　丑申巳子　　　子　戌蛇◎
　后申　　卯空　　申卯子丁　　　父丁卯空☉
　　未午巳辰
　　阴玄常虎

邵彦和曰："据此课象，是人力勾引人来偷去。"后知果是人力与对门面店博士合偷。盖巳为炉灶，又铸印课，太常为博士，亦主酒食；中传戌为人力，末传天空，亦是人力，是两人力合偷也。申为麦面，阴神丑土墓之，而作勾陈，故主勾引也。②

占验047　王占官讼

○某占讼。己巳年五月丁卯日未将丑时。乙酉生，四十五岁。（《牧夫占验》）

　　朱合勾青
　　亥子丑寅　　　空贵阴勾　　　父丁卯空
　蛇戌　　卯空　　卯酉未丑　　　财癸酉贵
　贵酉　　辰虎　　酉卯丑丁　　　父丁卯空
　　申未午巳
　　后阴玄常

王牧夫曰："此讼乃见贵而起，罪重落狱遭戍也。盖发用天空，三传反覆是卯酉，卯酉乃私门也。贵人坐此，一官未了，又换一官，反覆不止一次。喜太岁上神亥克丁，乃是今日德神，年上辰戌为牢狱，乘白虎，故主落狱。

---

① 点校者注：晋代邓攸在战乱中舍子保侄，后终无子。邓攸之哭，指无儿也。
② 《方本》。愚按：此课不用元武断贼，而以初传断贼，兼以中末参之，最合古法。

阴神戌与命作合，罪止遣戍而已。且贵临卯酉，占讼多牵他人。"后果一一如占。

占验048　邵占家宅

○**某占家宅，正月丁卯日子将卯时。**（《方本占案》）

```
        合勾青空
        寅卯辰巳            阴蛇朱青         官甲子蛇
    朱丑    午虎          酉子丑辰         财癸酉阴
    蛇子    未常          子卯辰丁         兄庚午虎
        亥戌酉申
        贵后阴玄
```

邵彦和曰："此课占宅，主门户幽暗，有重丧，又阴小有灾。"盖子作蛇入宅为用，午作虎在酉上为末，以子午道路之神而作蛇虎临卯酉之上，是蛇虎加二八门也，故主重丧。况子加卯相刑也，午作虎，死气也，安得不凶乎？当年其人果死，其孙又亡。①

占验049　王占升迁

○**乾隆丙子年九月丁卯日辰将丑时，都转卢雅雨先生辛未生六十六岁，占迁官否。**（《牧夫占验》）

```
        蛇贵后阴
        申酉戌亥            贵合常后         财癸酉贵
    朱未    子玄          酉午丑戌         官甲子玄
    合午    丑常          午卯戌丁         父丁卯空
        巳辰卯寅
        勾青空虎
```

王牧夫曰："宪台不能升迁，安荣此任甚久。"公曰："三传递生人举荐，何故不能？"曰："递生虽属举荐，但是闭口，不能显荐。况公年命皆空，不能着实，三传是大概之象，年命方切于己耳。且丁神心动身动，实有所望，奈自乘墓，又与支神作合，所以安荣此任，不能升迁者也。"后果不能升迁，壬午冬告休而回。

---

①　愚按：郑本云："正月占不宜出路，似此方于子午道路之神句有着落。"○郑云："子酉午皆属妇人，子午为道路，酉为天鬼，恐是妇人在道路中染了疫气至家，以致满门受伤也。"○愚按：邵公最嫌天鬼，郑君补出此层甚是。

占验050　王占批词

○**乾隆乙亥年八月丁卯日辰将子时，占督院文书批发何如。**（《牧夫占验》）

```
        贵后阴玄
        酉戌亥子              阴朱空阴           子辛未朱
     蛇申    丑常          亥未卯亥         官　亥阴◎
     朱未    寅虎          未卯亥丁         父丁卯空⊙
        午巳辰卯
        合勾青空
```

王牧夫曰："省中文字不能如意，盐窝当大退。丙丁之日批，戊己之日到。"果于丁日批，己日到。批语与生意，甚无益也。连日大退数钱，甚验。凡占督抚大位，俱以岁破为用，岁破之上坐酉，正冲木局，故不能如意也。正时与朱雀六害，与卯相刑，何能有望？窝价是以必退耳。朱雀为批辞，遁辛克支，支为卑下，受墓受克，安得有好语乎？丙丁之日批者，未即丁，又辛与丙合，故以丙丁为期。戊己之日到者，马带己，又合戊也。

占验051　黄占委差

○**雍正乙卯年五月丁卯日未将卯时，阮帝臣老占求孔公司委买之事允否。**（《残编》）

```
        朱蛇贵后
        酉戌亥子              贵勾常贵           子辛未勾
     合申    丑阴          亥未卯亥         官　亥贵◎
     勾未    寅玄          未卯亥丁         父丁卯常⊙
        午巳辰卯
        青空虎常
```

黄断曰："求贵人，不宜贵空，空则无力。且夏令得木局，乃休气。休者，废也，不成之象。"果于七月另委他人矣。

戊辰日

占验052　王占失柩

○扬州某氏子求占父柩在何处，己巳年巳月戊辰日酉将丑时。

```
　　空虎常玄
　　丑寅卯辰　　　　蛇青朱空　　　财甲子青
青子　　巳阴　　　申子酉丑　　　子壬申蛇
勾亥　　午后　　　子辰丑戌　　　兄戊辰玄
　　戌酉申未
　　合朱蛇贵
```

王牧夫曰："尊人之柩在北门寺庵中，庵前有河一条，询之僧人便知。"此占因柩失，非问墓也，不可以墓论。发用青龙子水在申，申乃死气，而蛇居之；子由辰上发用，子为北，辰为关，故曰"北门外"。龙居辰上，主寺观。申与僧同音，故曰"询之僧人"。前有河一条者，申子辰合成水局也。占者父亡时，只数岁，后随姐迁于他处。及长，因母亡，欲奉柩合葬，其父柩在北门外庵中，只一姐夫知之，而庵中柩累累，询之僧人，乃得其父柩，即奉合殡。占者得此数，甚异之。①

占验053　邵占家宅

○叶某，庚戌生，五十九岁，占宅。建炎戊申年六月戊辰日未将酉时。（《口鉴》）

```
　　勾合朱蛇
　　卯辰巳午　　　　虎青空勾　　　兄乙丑空
青寅　　未贵　　　子寅丑卯　　　财　亥常◎
空丑　　申后　　　寅辰卯戌　　　子癸酉阴⊙
　　子亥戌酉
　　虎常玄阴
```

邵彦和曰："丑亥酉为极阴课，幸中末旬空，故虽有灾危，尚不致不测。只是子孙多，门户事扰，遂消折财本，晚年主不得意而死。不合土塞东门，门壁

---

① 《王氏占验》。愚按：王公不责白虎而论三传，极与邵公之法合。

外又不合堆木板。太阴乘酉加亥，败处乘空，母患酒病死，家业衰矣。"叶宅东边有门，果有泥土，乃戊辰干支皆土，丑土又加卯门之上发用，故主土塞东门。二木克干支二土，故知壁外有木板。课得极阴，主灾变，最喜空亡可解。今中末空，不入亥地阴极之处，故不致大灾，然毕竟阴耗财物也。子孙众多者，戊辰一带皆是东方丑寅卯之旺气也。甲子旬中乙丑、丙寅、丁卯乃真三奇，所以无灾。不合退归亥酉西北方，土败于酉，三奇亦暗，夫日月星辰倾于西北，自然消折也。母患酒病，死于辛亥年者，太阴为老妇，象母，酉乘亥为酒，太岁填实亥，仍入极阴不空也。男女七人，婚嫁所费，家业消缺乏矣。

占验054　陈占仕宦

○崇正丁丑年七月戊辰日午将巳时，淮阴蔡熙阳任北京中府时占楚省杨大司马①何日罢官。（《指南》）

```
    青空虎常
    午未申酉            青勾空青           官丙寅蛇
勾巳       戊玄        午巳未午           父庚午青
合辰       亥阴        巳辰午戊           父庚午青
    卯寅丑子
    朱蛇贵后
```

陈公献曰："司马寻入相出将矣，而以去任卜之，可乎？盖因发用驿马螣蛇，中末月将青龙，生日辰年命，又蛇化为龙，太岁作贵人居命，皆入相之征也。天罡加卯，静有动机，况课传天吏二马全逢，干乘月将青龙阳刃，支乘勾陈，出将入相无疑。"戊寅年正月，因召对称旨，果入相。己卯年督师剿贼，果出将。

占验055　王占月建

○乾隆戊辰年九月戊辰日卯将寅时，程桐江甲申命四十五岁，占月建休咎。（《牧夫占验》）

```
    蛇贵后阴
    午未申酉            蛇朱贵蛇           官丙寅青
朱巳       戊玄        午巳未午           父庚午蛇
合辰       亥常        巳辰午戊           父庚午蛇
    卯寅丑子
    勾青空虎
```

---

① 愚按：此必杨嗣昌也。

王牧夫曰："此课平看，不过鬼克不利而已，然关系甚大。"何以见之？今兹九月火潜之时，安得有此一派炎炎之气？午为阳刃，罗网缠身叠见，必有大缠绕事来累身。彼云目下无甚事，那得至此？曰："本月内要见，然终无碍，先凶后吉。"彼云："祸应主何人？"曰："发用别责，青龙作鬼，乃由别事而起。青龙为官位，木为舟车之官，必因此而起事也。"不数日，果为借河饷事波累及身数月，因审实无事。次年春月，复占月建，犹未吉，嘱慎防，后复为漕督所奏，几付部谳，仰赖恩旨，半路赦回。此课事关重大者，以太岁干支为日辰故也。火虽炎上，而火虚诞，中末相并不足，又兼生干，故有始无终，不须虑耳。凡螣蛇太旺，则主惊疑，此以阳刃罗网为利害也。

占验056　邵占前程

○建炎戊申年六月戊辰日未将巳时，徐将仕辛卯命三月三十日巳时生一十八岁，占前程。（《口鉴》）

```
　　空虎常玄
　　未申酉戌　　　　　虎青常空　　　　　子壬申虎
　青午　　亥阴　　　　申午酉未　　　　　兄　戌玄◎
　勾巳　　子后　　　　午辰未戌　　　　　财甲子后⊙
　　辰卯寅丑
　　合朱蛇贵
```

邵彦和曰："涉三渊课，主跋涉奔波，劳力无成。干支上午与未合，出身甚妙，历事三处，两丁上服，申为子孙，居午火阳刃上，而受下克，且乘白虎，主难为子息。中传同类为兄弟，加子息上，日后当以弟为子。末传妻交坐空，天后秽神加之，妻因生产而亡。涉三渊数，一传遂一传，又入空亡上去，主所授之差，一任远，一任劳。戊辰干支皆东南神，辛卯命又是东方，三传反流入西方，那更涉三渊，陷于西北，必主死于外州。传既不回，即子亦不能归也。四十五六岁，行年到子丑，为过三渊之外，然而落空，虽过得此年，亦不济事也。"徐二十五岁铨试中，当年授岳州尉。二十七丁父忧，二十九授浑州尉，三十岁丁母忧。三十三授复州司户，当年冬赴任。三十四妻因产而亡，止有四女，而以小弟为子。任满再授广西提学干官，又授广州东莞县令，四十五岁终于任，继子遂家于彼而不归。①

占验 057　郭占任地

○山西姚君昌祚于崇正丁丑年五月戊辰日未将辰时，占任所。（《郭氏占验》）

```
青勾合朱
申酉戌亥        合空朱青        财　亥朱◎
空未　子蛇      戌未亥申        官丙寅后⊙
虎午　丑贵      未辰申戌        父己巳常
巳辰卯寅
常玄阴后
```

郭御青曰："此课天上行年加申，为山西分野，岂有选本省之理？"官马临卫，禄临燕，余初断"非卫即燕"，后选新野周分，传课全无影响。余后详课情，数日夜乃得之。盖四课暗拱地盘周地也。此断在官禄马行年之外。余后占刘梦岩任所，②法从此出。课体隐现无穷，执一便谬。后遇占任所，又不必尽照此法也。③

占验 058　徐占来意

○十月戊辰日寅将亥时，占来意。（《一字诀玉连环》）

```
蛇朱合勾
申酉戌亥        合贵勾蛇        财　亥勾◎
贵未　子青      戌未亥申        官丙寅虎⊙
后午　丑空      未辰申戌        父己巳阴
巳辰卯寅
阴玄常虎
```

徐次宾曰："来意主西北上，出入干财。有李姓人无发鬟者，暗为鬼贼。其事自解，其财不得而主空回也。"何以知西北上出入干财？先锋与发用皆亥，亥主西北，又为日财，日马也。何以知李姓人无发鬟者为鬼贼？盖中传

---

① 凡间传多主阻隔而不顺利，其故则看初传。今初传是白虎，即以丁忧断之。○郑云：邵公以长生为父，沐浴为母，戊日申为长生，酉为沐浴，俱乘空亡，所以伤父母也。○郑云：占前程以行年为主，而逐年推之，兼详体用断其吉凶。

② 见癸亥日干上辰。

③ 愚按：占任所或占官职，以支上测之多验。然取象不易，即如此课，支上天空乘未，非野乎？是日初交未将，非新乎？合之非新野乎？如此取象，难乎不难乎？

功曹为木，下临壬水，配合为李字也。白虎主无发鬓人，为日下之鬼，故知此人为害也。言自解者，《经》云"鬼自受制，忧将自救"，寅木为日之鬼，上得白虎金制之，故曰"自解"也。其财不得而主空回者，盖发用登明为空亡，虽为日下之财，而时亦为空亡，岂不是空回也？

占验059　陈占兵乱

○顺治己丑年十一月戊辰日寅将戌时，山西司化南占地方安宁否。(《指南》)

```
朱合勾青
酉戌亥子            青蛇空朱          财甲子青
蛇申　丑空          子申丑酉          兄戊辰玄
贵未　寅虎          申辰酉戌          子壬申蛇
午巳辰卯
后阴玄常
```

陈公献曰："此地如何得无事？盖游都乘螣蛇临支，定有兵戈忧攘，但城中人民固结居守，粮草器械无一不备。因支生支上神，建壬为财也。初传见子，乃轻剽之兵，必自北而来，幸为中传辰土山冈所隔。干上昴星作日之盗气败气，来兵必败怯而退，但城中人民终于归顺。盖龙化为蛇，不能成其大事；传将三六相合，末传又生合初传，居守必然归顺矣。"曰："此敝地泽州也。"果一一如占。

占验060　陈占会试

○崇正甲戌年二月戊辰日亥将巳时，长兴前刑垣礼部王公继廉为人占会试。(《指南》)

```
朱蛇贵后
亥子丑寅            玄合常朱          财　亥朱◎
合戌　卯阴          辰戌巳亥          父己巳常⊙
勾酉　辰玄          戌辰亥戌          财　亥朱◎
申未午巳
青空虎常
```

陈公献曰："素所占者，皆不许中，惟此君必中高魁。盖因戊日返吟，是德入天门，又丑未两贵相加，斗鬼合为魁字，是以必中高魁，不须疑虑。冲克生空，必荷圣恩之象。"及放榜后，果中。王公三公子偕来相顾，乃长兴周仲琏先生也。①

己巳日

占验061　陈占会试

○崇正丁丑年滕县张公盛美有八门生会试，占何人中，正月己巳日巳时。（《指南》）

```
        贵后阴玄
        子丑寅卯             青贵合阴             子癸酉合
    蛇亥    辰常           未子酉寅           兄戊辰常
    朱戌    巳虎           子巳寅己           财  亥蛇◎
        酉申未午
        合勾青空
```

陈公献曰："惟戊戌者必中，余皆不然。"众友知六壬者曰："属牛属虎者中。"余曰："放榜时自验。"张公曰："公之断即与众不同，此乃吾本房首卷，亦望其中，然昨阅其文，恐未必然。"余曰："初末暗拱戌命，月将申贵临年，是以中甲无疑。朱雀又生幕贵，其文甚贴试官之意。"及放榜，果中。始知为常熟蒋畹仙也。

占验062　范占归国

○范蠡占越王回国，十二月己巳日巳时。（《直指》）

```
        蛇朱合勾
        丑寅卯辰             玄蛇后合             官丁卯合
    贵子    巳青           酉丑亥卯           财  亥后◎
    后亥    午空           丑巳卯己           兄辛未虎☉
        戌酉申未
        阴玄常虎
```

《笔尘》云："越王于十二月己巳日巳时占欲回国，当是十二月初，太阳尚在丑宫，则木局官鬼，旦暮皆乘白虎，谓之催官使者，故劝王驰马速归，稍迟至午时，即无禄之课矣。"

---

① 愚按：此课之所以中者，实赖太阳填实空亡耳。

占验063　陈占祈雨

○崇正十一年三月天气亢旱，莱阳台中迟公因怀宗祈雨，占何日有雨。己巳日戌将丑时。(《指南》)

```
　　空虎常玄
　　寅卯辰巳　　　　合空青常　　　官丙寅空
青丑　　午阴　　　　亥寅丑辰　　　财　亥合◎
勾子　　未后　　　　寅巳辰己　　　子壬申贵☉
　　亥戌酉申
　　合朱蛇贵
```

陈公献曰："巳午之日，先有狂风起，出旬甲日小雨，乙日大雨。"盖斗罡加未为风伯，又发用功曹克日，故主有狂风。贵人登天门，青龙飞天，皆行雨之象。因中末亥申空亡，故言出旬有验。甲日小雨者，乘休气空亡也。乙日大雨者，子卯相刑也。

占验064　王占走失

○**乾隆丁丑年亥月己巳日卯将辰时，占走失，十二岁。**(《牧夫占验》)

```
　　勾青空虎
　　辰巳午未　　　　合勾青空　　　官丁卯合
合卯　　申常　　　　卯辰巳午　　　官丙寅朱
朱寅　　酉玄　　　　辰巳午己　　　兄乙丑蛇
　　丑子亥戌
　　蛇贵后阴
```

王牧夫曰："连茹之课，当数人同行，今已退归，不能远去。"干上午，属姤卦，姤者，遇也。午阴得日支青龙，少刻即是，验甚。近事急遽看天罡，天罡临宅，加孟亦不碍，当即见也。

占验065　提刑占宅

○六合朱科院，在西南社坛废址白站起宅第，斯人富豪权势，竟往县中请佃，盖欲阻当。彼处有人妒其所为者，往邵提刑卜课，问其起宅吉凶。(《一针见血》)

```
空虎常玄
午未申酉           虎空玄常           子壬申常
青巳    戌阴       未午酉申           子壬申常
勾辰    亥后       午巳申己           父庚午空
卯寅丑子
合朱蛇贵
```

邵提刑曰:"课得昴星,三传申申午,犯重沓金神白虎;旧址上神祇往来之处,又值火旺,本人辛亥生,火克金,犯初传,又犯本命,又犯岁君,然西南方有佛地,亦被他害。屋宇未十分完备,不及一年,伤害宅母并中子。本人因南首有火发,飞火近燎于本宅,新屋片瓦不存;本人惊后得患,半月后亦死矣。"①

占验 066　提刑占讼

○扬州钱阴阳,一日与堂叔争分家私,因殴死其叔,受陷于囹圄,已及二载。一日邻人携其子,往邵提刑占问六壬。犯罪者甲辰生。课式同前。

邵公曰:己巳日得申申午,昴星云虎视眈眈,此课险恶。且喜天乙乘天马,合起皇恩,天将又吉,然末传火,反克用神之金。火生人,旺于午,合寅午戌。寅上日德朱雀,末又救神值天后,②他日朝廷必有恩赦,至期人恐被喝③而出狱无罪。半月后果有赦至,乃高宗宴驾,孝宗登极,此赦书轻重罪囚释放得脱。④

占验 067　某占家宅

○正月己巳日子将酉时,占宅中景象。(《方本占案》)

```
勾合朱蛇
申酉戌亥           蛇勾后朱           子壬申勾
青未    子贵       亥申丑戌           财  亥蛇◎
空午    丑后       申巳戌己           官丙寅阴⊙
巳辰卯寅
虎常玄阴
```

---

① 愚按:此课不载月将正时,未可执一。
② 愚按:此句有讹。
③ 点校者按:喝,或当为"赦"。
④ 《一针见血》。愚按:此课亦不载月将正时,然玩此断语,当是绍兴壬午年四月申将未时占。

断曰："主家中有妇人，损了牙齿。近又新修厨灶，地上用新砖铺砌。"盖申加巳作勾陈发用，巳为双女，申为骨牙，乘勾陈主损折，且又传破也。巳为炉灶，乘旺相，主新修。果其人有乃妹缺口齿，而灶新修。

占验068　灵文来意

○六月己巳日午将酉时，占来意。（《指归灵文论》）

```
    朱合勾青
    寅卯辰巳              后朱蛇勾          官丙寅朱
蛇丑      午空          亥寅丑辰          财　亥后◎
贵子      未虎          寅巳辰己          子壬申常⊙
    亥戌酉申
    后阴玄常
```

断曰：发用在天乙前，中末在天乙后，此名传阳入阴。申主道路，又为足神，① 发用朱雀，主先见外来远信，远处官员遣人送书至，亦主官员罢职之信至也。

占验069　捷录占讼

○康熙乙巳年二月十二己巳日戌将申时，高邮王周士都司不说某事，代占友人，壬子生，四十四岁。（《捷录》）

```
    青勾合朱
    未申酉戌              合青蛇合          财　亥蛇◎
空午      亥蛇          酉未亥酉          兄乙丑后⊙
虎巳      子贵          未巳酉己          官丁卯玄
    辰卯寅丑
    常玄阴后
```

断曰："日上乘岁官符，支上亦是月官符，是占此人之讼也。讼因奸诡蔽匿，事干朝廷；鬼乘元武，已入宅也，当破家荡产，死中复生。盖四下生上，为源消根断，且破败临身，岁破发用，支神死气，用起返魂也。讼累多官，三传初中遁乙，末又鬼也，必须坐狱，法司械系。初旬空，中关神，命又乘寅鬼，奸吏为祸，故李抚臣起讼端。然始凶终救，必得恩赦，宥死发配。盖酉加巳为配，且日上年上乘皇恩，命上见月德也。"后方知贾象因李抚臣诈赃

---

① 末传为足。

事，因盗窝以致朝廷罪谴。况午加辰，为朱雀入勾陈，午加病符，是旧事复发。

庚午日

占验070　王占休咎

○孙履安代姐占休咎。姐癸亥生，六十五岁。乾隆庚午年二月庚午日亥将卯时。（《牧夫占验》）

```
  贵后阴玄
  丑寅卯辰              合后蛇玄           父　戌合◎
蛇子　　巳常          戌寅子辰           官庚午虎⊙
朱亥　　午虎          寅午辰庚           财丙寅后
  戌酉申未
  合勾青空
```

王牧夫曰："弟占姐，用起支上，得相气之局。财又居支，天后临于其上，其家必富厚也。但嫌本命空亡，官星入墓，主早年守寡。然女利幽贞，不宜火局旺相，干支又交互相克，家庭中必主官非口舌，皆由无和气而参商耳。末传见天后，却得好归结。"

占验071　某占讼事

○某占讼事，庚午日午将未时。

```
  合勾青空
  辰巳午未              合勾青空           官庚午青
朱卯　　申虎          辰巳午未           官己巳勾
蛇寅　　酉常          巳午未庚           父戊辰合
  丑子亥戌
  贵后阴玄
```

断曰：午作青龙，吉合在后。奈午是今日支辰，又是今日之刑，而德神遭刑之克；中传巳加午，又刑申，下又见午刑也；末传辰加巳，又刑也。此之谓助刑伐德，事虽小而必大。三者来攻，天上德又临在酉，作白虎，以此占讼，深为不利，即家国平安，亦防寇盗也。

占验 072　邵占失银

○某占失银，庚午日子将丑时。（《方本占案》）

```
合朱蛇贵
辰巳午未            合朱蛇贵        官庚午蛇
勾卯　　申后        辰巳午未        官己巳朱
青寅　　酉阴        巳午未庚        父戊辰合
丑子亥戌
空虎常玄
```

邵彦和曰："其物在南方，炉灶近水边，湿泥土中藏之。或落水缸畔，中有杨树枝，及有水果处寻之。"盖南方炉灶者，发用午巳蛇雀也。近水湿泥者，乃午未上遁得壬癸也。类神酉临火墓作太阴，是以银不出去也。① 后果于灶边水缸下寻见。

占验 073　邵占失银

○某寻银未见，再占，庚午日子将酉时。（《方本占案》）

```
青勾合朱
申酉戌亥            蛇勾后朱        兄癸酉勾
空未　　子蛇        子酉寅亥        子甲子蛇
虎午　　丑贵        酉午亥庚        财丁卯阴
巳辰卯寅
常玄阴后
```

邵彦和曰："银在南方，炉灶前水湿处寻之，乃自家人盗耳。"盖辰作元武，当主仆辈。酉作类神，作勾加午，末传更见太阴临水，太阴亦类神也，故主在水湿处寻之。果然。凡占失物，须看类神，类神在传，或加日辰，定见。传日不出日，传时不出时，宜秘之。②

---

① 吴稼云曰："午发用，南方也。传入巳，故在灶下也。末见辰，作六合，乃水缸也。"
② 吴稼云曰：大抵类神并见者，则合而断之，此秘诀也。今乃悟之矣。○愚按：类神未见，则以初传为方向类神；已见，则以类神所临处为方向。

占验074　徐占官讼

○**壬寅年六月庚午日午将午时，占讼。**（《一字诀玉连环》）

```
      勾青空虎
      巳午未申           青青虎虎            兄壬申虎
   合辰    酉常          午午申申            财丙寅蛇
   朱卯    戌玄          午午申庚            兄壬申虎
      寅丑子亥
      蛇贵后阴
```

徐次宾曰：六庚日伏吟者，古法以申寅巳为三传，一书以申寅申为三传。余尝谓刑始于寅，终于申。甲戊丙日，当尽三刑，庚日先刑而后冲也。壬寅秋七月，余以陇西公事，匿村落中，父即求课于元公，得庚午日午将午时，三传申寅申，将虎蛇虎。至壬申日，勾唤余妻到官，以中传寅为妻爻，为用申所克也。余于是日避难，赴官出头，盖传送白虎俱为道路，故壬申日动也。此日余妻回家，余仍下村去。至戊寅日，唤余至州，盖应中传寅字，为庚日之天马也。至己卯日，闻陇西公承服，余复下村去。至壬午日断讫，盖庚日课中正是畏其螣蛇也，至壬午日制之矣。又发用申与白虎俱是七数，二七一十四数，彼以己巳日入州，壬午日事毕，恰是十四也。戊申日余始归，盖末传申为归计，申乃庚之本位也，故申日至家矣。先锋门为日破，主破财；又中传寅为财爻，被初末二申制之也。传送主姓张人，先锋门午，亦姓张人，案吏姓张，住正南胜光也。占亲人请客亦姓张，往西南传送也。破财二七之数，同前数也。余父经两个月对问，应余命上大吉，为父母爻，见天乙，主动官也。所居村去州七里，连高阜，盖中传寅为东北，为七里，建得戌字，寅配艮为山，得戊寅即阜也。村名黄村，戊土黄也。申数亦七，而止言七里者，伏吟主近故也。

辛未日

占验075　徐占来意

○六月辛未日午将亥时，占来意。（《玉连环》）

```
        朱蛇贵后
     子丑寅卯        青贵朱玄         兄癸酉青
    合亥    辰阴     酉寅子巳         父戊辰阴
    勾戌    巳玄     寅未巳辛         子  亥合◎
     酉申未午
        青空虎常
```

徐次宾曰："来意主酒筵间，有姓刘人做媒说亲，一席便成，其新妇必是亥生也。"盖时上见太常，主筵会；值事门见六合，为和合；又为日干子孙，酉为酒发用，子孙上见六合，岂不是酒筵上与子孙说亲也？发用从魁为今日等辈，酉为金刀，故言姓刘。上见青龙吉将，主婚姻礼仪之庆。时为日劫煞，主紧急。又中传天罡为天马，故言一席便成。其新妇亥生者，以末传登明为子孙，故知为亥生也。

占验076　邵占功名

○长星见于西方，蔡太师免为中太乙宫使，占以后功名。崇宁丙戌年四月辛未日酉将寅时。（《方本占案》、《一针见血》）课式同前。

邵彦和曰："酉作龙为用，酉于辛为上元真禄。寅乃地下真官，又是天吏，中末自刑而生合。相公目下虽有挠，全罪有赦，将来朝廷必大用，权威震上矣。"① 后庚寅年，出居杭州，壬辰年，果再入朝大用。② 大凡四上克下，名无禄。天动于上，为纯阳，阳主动。若久困在下者，遇之而发，居家者出。

---

① 愚按：月将乘青龙，主入相。何故未之言及？此必转抄者遗之也。
② 愚按《纲鉴》：丙戌二月，蔡京有罪，免为中太乙宫使。丁亥正月，为尚书左仆射兼门下侍郎。戊子正月初太师，己丑六月免，十一月诏以太师致仕，留京师。庚寅五月，彗出奎娄，再贬为太子少保，出居杭州。壬辰二月复太师。夫应辰年者，月将青龙日禄之六合也。

占验077　陈占仕宫

○崇正壬午年十一月辛未日午时，桐城方大中丞潜夫奉诏进京索占。（《指南》）

```
    空虎常玄
    子丑寅卯           合常空后           兄癸酉合
青亥    辰阴           酉寅子巳           父戊辰阴
勾戌    巳后           寅未巳辛           子　亥青◎
    酉申未午
    合朱蛇贵
```

陈公献曰："此去颇不得意而归，前途且遇大兵侵界。盖游都临支，贼符克干，格合无禄无路，安能得意乎？"曰："病乎？"曰："病符坐空，阴神又制之，何虑乎病？所虑者，老母病耳。然母年生于甲子，寿合九九之数，因行年到申，见财则母被克矣。"果至青州，遇兵不能进。及至京，授天津屯田巡抚。甲申年，李贼破京，遂归。乙酉年，母寿终。

占验078　王占人在何方

○丙寅年十月辛未日卯将午时，吴畹春占侄在中不知何往，并问吉凶。（《牧夫占验》）

```
    勾合朱蛇
    寅卯辰巳           青朱朱后           子　亥虎◎
青丑    午贵           丑辰辰未           父辛未后⊙
空子    未后           辰未未辛           父辛未后⊙
    亥戌酉申
    虎常玄阴
```

王牧夫曰："目今在西南方，有杨姓人牵引而去。十二月必得信。"彼曰："去已一年，吉凶若何？"曰："马作长生，土神生日，何必虑乎？"至十二月果接信云："因杨姓结伴，往河南固始县去买粮食。"诸人叹服。盖巳马居西南，又支来加干，未属羊，羊杨同音，故拟姓杨人也。

占验079　王占疾病

○乾隆己巳年未月辛未日未将午时，某占子病。（《牧夫占验》）

```
        勾青空虎
        午未申酉              虎空阴玄              兄壬申空
     合巳    戌常            酉申子亥              子  亥玄◎⊙
     朱辰    亥玄            申未亥辛              兄壬申空
        卯寅丑子
        蛇贵后阴
```

王牧夫曰："主腹中有冷病，或上或下，乃痼症也。"曰："然，可得愈否？"曰："此病婴之于身，终难愈矣。夫以一辛金而生二水，亥上乘元脱尽辛干之气，支上申酉重金坚固不化，金寒水冷，何能望愈？发用申乘天空，亥武居中，申为传送，空无所阻，而痰得以上下往来，中见亥为痰母，故时好时发，医无益也。逢金之岁，命难保矣。"后果验。

占验080　王占官讼

○乾隆己卯年巳月辛未日酉将申时，占己酉命人官讼，三十一岁。（《牧夫占验》）

```
        勾青空虎
        午未申酉              虎空阴玄              兄壬申空
     合巳    戌常            酉申子亥              子  亥玄◎⊙
     朱辰    亥玄            申未亥辛              兄壬申空
        卯寅丑子
        蛇贵后阴
```

王牧夫曰：此代占也。其友人之母，已经改嫁，常来取索。一日先服毒药而来，其家恰门闭未开，坐移时，吐黑水而死，友人代占其吉凶。余曰："冬蛇掩目，主有凶事。上申下申，中见自刑之水，主毒在中，或上或下，其象如此。其友人命在酉，上见戌而空，而年立岁破，[①] 幸不至受刑落狱也。贵人坐丑冲支，其事可释。"后果验。然事有权宜，生母非他人可比，千求万乞，不宜拒绝，当顾养身，始为合理。今年立申酉顽金坚固之乡，而戌酉又在不明之地，亦为子者不善处耳，致有此不幸之事也。呜呼！能如范文正公者，有几人耶？

---

① 原作太岁，讹。

壬申日

占验081　徐占来意

○**四月壬申日申将未时，癸酉命人占来意。**（《玉连环》）

```
    蛇朱合勾
    午未申酉        青勾常虎        官乙丑常
  贵巳    戌青      戌酉丑子        子丙寅玄
  后辰    亥空      酉申子壬        子丁卯阴
    卯寅丑子
    阴玄常虎
```

徐次宾曰："来意主在外，因姓王人失了水牛一只，为眼疾老男子、老阴人相逐，牵牛往东北去，其牛终不得见也。"何知在外失牛？盖时与日干三合，故言在外，不言和合而言失物者，未时为日鬼故也。何知姓王人失牛？发用大吉为日鬼，下临子水，水数一，配土为王字。大吉为牛，中传功曹乘元武，克大吉，为贼，岂不是失牛也？言水牛者，月建得壬字，故言水也。何知患目老男子并老阴人？盖寅为老翁，元武为眼疾人；卯上见太阴，主老阴人。寅卯相连，故言逐也。言东北者，下临丑也。何以知终不得见？以占时发用，本命上神，俱为日鬼，又日干落空亡，故言终不得见也。

占验082　徐占来意

○**四月壬申日申将午时，占来意。**（《玉连环》）

```
    朱合勾青
    未申酉戌        虎青阴常        兄甲子虎⊙
  蛇午    亥空      子戌卯丑        子丙寅玄
  贵巳    子虎      戌申丑壬        官戊辰后
    辰卯寅丑
    后阴玄常
```

徐次宾曰："来意主人出外，东南上干财。因姓崔人成合交易，此人内怀欺诈，终不敢发。又有一属犬人姓王，欲相侵害，终而自解。"何以知之？发用神后，将得白虎，主道路。又天魁临支，为斩关，故言出外。午时为日干之财，乘螣蛇，下临辰，故言东南上干财。末传天罡为山，加寅配艮为叠土，艮数八,似为人傍,以山配叠土,又有人傍,是崔也。然天罡为日鬼,何以姓崔人成合交易?缘天罡临寅,自受其制,又为中传功曹制之,故不能为鬼,反为我照应,但怀欺诈而不能害也。天罡为虚诈之神,克日,故主欺诈也。支上天魁为属犬人,日上大吉为姓王人,皆为今日之鬼。而侵害自解者,日既落空,彼我不见,孰为争也?

占验083　王占弃产

○**乾隆己巳年未月壬申日未将辰时,某占弃产。**（《牧夫占验》）

```
青空虎常
申酉戌亥          后常朱后         财己巳朱
勾未  子玄       寅亥巳寅         父壬申青
合午  丑阴       亥申寅壬         兄　亥常◎
巳辰卯寅
朱蛇贵后
```

王牧夫曰:"此屋有两房人居住,甚安。若卖此屋,外人不得买,日后归本家。"盖因日去加支,受生,得太常眷属之神加于亥上,亥主双,故主有两房人居住也。外人不得典买者,课上之寅入于宅内作合,成了不备。寅上后,与亥同气,若要买,必有本家之人作阻,此宅不得为外人有也。申乃日之长生,亦即亥之长生,壬带冲绝,则亥与壬同气而踞其上矣。后果未得卖,至今尚是两家同居。

占验084　徐占来意

○**四月壬申日申将辰时,占来意。**（《玉连环》）

```
勾青空虎
酉戌亥子          后虎朱阴         官辛未朱
合申  丑常       辰子未卯         兄　亥空◎
朱未  寅玄       子申卯壬         子丁卯阴☉
午巳辰卯
蛇贵后阴
```

徐次宾曰:"来意主家中不和。其妻姓王,性甚刚暴,常口舌争斗,因此休弃,后因生子而复还合也。"何知内事不和?盖日辰三合带鬼,天后为妻,乘天罡,下临子,故知姓王。天罡主欺诈凶恶,故知性暴。因口舌相争休弃者,以卯酉为门户,朱雀从卯上发用,主口舌。占时用传皆克日,日既落空亡，不能相争故也。卦得曲直，为子孙爻，占时与日支合，用传与日干合，内外俱合之象。向之所谓占时用传俱鬼，今得子孙制之，是因生子而复还合也。

癸酉日

占验085　陈占婚姻

○顺治己丑年五月癸酉日申时，李庚白占婚姻。（《指南》）

```
       蛇贵后阴
     辰巳午未          阴玄空青        官辛未阴
  朱卯    申玄         未申亥子        财庚午后
  合寅    酉常         申酉子癸        财己巳贵
     丑子亥戌
       勾青空虎
```

陈公献曰："占婚必成，成后必有讼。盖因日干上下相合，支上神又生干，女愿与男连姻。喜财官旺相，夫妇偕老、有子之象也。有讼者何？中末生助初鬼，克害日上龙神，又财乘旬鬼，必主因妻致讼。"果娶来月余，前夫之弟告理，破财百金。庚寅岁果生佳儿。

占验086　某占生产

○六月癸酉日午将卯时，占生产。（《一针见血》）

```
       合勾青空
     申酉戌亥          朱后朱后        官甲辰后
  朱未    子虎         未辰未辰        官丁未朱
  蛇午    丑常         辰丑辰癸        官庚戌青
     巳辰卯寅
       贵后阴玄
```

断曰："腹中必有双儿，然恐子母当日死。"因天罡为鬼，为墓覆干，魁罡又是刑祸，三传皆土克干，又伤破支上神，《经》曰"罡作天后临日上，主伤胎"，子作白虎临宅，又是母位有破，日辰尽伤故也。

占验087　郭占出行

○崇正癸酉年十二月癸酉日丑将申时，占出行。（《郭氏占案》）

```
青空虎常
戌亥子丑              朱玄空蛇              官辛未朱
勾酉　　寅玄          未寅亥午              兄甲子虎
合申　　卯阴          寅酉午癸              财己巳贵
未午巳辰
朱蛇贵后
```

郭御青曰：癸酉年冬，余与同袍内弟张君公函、王君肇兴约春正公车同行，得此课。初末引从日干，必不能同行。一在余先，一在余后也。果张公函于正月初三庚寅日先行，余于初八乙未日行，乃发用也。王君尚未卜行期，余密示余弟季升："王君必于子日行，今且勿言，言则有意迁就矣。"王君果于正月二十五壬子日行。盖张行于初传之地盘，王行于末传之地盘，干为余居中，真引从也。人一动一履，莫非前定？奇哉！

占验088　某占家宅

○辛卯年正月癸酉日亥将巳时，占宅。（《一针见血》）

```
空虎常玄
亥子丑寅              勾阴常朱              子丁卯阴
青戌　　卯阴          酉卯丑未              父癸酉勾
勾酉　　辰后          卯酉未癸              子丁卯阴
申未午巳
合朱蛇贵
```

断曰："课得返吟，主门户内有私财，外人欲来争夺。"盖酉是宅，为门，太阴为私财，则水日逢丁，兼下克上，亦为财也。勾陈主争，卯私门入太阴，主私暗隐藏之财。未作雀，加癸为官鬼。未是兄弟，丑年曾争论，今年再论，丑刑未故也。小刑大，为逆乱之刑也。

占验089　陈占功名

○顺治辛卯年三月癸酉日戌将卯时，扬州粮厅周公相召，占功名若何。（《指南》）

```
        青勾合朱
        子丑寅卯
    空亥    辰蛇         空蛇朱玄           子丁卯朱
    虎戌    巳贵         亥辰卯申           官　戌虎◎
        酉申未午         辰酉申癸           财己巳贵⊙
        常玄阴后
```

陈公献曰："太岁乘朱雀发用，事干朝廷，主有文书之动。嫌中末财官空陷，占功名必有始无终。支上月建蛇墓克日，主上台不足。幸初末两贵拱支，中传虎鬼冲螣蛇，以凶制凶，目今修为，可以少解。然贵入空墓，龙禄克绝，终非善后之象。且太岁坐克方，武申临日上，必有喜里成嗔、贪污败名之事。"后果被总漕吴公参罢。

占验090　邵占家宅

○建炎己酉年八月癸酉日巳将申时，占宅。（《方本占案》）

```
        合朱蛇贵
        寅卯辰巳
    勾丑    午后         朱后阴虎           财庚午后
    青子    未阴         卯午未戌           子丁卯朱
        亥戌酉申         午酉戌癸           兄甲子青
        空虎常玄
```

邵彦和曰："凡四正相交，非死即败。今午加酉，作后发用，午火至酉而无光，① 天后水又败在酉上，既用死败神，则主男女淫奔。② 今加于宅，主此宅有淫乱不明之事，大不可居。"占者不听，竟居之。后果公淫其媳，家丑外扬。盖子作龙加卯，为无礼刑。龙乘水则脚浮，戌加日上主动，故应此也。

---

① 郑云：三交课体已主暗昧不明之事，邵公每出新意，而曰午火到酉而光没，则宅之昏暗更也。

② 如何用死败神便主淫奔？盖败者，败门风也。干尊支卑，午作天后加支，阴神再见子孙，是子之妻也。奈何发用而与干上戌三合乎？水日逢丁则妻财动，奈何与干上戌又六合乎？岂非新台之事乎？

占验091　某占来意

○三月癸酉日酉将未时，占来意。（《指归灵文论》）

```
    朱合勾青
    未申酉戌            常空贵阴            官乙丑常☉
  蛇午    亥空          丑亥巳卯            子丁卯阴
  贵巳    子虎          亥酉卯癸            财己巳贵
    辰卯寅丑
    后阴玄常
```

断曰："来意主行人进发，复有盘桓，往还三日，而再发立至。"盖大吉是阳局之神，退而临亥，亥为阴局之用神，退在阴局。凡春冬占得者，主发动而复还。以月建而言，丑是十二月建，亥是十月建，丑至亥三位，即三日也。癸日为占者身，发用丑，此人必动。末传巳作贵人，加卯，凡末传为足，卯酉为门户，贵人临此，为人身与足俱动矣，故云立至也。

壬占汇选卷之二

甲戌日

占验092　郭占吉凶

○崇正九年丙子岁三月甲戌日酉将酉时，自占吉凶。(《郭氏占案》)

```
    勾青空虎
    巳午未申              玄玄蛇蛇          兄戊寅蛇
合辰　　酉常              戌戌寅寅          子辛巳勾
朱卯　　戌玄              戌戌寅甲          官　申虎◎⊙
    寅丑子亥
    蛇贵后阴
```

郭御青曰：末传马载虎鬼，课传天将皆恶，犹幸申空，到七月月建填实可畏。四月辛巳日，又占得亥辛一课。三传午未申，蒿矢带金射中伤身，进茹主事体瓜蔓相缠，又幸申空，亦虑七月填实。两课一意，余每对亲友言知，避居乡村。至七月廿八忽有不相干事，被人缠绕，余欣然顺受，不与较，数日而纷定。人皆服予之量，余安命而已。凡遇凶课，守正可免，不则凶。如分数而止，愈横命愈决裂，于天何尤？人自作孽也。①

占验093　陈占雨泽

○顺治庚寅年五月甲戌日申将未时，因亢旱占雨。(《指南》)

```
    青空虎常
    午未申酉              后阴合朱          财庚辰合
勾巳　　戌玄              子亥辰卯          子辛巳勾
合辰　　亥阴              亥戌卯甲          子壬午青
    卯寅丑子
    朱蛇贵后
```

---

① 愚按：前课申鬼，应在月建；后课五鬼，应在日辰。七月廿八实庚午日也。申鬼空亡，五鬼蒿矢，皆为无力，故数日而纷定，况加以逆来顺受乎？

陈公献曰："明日必雨，六日后连雨。"盖天罡加卯，日居贵前，虽三传火土，亦主大雨。况龙神飞天，贵人居子，皆行雨之象。因神后加亥，故知明日必雨。辛巳居中传，壬午临巳位；巳中丙火暗与辛金作合，化而为水；又辛壬上见亥子，壬癸加临巳午。果六日后连雨。①

占验094　陈占枚卜

○崇正丁丑年七月甲戌日巳时，浣中刘太史占经筵讲官曲沃李括苍太史枚卜果否。（《指南》）课式同前。

陈公献曰："太史将来大拜，目今尚未可得，还有丁艰之事。"刘曰："括苍无父母，如何丁艰？"答曰："仕官逢罗网，主有此应。目下未得入相者，盖嫌初传辰卯相害，中传勾陈脱气也。喜末传月将青龙，是以将来大拜耳。"后屡次枚卜，未点入阁。己卯年丁庶艰归。癸未年冬月始拜相，奉命督师剿贼。

占验095　王占月建

○乾隆辛巳年八月甲戌日巳将辰时，乙未命人四十七岁，占月建。（《牧夫占验》）课式同前。

王牧夫曰："干上卯木乘朱雀，与支之戌交车合，正时发用冲破支辰，主因尊长之财而破财事。虽有始无终，然要费口舌破财，八月甚平常耳。盖支仪为尊长，卯乘朱雀与之合，是因尊长口舌也。支为财，初传与正时为财，是因财而破财也。年上丑贵又与支相刑，戌支又坐酉月上，故主重重破财。若不忍耐顺受，恐致官非。喜三传辰巳午皆火，有始无终耳。"果其人本月内，因其父昔日借有银两，来索不婉转而使气，债主欲到官也。验甚。

占验096　王占失物

○己巳年酉月甲戌日巳将辰时，占失脱。（《牧夫占验》）课式同前。

王牧夫曰：有友在寓所，失去人参二两来占。余细详之："今早有二人至，一人穿土黄衣，一人穿栗色衣。物之失也，在此。"友云："今早来者所穿衣不差，彼坐吾床边，不语即去，并无他人至。数甚奇妙。"盖凡脱气皆为失物，发用即贼之身，六合乃朋友之象，辰之姓又可知也。其衣黄者，辰土；

---

① 愚按：三四全逢亥子，又作雷公，且乘太阴、天后，即主大雨连日也。

栗色者，六合木临土也。发用为财作六合，乃有手足之物。巳午旺气生天医，非人参而何？

占验097　邵占考试

○**甲戌年十二月甲戌日子将戌时，占试上舍。**（《一针见血》）

```
       贵后阴玄
       未申酉戌              青虎蛇合           财庚辰合
  蛇午      亥常              寅子午辰           子壬午蛇
  朱巳      子虎              子戌辰甲           官　申后◎
       辰卯寅丑
       合勾青空
```

邵彦和曰："是登三天之课。天罡为天关，功曹为天梁，六合为天门。三天俱动，必主身动。动则有挠，不能中也。末传旬空乘天后而败于午，主二妻。子乘白虎加宅，宅近水而子防水厄。"果考试不中，其子在秋间坠水，几死，赖人救之。

占验098　壬占应候

○**己巳年五月甲戌日丑将戌时，在三义阁夜坐，忽闻响声如雷，友人占主何应候。**（《牧夫占验》）

```
       蛇朱合勾
       申酉戌亥              玄空蛇阴           官　申蛇◎
  贵未      子青              辰丑申巳           父乙亥勾⊙
  后午      丑空              丑戌巳甲           兄戊寅虎
       巳辰卯寅
       阴玄常虎
```

王牧夫曰："丑为太阳乘丁，戌是大墓，与丑相刑，日支又加闭口，恐有火物伤人之事。从支，非天上，不是雷声。三传递生，白虎克支，皆主地上。"次日知是南门外走了火药，伤死扒灰者数人。

占验 099　苗占婚姻

○**五月甲戌日未将得卯时，三十五岁妇人占亲事。**（《玉连环》末卷、《一针见血》）

```
勾合朱蛇
酉戌亥子        虎后合虎        兄戊寅后
青申  丑贵      午寅戌午        子壬午虎
空未  寅后      寅戌午甲        财甲戌合
午巳辰卯
虎常玄阴
```

苗公达曰："尔有二夫，正夫不告而去，偏夫已入群贼中，音信不通。尔今年求别嫁，有邻家一仆作媒，必有新喜，但请成之。"议曰：阴不备，是妇人不贞之兆。[①] 法以青龙为夫，乘申金克日，又属空亡，主逃窜，是不告而去也。青龙之阴神为偏夫，见子水乘蛇，主阴私隐匿。再传子上是辰，乘元武，是入贼党。课得炎上，夏旺则为新，三合六合则为喜。法以纳音为媒人，甲戌是阳火，取午为媒位，午上见河魁为奴仆。今日支干在传，为邻近，故云邻仆。妇人行年在戌，上见功曹，夏寅木休囚，课传属火，夏为正旺，故有再嫁之说。初传天后，与日辰相生而气和，必成之理也。果然。

占验 100　王占盐船到期

○**辛巳年八月甲戌日巳将丑时，李仁夫占盐船何日到泰州。**（《牧夫占验》）

```
朱合勾青
酉戌亥子        后虎合后        兄戊寅虎
蛇申  丑空      午寅戌午        子壬午后
贵未  寅虎      寅戌午甲        财甲戌合
午巳辰卯
后阴玄常
```

王牧夫曰：此以类神并传上决之。卯为舟车，卯坐亥上受生，无险失阻滞。传出炎上火局，火最迅速，戌为仪神，支辰为卯之合神，何阻之有？戌为仆，乃遣去探信之人，六合即卯，为舟临于其上，午为姤卦，姤者，遇也。仆到，船已到，今日即抵泰州矣。戌坐午上，故有此应。此翁占二数，非丑

---

① 此一句拿定主宰。

即未，乃贵为财，主由贵处见财也，时为目前，故应日内。

占验101　某占省试

○**三月甲戌日酉将卯时，某秀才占省试回家望得失之信。**（《方本占案》）

朱蛇贵后
亥子丑寅　　　　合亥后青　　　　兄戌寅后☉
合戌　卯阴　　　戌辰寅申　　　　官　申青◎
勾酉　辰亥　　　辰戌申甲　　　　兄戌寅后☉
　申未午巳
　青空虎常

邵彦和曰："占求官、望文字，榜以捷报即至矣，当在四十九名中式耳。"果当日报至，中四十九名。盖课传俱马，又乘青龙，作官星，禄又得后，故主得官。天罡加支，望事立至，用事严紧，故报速来。①

占验102　邵占逃亡

○**二月甲戌日亥将卯时，占失人。**（《直指》）

贵后阴亥
丑寅卯辰　　　　后虎虎合　　　　财甲戌合
蛇子　巳常　　　寅午午戌　　　　子壬午虎
朱亥　午虎　　　午戌戌甲　　　　兄戌寅后
　戌酉申未
　合勾青空

邵曰："支戌刑未，未临于亥，当于西北亥方寻获。未八亥四，四八三十二里。亥为水，亦为楼台，未为酒食，藏于近水酒馆中，悉验。"②

占验103　陈占会试

○**崇正戊辰年六月甲戌日亥时，占长兄公明进京会试。**（《指南》）**课式同前。**

陈公献曰："吾兄必联捷而去。盖因河魁临干发用，贵居命年上下，又太阴临卯，传将递生，格合盘珠。喜朱雀遁乙奇乘长生旺气，文字甚贴试官之

---

① 吴稼云曰："三传俱空，何以竟置之不问？"○愚按：三月辰建，辰土生申，又三课四课俱能生申，故虽空而亦中也。然三传毕竟空亡，恐居官不久耳。

② 愚按：此断不用课传，与邵公之断法不类，然载于《直指》，姑录之以备考。

意。传送加子，箭必中垛，是以中甲无疑。"放榜时，果中三十九名。后官至大元戎，晋宫衔，封治安伯。

占验104　伍员占国政

○**三月甲戌日丑时，伍员为吴王占。**（《吴越春秋》）

```
        蛇朱合勾
    寅卯辰巳            合空虎阴          官　申虎◎
  贵丑　　午青          辰未申亥          子辛巳勾⊙
  后子　　未空          未戌亥甲          兄戌寅蛇
    亥戌酉申
    阴玄常虎
```

吴王疾愈，大纵酒于文台，范蠡与越王俱起为吴王寿，吴王大悦。明日子胥入谏，且曰："大王初临政，负玉门之第九，诚事之败无咎矣。今年三月甲戌，时加鸡鸣，甲戌岁位之会将也。青龙在酉，德在土，刑在金，是日贼其德也。知父将有不顺之子，君有逆节之臣。"①

占验105　徐占来意

○**戊戌年八月甲戌日辰将未时，占来意。**（《一字诀玉连环》）课式同前。

徐次宾曰："来意主七月中，劝和公事到官，以所得财尽数搜检，法拟断徒罪。申上至来年正月文字来，只得杖罪，以寄居作日月相折，无事而出。"何以知七月公事劝和到官？盖发用传送，为七月建。以正时为日干财，上得六合，又为日贵，故主劝和公事到官。以所取财数，检法定徒罪。而申上者何也？盖时为日干财，并日贵，又发用申为日鬼，上带白虎，又为日刑，中传太乙，上得勾陈，与日为刑害，末传得螣蛇。此课始末俱凶，主重刑，而只言拟定徒罪者，盖值事门得天空，又发用空亡，中传临空亡故也。然不言解散而言拟定申上者，盖时犹未解也。缘白虎乘秋金正旺，而又为刑害，故言拟定徒罪也。何以知至正月文字来，止得杖罪，以寄居作日月相折无事而出者？盖七月白虎鬼旺，至十二月支干并无制白虎者。至来年己亥岁正月建丙寅，能制虎，且白虎传送金至寅而绝，又为旺火所制，又太乙与螣蛇二火至此俱旺，共为救神，又初中申巳俱空亡，故知正月间无事得出也。

---

① 《直指》注引《笔尘》解曰：课名蒿矢，申为旬空，加亥为六害，又为日破，又为日鬼，三传刑战，干克支上神，支克干上神，满盘略无和气，故主有逆子叛臣也。

占验 106　王占流年

○癸酉年正月甲戌日亥将寅时，辛卯命人四十三岁，占流年。（《牧夫占验》）

　　青勾合朱
　　寅卯辰巳　　　　合贵后常　　　　官　申后◎
　　空丑　午蛇　　　辰未申亥　　　　子辛巳朱⊙
　　虎子　未贵　　　未戌亥甲　　　　兄戌寅青
　　亥戌酉申
　　常玄阴后

王牧夫曰："此数宜出外，不利家居；宅多蔽塞，不利妻妾，多主丧亡也。"盖干人支宅，干动支静，干男支女，干外支内，此两仪之定体也。今干乘旺而支衰否，是人吉宅凶，利动不利静，宜男不宜女，宜外不宜内，故曰宜出外不利家居也。且马乘天后相生，动之顺者也。干见太阳长生，末见青龙德禄，由动得吉者如此。宅逢纯土，未贵墓干，又未戌为闭口，妻位当之，卑幼之位当之，岂不兆丧亡者乎？况命年俱逢刑，久恋于家必受其害。后出外果清吉。家中妻死子亡，口舌频频，妾自缢。家破人宅分离。其验如此。①

乙亥日

占验 107　郭占行人

○戊寅年七月乙亥日午将戌时，占望行人。（《郭氏占案》）

　　青空虎常
　　丑寅卯辰　　　　虎后贵勾　　　　财癸未后
　　勾子　巳玄　　　卯未申子　　　　兄己卯虎
　　合亥　午阴　　　未亥子乙　　　　父乙亥合
　　戌酉申未
　　朱蛇贵后

郭御青曰："占行人，驿马类神不入传课，极难捉摸。墓从宅上发用，当于此日起身。奴仆天空乘寅临午，又千里看太岁所临，当于壬午日至，或者

---

①　愚按：未贵墓干，未戌闭口，何致如此之凶？盖干支全逢丧吊，而三四课纯土克尽干上亥水长生也。

癸未日。乃发用墓神上乘太冲白虎，只此二日可望。"果于壬午日离府四十里为雨阻，癸未日至。为雨阻者，涉害故也。果是乙亥日动身。

占验108　中黄占讼

○**十一月乙亥日丑将巳时，壬子命人占讼。**（《中黄经》）

```
    蛇朱合勾
    丑寅卯辰           合虎常贵         财癸未虎
贵子    巳青          卯未申子         兄己卯合
后亥    午空          未亥子乙         父乙亥后
    戌酉申未
    阴玄常虎
```

断曰："未乘白虎，本宜有凶，幸遁得癸水生干，自是救解。且贵人遁得丙子，来日上生日，更为救神。末传又喜亥为长生，是以来往有喜，纵白虎落壬，亦免责矣。"①

占验109　某占生产

○**乙亥日□将□时，占生产。**（《一针见血》）

```
    青空虎常
    巳午未申           后后勾勾         财庚辰勾
勾辰    酉玄          亥亥辰辰         父乙亥后
合卯    戌阴          亥亥辰乙         子辛巳青
    寅丑子亥
    朱蛇贵后
```

断曰："占产凶，生不下，子母俱死。"盖伏吟课，阴阳各伏其家，万物未萌，滞而不通，故生不下。且日辰相刑，刑又发用，乘勾陈土，其凶可见，即龙后不能救助也。

占验110　徐占来意

○**四月乙亥日申将未时，占来意。**（《一字诀玉连环》）

---

① 愚按：《中黄经》用遁干，自成一家之言。厥后《银河棹》宗之，张星源、金竹江咸用之、重之、注之。朱氏恒则谓："断来情，当用遁干变化参论。若断休咎，不必用变求奇。"此诚确论。即如是课，贵作恩星，初墓末生，即无责罚，不必尽因癸丙两干也。

```
    空虎常玄
    午未申酉              蛇贵空青            财丁丑蛇
  青巳    戌阴            丑子午巳          兄戊寅朱
  勾辰    亥后            子亥巳乙          兄己卯合
    卯寅丑子
    合朱蛇贵
```

徐次宾曰："来意主人外出，取索旧财两重。系丑年交易，其钱三百二十贯。至六月得五十六贯，至十二月再索此钱，主口舌相争，却赖姓董人劝和而得也。"何以知索旧财？缘时为日干财，值事门见白虎，主道路，又发用大吉，亦为日财，大吉土无气，故言出入取索旧财两重。系丑年交易者，发端门是丑也。三百二十贯者，盖大吉财八数，螣蛇四数，相乘得三百二十贯也。六月中得财五十六贯，何也？盖时为日干财，小吉八数，白虎七数，相乘得五十六也。缘白虎无气，又未为六月建，故言六月中先得五十六贯也。至十二月再索，主口舌相争，得董姓人劝和，尽得之者，何也？盖大吉为财，为十二月建。中传功曹为等辈，上得朱雀，主口舌争竞。末传卯主千里，六合为草头，配成董字，又六合为和合之象也。

占验111　郭有为而占

○**戊寅年七月乙亥日巳将辰时，有所为而占。**（《郭氏占案》）**课式同前。**

郭御青曰："进茹主事尚不了，末传归禄作六合将，大吉丑乘螣蛇，因旧年事惊疑。进而寅卯比日。更奇者，夹定虚一，所欠者财。然行年在辰，为补欠。奇妙奇妙。"

占验112　邵占风闻

○**戊戌年六月乙亥日未将巳时，汀州府戴公讳仪占风闻朝廷有文字的否。**
（《方本占案》、《一针见血》）

```
    青勾合朱
    未申酉戌            玄后勾空          官  申勾◎
  空午    亥蛇          卯丑申午          财甲戌朱⊙
  虎巳    子贵          丑亥午乙          父丙子贵
    辰卯寅丑
    常玄阴后
```

邵彦和曰："七月内必有朝廷文章来，被蒿恼不得意而动。盖初传勾陈乘岁马作鬼，中传雀乘太岁，末传贵人，月建前一辰为用，故应七月。申为传递，又为道路，带鬼克日，故来速也。"果于七月癸巳日文字来，充替河州。

占验113　邵占平生

○宣和癸卯年三月乙亥日戌将午时，林子成丙辰生四十八岁，占平生养息。(《口鉴》，《捷要》，《青钱秘诀》)

```
       合朱蛇贵
       酉戌亥子            青玄贵勾            财癸未青
   勾申    丑后            未卯子申            父乙亥蛇
   青未    寅阴            卯亥申乙            兄己卯玄
       午巳辰卯
       空虎常玄
```

邵彦和曰："凡占课，见传送空亡克日，不可者四：一者养鹅不得，二者不得为医，三者不得买碓，四者不宜为道士。"林曰："我自二十七岁亡父，二十九岁买得一水碓及磨坊，日与人争讼，今十七年矣。累得累失，是我命不招乎？"先生曰："汝命不得碓磨力，莫妄用心。支上幸有卯在长生上，一为驴骡，二为竹木，三为术士沙门，三者皆汝前程，必遂所得也。"林遂弃碓磨养孳畜，多种竹木，有牝驴二头，七年生五驴，竹木又盛茂。先生过其门，林再三拜谢。① 先生又谓之曰："卯可舟车，何不兴贩？"林又从之，数年大发。乡人叩问曰："向者指彼数事，全皆大遂，可见吾丈神术有准。"先生曰："大不然，是此人造化所该耳。"盖乙日木局，全旺在卯，卯生于亥，故卯全有气也。玄武入庙，又就本家生旺，此所以大全美也。且曲直木局，生于亥，旺于卯，末传逢禄逢旺，诸事遂意，尽在末也。初限未八卯六，相乘得四十八，折半得二十四，又加卯木三数，共二十七年，正在父母荫庇之下享福。十六岁娶妻，财又大盛。至二十六岁限足，二十七岁交中限，父母便死。何以知其父先死？因中传亥加未上，亥属乾，乾为父，亥又为乙木之父，下被未克，上见螣蛇凶将，所以先丧父也。二十九岁买水碓磨坊，争讼十七年犹不已者，是申加辰，申七辰五，五七三十五，空亡减半，得十七年。申空加日上，是平生所不利，故因碓磨而费十七年之财。若申不是鬼，犹不至于讼。予相见时，林年已四十八岁，遂令息争改业，而向驴骡船只竹木营生，今已

---

① 《邵公占验》多系门弟所编，故称先生。

酉年已五十四岁矣。现在末限，末传卯加亥，卯六亥四，相乘得二十四，折半为一十二，加亥四数，共十六数，五十六岁交末限，尚有十六年财利。此限亥与玄武水并力生卯禄旺，是以诸事如意。三传三限也，大凡日上所见者，生我即利，脱我即为彼所苦。我克者为财，克我者，文武职人则为官，常人则为鬼。同类加干，则是兄弟助我也。或又问曰："中限父亡之后，累累官司，何也？"先生曰："是螣蛇相扰，又申亥六害。害者，害我也。"或又问曰："初传未亦可以养羊卖酒，中传亥亦可以养猪，何独取卯乎？"先生曰："曲直全在于卯，且乙禄到卯，长生于亥，故取其全盛之地营之。若未加卯，亥加未，皆受下克，故受生为利，受克为害也。"①

占验114　陈占金兵

○顺治戊子年二月乙亥日亥将未时，兴化台中李少文先生相召江宁牛湾园，虑金兵东下占。（《指南》）课式同前。

陈公献曰："金兵不但不能东下，且不能持久也。盖游都居西南恋生，又离日辰远，虽有贼符临干支，② 水陆布有伏兵，然乘死绝之气，况初传休囚夹克，末传建旺制初，是守坚敌弱，故知其必不东下，而又不能持久也。但太岁合木局以生春夏之木，只今颇能坚守。一交丑年，巳酉丑金局破坏传中之木，即难支吾矣。"次年正月果验。

丙子日

占验115　祝占边事

○十月丙子日卯将申时，上宣谕占边事。（《一针见血》）

```
    蛇朱合勾
    子丑寅卯          合常常蛇          官丙子蛇
  贵亥    辰青        寅未未子          子癸未常
  后戌    巳空        未子子丙          父戊寅合
    酉申未午
    阴玄常虎
```

---

①　愚按：此课及丁巳日干上亥课，断语最为详细，宜熟玩之。
②　愚按：巳申子卯为贼符。

祝泌奏曰："臣详此课，三上克下，日阴不备，日之支来就日之干，而有客来伤主，主乃藏伏，谓腾蛇在巳，为入穴故也。此课宜固守，若论四课不备，又皆克下，势在再虞。惟勾陈是卯，与日干上子，不相伤；而玄武属金，反来克勾陈。又游都在日后，主寇添兵未已，卒战未利。若固守二三日，庶有解围之期。臣曾占此事，皆见白虎临月建。月建者，城邑也，即安丰之境土也。白虎为戎兵动挠，其所乘属火。今日丙上见子，足以制之，虽危而安。惟固守勿轻出战，过此三四日，自可保全。若轻动，则招忧也。"[1]

占验114　徐占来意

○**四月丙子日申将丑时，占来意。**（《一字诀玉连环》）

```
合勾青空
子丑寅卯           青阴阴合           官丙子合
朱亥　　辰虎       寅未未子           子癸未阴
蛇戌　　巳常       未子子丙           父戌寅青
酉申未午
贵后阴玄
```

徐次宾曰："来意主内外和合之事，又主添妾媵之喜。"盖丑时与日干三合，与日支六合，故言内外和合事也。日上神后水，时上天后水，不言鬼者，缘先锋门得大吉土，值事门得勾陈土，为今日之子孙爻，以克死绝之水，水岂能为鬼也？太阴主妾媵，六合主和合婚姻，青龙主喜庆，此课始末俱吉，岂不是和合添妾媵之象也？

占验117　徐占来意

○**四月丙子日申将酉时，癸巳命人占来意。**（《一字诀玉连环》）

```
青勾合朱
辰巳午未           后阴空青           子甲戌后
空卯　　申蛇       戌亥卯辰           财　酉贵◎
虎寅　　酉贵       亥子辰丙           财　申蛇◎⊙
丑子亥戌
常玄阴后
```

---

[1] 愚按：祝泌，字子泾，善六壬，著有《六壬大占》进呈。此课只云"祝氏占"，安知非祝泌也？故书其名焉。

徐次宾曰："来意本人于家西耕荒地种麦，至麦熟时，有带官人来割麦。"曰："是我之地。相争到官，劝和。得麦一半，归其地。"何以知之？缘酉时与日干三合，故言外。酉为西方，故言家西耕荒地也。酉为日下之财，不言金玉而言麦者，若妇人占，酉财为金玉首饰之类；今老农来占，酉为小麦，既为日下之财，故言麦也。值事门及中传，上见天乙，故为带官人。何知相争到官？盖日上见天罡，为自己怒恶。时为日贵，中传又得天乙，为动官之象。何知劝和，得麦一半？盖时与日合，卦又得比用，故主劝和。申酉为财而空亡，故主得一半也。

占验118　陈占东省

○崇正辛未年四月丙子日酉时，莱阳迟公相召占东省地方安否。(《指南》)

```
勾合朱蛇
巳午未申        玄玄勾勾        兄辛巳勾
青辰　酉贵      子子巳巳        财　申蛇◎⊙
空卯　戌后      子子巳丙        父戊寅虎
寅丑子亥
虎常玄阴
```

陈公献曰："东省齐分，主有伏地兵将作乱，两军敌战，尽遭伤也。日上勾陈月建被支之玄武将星克制，且乘天鬼凶煞，是以有伏地兵将屠杀破城之虞。又传将递克，伏吟见驿马，官防参劾，人民流离。冬月水旺时，玄武得令必应矣。"闰十一月，孔、耿、李三将作乱，破山东七州县，人民逃窜。总兵张可大自缢，巡抚孙元化逮问典刑。[①]

占验119　邵占升迁

○己酉年十月丙子日卯将丑时，冯知丞戊辰生四十二岁，占升迁。(《口鉴》、《方本占案》)

```
朱蛇贵后
未申酉戌        青虎贵朱        子庚辰青
合午　亥阴      辰寅酉未        兄壬午合
勾巳　子玄      寅子未丙        财　申蛇◎
辰卯寅丑
青空虎常
```

---

① 愚按《明鉴》：孔有德、耿仲明、李九成，本毛文龙部曲。文龙死，走入登州，擢为偏将。至崇正四年闰十一月，三人遂反，陷莱县、临邑、商河、新城、登州、平度。崇正六年始平。

邵彦和曰："登三天，本主升迁之象，但嫌登不过关。关者，日干是也。既不过关，难以升迁。若跳过，则又进锐退速。白虎入宅临父母，目下必因丁艰而阻。且主父母棺内白蚁食坏，以致不利子孙，遂成灾咎。服满之后，虽得一任差遣，恐不能终任矣。"① 知丞乃机宜之弟，课象主服不利，彼此相同，② 果因阻服未升迁。及举母棺，欲与父合葬，因起父坟视之，尽为泥水白蚁伤坏，遂不敢葬。续有堪舆人，言此地本吉，因葬高，露风不利，若葬低便发。知丞又来占，极断其不可，而知丞不听，竟合葬焉。及服满，授黄州推官，赴任数月，因病假归，十二月卒。夫日干是丙，即身也。辰、午登天，至撞巳而止；末传虽透过巳去，却是空亡。所谓登不过关，及身而止也。行年未上见酉，再作空亡，逢空则止，运亦尽矣。③

占验120　苗占盗贼

○五月丙子日申将午时，二十六岁人占失贼。（《玉连环》末卷）

```
      勾合朱蛇
      未申酉戌              虎玄朱勾              子庚辰虎
  青午    亥贵              辰寅酉未              兄壬午青
  空巳    子后              寅子未丙              财  申合◎
      辰卯寅丑
      虎常玄阴
```

苗公达曰："主尔父及兄弟度关而遭贼失财，兄被贼伤左目，其贼不能捕也。"议曰：天乙临酉，门户不宁。丙以寅为日本，白虎加之，是长上惊危。寅为天梁，卯为天关，恶人在上，自然度关而财遭贼劫。丙以巳为兄，午为弟，日上勾陈为斗敌。五月作四月节，大煞、月厌俱在未。未临巳，主损左目。法以四孟为头目，寅巳为左，申亥为右，玄武上下不战，又青龙六合，飞腾万里，主贼有庇佑，必难获也。

---

① 愚按：六害主阻隔，课得交车害，白虎为丧服之神，加于父母之上，故云因丁艰而阻也，况干上又是吊客乎？服满得一任者，青龙发用也，不能终任者，中传得阳刃，末传即空亡也。

② 机宜课见丙子日干上戌。

③ 郑曰：正时太常遁丁主孝服，正时为目下，上见卯为丙之母，故知其母孺人难久远也。白虎主丧，寅为丙之父，加子，子神后，断母亦确，究竟寅为父，辰墓覆其上，白虎乘之，白虎主白蚁，是父坟内有白蚁满蚀，不利子孙者，子又为子息，子水病在寅，带白虎加之故也。

占验 121　邵占前程

○己酉年十月丙子日卯将戌时，冯机宜丁亥生二十三岁，占前程。（《口鉴》、《方本占案》）

```
         蛇朱合勾
         戌亥子丑            蛇常空蛇            兄辛巳常
      贵酉    寅青         戌巳卯戌            子甲戌蛇
      后申    卯空         巳子戌丙            父己卯空
         未午巳辰
         阴玄常虎
```

邵彦和曰："此课前程未通，① 是任必见回避，定是阻服，服满后得差，又合回避所恼，尚有九年端坐，方得出头，数以尽矣。"② 盖卯来克戌，戌去墓丙，丙即巳，遂走入宅，为宅所克，此乱首自下犯上，照管堂上孺人，既有大灾难治，皆自己命滞，所以如此。夫丙火败于卯，墓于戌，败神逼克戌墓，戌墓遂来墓日，日遂奔入宅被克，是去住皆不容。日上戌五，宅上巳四，共九数，故主九年。九年后，卯主事，卯败丙，加丙墓上，即是败木，乃棺椁入墓，自然死也。然卯为今日之母，母既先入墓，次及我身矣。冯乃侍制之子，授江州安抚司，十二月母死阻服。癸丑年再授洪州添差通判，因妹丈除江西运使，遂回避，得台州崇道观，二十个月得病，戊午年卒。

占验 122　陈占升迁

○顺治戊子年四月丙子日辰时，东省孙兴功老师占左方伯赵福星先生何日升。（《指南》）③

```
         贵后阴玄
         亥子丑寅            后青空贵            兄壬午青
      蛇戌    卯常         子午巳亥            官丙子后
      朱酉    辰虎         午子亥丙            兄壬午青
         申未午巳
         合勾青空
```

---

① 愚按：支为任，太常破碎加之，故云阻服。○郑云：阴神见戌，戌是正时，主目下即见丧服。
② 愚按：巳为德禄。太常与支三合，故癸丑年洪州添差通判，无如仰丘俯仇，故又回避。○郑云：初传是兄弟同官一处，例当回避，正应《毕法》所谓"权摄不正禄临支"也。
③ 愚按：辰时必错，当是卯时。

陈公献曰："在任占得此课，不惟官难满任，且有意外之忧。盖龙神乘旺气发用，理应升迁，但恶太岁作鬼冲克青龙，惊忧在所不免。且财官禄马俱入空绝，意外之虞必应矣。"六月升抚台，余以为所占不验，未几疽发于背而死。余然后信其数之莫能逃也。①

丁丑日

占验123　陈占奏章

○崇正癸酉年二月丁丑日午时，松江沈云生太仆被京营曹大司礼化淳参劾，占回奏吉凶。（《指南》）

```
    蛇贵后阴
  戌亥子丑              贵青空后          兄辛巳空
 朱酉    寅玄           亥午巳子          子甲戌蛇
 合申    卯常           午丑子丁          父己卯常
  未午巳辰
    勾青空虎
```

陈公献曰："天空发用，主为章奏而占。大凡有官君子占得铸印，必主面君奏事，迁官转职。"曰："看回奏若何？"曰："日禄之阴制禄，罚俸止矣，官何碍乎？交仲秋时，天吏皇诏生日，青龙日禄居丑，必然荣擢吴越斗牛之地。虽嫌四课上下冲害，又喜交车合禄，先虽参差而后和好也。"及回奏，果罚俸。秋升闽抚，有功，寻授两广总督。

占验124　陈占扬城

○顺治二年乙酉四月二十五丁丑日，大兵用铳攻扬城，守西门将士索占吉凶，酉将辰时。（《指南》）课式同前。

陈公献曰："游都建旺发用，忌临畏地，主大兵迫于不得已而死战也。今日支干虽旺相，然旺相之气在外，休囚之气在内，城安能保乎？嫌中传被支所刑，辰时又来冲破，铸印见刑冲，则为破印矣。且戌为州城牢狱，勾陈又克日上神，破城放狱，应在顷刻。"果于午后旧城破矣。

---

① 亥贵临身，是以升官；而禄临绝地作天空，天空主痈疽；马临空地。

占验 125　陈占升迁

○崇正庚辰年正月丁丑日卯时，潘云从占安庆抚台郑潜庵先生升迁。（《指南》）

```
    朱合勾青
    丑寅卯辰            空阴贵勾            兄辛巳空☉
蛇子     巳空           巳酉亥卯            子丁丑朱
贵亥     午虎           酉丑卯丁            财　酉阴◎
    戌酉申未
    后阴玄常
```

陈公献曰："不惟难以迁转，且当请退。盖传递生空亡，太岁龙神落陷，干支互乘死气，诸事只宜休息。况春得金局，名四时返本煞，定然官难满任。一交巳年，即当请告矣。"果于辛巳年被安庆缙绅参劾而回。又被徐抚台接参，奉旨逮问。李贼破京方归。

占验 126　邵占前程

○建炎己酉年闰八月丁丑日巳将酉时，王得俊辛巳生二十九岁，占前程。（《口鉴》）

```
    勾青空虎
    丑寅卯辰            常贵朱空            兄辛巳常☉
合子     巳常           巳酉亥卯            子丁丑勾
朱亥     午玄           酉丑卯丁            财　酉贵◎
    戌酉申未
    蛇贵后阴
```

邵彦和曰："卯木生丁火，而不知火败于卯，又天空乘之，是虚生也。虚生不足，而实脱有余。此下稍功名，不就之象也。卯木不足生丁火，而丁火却克巳酉丑金为财。初不知巳火兄弟占酉为财，发用则非丁所得也。中传虽是财库，无奈酉财在末传而空，是库中无财也。末见酉作贵人加宅上，只是下稍买一武官，作名目耳。"王得俊家富而好学，人颇推重，伊惟以功名是望。及闻此断，伊不信曰："我自有拗命文章。"谁知后过三五举，并无寸进，始觉此课有验。遂罄帑库之财，买一副尉，欲图试，又不中。徐侍郎在处州，与他权监酒县，后因呼为有干，终于此而已。大凡卯木加丁，是真生也。卯木却有败火之意，是木太旺，火不能胜，反被木压灭也。如木败于子，子乃太盛之水，反将木泛起，泛则根浮，又何生之有？酉财是空亡，是竭财而买小武官也。夜贵在宅，是不仕之官也。

占验127　衍断鹦鹉

○**宋仁宗失鹦鹉，九月丁丑日辰将未时，四大王占之。**（《玉连环》末卷）

```
   合勾青空
   寅卯辰巳       常后朱青       官丙子蛇
朱丑   午虎       未戌丑辰       子庚辰青
蛇子   未常       戌丑辰丁       子甲戌后
   亥戌酉申
   贵后阴玄
```

帝自详之，以为昴星，寻生物不复见。酉加子，鹦鹉飞于北方，况阴神见白虎，是猫伤矣。责酉为羽毛飞禽之属也。越四日庚辰，忽宫人报鹦鹉在东南葡萄棚上，特诏楚衍问之。衍奏曰："据课象，鹦鹉飞在东南林木之间，被罗网缠而不死。今日庚辰不得，来日辛巳有刺面戍人捕得之来献。"果至辛巳日兵士获鹦鹉来献。论曰：从魁为羽毛中斗禽，鹦鹉能言之禽，未尝有斗性，只以朱雀为类。今朱雀临辰，辰为东南，辰中有乙，为林木。辰为天罗宫，朱雀乘大吉临辰，大吉是丁丑日支，天罡是本月月将，故知不失。刺面戍人来献者，丑为雀，雀阴河魁，丑戌相刑，法以刑为刺。然庚戌被丁丑克，故头面带破也。

占验128　轸占贡使

○**庆历八年郝太尉统兵河东，忽探报云西番有使者入界，太尉遂召元轸占之。时八月丁丑日得未时，以月将天罡加未。**（《玉连环》末卷、《一针见血》）**课式同前。**

元轸对曰："据此课象，有阴谋亏损主将，及军兵之事。切勿与相见，见则必至无礼，内生恶意。"太尉曰："奉使乃好事，却课象不吉，未知祸生何处？"轸曰："皮革之间，必藏凶器刃物，宜预备之。"太尉遂传令，进奉人等可将随身所有刀枪之物先于界牌之外搜索，逐队罄身而入，到帐相见。其进奉人等各物件并于城门前，逐一搜检，稍有锋刃之物，尽收纳于城门之外，候回程日，仍旧给付。次日，令番将担擎礼物赴厅排列，并是朱红漆皮笼十余只。番使曰："笼内有香药、金银酒器、盘碟之属。"太尉问轸曰："此言实否？"轸曰："昨日之课,有阴谋狡计在皮革之间。"遂令军士千人围之,先打开一只,内果有刀刃,即时将番使擒下,次将皮笼尽行打开,并是阔刀衣甲枪头铁锤之物。太尉大怒,番使曰:"我等奉大王命令来谋算招讨,取夺城池,不期神明洞察致败露矣。"议曰:课得阴日昴星,主有阴谋诡计及惊恐;又魁罡在日辰,主欺诈奸恶。子水克日加卯,为鬼贼临门户。上乘螣蛇凶将,无礼刑战。又太尉行年在子,受卯上螣蛇之刑,乃来使有无礼之谋、巧算之意。八月建酉,月建主州府,上见白虎,乘午火,午火为皮革之类,午是败火,酉是旺金,火不自胜,灼烁无功。上乘白虎凶神,邀入金器,乃主毒藏皮革之中。子水克日本凶,却得辰戌土神在干支之上而为救援,故主败露不成凶矣。

占验129　邵占前程

○建炎己酉年六月丁丑日午将未时,应贡元戊辰生四十二岁,占前程。
(《口鉴》、《方本占案》)

```
        青空虎常
        辰巳午未              贵蛇空虎          官丙子蛇
    勾卯      申玄          亥子巳午          官乙亥贵
    合寅      酉阴          子丑午丁          子甲戌后
        丑子亥戌
        朱蛇贵后
```

邵彦和曰:"令弟年久而得朝郎,奈后不永。吾丈虽未第,而前程未易量也。此实阴德所致,日后必然位至郎官。"应曰:"何以言之?"邵曰:"此课虽魁度天门,不作阻隔论。乃六仪扶护,三奇拱秀,小则郎官,大则侍从。因有活人之功,故上天降福,北斗扶身,三光拱照,禄神催逼,即日食禄矣。人见此课,将谓退连茹不利,殊不知甲戌旬,戌为六仪;戌加亥,亥属乾,乾为天,谓之'六仪朝天'。亥子丑遁得乙丙丁,谓之'三奇拱照'。午乃丁禄临干,谓之'日禄扶身'。且行年并逼白虎,为催官符使。贵人在三奇之中,而前后拱之,此蛇为吉将,名'前一先锋',高甲无疑矣。丁德在亥,戌亥子俱属阴,故知阴德洪大,神明福佑也。亥为上帝,子为紫微,丑为北斗,是以得上天之降福也。"考之贡元三十八岁时,① 北虏犯边,伊在东京挟友三十余人,庇护李家宅眷七十余口,兼不识姓名者三十七人;又以己所乘之舟及朋之舟载渡诸人,自率友沿岸西走,此所以感动上天,现之于课象也。后贡元庚戌科及第,授吴

---

① 是为徽宗宣和七年乙巳。

县尉；辛酉除左司郎官，戊辰升太常寺少卿，己巳二月升太常寺正卿，九月权礼部侍郎管郊祀，庚午年五月卒于官，享年六十三岁。

占验130 陈占行人

○庚寅年七月丁丑日午将巳时，江西吉水少司马李梅公先生在扬州占家中行人。（《指南》）

　　青勾合朱
　　午未申酉　　　　　常玄朱合　　　　　财　申合◎
　　空巳　戌蛇　　　　卯寅酉申　　　　　财　酉朱◎⊙
　　虎辰　亥贵　　　　寅丑申丁　　　　　子甲戌蛇⊙
　　卯寅丑子
　　常玄阴后

陈公献曰："行人尚未起程，九月节后子丑日方能到扬。"李曰："何以迟来？"曰："因连茹逢空，玄武劫煞入辰，主当地及交界有兵戈盗贼扰害，宅中眷属退居山水之间，迟来必矣。"果于九月公郎与亲家刘左车到扬。

占验131 邵占前程

○建炎己酉年六月丁丑日午将辰时，应寺簿甲戌生三十六岁，占前程。（《口鉴》、《方本占案》）

　　勾合朱蛇
　　未申酉戌　　　　　空常贵朱　　　　　财　酉朱◎
　　青午　亥贵　　　　巳卯亥酉　　　　　官乙亥贵⊙
　　空巳　子后　　　　卯丑酉丁　　　　　子丁丑阴
　　辰卯寅丑
　　虎常玄阴

邵彦和曰："寺簿中年，水作官星，宜为朝郎，人所难及。奈何满局皆贵人，是多谋也，贵多则不贵，而且身与初中贵人皆空，是慕十不得一，徒费心力也。日上发用归亥官星，末传丑支为宅神，又加亥上，是日去投绝，支来迎绝，兼支上得卯木，丁火败于卯，丑土死于卯，此非酒色之故，只缘日上太岁作雀，是欲上书言事，然日贵作鬼，加岁克日，上书何益，徒遭贬窜耳。"寺簿惊曰："现修书十条欲上，非因此乎？"曰："献上即海外客也。"寺簿曰："某不上此书，其它有何祸福？"曰："寺簿生平其所亏者有二，故灭前程。其一，不孝母，与母各居。其二，宠妾而贱妻。若能改过则吉，否则寿亦不永矣。"应嘿嘿而去。盖其所上书中，内有一条言张相、刘四相等，或死或窜，实无辜。此时黄太师正忌此言，若上此书，窜贬不免矣。夫丁日以卯为母，而酉制之，是不孝母也。本宫见巳，会起酉丑，是与母隔别不同居也。丁以申为妻，临于午火受制之地。酉为妾，反加日发用而作贵人，是宠妾而贱妻也。丁自败卯、死酉、绝亥，亏伦伤本，造物不容，何问前程耶？①

占验132　邵占家宅

○己酉年闰八月丁丑日巳将卯时，王子进庚午生四十岁，占家宅。（《一针见血》）课式同前。

邵彦和曰："第一课与第三课冲，第二课与第四课冲。一课作初传，二课作中传，三课作宅，四课作行年。初中又是空亡，主所居之宅乃五露无环抱之处，前后有路冲射，又有新丧之门在前；东主露风，西主水直去，多招公事破财、风声是非。男子先丧，妇人主家，读书不成。何不急就西方，近阴人坟，靠山而居。不然，则一纪之内，屋败绝，人星散矣。"王是秀才，其宅基果在田坡中，一大路自南直下，渠乃骑路造宅，果是前后相克，东边旷荡，更无收束，风不可当；西边庚辛水，迢迢直去。自入此屋，只是破财，六畜不留，奴婢长走，妇人且有不良之名。占后见断语切当，遂移过北方，近母坟而居。盖四课相克相冲，更无一行不然，此名空冲，主在五露之间居止。卯酉加在南北出入，主冲。行年巳为风门，中传亥为水路，末传在西北角，丑为坟墓，惟此可居。前新丧之门，乃太常加卯也，因乳母死，将丑艮方开门出。②

占验133　邵占失马

○正月丁丑日亥将申时，某占失马。（《方本占案》）

```
         合朱蛇贵
         申酉戌亥              勾虎阴蛇            兄壬午青
  勾未　　子后               未辰丑戌            子甲戌蛇
  青午　　丑阴               辰丑戌丁            子庚辰虎
         巳辰卯寅
         空虎常玄
```

---

① 愚按：应寺簿想是应贡元之弟，盖寺薄先占而贡元后占也。
② 一云：丑为坟墓，加亥，丁丑见壬德为合，故西北方近阴人之墓可居。○郑云：丑带丁，亥中有壬，丁壬化木，生丁干，又壬为丁之德，故此处可迁。○愚按：此课惟卯丑二支不空，但卯为败神，不可居，惟丑为日支，支为宅，加亥上，故西北可居。

邵彦和曰："马在东方寺院围墙内不能出，须从一破门入去寻见，在己卯日也。"果于二十五日己卯，于东方寺院从轮藏前破门入墙内寻见。盖午属马，作龙为用，类神在传，故可寻见。破门者，午破卯，卯为门也。墙垣者，四土周围也。

戊寅日

占验134　某占官讼

○**戊寅日□将□时，占官讼。**（《一针见血》）

```
        青空虎常
    子丑寅卯              玄朱贵青            财丙子青
勾亥     辰玄              辰酉未子            兄癸未贵
合戌     巳阴              酉寅子戌            官戊寅虎
    酉申未午
        朱蛇贵后
```

断曰："子加戌为用，子作青龙，未作贵人，乃子未六害，为贵人怒而加罪。戊日所畏者寅木，虽云白虎金能解，殊不知是鼠头虎尾，况青龙虽吉，见未则入墓，反以青龙为害也。"此课因遗漏事占之，后果断徒。

占验135　郭占援兵

○**崇正壬午年正月初八戊寅日子将辰时，占援兵何日到，贼何日退。**（《课经集》）

```
        贵后阴玄
    丑寅卯辰              虎合勾贵            兄甲戌合
蛇子     巳常              午戌酉丑            父壬午虎
朱亥     午虎              戌寅丑戌            官戊寅后
    戌酉申未
        合勾青空
```

郭御青曰：此课乃丁督师长公在汴城头上所占，督台命予断。予断三传喜火局生身，但嫌干上丑为合中犯煞，到十三癸未日，冲去丑字，则援兵到而贼退矣。果于十三日左兵有信，十五日贼移营去。①

占验136　范占赦音

○十二月戊寅日子将卯时，范蠡为越王占。（《吴越春秋》）

```
  蛇朱合勾
  寅卯辰巳         虎阴阴蛇        官戊寅蛇
贵丑    午青      申亥亥寅        财乙亥阴
后子    未空      亥寅寅戊        子  申虎◎
  亥戌酉申
  阴玄常虎
```

吴王登高远望，见越王及夫人、范蠡坐于马粪之旁，君臣之礼存，夫妇之仪具，而欲赦之。越王闻之，召范蠡告之。范蠡曰："大王安心，事将有意，在玉门第一。今年十二月戊寅之日，时加日出。戊，囚日也。寅，阴后之辰也。合庚辰岁，后会也。夫以戊寅日闻喜，不以其罪罚日也。时加卯而贼戊，功曹为螣蛇临戊，谋利事在青龙，青龙在胜光而临酉死气也，而克寅是时克其日，用又助之。所求之事，上下有忧。此岂非'天网四张，万物尽伤'者乎？王何喜焉？"果子胥谏吴王，越王复拘于石室。

占验137　某占婚姻

○十月戊寅日寅将巳时，占婚姻。（《直指》）

```
  青勾合朱
  寅卯辰巳         后常常青        官戊寅青
空丑    午蛇      申亥亥寅        财乙亥常
虎子    未贵      亥寅寅戊        子  申后◎
  亥戌酉申
  常玄阴后
```

断曰：四课虽是互合，却不喜末传之申作天后来克日上寅。寅为官，夫星也，青龙亦为夫，受天后之克，夫妻必不睦，且阳不备，必然克夫。

占验138　徐占来意

○四月戊寅日申将酉时，占来意。（《一字诀玉连环》）

---

① 愚按：此课之所以贼退者，实因末克初传也。观十五是乙酉日，非明征乎？

```
         合朱蛇贵
         辰巳午未           虎空勾合        财丙子虎
         勾卯   申后        子丑卯辰        财乙亥常
         青寅   酉阴        丑寅辰戌        兄甲戌玄
         丑子亥戌
         空虎常玄
```

徐次宾曰："来意主外望北面阴暗之财，为一姓王人所把，其人怒恶，两分其财也。"盖时为日干三合，与空亡并之，又为夜时发用，亥子为北面，值事门上见太阴，主蒙蔽。神后、登明俱为日下之财，又亥子皆为阴私，故知望北面阴暗之财也。何知姓王人所把？缘末传见天魁属土，下临亥属水，水数一，一加土为王字。天魁为奴，上见元武，天魁亦取亥子为财，故为王姓所把。其本人怒恶者，日上见天罡，主怒恶也。言两分其财者，戌与戌俱取二水为财物也。

占验139　陈占仕宦

○崇正癸酉年六月戊寅日未时，寇道台占功名。（《指南》）

```
         勾青空虎
         巳午未申           蛇蛇勾勾        父辛巳勾
         合辰   酉常        寅寅巳巳        子　申虎◎⊙
         朱卯   戌玄        寅寅巳戌        官戊寅蛇
         寅丑子亥
         蛇贵后阴
```

陈公献曰："仕途占得此课，当防台谏封章所劾，必解任而去。"左右默然。寇公曰："旧事乎？未来事乎？"曰："岁君在日后，斗罡临支前，异日定有劾者。盖因传课互相刑克，且蛇雀官鬼入宅临门，龙神又克太岁，恐应在今秋矣。"后果被侯大司农参劾解任。庚寅冬，或占总漕吴公，亦得此课，辛卯春被台省参劾退位。[①]

占验140　王占官讼

○乾隆辛巳年酉月戊寅日巳将巳时，占讼。（《牧夫占验》）课式同前。

[①] 愚按：鬼临三四，亦主参劾之凶。○程圣一曰：克至于干，其势可畏。喜中传折腰，末助初生，祸或中止。故两占虽被参劾，而无大凶。

王牧夫曰："此官司受累已久，沉搁反无事。若挑动，恐为吏人利窦，反致厌气，托人亦无益。文书不可递，久自消释。盐务官事，动为吏人牵制，不得清。"此课伏吟，刑尽三传，末乃寅作螣蛇官鬼，此吏弊也。寅与亥合，亥乃日财，事清则无财可得，故寅能制干如此。安有不呻吟者乎？喜中传空不能成三刑，寅虽刑巳，无申可渡，故宜沉搁，不宜挑动，伏吟主静，亦其礼也。且巳乃太岁生日，太岁作德禄为勾陈，勾陈主留滞，留滞久自得恩星化释也。余言其象，占者叹服。

余记昔年寓缺口白衣庵，程桐江姊文寓东隐庵，相隔一街，午后至余寓谈叙，偶占文书事。因临淮口岸，盐价为本县所详。督批运司朱公，桐兄请引例，致朱公回详，受督驳。既而朱公忽升贵州巡道，代受系满州舒公，到即交印。桐兄闷极无聊，至余寓占此。余曰："此事旧官结案。"桐兄云："印已交，旧官无印，那能行文书？"余曰："数象如此。尚有证，若验，即依我行之如何？"桐兄问何证，余曰："今日有人送鱼与汝食。如无，数不验，不必行。"桐兄拉余同回，以证此验。才至巷门，家人出，回禀载南老爷送鲋鱼。桐兄大笑，即依数将原稿恳求朱公。朱公云："是我手内事，印虽交，余用墨详去，督批饬县结案。"此数惜失日时，尚能记其大概。盖彼行年上，旧太阳作恩星，今日始换将，旧太阳未遂，故曰"旧官结案"。送鱼者，支上见亥乘六合也，亥为鱼。存此以见数理之不妄也。

占验141 邵占前程

○建炎己酉年五月戊寅日申将未时，叶助教戊寅生三十二岁，占前程。
(《口鉴》、《宋本占案》、《方本占案》、《直指》、《捷要》)

```
青空虎常
午未申酉        合朱空青        兄庚辰合
勾巳  戌玄      辰卯未午        父辛巳勾
合辰  亥阴      卯寅午戌        父壬午青
   卯寅丑子
   朱蛇贵后
```

邵彦和曰："干支皆天罗羊刃，四课发传，传归日上，主目下赴任，但值罗刃，主不终任，来岁行年到地盘亥上见子，即凑今日之地网，必阻父服。①

---

① 愚按：来岁是庚戌，行年三十三岁在戌不在亥。

三十七岁到寅上见卯，即是今日支辰。① 卯六数，初辰五数，中巳四数，共十五数。自三十七岁后迤逦赴任，绵绵不断，② 一气十五年，合作监司之职。后入午天罗阳刃，必降官闲住。③ 再八年，连前十五年，共二十三年而寿阻。"叶氏助教，二甲二名高中，授抚州教官。己酉年八月上任，庚戌年四月丁父忧。三十七岁得国学录，三十八岁召试馆职高中，得除国子监丞。四十一岁除太常寺丞，四十四岁升工部侍郎，四十六岁升尚书都官朗中，四十九岁除司农少卿。五十一岁淮西总领兼少卿，当年又兼淮西运使。五十二岁上，支军粮交争，降三级，停见任，自此闲居八年死。④

占验142　邵占顶店

○乙卯年十月戊寅日寅将丑时，刘五官己巳生四十七岁，占顶店。(《口鉴》、《方本占案》)

```
蛇贵后阴
午未申酉                合勾贵蛇            兄庚辰合
朱巳    戌玄            辰卯未午            父辛巳朱
合辰    亥常            卯寅午戌            父壬午蛇
卯寅丑子
勾青空虎
```

邵彦和曰："此课三传被日辰夹定，占店终久得之，得亥卯未生人方成。目下虽然杜卖，三年后卖主一定来赎，此店却发。嗣后四五六年，方得头尾清楚。"然必再求方得，谓日辰抛离后再赎故也。恐后有司事发不一，此屋死人多，无气故也。⑤

占验143　邵占前程

○己酉年五月戊寅日申将辰时，方县尉己卯生三十一岁，占前程。(《口鉴》、《方本占案》、《宋本占案》)

---

① 愚按：卯加支上为官星故，从此行年算起。
② 郑云：午而监司在未传，终于此职。
③ 愚按：午作青龙不但为天罗阳刃，且克太岁，必主降官也。
④ 郑云：阳刃主兵凶，午为仓库，故因支军粮交争而罢官。○愚按：五十二岁行年在巳，再见午火阳刃。
⑤ 死气加宅为日鬼，故死人多。

```
            勾合朱蛇
        酉戌亥子           合虎贵勾           兄丁丑贵⊙
    青申    丑贵           戌午丑酉           父壬午虎
    空未    寅后           午寅酉戌           子  酉勾◎
        午巳辰卯
        虎常玄阴
```

邵彦和曰："日上空亡破碎，到好处又被不中事夺了。勾陈乘子息，时下有八年，且赴一任半。要特达须待五十四岁，方可言升迁，只做刑部官。长子、中子俱不得受荫，下稍第三子受之。五十四后再十四年，得边上太守，带武职而终。"方果授温州乐清尉，任满调饶州，任满又调宣州南凌军。到任十四月，丁母服归，恰好八年也。嗣后丁父服，又丁生母服，直至五十三上，得台州黄岩县，又得提刑司干官。任满，升大理寺正，出知和州，兼淮上兵马路钤朝请郎。致仕，长、次子果俱不得受恩，第三子受恩。盖行年在酉，青龙在辰，从酉数至辰，八年也。① 又五十四上显者，日上酉六，辰上午九，六九五十四也。②

占验144 邵占前程

○戊申年六月戊寅日午将子时，应解元辛未生三十八岁，占前程。（《口鉴》、《方本占案》）

```
            勾青空虎
        亥子丑寅           虎蛇阴勾           官戊寅虎⊙
    合戌    卯常           寅申巳亥           子  申蛇◎
    朱酉    辰玄           申寅亥戌           官戊寅虎⊙
        申未午巳
        蛇贵后阴
```

邵彦和曰："此课主人脱空乱语，侮弄神祇，绝德丧身，命将不久。宜速祷神修德，庶前程未料，否则丧无日矣。"盖戊德在巳，巳绝在亥，且又受克，宅受申克，申又上克宅寅，申为寺观，申乃空亡，是空中神祇来克我也。

---

① 愚按：行年何尝在酉？此门人错疏也。想邵公以丑为八年，丑作贵人故耳。
② 愚按：此亦门人错疏。何也？酉为空亡破碎败神，午为阳刃白虎，何得取此断显达之年？想邵公之意，或以午为天罗，主孝服。况并白虎凶神，午九加寅七，共十六年。三十一岁起，八年，再十六年，是五十四岁也。十四年又迁者，丑加酉，丑八酉六，相并得十四也。丑作贵人加酉，虎视课，主边郡武职也。第三子受恩者，丑作贵人，季乃三也。

我去又遭彼克，是丧无日也。亥乃天门，作勾陈，是天欲勾追也，故主多凶。应字仲敏，为人轻狂，贪酒色，家中姬妾最多，常携妓于祠庙中饮宴，又侵欺众人造寺院之财，以为酒色之乐。故先生戒之，应遂修身斋戒改过，尽将田产变卖，修造寺院。后至庚戌年十二月二十九夜死，冥君以其修省，放还阳间。应尝自述于人不讳。

占验145　郭占会试

○崇正丁丑科二月初八日戊寅日，京邸为张贞明姻亲占会场，亥将巳时。（《郭氏占案》）

```
朱蛇贵后
亥子丑寅          后青常朱         官戌寅后☉
合戌　　卯阴      寅申巳亥         子　申青◎
勾酉　　辰玄      申寅亥戌         官戌寅后☉
申未午巳
青空虎常
```

郭御青曰：余嫌反吟不美，时以课中财爻朱雀加干，驿马在中传，一、二日内必家中送盘费人来也。初九日，果家中人至，送银一封。张君尚未知其数，至初十日出场，张君过余寓云："家信果至，银数几何？"余曰："发用七数，干上四数，必七两四钱也。"张君大笑。余于此课亦偶中耳，定数最壬课之难者。

己卯日

占验146　邵占祈雪

○建炎三年己酉岁十一月初四己卯日寅将酉时，韩太守占祈雪。（《口鉴》、《方本占案》、《捷要》）

```
朱合勾青
戌亥子丑          青贵玄勾         父辛巳玄
蛇酉　　寅空      丑申巳子         兄甲戌朱
贵申　　卯虎      申卯子己         官己卯虎
未午巳辰
后阴玄常
```

邵彦和曰："数日以来，天气和暖，宛如三九月，州县祈雪，皆无响应。今得此课，今日天色必变，巳时风起转寒，① 未时有雨，亥时作雪，厚有七寸。"众官皆笑曰："如此晴暖，雪从何来？"待至巳时，果然风起，霎时云合，未时微雨。众官散后，北风大作，甚冷。二更后下雪，至次日未时止，果积七寸。盖此课，火伏于下，水升于上，不拘占雨占雪，皆当日有。况申为夜贵，正是权柄。日上又见天河之水，腾运乎上，必流乎下。初传巳火临子被克，上见元武水夹克，变成大风雪。况巳戌卯铸印，春夏秋必雨，冬必雪。末传卯作白虎，与申皆是白色，申乃空亡，正空中降下之象。夫火伏于下，水升于上，一雨也；申子为水，加临日辰，二雨也；三传顺行，三雨也；卯为雷，雷过西方为虎所制，虽冬月无雷，岂无雪乎？子作勾陈，占雨主连绵，占雪主深厚。又凡铸印课，占吉少成，占凶多就，占病无空亡解，② 占天时必大雨雪。

占验147　邵占前程

○己酉年六月己卯日午将丑时，应秀才癸酉生三十七岁，占前程。（《口鉴》、《方本占案》）课式同前。

邵彦和曰："吾兄心术多，且又毒，以'鼠忌羊头上，鸡惊犬吠喉'，③ 凡所行所为皆为妒忌之心，好管是非，好谈人短，所以灭前程也。大凡七杀元辰，若占前程，多主妒忌，常占多主事体切害。初传破碎乘玄武，又是驿马，主面东指西，走南奔北，多图多觅之人。身宅虽皆有贵人，而子作勾陈，申作空亡，谓之'指空话空'。己以巳为父母，加妻宫，为妻所制；又乘马与破碎，踪迹不定，是不在父母之旁，一不足也。子息倚身，为身所克，子息难得，二不足也。申犯空亡，作夜贵加宅，是神像破损，香火不安，三不足也。④ 铸印乘轩之课，巳作玄武加子，上火下水，武为贼，谓之走驴。卯作白虎加戌，谓之破模。虎伤卯，又为坠轩，故主功名不成，且防覆坠骑乘之患也。"后至壬戌年二月，因争役乘轿入城，追而折足，血气上攻而死。盖卯为

---

① 观此句是早晨占，而得酉时也。
② 点校者注：此段下有"即兄"二字小注。"占天时必大雨雪"，据他本补。
③ 愚按：此二句邵公盖引古书，殆即所谓元辰也。
④ 妻临身宫，上下夹克，若非不和，便多疾病，四不足也。

车轿驴骡，己土死于卯，支辰最紧，若非己卯日，不可言死。①

占验148　邵占婚姻

○己酉年三月己卯日戌将辰时，祝省元占婚姻。男戊辰生，四十二岁；女己丑生，二十一岁。（《宋本占案》、《口鉴》）

　　蛇贵后阴
　　亥子丑寅　　　　　玄合青后　　　　官己卯玄⊙
　　朱戌　卯玄　　　　卯酉未丑　　　　子　酉合◎
　　合酉　辰常　　　　酉卯丑己　　　　官己卯玄⊙
　　申未午巳
　　勾青空虎

邵彦和曰："此课占婚姻，何必用媒？私情久已通矣。其家宅合广阔，东西皆有小门，因婢子为脚，遂与人通。今所议之人，亦与女有奸，血支在卯，乘元武，必非女身；一土生二金，主暗有退子。②夫女命上见日干青龙，是女先有其夫也。男年并日上见天后，是男先有其妻也。女年乘男，男年乘女，婚姻岂有不成之理？酉乃婢，六合加之，为和合，又并元武奸淫之神，婢妾为引无疑。且门来加户，户又加门，是门户重叠，而卯实为今日之支，支为宅，宅上见酉，故云东西皆有小门也。"占者嘿然而去。

占验149　邵占秋试

○己酉年六月己卯日午将戌时，欧阳秘教戊寅生三十二岁，占秋试。（《口鉴》、《方本占案》）

　　青空虎常
　　丑寅卯辰　　　　　后合合虎　　　　兄癸未后
　　勾子　巳玄　　　　未亥亥卯　　　　官己卯虎
　　合亥　午阴　　　　亥卯卯己　　　　财乙亥合
　　戌酉申未
　　朱蛇贵后

---

① 愚按：元辰煞，阳男阴女在本命冲前一位支辰，阴男阳女在本命冲后一位支辰，见于《命书》。壬家鲜有用者，惟徐氏《心镜》用之，即毛头煞也。《命书》云："生旺则落魄大度，不别是非，不分良善，颠倒鹘突；死绝则寒酸薄劣，形貌猥下，语言浑浊，不识羞耻，破败坎坷，贪饮好色，甘习下流。"亦可知此煞之不善矣。

② 愚按：酉乘六合内战，临元武主遗失，当是奸生子而弃之也。

邵彦和曰："上门乱首，不利有三：一者防犯讳字及时禁忌；① 二防场屋中有斗争；三防与尊长不足。第二场兼防污涂。② 因己日得木局，助支克干，专主凶伤，今科不是取功名之年。若免得是非，既是幸事矣。后入试果聚众相争，喧闹场屋，试官申学罢斥。大凡上门乱首，不是犯家中尊长，便是占尊长不足。今行年上见马，马生动，在外，而破碎元武是不正之神，已是不利，不合木局又从而克干，是聚众来伤，势不可遏也。更天后六合皆不正之神，并于传中而与白虎共作三合，白虎主争闹，六合又为朋友相识，自然聚众喧闹，合局克干，主试官申学罢斥，若非行年驿马引出或主内乱，不可专言外也。"

占验150　邵占后运

○**己酉年三月初一己卯日戌将寅时，徐承局辛亥生正月初一日子时生三十九岁，占向后何如。**（《宋本占案》、《口鉴》）**课式同前。**

邵彦和曰："承局服事通判，岂可得犯上之课？此课支加干克干，名'上门乱首'；传得曲直，又名'失友'，主日后因触犯官长，断勒归家。又与长上争财，于争财中又不合强淫尊辈，遂犯重罪，减等充军于东海，与妻死在配所也。"当年六月果因犯上，责而遣归；与乃叔争分家产，而淫其姊，乃叔知之，借他事告发，配在明州。娶后妻，同死于配所。大凡上门乱首，多是下犯上。春占木鬼贪旺而不发；至夏木休，其事将发；到秋木囚死，则事乖张，便主争竞；冬木有生气，但存诸心，未形诸口。《经》曰"旺相相生灾未发，死囚刑克便灾临"是也。③

占验151　邵占行者

○**同日时有一行者，占得此课。**（《宋本占案》、《口鉴》）**课式同前。**

邵彦和曰："此行者先为鸡奸乱了禅堂及诸房后，归家又扰兄弟，其身终无所归，却与一不正妇人苟合，中风而死。"

---

① 愚按：此意从下犯上而生出，诚为妙断。
② 鬼在中传也。
③ 愚按：断勒归家，因干入第四课也。争分家产，乱首课支上见财也。强淫尊辈者，淫泆卦而卯支加未，未作天后为尊辈之妇也。与妻死在配所者，天后为妻乘死气也。三月初一尚是二月节，死气在未支也。

占验152　王占胎产

○**戊辰年闰七月己卯日巳将酉时，占胎产。**（《牧夫占验》）**课式同前。**

王牧夫曰：占产虽易，但生难存，母却无碍。盖此课秋占，木局为鬼干日，此凶征也。己日未乃其身，由身传鬼自克，故先产后凶。母能保者，传比日支也。支辰又乘亥水长生，故母无恙，产亦易也。后为初传，又属厌翳，木衰而朽，主女而不吉也。

仪征吴兄占产，其母年带死气白虎，生后当不保，果厄于产。

程秀田兄夫人当产期，腹痛已有欲下意，来占。余曰："尚未，旬日后方是产期。"初不信，至夜痛止，果隔旬日而生，日时俱不差，其课遗失。秀兄每叹其异验也。

仪征朱礼山兄，浯村人，其先乃族后，故亦以宗绪相称。曾于扬州娶侧室，七年不孕，欲遣之。问数于余，余为占之曰："此数来年二月必怀孕，去此不过三个月耳，如数不验，再遣何如？"礼曰："吾已带来扬矣。"余谓之曰："七年可待，三个月反不能待耶？"礼笑而允之。至次年二月果怀孕，十一月生男，腊月至余寓谢，谓余曰："君何数神如此！"其课遗失，附记于此。

占验153　邵占赴任

○**己酉年十月初四己卯日寅将丑时，童知丞乙亥生三十五岁，占赴任吉凶。**（《口鉴》、《方本占案》）

```
     朱蛇贵后
     午未申酉          合勾后贵        兄庚辰勾
  合巳    戌阴         巳辰酉申        父辛巳合
  勾辰    亥玄         辰卯申己        父壬午朱
     卯寅丑子
     青空虎常
```

邵彦和曰："此课因祸成福，本路除一监司，合主回避。回避中却有好处，终久此贵人不历此任，而我已别除了。"童曰："何等贵人？"曰："必提刑，与知丞是亲，乘此得请职，因得周旋文字改官。初传辰卯六害，勾亦辰，主迟滞，所以先主回避。中传驿马乘龙，飞腾豹变；行年上白虎乘丁，其势必动。末传午禄在马上，其职不停。巳为炉冶，六合为模范，主坑冶干官之属。午与朱雀并，主文书职事在炉冶中也。"此课初四日占，二十二日妻父许郎中除提刑，童遂回避，改都城提点坑冶司铸钱，此缺人人所喜，所谓因祸成福也。童既受职而提刑遭章参劾，罢官以去。庚戌年又差诸路监司，辛亥改官。盖日上贵人长生，乃尊长父母之属，作空亡是前妻父也。申金为刑官，是提刑也，不久罢去，亦空亡也。①

占验154　徐占来意

○四月己卯日申将午时，丁丑人占来意。（《一字诀玉连环》）

```
　　青勾合朱
　　未申酉戌　　　　　青虎蛇合　　　　　财乙亥蛇☉
　空午　　亥蛇　　　　未巳亥酉　　　　　兄丁丑后
　虎巳　　子贵　　　　巳卯酉己　　　　　官己卯玄
　　辰卯寅丑
　　常玄阴后
```

徐次宾曰："来意主人外和合，中虚诈不实。所论必邪僻之事，又主财上惊恐之象。财却为姓牛人，衣青衣者所取，并有驴一头，亦被姓牛人所有，意欲远行，缘心有所畏，紧速而归也。"②盖时为日干六合，主外和合，值事门上见天空，主虚诈不实也。日上从魁即三交，为隐匿不明，上得六合，主私门，故言邪僻之事。发用登明为日干之财，上见螣蛇主惊恐。中传大吉为牛，上见卯为青衣。大吉取登明为财，故财为姓牛人所取。何知连驴亦为姓牛人所取？盖命上见太冲，为驴，上见元武，为贼神，卯又为大吉之阴神也。先锋门胜光主道路，用神立酉，中传大吉为丁神，主动，与日刑并，故意欲远行，末传为足，太冲为日之鬼，上见玄武为贼人，故心有所畏，紧速而归也。

占验155　邵占失羊

○正月己卯日亥将未时，某占失羊。（《方本占案》）

---

① 一云：日上贵人长生，故得此周旋文字改官，毕竟空亡脱气，所以此任合主回避。○吴稼云曰：此课不用青龙官星，全以三传支干作断，最合规矩，惜乎后人不知取法也。

② 余按：紧速而归者，未入第四位也。

```
        合朱蛇贵
        酉戌亥子              蛇青玄蛇          兄癸未青
    勾申      丑后          亥未卯亥          财乙亥蛇
    青未      寅阴          未卯亥巳          官巳卯玄
        午巳辰卯
        空虎常玄
```

邵彦和曰："春占得曲直课，未加卯作龙为用，其羊不失，乃走入他人羊群中，往东方寻之必见。"果于东方园内羊群中寻得。盖初传是类神，作青龙而加支辰，故不失。

庚辰日

占验156　王占窝价

○乾隆辛未年闰五月庚辰日未将卯时，占壬申纲窝价长否。（《牧夫占验》）

```
        勾合朱蛇
        酉戌亥子              蛇青玄蛇          父庚辰玄
    青申      丑贵          子申辰子          兄  申青◎
    空未      寅后          申辰子庚          子丙子蛇☉
        午巳辰卯
        虎常玄阴
```

王牧夫曰：此占古之所无，以利之权，不操于商也。古之盐法，商人支盐，其窝在官，商无所利，故前人亦无成断章楷，致使后学无可执凭。然财利之占，古多成法，未始不可通变而详之也。窝价长落之占，财关巨大，身家所系，何可漫言？且财乃国用之流通，得失关乎命运，未可视为轻忽，得与不得，有数存焉。今妄言一课，以证高明。以干支论，则庚金而生润下之水，脱气也，生财之源也。将得玄武、青龙，水将也，乐育也。干支为财矣，安有不长者乎？润下舒缓之象，由渐而长也，脱尽干长亦大也。数不过八，以庚数八，脱尽庚身而止矣。甲子旬必有更变，以子乘蛇坐末，故耳。后果由数分长至八钱，甲子旬为官司所禁而止。然窝之长落最疾，不可以月计也；而课之休象又繁，不可以一途视也。谚云："富则为金穴，失则为祸胎。"此释"窝"字之义最妙，而所关又在呼吸之间。存此一课，以见数理之难，正不易占也。①

占验157　邵占家宅

○建炎戊申年六月二十七庚辰日午将寅时，邵巡检癸亥生，生于九月初九日酉时，四十六岁，占家宅。（《口鉴》、《捷要》）②

```
    朱合勾青
    酉戌亥子        青蛇玄青        父庚辰玄
蛇申    丑空        子申辰子        兄　申蛇◎
贵未    寅虎        申辰子庚        子丙子青⊙
    午巳辰卯
    后阴玄常
```

邵彦和曰："金日得水局，三传日辰皆子孙爻，脱处见青龙，生处见玄武，禄上见螣蛇，一生被子息作吵，一个死了，一个又生，取尽父母气力了方休，家计亦被子孙磨灭。此宅十二年后出怪，住不得，必别迁。初受任日，兵卒不合，末后却吉。后任必在水陆之处，更后在水边屯，三任六十三上难过也。"邵娶宗女为妻，得被恩泽，前后生八子，或三岁、二岁、一岁即死。及妾生三子，亦然。再纳一婢，又生二男一女，前后果被子息坏尽心血。及巡检任满，果授英州水陆巡检，本州驻扎。至绍兴十五年乙丑四月初三日作古，果是六十三岁。盖金日得润下课，及干支上神各为脱气；庚以子为真气，子息乘青龙脱气，又有玄武、螣蛇二凶，与青龙三个皆水兽，只管盗其真气，故一子死，一子又来。日临辰乘蛇，日申七数，辰五数，并成十二年。螣蛇主变异，所以出怪扰害，遂迁寺中居住。六十三上死者，盖子加申，子九数，申七数，七九共六十三也。

占验158　邵占失物

○三月庚辰日酉将辰时，某因亲友筵会失去银盏占之。（《方本占案》）

---

①　愚按：以支所克者为财，古原有此法，行商看干克之财，坐贾看支克之财，固窝与坐贾同，自当看支所克者。三传脱干而断其价长，以脱尽庚身而止，断其数不过八，此则牧夫先生之心得者欤？

②　课传与前同，天将异。

```
          合朱蛇贵
      戌亥子丑           后勾虎贵         财戊寅后☉
    勾酉    寅后        寅酉午丑         父癸未空
    青申    卯阴        酉辰丑庚         子丙子蛇
      未午巳辰
      空虎常玄
```

邵彦和曰："寅作后加酉，后为隐蔽，酉为类神加支上，日上有丑墓之，寅为用神，未又作墓覆其上。凡见墓则为收藏，有类神，则物不失。墓作天空，主污秽；辰作玄武，酉作勾陈太阳而加玄武之上，又为元武之败神，故主寻之必得。"

占验159　邵占失物

○寻银盏未见，其子再求占，三月庚辰日酉将午时。（《方本占案》）

```
        青勾合朱
      申酉戌亥         合空后朱         财戊寅后
   空未    子蛇        戌未寅亥         官辛巳常
   虎午    丑贵        未辰亥庚         兄 申青◎
      巳辰卯寅
      常玄阴后
```

邵彦和曰："其物在厕屋左右。盖寅加亥为用，亦乘天后隐蔽之将，末传申是类神，加于巳长生之上，其物不失。辰作干武加金墓上见天空，主污秽处藏匿，故在厕屋左右。"果申牌后于厕坑左右寻得，与前课不殊。

占验160　邵占前程

○己酉年正月初一庚辰日子将巳时，钱通判丁巳生十一月二十一日午时生五十三岁，占前程。（《宋本占案》、《口鉴》、《方本占案》。）①

```
        蛇贵后阴
      子丑寅卯         虎朱合阴         官壬午虎
   朱亥    辰玄        午亥戌卯         父丁丑贵
   合戌    巳常        亥辰卯庚         兄 申青◎
      酉申未午
      勾青空虎
```

---

① 愚按：正月初一未交春，尚是戊申太岁。

邵彦和曰："无禄课，虽授通判，必不能食禄。兼父母年高，先亡母，后亡父。下来又有别差遣，将及瓜而止。末传又是禄作空亡入墓，亡在乙丑年六十九上，又荫不得子也。"钱乃奉议郎，受临江军通判。庚戌春至任，至三月三日作寒食会，母醉死。壬子冬又差南康通判，甲寅又丁父忧，丁巳授江南安抚司，己未避嫌，得主管台州崇道观，壬戌再转岳州通判，乙丑五月本身丧矣。乙丑丧者，乙禄在卯，卯绝在申，而天盘申却又入墓在丑，且是空亡，申是今日之庚，便是我身，身上有卯，卯中有乙，而庚金恰墓于丑，故乙丑年死。相次转朝奉郎，止争二日，不得荫子。可见无禄课中有许多事也。

占验161　某占疾病

○二月庚辰日亥将辰时，某占男人病。（《方本占案》）课式同前。

邵彦和曰："四课俱下贼上，绝阴之象。白虎乘午作鬼，男病至三日内死。何也？无阳气也。既不合灸，又不宜服药，此是血病。盖午主心，心主血也。宅中有阴人，死得不明，① 作鬼为祸。若要阴鬼退，须门前社庙作福，② 午是阴人，乘虎作鬼故也。又午是天之真火，主灸神，乘虎克日，则不宜灸。又是天医，故不宜服药。涉害深者为用，主久病。且火加水上，主寒热往来，克日，主瘵瘵也。"

占验162　邵占访谒

○十月庚辰日寅将午时，李秀才占往元真观访紫衣张道士。（《方本占案》）

```
　　贵后阴玄
　　丑寅卯辰　　　　青蛇蛇玄　　　　子丙子蛇
　蛇子　巳常　　　　申子子辰　　　　兄　申青◎
　朱亥　午虎　　　　子辰辰庚　　　　父庚辰亥⊙
　　戌酉申未
　　合勾青空
```

邵彦和曰："此课占访人，其人在本处水火之旁，造墨为生计，事未毕，必然不出见也。"盖子发用，虽与日辰三合，奈辰课不足，必主事务未毕也。且今日庚金，子水发用，庚落空亡，不能生子，子反畏日上天罡，所以主不出见。罡加孟，为在内，故主在家。言为生计者，庚为水之源，而生神后，神后加辰，神后北方黑色，交合辰土，生计是造墨也。润下卦，有螣蛇火神

---

① 稼云曰：午加亥之故也。
② 稼云曰：用支上亥制午鬼。

为用，故曰"近水火之旁"也。李果访之不见，后询之，果因造墨未毕也。

占验163　邵占在任候迁

○**己酉年十月庚辰日寅将辰时，陈主簿戊寅生三十二岁，占官任吉凶及问升迁。**（《口鉴》、《方本占案》）

```
        朱合勾青
        卯辰巳午          后蛇合青        官壬午青⊙
  蛇寅    未空            子寅辰午        父庚辰合
  贵丑    申虎            寅辰午庚        财戊寅蛇
  子亥戌酉
  后阴玄常
```

邵彦和曰："日上发传，退入支上，又是顾祖，末又见本命入宅，须是差出，经过乡里而有是非，① 不然须是有甚不到处。不合日上退归本命入宅，为蛇所扰，又是共屋人之事也。"主簿族大房多，因争分家财，遂告台部。十一月文书下，令知州差人押归，分析后再赴任。陈被押归，分未及半，因占房产，又入状监司，奏罢，管押始分成。盖日上午为堂屋，又为官鬼，乘龙加申为退鳞，主欢中生悲，退财损身之兆。初午已是不好，末寅又生午火，只管克庚，命又戊寅，是我反去生火，毕竟自己不是，致令如此。② 况在任只要升转，今初传自上降下，中末又自外回家，岂不倒退？又名"顾祖"，退归夫复何疑？况庚以寅为财，是争财也。本命作财，我与彼争也。蛇在寅，我被挠也。行年乘夜贵，昼作天空闭口，是官未可告也。夜贵废职也，未为眷属，天空主争，是因眷属而争也。贵人闭口，告贵无用也。

占验164　邵占流年

○**己酉年正月初一庚辰日子将寅时，刘监仓庚午生三十九岁，③ 占年内事。**（《宋本占案》、《口鉴》）

---

① 寅为支马，故主经过；又是本命，所以主自家蒙差出而后经乡里也。
② 青龙为官品，午乃官星，宜乎极利，不知午入空亡，不能作官。寅本助官，今作蛇带马克宅，反宜断不吉，不宜作助官断也。
③ 生于庚午年四月二十九日。愚按：正月初一未交己酉年春，故作三十九岁。

```
    勾合朱蛇
    卯辰巳午              虎青合蛇          官壬午蛇⊙
  青寅    未贵            子寅辰午          父庚辰合
  空丑    申后            寅辰午庚          财戊寅青
    子亥戌酉
    虎常玄阴
```

邵彦和曰："日鬼传归宅上，宅上却又生鬼，一防仓库有火，二防当直人走或非理死，三防妻有暴风之疾。正月小子防有飞灾退失，二月因省墓起山林之扰，三月妻扰，四月官长追迫，五月当直人有失，六七月防火，八月因闻贵内扰，九月进横财，财中有失，十月婢妾阴私酒色上有失，十一月仆走，十二月媳妇有服。"果本年七月二十三日仓邻失火，竟焚仓。《经》曰："火鬼春归午，夏月逐鸡飞。三秋寻鼠穴，冬月兔相期。"今本身值火星，① 又传从火上起，支上与末传寅又生火也。五月十四夜，一当直人差去捉人，暗中堕深坑死。三月初七日妻偶中风，遂成重疾。其余十二月分，祸福悉应。盖午为仓库，火鬼来乘，克身，故应。九月妻之兄弟争分家财，刘在官处请假半月，为伊调停，分得田产财物二千余缗；遣人往行内买米，为贼所劫，始信数有前定如此。

占验165　邵占前程

〇己酉年正月初一庚辰日子将子时，赵将仕丁巳命，② 五十二岁，占武职前程。（《口鉴》、《宋本占案》）

```
    朱蛇贵后
    巳午未申              合合后后          兄　申后◎⊙
  合辰    酉阴            辰辰申申          财戊寅青
  勾卯    戌玄            辰辰申庚          官辛巳朱
    寅丑子亥
    青空虎常
```

邵彦和曰："将仕之禄，乃虚禄也。夫武职兵权，惟要金盛，无金何武？此课无武有文，今任必不赴，必改岳庙之职，就彼处宜读书取科第。本年中举，来年庚戌及第，二甲二十一名。"盖武职主兵，金旺为宜，今天地盘之申俱空，是武职无位也。而申禄又虚，太常又不入传，故不可为武。寅上青龙

---

① 愚按：未交立春，何故以午为火星？
② 生于六月初七日亥时。

入庙，天后为恩泽之神，故宜习文。末传巳作朱雀为长生学堂，又为官星，故主科甲。宜岳庙者，宅上见辰，辰为山冈，寅为庙，故宜就岳庙读书而取功名也。赵不信，后果不能赴广南任，遂授潭州岳庙，因邀数人同读书，本年投国子监中举，庚戌年登科。

占验166　邵占流年

○**同年月日时，唐承务占一年事，亦得此课。**（《口鉴》、《宋本占案》）

```
  朱蛇贵后
  巳午未申              合合后后              兄　申后◎⊙
合辰　　酉阴          辰辰申申              财戌寅青
勾卯　　戌玄          辰辰申庚              官辛巳朱
  寅丑子亥
  青空虎常
```

邵彦和曰："天后发用而空亡，主丧妻。中传得妻财爻，主又娶妻。妻财作青龙，后妻必有财也。末传巳为店，作朱雀为争；官鬼爻为讼，主争店事而起讼。有四人遭刑，以巳之数四，三传成三刑也。巳为长生，又为尊长，巳又为厨屋，主与尊长争厨屋地基，亦以巳作朱雀故也。"唐于三月果丧妻。十一月再娶，乃客人之妻，甚有财。遂以财开店，与原欠债人斗殴兴讼，官嗔其聚党，四人各杖二十。次年七月与乃叔争厨屋基地，却得理。

占验167　邵占赴任

○**己酉年正月初一庚辰日子将亥时，韩省干乙亥生三十四岁，占赴任及岁中事。**（《宋本占案》、《口鉴》）

```
  蛇贵后阴
  午未申酉              蛇朱玄阴              官壬午蛇
朱巳　　戌玄          午巳戌酉              父癸未贵
合辰　　亥常          巳辰酉庚              兄　申后◎
  卯寅丑子
  勾青空虎
```

邵彦和曰："支干夹定三传，更三四课及初传俱是鬼，有官人欲赴任，为催官符，上任必在三月尽、四月初。奈何末禄却空亡，上任不久，必主尊堂服动，子又病。盖日辰夹定，凡事皆紧，只不合夹鬼与空亡耳。"韩乃运使之子，授得盐仓官，果于三月文字来催，四月赴任。韩信先生言，不去。六月十七日丁母忧，二月子大病。《玉成歌》曰："日鬼加临辰两位，门中官病两相侵。"占赴任人，却名"催官符"，只不合日辰夹住，又空亡临身，太阴乘之，所以丧母。① 庚以子为子息，为虎所逼，又加子息亥上，故主病，幸不刑伤，所以不死。② 大凡日辰夹定，有鬼，鬼应；有空，空应；俱有，则俱应矣。

占验168　邵占应试

○何省幹己未生，③ 五十一岁，于建炎己酉年正月元旦庚辰日占应试，子将酉时。(《宋本占案》、《方本占案》、《口鉴》、《捷要》)

```
蛇朱合勾
申酉戌亥            合贵虎勾        财戊寅虎
贵未    子青        戌未寅亥        官辛巳阴
后午    丑空        未辰亥庚        兄  申蛇◎
巳辰卯寅
阴玄常虎
```

邵彦和曰："何丈已两次赴试，今次却又不中，惟令郎中二十八名。吾丈暮秋虽有喜，又有悲，十月防有炊白之梦。及至五十七岁后方能得官，然过一二年便当寿阻，不能度甲子之一周矣。"何当时望中甚切，临场病阻。其子入场，将旧文杂凑而成，全不得意，及放榜，果中二十八名。盖日上亥是庚之子孙，来夺庚之气，又作勾陈，不落第矣，所以子得中式。亥四申七，四七二十八名也。亥为水道，勾乃滞神，加日上，故本身痫病。庚以寅为妻，加盗气上，临于十月，又作白虎，所以丧妻。④ 夜贵在宅作闭口，恰是本命，故将来虽可得官，不久即死。⑤ 后何公五十七岁登科，五十九岁死矣。⑥

---

① 愚按：干支乘罗网，有官人占之亦主丁艰。
② 愚按：子不入课传，何得断及之？邵公盖因其加命故耳。
③ 生于闰月十三日丑时。
④ 寅财加亥，虽脱气，却六合而长生，不合作白虎，故邵公敢开此口。○愚按：庚辰日是己酉年元旦，尚未立春，仍是戊申太岁，己未生人，止作得五十岁，行年在卯，上得午为吊客，本命未上得戌为丧门，丧吊全逢，主孝服。寅作妻财，乘虎，吊客上又作天后，故即以丧妻断之。
⑤ 愚按：申禄空亡，虽有官而不能享禄。
⑥ 未虽夜贵加宅，然其子既中，则宅于先矣，而邵公复云何君自中何也？盖未系何公本命故耳，不可不知。

占验169　邵占前程

○己酉年七月初四庚辰日午将卯时，应秀才乙亥生三十五岁，占前程。(《一针见血》)[①]

```
    青勾合朱
    申酉戌亥          合空后朱          财戊寅后
  空未    子蛇        戌未寅亥          官辛巳常
  虎午    丑贵        未辰亥庚          兄　申青◎
    巳辰卯寅
    常玄阴后
```

邵彦和曰："先失后得，先虚后实，耗废尽了，却得妻财来助起家。因水利中得财，不可不知。若求功名，不可得也。须是败尽再发，兄弟亦星散，所可喜者，妻与子成家，末年享福有寿，就店房居住，宅舍无气也。"盖日上见亥，金生水而脱气，自身受脱不能发也。[②] 又寅财在脱上发用，脱上逢脱，必诗书荒废，家道空虚。初见妻宫，引归中传长生，中又引归末传，却见本身，是破败后方得妻子起家，因之有福。应一心只思及第，自后读书不成，家计败尽，方得妻家做酒生意，果然诸子皆好，日渐丰足，遂享福而寿终。盖日上初传俱脱，却得妻爻引归生路，寅上巳，乃庚金长生也。末传申加巳，是得生路在末传。故主晚年享福也。[③]

占验170　苗占来意

○未年四月庚辰日申将酉时，占来意。(《苗公达断经》)

```
    合勾青空
    辰巳午未          蛇朱青空          财己卯朱
  朱卯    申虎        寅卯午未          财戊寅蛇
  蛇寅    酉常        卯辰未庚          父丁丑贵
    丑子亥戌
    贵后阴玄
```

---

① 此课《口鉴》、《捷要》俱有，而错作己酉元旦占，余向尝疑之。今丙子年穀日，借得扬州张继唐先生《一针见血》书，始知是己酉年午将卯时占，乙亥命三十五岁，心始涣然。谨誌之，不忘所自。程树勋识。

② 愚按：朱雀乘脱气，故不能得名。

③ 愚按：巳为店，作太常为酒食，既为长生，又有日禄加其上，故因做酒生意而起家。因之享福，申禄不论空者，以得未建之生也。

苗公达曰："据来意，必有飞禽受不足之忧，目下已飞了，其飞却不去，只在东南树间住。本时有贵人将同一类飞禽往来此处，二禽相见，飞下相斗，捉得。其禽亦是好斗之禽。"何以言之？盖发用见朱雀，又所居辰与生气并，故主飞活之物。其禽受不足之忧者，以卦名天狱也。今飞了，为正时得钥神也。其禽却不去者，为日上见太岁，又年上见天地狱神也。更在朱雀之方，故不能去也。在东南树间者住，盖生气之下是寅卯树木之乡也。有一贵人至本时将同类物从此过者，二飞禽却相争飞去致斗，却捉得此禽者，为日上见月厌，又为相生，又冲末传，得贵人带天煞也。斗本时者，发用辰上，更三传连并，皆主疾速往来之象也。

辛巳日

占验171　褒占考试

○东京有僧仲褒，精通六壬。元丰八年乙丑二月十七辛巳日，太学同人李明癸未生四十三岁，求占，得申时亥将。(《一针见血》)[1]

```
朱合勾青
申酉戌亥          青朱阴虎          兄　申朱◎
蛇未　子空        亥申辰丑          子乙亥青⊙
贵午　丑虎        申巳丑辛          财戌寅常
巳辰卯寅
后阴玄常
```

仲褒曰："若占省试，必主高中。只是不承恩命，省榜了，当殿试，为犯御讳，遂不及第。"李君再谓褒曰："春前之数已验，不知异日如何？"褒曰："且待别占。"议曰：发用朱雀，传入龙常，三传皆临长生，行年又得青龙传入太常，正属省府，所乘功曹，本是青龙，春占为旺气，与月建上神三合，贵人顺治，发用在前，故主省试高发。以太岁为殿试，太岁不入传，青龙正临空亡，天罡加太岁，太岁加日上作白虎，为墓库，来刑日，故不承恩命也。

占验172　邵占省试

○辛卯年正月辛巳日亥将申时，曹丙道再占来年省试。(《一针见血》) 课式

---

[1] 愚按：元丰为神宗年号，是知仲褒在邵彦和先生之前也。

同前。①

邵彦和曰："三传始末见天城、天吏，作朱雀、太常，又是驿四马，又朱雀火克身，三传俱在长生学堂之上，定然得官。"果次年壬辰三月榜出，高甲及第。

占验173　邵占迁转

○己酉年正月辛巳日子将酉时，时监庙庚午生四十岁，占谋动迁转。（《宋本占案》、《口鉴》）

```
空虎常玄
申酉戌亥           玄空朱后           兄　申空◎
青未　子阴         亥申辰丑           子乙亥玄⊙
勾午　丑后         申巳丑辛           财戊寅贵
巳辰卯寅
合朱蛇贵
```

邵彦和曰："此课守妻家，卒不能动身。今喜日墓带丁，遂有变动之意。临庙满后，必得京局监当差遣，多是药院之类。末传寅在前引动墓，遂得出去。又是夜贵人，乃久困之贵人，今得起用于朝，因此可以引之。若见厨灶煮面，仆子为汤所伤，即是喜事到之期。又主小儿落佛堂外水坑亦应也。"时自二十三上就寄居妻家，是年欲谋动，占得此课。庚戌七月岳祠满，讨得监和剂局，因乃岳徐侍郎在九宫观，遂得台州差遣。所云"夜贵久困"，即此人也。辛亥其女生日，厨下煮面，其仆子托面出，被人冲在身，而被汤所伤。又宴客更深，亲戚小儿戏于佛堂外，失足坠小池中，次日早文字来催赴任。盖丑加辛作墓神，天后又是滞神，丑中有旬丁为摇动移换，申为医药加巳，巳为厨灶，申又为面，天空为仆，亥加申为玄武，武乃水神为池，玄武又为堕水，辛以亥为子息，主孩童堕此池中。末却见贵人乘天门，便是赴任之期也。

占验174　邵占家宅

○戊申年十一月辛巳日寅将酉时邵三翁癸亥生，② 四十六岁，占宅。（《口鉴》、《方本占案》）

---

① 愚按：辛卯当是徽宗政和元年，称再占者，是日卯时，已占过来年释谒课也。
② 点校者注：据他本，邵三翁生于九月初四日亥时。

```
勾合朱蛇
  戌亥子丑           后勾空后         财己卯后
青酉    寅贵         卯戌申卯         兄 申空◎
空申    卯后         戌巳卯辛         父丁丑蛇⊙
  未午巳辰
  虎常玄阴
```

邵彦和曰：此课财作天后，加干发用，乃妻为主，日去加辰，夫往就妻，妻为长，夫反年少也。然汝之妻，本兄之妻，而汝得之，日后只得九年相守。第八年因结生圹，与兄弟不足，生虽得此地，而死不得葬也。目下主丧妻，缘是磨塞东门，所以有再娶之患。盖申为磨，加卯为塞东门也。辛以卯为妻，干又就支，反致勾留，上见勾陈故也。申加卯作天空，申乃今日之同类，而加妻上，是兄之妻也。①只得九年相守者，戌加巳，上五下四，共九数也。末丑为辛金之墓，丑土加申金长生上，故为生地。申为兄弟，而丑墓作蛇加之，故与兄弟不足，丑八数，故云八年也。②

占验175　邵占前程

○何上舍丁丑生三十三岁于己酉年五月辛巳日申将寅时，占前程。（《口鉴》、《方本占案》）

```
合朱蛇贵
  亥子丑寅           玄合勾阴         官辛巳玄
勾戌    卯后         巳亥戌辰         子乙亥合
青酉    辰阴         亥巳辰辛         官辛巳玄
  申未午巳
  空虎常玄
```

邵彦和曰："此课日上见辰，乃浊气所生，非秀丽也。长生学堂陷入鬼地，来去皆绝，此不是及第课，主三番读书，四番废学，多学少成，头不应尾。五年后做东不成，又去做西，丧妻又娶妻。十六年内家计荡尽，妻嫁武官，子无头尾。"何上舍发解后，妻家以一庄赠之。己酉年至乙卯年尚如意，乙卯年后便不济，考试皆不利。癸亥年丧妻，饮酒无度，家计荡尽，子留外家，再娶一妻。第十六年上舍死，后妻嫁一武进士。大凡巳亥巳，惟壬日最

---

① 申同类为兄，加卯妻财上，是为兄之妻。然不知申本空亡，又作天空，必兄已亡过，遂有其妻，所以邵公敢开此口。若申不空，则不可乱断。

② 《直指》云：丑为卯财，故得此地，内通丁鬼，主得此地而死。

得便宜，他来我处绝，又是财，只不利占病。丙戌日我往克处逢绝，凡事不利，若占病亦死，行人不来，谋事不遂。若辛巳日，辛生于巳，巳绝于亥，初绝尚可，末又临绝，长生尚自受克绝，我何望生乎？即不可望生，却就辰之生，为失十得一，岂不费力哉？①

占验176　轸占盗贼

○天圣九年辛未岁闰九月初间，李都尉家被贼从后花园入堂内偷去金银财物，辛巳日请元轸占之，卯时未将。（《玉连环》末卷、《说约》）

```
青勾合朱
丑寅卯辰              玄青勾贵         官壬午贵
空子　　巳蛇          酉丑寅午         财戊寅勾
虎亥　　午贵          丑巳午辛         父甲戌常
戌酉申未
常玄阴后
```

元轸断曰："贼有五人，当是年及五旬妇人，原是婢女出身，一目有疾，在郊外东北方五十里坟墓间居住。"依此捕之，无获，李又索占。元轸曰："不必再占，只以前课推之。可于丙丁日令捕人出东门，转北伺之，有两妇人，穿绯衣，负薪而来者询之，必得贼踪。"如言于丁巳日，捕人伺至午间，果有两妇人穿红裙负薪而至，捕人近前，妇人惶遽欲遁，拿住搜其身上，藏有金银钗钏，切究之，云伊之邻妇本是李都尉家旧婢，近因贫困，同其夫与子共五人至李家作贼，被二妇知觉，故分给钗钏。捕人遂押二妇至东北五十里苏相公坟后，拘获正贼真赃，其妇果患目也。议曰：经旬只于玄武临处责之。今玄武临丑，故言东北。武之阴神酉，从丑至酉为五辰，故云五人。三传逆治，其贼不远。②酉丑相乘四八之数，故不出五十里。酉金临丑墓，故云伏坟所。③炎上火局克制玄武，而玄武又被阴神巳火所克，故丙丁日必败露。

---

①　愚按：家计荡尽者，亥水加支克支绝支也。子无头尾者，六合临冲地也。十六年内者，亥四巳四，四四一十六也。惟丧妻娶妻、妻嫁武官，不知何故。

②　江村张鋐云：武乘酉，酉阴见巳，巳阴见丑，丑阴又见酉，故不能远遁。

③　愚按：酉为婢，阴见螣蛇巳火，故是婢而有目疾。酉六丑八，相乘得四十八岁，故云年近五旬耳。

巳为双女，乘蛇故云两妇穿绯衣，火本无体，因木而发，故因负薪人而败。①

占验177　邵占赴任

○**己酉年正月辛巳日子将辰时**，②**赵监务丁丑生**，③**三十二岁，占赴任。**（《宋本占案》、《口鉴》）**课式同前。**

　　邵彦和曰："主今年二月上任。盖日上官星作贵人，会火局，金被火官来逼，行年上又添一层官星来赶，必然动身。须见尊长病酒几死，即应矣。宅上丁神已动，临交代之时，必有所阻，得十六个月遭父丧而回。"赵因前任填补，遂于二月催上任，二月二日父大醉几死，越七日而文字果至。八月方交割，以前任官要赵认亏空，方得交代，是以迟至八月也。次年十一月丁父丧归，共十六个月也。大凡平人怕官鬼劈头来克，主有官事丧祸。惟仕官赴任，须要官星旺，即赴任也。辛长生于巳，巳为父，巳加酉上见蛇，酉为酒，蛇挠之，所以病酒。巳午相连，巳应了，午便应也。④

占验178　邵占释褐

○**辛卯年正月辛巳日亥将卯时，曹丙道占在京来年释褐。**（《一针见血》）**课式同前。**

　　邵彦和曰："炎上主文明，贵人乘相气为用，吾丈是午生人，今午作贵人为用，末见太常乘天魁为印绶，又是天喜神、六仪。吉将在辰上，行年得天后恩神，炎上三传相气，想只是中传勾陈乘寅加本命上，主迟慢，来年定及第矣。"果验。

占验179　陈占出师

○**崇正丙子年二月辛巳日亥将卯时，湖州陆金吾占总镇陈东明奉命出师江东。**（《指南》）**课式同前。**

　　陈公献曰："春得炎上进气，又合元首三奇，高爵宰官，不复言矣。但干

---

　　①　愚按：张江村《说约》云：巳乘蛇，蛇性易惊，故两妇一见捕人即欲逃遁。巳阴见龙，龙属木，木见火为薪，故皆负薪。巳酉丑三合，辗转不能相离，故于东北伺之而获也。其于丁巳日午时者，酉阴见巳、用神午俱克酉金玄武也。此解明晰，故备录之。

　　②　仍是戊申太岁。

　　③　生于九月初十日丑时。

　　④　愚按：遭父丧而回者，因丧吊全入三传，而末为归计门，作太常，为孝服也。惟"十六"两字不可解，且何以知为十六个月，而非十六年乎？

败支墓，且乘火鬼、天魁，合中犯煞。透《易》，旅之九三，'旅焚其次，丧其童仆，贞厉'。不惟与师无济，且有他虞。即官至卯年，亦不见利。由卯上乘白虎驿马，名为回马耳。然亥水虽是剥官之煞，幸结木局，生起初传官星，故仅撤回剿贼。庚辰太岁受克，子水司令制伤火局，必退位。"后俱验。

占验180　陈占兵乱

○**顺治己丑年正月辛巳日亥将卯时，榆林王总兵讳仆者，其子金吾官在扬州，闻大同姜总兵乱，占吉凶。**（《指南》）**课式同前。**

陈公献曰："游都居支前，贼符侵酉地，且贵人克干发用，又合中犯煞，西北兵动，据城无疑。初传旺相，生合末传，定主内外奸人勾连。中传月建克末传，必然破城杀将。又旬遁丁神临辰阳入辰阴，更有当地边界盗贼蜂起，然后来终于归降，盖因游都临合处也。但火局旺相于春夏，死绝于秋冬，又大吉日墓临支，是主受客愚，而堕客计。交秋冬，事败归降矣。"

占验181　范占六甲

○**四月辛巳日申将子时，越王召范蠡占郑妃六甲。**（《心镜注》引《越覆经》）

```
    蛇贵后阴
    丑寅卯辰          青蛇贵常          官壬午常
朱子    巳亥          酉丑寅午          财戊寅贵
合亥    午常          丑巳午辛          父甲戌勾
    戌酉申未
    勾青空虎
```

范蠡对曰：今课上胜光克下，产男矣。后郑妃果产男也。①

占验182　庄占日食

○**顺治庚寅年十月辛巳朔午时，日有食之，庄公远占当主何应，卯将。**（《指南》）

---

① 愚按：《越覆经》久已遗佚。今《课经集》载："丁丑日申将子时，巳加酉为门，上是旺火，克下死金，上强下弱，故决生男。如秋占，火囚气，课皆阴，则未然也。"予不知御青先生所集出于何书。至《袖中金》所引，日辰、月将、正时与《心镜》注同，至以巳加酉为用，则又错也。予不敢以之为据，而附载之于此。

```
          勾合朱蛇
          寅卯辰巳            虎勾朱后            财戌寅勾
       青 丑    午 贵         亥寅辰未            子乙亥虎
       空 子    未 后         寅巳未辛            兄  申阴◎
          亥戌酉申
          虎常玄阴
```

庄公远曰："太岁作游都临翼轸发用，且乘勾陈，披刑带煞，楚地当有战争之象。弹射有丸，忧惊必重。中传虎马居支阴，冲克日支。末传太阴持刃乘岁破冲克太岁，然是旬空，阴谋必败。又河覆井，玄入穴，虎出林，来年定主风多涝患。奈何雷公雷煞并见，以作病胎，气不收敛，民生多疾病之征也。"越次日，雷电大作。次年水涝为灾，余占亦验。

占验183　郭占家事

〇**九月辛巳日卯将午时，占家中事。**（《郭氏占验》）**课式同前。**

郭御青曰：余州人王再振者，从张贞明孝廉来京，客久思家，讬余占家中事。时吴于老断曰："此课死气临宅发用，又作月厌，家下有死亡事。"余服其断。不二日，王家信至，两幼子俱伤。

占验184　某占求财

〇**十月辛巳日寅将巳时，占求财。**（《指归灵文论》）**课式同前。**

断曰：寅乃日之财神，加巳发用，寅与巳为刑害，而巳火又克辛金，主道路遥远，涉害艰辛，有所畏而不能得也。

占验185　王占前程

〇**乾隆己巳年十二月辛巳日丑将寅时，泰州王州尊占前程。**（《牧夫占验》）

```
          朱蛇贵后
          辰巳午未            合朱阴玄            财己卯合
       合 卯    申 阴         卯辰申酉            财戊寅勾
       勾 寅    酉 玄         辰巳酉辛            父丁丑青
          丑子亥戌
          青空虎常
```

王牧夫曰："当身之禄，不宜逢空，况冬月金寒，不复起矣。传见退茹，末归墓地，犹幸青龙赘坠，未得无事了结。墓者，止也。丑，扬州之分野也。

占验186 壬占行人

○戊辰年亥月辛巳日卯将辰时，西人弟占兄来否。（《牧夫占验》）课式同前。

王牧夫曰："行人不复至矣，宜自为归计。夫弟占兄，干上酉乃辛金同气，即其类也。酉作旺禄，带玄武走灭之煞，又居金乡，比固不动，难望其至。虽支上之文书朱雀，未可凭也。丑为扬州，自卯退入金之墓乡，金畏墓，亦不至也。卯乘六合为弟兄，一步步退归墓地，墓主迟滞，安能即至？况中末寅丑，皆在艮方。艮者，止也。末为行人足，既墓，且止，不易来矣。"其人不信。余占后，待至两年，尚犹未至，数理之可凭如此。

占验187 庄占行人

○辛卯年九月辛巳日辰将卯时，庄公远在江宁占看东翁程翔云先生何日到省。（《指南》）

```
贵后阴玄
午未申酉          后贵空虎          官壬午贵
蛇巳    戌常      未午子亥          父癸未后
朱辰    亥虎      午巳亥辛          兄　申阴◎
卯寅丑子
合勾青空
```

庄公远曰："行人自宅中已起程矣，应于丙戌日到。何也？驿马临干，贵人入辰，又蒿矢为用，行人远来，故知其起程。丙戌日者，因马临戌地，又为发用之墓绝，且寅为本命，午为用神，与戌作三合也。"后果于丙戌日到。

占验188 邵占监试

○己酉年正月辛巳日子将亥时，[①] 赵公占乃郎国子监试。戊子生，二十二岁。[②]（《宋本占案》、《口鉴》、《方本占案》）

---

① 未交己酉春。

② 生于戊子年正月十三日酉时。

```
    勾青空虎
    午未申酉         青勾阴玄            官壬午勾
   合巳  戌常        未午子亥            父癸未青
   朱辰  亥玄        午巳亥辛            兄 申空◎
    卯寅丑子
    蛇贵后阴
```

邵彦和曰："此课主泄精，否则小便频数。手足酸痛，四肢无力，二三月皆是病月，四月方安。官星临厨，必入天厨，今年必高中，官星作幕贵故也。癸丑科及第，① 只恐不享其福，终三十五岁矣。"赵生自十九岁每患遗精，公因其病，以婢与之为伴，恐其未有房室也。当年果发解，癸丑年及第，授和州司户，丁巳年再授邵武司理，己未年丁父忧，服阕授信州司户。癸亥年十月十二日死。盖亥年亥月，加辛上，作元武，一金生二水，水主肾，自然遗泄。不合末又入空，空上又见天空，是得官徒空也。申七未八，空亡减半，平生为亥所苦，故又见癸亥年亥月而卒也。

占验189　邵占前程

○戊申年十一月辛巳日寅将丑时，邵念一公癸巳生，占乃孙读书前程。其孙丁亥生二十二岁。（《方本占案》。）② 课式同前。

邵彦和曰："此课干上盗气作元武，主虚泄，三传自宅上火生土，土生金，空亡，不独前程不显，尚有夭丧之患。盖连茹喜进不喜空亡，主不出四年，肾病而死。"邵公之孙果清瘦患遗泄，至壬子年十二月而亡。夫辛金生亥水，又生玄武水。初鬼作勾，原属可制，奈脱气太甚，③ 身不能任，故己酉年娶妻后，成痨而卒。末传同类空，故诸孙前后丧。盖亥加辛，乃面前脱气，午勾是日贵，作鬼入宅，支干上皆自刑，自支上一阴至干上六阴，④ 一味行阴道，如何得长久，更何问功名？⑤

占验190　王占胎产

○甲戌年九月辛巳日辰将卯时，占胎产。（《牧夫占验》）课式同前。

王牧夫曰："此数合当产过，喜信在途，巳日可到。"此父占子息之胎，干上

---

① 寅贵加丑上之故。
② 《口鉴》不载年月时。
③ 愚按：年命上皆是脱气而亥又是本命。
④ 愚按：午为一阴，亥为六阴。
⑤ 愚按：此课传与赵公占子之课同，因亥为本命而脱干，故其凶较甚耳。

仰首见子孙之神，而子边亥已成孩也。初传午火克辛金，支乃母位，午与亥绝，乃胎已出腹之象。皆兆已产。三传午为马，末为青龙，皆主文书，申为传送，天空亦主音信，申为道路，故主音信在路也。巳日到者，末传甲申，遁合当在巳丑日耳。数得连茹，不止一信，当是女喜，两阳夹阴，又支干不比也。此数又主本身有遗精白浊之疾兼吐血也。盖一金而生二水，亥乘玄武，是以应之。午为鬼，比旺克干，兼子亥水泄气，故亦有吐血之症也。凡占病，用蛇司内，虎司外，在于干支者，现于肢体。此论不视白虎，非正见，乃旁通附见耳。

壬午日

占验191　邵占平生

○二月壬午日亥将酉时，或占平生。（《方本占案》）

```
       朱合勾青
       未申酉戌            青合阴常           父　申合◎
   蛇午　　亥空            戌申卯丑           官甲戌青⊙
   贵巳　　子虎            申午丑壬           兄丙子虎
       辰卯寅丑
       后阴玄常
```

邵彦和曰："申作六合，加宅发用，主迁宅改宅。六年之内，主造新宅。盖午为屋，恰好作支也。申为马，主迁居也。但主两娶妻，戌加申乘龙，主儿得解。子加戌作虎，明年死小口二人，三年下状争田，得胜，为丑作常，加壬，丑为田。日上见类神，故得田也。"①

占验192　壬占谒贵

○乾隆己卯年十月壬午日寅将戌时，甲申命人五十六岁，占谒贵见否。（《牧夫占验》）

```
       勾青空虎
       酉戌亥子            玄青朱阴           官癸未朱
   合申　　丑常            寅戌未卯           兄乙亥空
   朱未　　寅玄            戌午卯壬           子己卯阴
       午巳辰卯
       蛇贵后阴
```

---

① 吴稼云曰：丑既克干，何以断得乎？愚按：丑虽克干，然旬遁是丁。水日财动，又丁壬合，故得田也，克干故争也。

王牧夫曰："明日必见，见必有言语，不致动气，从此后水乳也。"其人到辕，三次禀见，俱未见。次日往禀，果传见，见有责备言语，却未曾动气。验甚。盖本命行年逢空，故前此未见。今干支上卯与戌合，又年之阴见贵。来日，未发传，木局生贵，故必见也。有言语者，未为朱雀。不动气者，乃未中藏丁，与干壬水作合也。三传木乃脱气，则气有所消，故应之耳。

占验193　公孙圣占召

○公孙圣占吴王召。（《吴越春秋》、《六壬直指》引《越绝书》作亥将午时）

```
    青空虎常
    戌亥子丑                后空勾后              官庚辰后
勾酉    寅玄                辰亥酉辰              父  酉勾◎
合申    卯阴                亥午辰壬              子戌寅玄⊙
    未午巳辰
    朱蛇贵后
```

吴王夫差遣王孙骆往请公孙圣占梦。公孙圣伏地而泣，有顷而起。其妻从旁谓圣曰："子何性鄙，希睹人主，卒得急召，涕泣如雨。"公孙圣仰天叹曰："悲哉，非子所知也。今日壬午，时加南方，命属上天，不得逃亡，非但自哀，诚伤吴王。"① 圣往占梦，果因直言被杀。

占验194　徐占来意

○七月壬午日巳将戌时，占来意。（《一字诀玉连环》）

```
    合朱蛇贵
    子丑寅卯                虎朱朱玄              财壬午玄
勾亥    辰后                申丑丑午              官丁丑朱
青戌    巳阴                丑午午壬              父  申虎◎
    酉申未午
    空虎常玄
```

徐次宾曰："来意主失驴一只，其驴在西北方十三里外，被一姓贾人收得。

---

① 《直指》引《越绝书》："公孙圣曰：干上辰克干，支上亥克支，求救于寅，寅败于酉。命属上天，不得逃亡，非但自哀，且伤吴王。"○愚按：干上辰克干四句，今查《越绝书》，并非。不知《直指》何所本，"时加南方"一语，固知其为午时。《吴越春秋》及《越绝书》并未言何月，何以知其为亥将也？即以亥将午时言，干上辰克干，干为君，则吴王伤；支上亥克支，支为辰，则公孙圣伤。末传寅木，克干上辰土，为干之救神，生支之午火，为支之救神，奈落于酉金之上，故曰败也。

至甲午日，往牛市得信，自往姓贾处牵回。"至甲午日果然。盖时为日破，① 主走失。上得青龙，发用胜光，为日下之财，元武临之，本合失马，以胜光无气，故言失驴。不言盗，而言失者，以财在日上手上，故不能盗也。胜光数九，玄武数四，相并得十三里也。何知姓贾人收得？末传为归计门，白虎加申，主西字，又主贝字，配成贾字也。何知牛市得驴信？盖申旬，胜光空亡，至甲午旬填实，又午为日财，故甲午日复见而喜矣。壬与申相生，故自往牵回也。

占验195　邵占家宅

○建炎己酉年闰八月壬午日辰将申时，汪四六公癸丑生五十七岁，占家宅。(《口鉴》、《方本占案》)

```
        勾合朱蛇
        丑寅卯辰          虎合朱阴         官甲戌虎
    青子    巳贵         戌寅卯未         财壬午后
    空亥    午后         寅午未壬         子戌寅合
        戌酉申未
        虎常玄阴
```

邵彦和曰："水日火局，人皆曰财，不知反生日上未土，土反克水，是财化为鬼矣。然皆是眷属未了，或男未娶，或女未嫁，使用太过。宅上子息不齐，堂屋栋梁若不是蛇居木，即雷惊木，屡出作怪；否则是庙宇中木，主雷击惊人。更十年，因讼而死。"汪公家计，悉为扳高亲费尽。甲寅年屋被雷震，戊午年因讼得病而死。盖八月雷煞在戌，② 戌加寅，更见虎，自是雷惊。寅加午，在高处也。故当是栋梁，自己酉至戊午恰是十年，甲木死于午，故此年死。③

占验196　邵占疾病

○己酉年三月壬午日戌将丑时，孟承务占子病，己亥生十一岁。(《宋本占案》、《方本占案》、《口鉴》、《一针见血》)④

---

① 时克干为日破。
② 愚按：雷煞正月起卯，顺十二辰。
③ 愚按：甲木死于午，似指寅加午而言。然非日干之死地，何故以之断死？愚窥邵公之意，盖因戌为虎鬼，戌五数，两戌则十年矣。况岁干得戌，与戌同类，戌为牢狱，财又生鬼，故断其十年因讼而死。其甲木死于午句，殆及门之疏错欤？
④ 诸本皆遗去年命，今从《一针见血》书中补入。

```
        蛇贵后阴
        寅卯辰巳              合贵阴虎              财辛巳阴⊙
    朱丑    午玄          子卯巳申          子戊寅蛇
    合子    未常          卯午申壬          兄乙亥勾
        亥戌酉申
        勾青空虎
```

邵彦和曰："此课主病，上热下冷。上膈虽热而不渴，中间风气相击，下部不通，因食冷咸物损肺，遂下痞上满，今宜补肺通肠。盖曾寄出家，未曾还愿之故。今若寄出家，可以免灾，终是柔弱。二十一岁后，状如老人，皮肤消瘦，若痨病状。二十八岁，不能过也。"其子病症，果是上热下冷，因食冷鳖鱼汤与麻参，遂得此病。昔日舍在净安寺，继又赎归，遂不安，常若痨怯状。寄在外祖家养育，瘦弱愈甚，因不娶妻。至绍兴十六年丙寅四月初三日病故，果二十八岁也。夫日上长生是空亡，申为寺院，虚生是寄舍也。壬受申之虚生，却去生寅木，木生巳火，克申金，申金受克，走来壬上避之，非本意来生也，故终身瘦弱。申数七，亥数四，四七二十八也。初巳火，主上热，末亥水，主下冷。初传巳火，上下皆金，故虽上膈热而不渴。中传寅木，主风气相击。末传水作勾陈，故下部不通。又巳火伤申金，肺喘必矣。

占验197　邵占失马

〇十一月壬午日丑将卯时，遂安宫人占失马。（《方本占案》）

```
        朱蛇贵后
        卯辰巳午              合蛇阴常              子戊寅合
    合寅    未阴          寅辰未酉          兄丙子青
    勾丑    申玄          辰午酉壬          官甲戌虎
        子亥戌酉
        青空虎常
```

邵彦和曰："午为马，不入课传，此马不见矣。午加申道路之上，正行也，被人骑去矣。"果然不见。①

占验198　邵占失船

〇同月丑时，或占失船。②（《方本占案》）**课式同前。**

---

① 吴稼云曰：寅为天马，传入青龙万里之翼，故被人骑去也。
② 愚按：断语中有初八日内见之句，壬午当是月朔也。

邵彦和曰："此船往东南方寻之，初八日内即见。"船在旱地上，所以不进耳。盖六合为船，乘寅发用，而加于辰上，船在旱地之象，辰为东南方也。寅木三数，辰土五数，故初八日内也。果然。

占验199　邵占终身

○己酉年正月壬午日子将子时，邵三公壬申生三十八岁，占终身。（《宋本占案》、《口鉴》）

```
   朱合勾青
   巳午未申           合合常常         兄乙亥常
蛇辰    酉空           午午亥亥         财壬午合
贵卯    戌虎           午午亥壬         兄丙子玄
   寅丑子亥
   后阴玄常
```

邵彦和曰："此课本身有自然禄，又有持服人相助，一生守己，衣食自如。但难为六亲，并妻妾子女。干支上本身自刑，自身若得残疾压之，方吉。宅上主添造，造后却进人口。盖乘六合故也。后被子孙出来使钱，初因猪上发，后因猪上败。妻能起家，生子又多，① 但刑伤太多，恐九年之上，患痨病，连克子孙矣。"考邵三公十七岁丧父，自起家，一生守己，养猪成家，妻有财干，生男女十二人，只存三男二女。本身有偏僻疾，后因娶妇造屋，壬子年娶次媳，乃宦家女，费月数倍。又因猪瘟死，食其肉，遂举家病，妻成痨，至癸亥年仅存一女而已。盖日上自刑，乃人刑人也。宅上自刑，宅不容人也。末传子作元武，子者，子息也，玄武为费用之神，玄武便是本身之亥，我去刑他，玄武便走在子息上，故主子息使钱也。己巳年，家尽退。

占验200　邵占前程

○己酉年十月壬午日寅将寅时，龚县尉辛巳生二十九岁，占前程。（《方本占案》、《口鉴》）课式同前。

邵彦和曰："此课本身现在戴禄，又作太常，必有兼职之事，俸禄亦增，若论升转则未。盖支干自刑，日后因得宠，遂做不廉之事。又因纳一美妾，贪色致病，寻医而治，欲解任不能，幸遇一外路监司经过，为公恳告，遂得解任。但伏吟，时下未发，只等替时自见耳。"盖干支自刑，主自满。月建前

---

① 午乃妻财，故起家，兼作六合，故多子。○愚按：起家生多子者，午临旺地也。

一辰，子上是玄武，为天医，[①] 冲起行年上午之六合，昼贵又乘天后，为干之偏财，乃妾也。玄武、六合皆主不正，故贪色而淫泆过度，致得病而求医。子午为官员往来之所，道路神也。月建前辰是外监司，必恳于此方解耳。龚尉因主簿坏去，遂权署其印，得太守宠爱，遂旁若无人。又纳一妾，颇多淫乐，其后龚尉满替，因前看验事受贿，被人论告，欲去不能。州县又不与批结，遂求湖北运司胡某。胡向与龚父交好，又与太守是往日同寅官，因经过见太守，为龚力恳，遂准放行，乃得归也。

癸未日

占验201　灵文来意

○四月癸未日申将午时，占来意。（《指归灵文论》）

```
    朱合勾青
    未申酉戌         空勾贵阴         财辛巳贵
  蛇午  亥空       亥酉巳卯         官癸未朱
  贵巳  子虎       酉未卯癸         父  酉勾◎
    辰卯寅丑
    后阴玄常
```

断曰："来意事起官员出行，道路必远，行至中途，逢改差。权监酒税文字，又主本家二妇人，蒙蔽不睦。婢落井内死。因此不满任而回。"何以见之？盖天乙为官员，乘巳加卯，主门户，又传阴出阳，主出行赴外任。卦名遥克，主道路。中传未乘朱雀，主改差，下临巳月建上，主权。未为酒，朱雀主文字，故云权监酒税文字。日上卯作太阴，主妇人，末传酉，亦为妇人，故云二妇人。太阴为妾，又为蒙蔽。酉为婢，作勾陈，主口舌争讼。酉临未，未有井宿。甲戌旬，酉为空亡，四月酉为死气，故云落井而死。初传克末传又空，故不满任而回也。

占验202　邵占前程

○建炎戊申年七月初一癸未日午将卯时，刘判官己未生五十岁，占前程。

（《捷要》、《口鉴》）

[①] 愚按：月建前二辰为天医，今以前一辰为天医何也？

```
    合勾青空
    申酉戌亥              常青朱后           官庚辰后
 朱未    子虎           丑戌未辰           官癸未朱
 蛇午    丑常           戌未辰癸           官甲戌青
    巳辰卯寅
    贵后阴玄
```

邵彦和曰："日上见墓神，天后又是滞神，今方自墓中脱去。中传未是旬末，末传归家，却见旬首，旬首加旬尾，做官方做起，却又早归家，如何得改官迁转？不如治生。"何以见之？本命在中传，甲戌旬末是癸未，未土癸水，为三传全鬼，却变成财。若要求官，仍复为鬼，所以治生，必然兴发，为甚佳也。刘判官三十八上及第，到五十岁方受第一任，缘是庶出，丁了三服，服阕，方做判官。任满，不得改官，任中文字又多不足，遂思先生之言，归家治生，开杂卖铺，贩贱鬻贵，资财日旺。初开店时，止有三千余贯，后十二年，共发至三十五万贯，造屋买田，如法做起，信知先生之言不妄也。

占验203　邵占身位

○同年月日时刘一翁代丙辰生人，五十三岁，占身位，同此数。

```
    合勾青空
    申酉戌亥              常青朱后           官庚辰后
 朱未    子虎           丑戌未辰           官癸未朱
 蛇午    丑常           戌未辰癸           官甲戌青
    巳辰卯寅
    贵后阴玄
```

邵彦和曰："此人不长久，目下如云雾中行耳。明年五十四岁，行年在未，见戌加之为闭口，戌为九月，其人九月间，患积块疼痛，气塞鼓胀而终。"

或问："此人与刘判官同月将日时同得此课，何故前言治生，此言就死？"邵先生曰："前是己未生，中传得本命，自墓引生来，末传见旬首，周而复始，三传全鬼，却化为财，所以治生发旺。此是丙辰生，他的本命自来墓身，既来添墓，如何过得？"

邵彦和先生尝谓门人曰："古次客之法，以数人同时来占者，用前五后三，换将不换时之例，试之多不验。盖烛照祸福，全赖太阳之光明，故以正将、正时为最，其次则换时不换将耳。今余以各人年命为主，课虽同而理则异，区别悬殊，十不失一。"①

占验204　衍占年岁

○庆历八年戊子，楚衍因到雍邱，知县张邥邀衍至厅。正月十四日，占今年丰歉。是日癸未，得申时。（《一针见血》）

　　勾青空虎
　　酉戌亥子　　　　　阴空勾贵　　　　父　酉勾◎
　　合申　丑常　　　　卯亥酉巳　　　　官丁丑常⊙
　　朱未　寅玄　　　　亥未巳癸　　　　财辛巳贵
　　午巳辰卯
　　蛇贵后阴

楚衍曰："今日申初二刻立春，却得申时，以月将神后加申。三下贼上俱比，以涉害从魁加巳为用，将得勾陈，中传大吉加酉太常，终传太乙加丑贵人。太岁上得天罡，乘天后，此年宜麦宜麻之稔，其余谷米不丰。西南半熟，东北全荒。米谷涌贵，金银铜钱物贱，人民饥荒。仍有疾疫，及盗贼惊恐。"其年一一应验。议曰：太岁上神与初传从魁为合，是金土相生，所以宜麻麦。金银铜钱物贱，太岁临空，又天罡加临岁上，故主人民饥荒、盗贼、疾疫。西南方有亥子水神加之，与立春日干无伤，为吉将，得天空白虎凶神，故得半熟。东北方位，有巳午未火神加之，与立春日干克战为凶，又将得蛇雀凶神，故主全荒也。

占验205　陈占会试

○崇正丁丑年二月癸未日，孝廉孙大宣先生口报午时占会试。（《指南》）课式同前。

陈公献曰："贵德财马临身，且居太岁之位，必应今年甲榜。况行年得月将青龙，②主片言入相。又旬首河魁为官，乃文明之宿，二者会于行年，定是今年甲榜。"后果应。

---

① 愚按：邵公此论，诚为正理。故从张继唐先生本内而摘录之于此。至于出自何书，则未之知也。近见宁波张星源所注《银河棹》，以一时而演五七课，以为出于《中黄经》，为客之秘法。支离穿凿，诚堪捧腹。况《中黄经》内并无此条。殆张星源之杜撰欤？未可知也。

② 愚按：此句当是酉命。

占验206　邵占疾病

○己酉年闰八月癸未日辰将子时，方五解元己未生五十一岁，占子病，其子壬辰生十八岁。（《一针见血》）

```
空虎常玄
 酉戌亥子              贵常空朱         父　酉空◎
青申　　丑阴           卯亥酉巳         官丁丑阴⊙
勾未　　寅后           亥未巳癸         财辛巳朱
 午巳辰卯
合朱蛇贵
```

邵彦和曰：日上见巳，巳者，嗣也。宅上见亥，亥者，孩也。孩与嗣自是相同。奈癸水绝在巳，是嗣自绝也。日上既见绝，而初中空亡，末传仍归于此，且带驿马，主死后再来，来了又死。故令政不宜怀孕，若怀孕，是此子讬生也。此时若出继与人，即非他绝，或可不死。① 方解元之次子，名寄哥，往年一病，死而复生，今又病，故来占。解元之妻钟爱，不肯继与弟家。八日外果死，半日又甦。至十一月二十三日，再病而死。其时方妻已怀孕十月，当日未时即产一男，揣其事踪，似乎寄哥之讬生也。夫初传空亡，是先来空也。遇日二课为传，是去空也。末传又来干上是复来投胎也。不合日上见巳为嗣，支上又见亥为孩，是重来为婴孩也。

占验207　邵占交易

○庚戌年八月癸未日辰将戌时，叶秀才乙亥生三十六岁，占交易。（《一针见血》）

```
空虎常玄
 亥子丑寅              朱常常朱         官癸未朱
青戌　　卯阴           未丑丑未         官丁丑常
勾酉　　辰后           丑未未癸         官癸未朱
 申未午巳
合朱蛇贵
```

邵彦和曰："辰来就日，日去就辰，来来往往，三传行年又在此上，但以多者为议事之处。末传更归行年，又在日上。初间文书自我处发去，不遂了，

---

① 愚按：即非他绝四字，殊不可解。盖出继与人，以应巳与嗣绝之意云尔。

却又发来。我今又从整顿去，今取入手。虽然成就，毕竟内有弊病，不合又作太常，鬼并在此，又防有反复，然毕竟无害。"叶十七秀才与李宅对换交易，叶宅先印契，李家退悔。叶宅又将别项田产赔，再做契据，前印契不用，却印后来换者，所谓"辰来就日，日去就辰"，虽然反覆，毕竟事有济也。

丁丑、庚寅、甲申、癸未返吟，皆是辰来加日，日去就辰。惟此课皆是初末在日，偶然行年又并在日，一起有四事。他只有二件，从我者是也。我遂终得此物，若其余日辰及八专之类，从所乘者断之，此又名上门乱首。大不利占病，初末并太常克日，若占尊长病，是宅中已挂孝矣，不可救无疑。占讼乃彼来值我，若我是卑下，却好攻之，不利尊长、先起也。

占验208　陈占官讼

○崇正丁丑年十一月癸未日丑将辰时，山东李抚台懋芳被总镇刘泽清参劾逮问，占何日脱难。（《指南》）

```
    合朱蛇贵
    寅卯辰巳        勾蛇阴虎        官甲戌虎
勾丑      午后       丑辰未戌        官癸未阴
青子      未阴       辰未戌癸        官庚辰蛇
    亥戌酉申
    空虎常玄
```

陈公献曰："占讼最难辩雪，后却虎头蛇尾。盖课传蛇虎鬼贼，又太岁岁破克日，主君相见责。所喜支上皇恩，命乘天赦。又以初末观之，以凶制凶，反无凶矣。但只今行年恩星泄鬼之气，明春太岁为救，脱难出禁当在彼时。"果丑年冬月上疏，新正旨下谪戍。

占验209　王占官讼

○乾隆己巳年巳月癸未日申将戌时，扬商因借河饷事赴部讞，戊子命人占吉凶。（《牧夫占验》）

```
    朱蛇贵后
    卯辰巳午        朱贵常空        财辛巳贵
合寅      未阴       卯巳酉亥        子己卯朱
勾丑      申玄       巳未亥癸        官丁丑勾
    子亥戌酉
    青空虎常
```

王牧夫曰："上明下暗，半路必回，天上好音，凶去吉来。"后果至半路得恩旨释回。盖癸为旬尽，亥为支尽，二尽相交，主灾晦。癸即丑，丑乘勾陈，主身被留滞。喜太岁作德神发传，占讼得此最美。自巳传丑，乃自明传夜，故曰上明下暗。丑卯巳为出户，今自巳传丑乃入户之象，故主半路必回。太岁贵人作德神，故曰天上好音，又卯为朱雀作子孙救神也。其后果然。推而言之，癸未乃旬尽之日，明日甲申，又即申将管事，时上见之，申为仪神，救解百事，况发用与之作合乎？四月巳为皇诏，又为德神，年上见之，吉无疑矣。

壬占汇选卷之三

甲申日

占验210　王占婚姻

○乾隆丙子年十月甲申日寅将辰时占婚。因路遇，疑即此女，故占之。

（《牧夫占验》）

```
       朱合勾青
       卯辰巳午           合青玄后         子　午青◎
    蛇寅      未空        辰午戌子         财壬辰合⊙
    贵丑      申虎        午申子甲         兄庚寅蛇
       子亥戌酉
       后阴玄常
```

王牧夫曰："所遇之人在道路上，以子午辰戌干支并见也，故云。子午为道路，辰戌为仓卒，急遽之见也。午乘青龙，其女身长，肤融赤而整齐，诚美妇耳。彼有夫，乃归母家。所遇非是所定之女，然所定之女亦美而贤。以冬占，天后加子水，色白，时旺故美，生干故贤。"后娶妇，果非所遇者。何以知所遇之女有夫，午坐官鬼上耳。何以知其回母家，课得顾祖。自内传外，末之寅，即干之身也。干支互成三合，故因遇此妇而后成此婚，此妇乃引入桃源之仙客也。支上午为遇，申为道路，午加申为疑惑，以支神测之亦如是也。

占验211　陈占射覆

○顺治庚寅年五月甲申日未将酉时，司化南问袖中何物。射覆。（《指南》）课式同前。

陈公献曰："此乃文书之物。"化南云："何以知是文书？乞讲一理。"予曰："用东方朔射覆法。本课三传纯阳，取遁甲丁卯仰视丑字，阴神是亥，故取亥为初传。三传亥酉未，亥主图书，又甲日为文书爻。"果是《易》书一册。余曰："八十四页。"果然。即以袁天纲本课法断，亦当以易书断。青龙主文书，子又为文书，子午为《易》气，即《易》书也。①

占验212　占官讼

○**甲申日□将□时占官讼。**（《一针见血》）

```
空虎常玄
未申酉戌          后玄青合          财壬辰合
青午　亥阴        子戌午辰          子　午青◎
勾巳　子后        戌申辰甲          官甲申虎⊙
辰卯寅丑
合朱蛇贵
```

断曰："此课因争产致讼，今又和而不解也。谓辰为日之财爻，上见六合夹克，必是同类争竞。又传见午火青龙，以制末传申金白虎之日鬼。其事虽可了，奈申上戌作玄武为午火所畏，而白虎后旺，其事必又发矣。戌乃寅之亲，主亲戚为害。寅加子，课传有寅午戌、申子辰，一火一水，争斗不已。其实三合非全，故不能解也。"

占验213　邵占官职

○**建炎戊申年五月初一甲申日申将巳时，王县丞丙寅生四十三岁，占官职。**（《口鉴》、《捷要》、《方本占案》）

```
青勾合朱
申酉戌亥          后朱青常          官甲申青
空未　子蛇        寅亥申巳          父丁亥朱
虎午　丑贵        亥申巳甲          兄庚寅后
巳辰卯寅
常玄阴后
```

邵彦和曰："日上见巳作太常，主兼职而费力。初传官星主兼职，中传长生临宅上，主上人垂顾而加俸。末传寅临亥，名字必达天庭。是费力中得便宜，劳苦中得迁转。任满入朝面君，有内绛帐之荣矣。"后王县丞因知县缘恩

---

① 天纲原本从俗写作天罡，愚据《唐书》改。东方朔射覆之法，其书名《无移集》，恐是后人托名耳。

泽受财事发，遂擢县印，两项职事，悉皆了办。见知上司列荐，奉旨任满日引见，遂得诸王宫教授。缘日上见巳，是甲木生巳火，故费力也。太常为职，巳为双女，故曰"兼职"。初传申官临于双女上之，亦是兼职。青龙主喜庆，中传亥与行年上亥，皆是官长之属。亥为天庭，朱雀为举荐，末传寅为己身，下临于长生之地，又登天门，上乘天后恩泽之神，同生甲与寅木。甲以亥为学堂，故主绛帐之职。在天门则为内绛帐也。甲木生巳火，虽云费力，却引出天后水及亥水之生，申官居巳长生上，又作青龙，所以费力中而内升也。

占验214 邵占买卖

○汪五公丁未生，① 六十二岁，占买卖，同得是课。（同前）

```
       青 勾 合 朱
      申 酉 戌 亥       后 朱 青 常        官 甲 申 青
   空 未         子 蛇   寅 亥 申 巳        父 丁 亥 朱
   虎 午         丑 贵   亥 申 巳 甲        兄 庚 寅 后
      巳 辰 卯 寅
       常 玄 阴 后
```

邵彦和曰："如何染得许多红紫？今已发变斑点，只好染皂用耳。"汪公尚不觉，及开包裹看之，果然红紫皆变色。汪大惊曰："为之奈何？"邵曰："不妨。十月染皂不折本，但滞得半年耳。"盖日上见巳蚀甲，寅往亥上受生，未甚费力。今又添行年上丙，便是两火而蚀一甲木，虽寅受生于亥，费有余而得不足也。太常为绣丝衣帛，乘巳火为赤色，便是红紫之类。太常乘巳加于寅，寅为虎，主斑点，作天后为改色。初传官鬼破身伤财，又立于耗盗之上，好在中传亥来生甲，只宜染皂，以北方主黑，亥加申上白而生黑故。州人仿他铺，染暗青黑绿都不好，八九月亦不翻腾。汪公至十月染皂，市中颇有行情，果不折本。盖末传有寅生于亥上，中传亥却为旬丁，主变动之神。末传天后亦为皂色，又为妇人，以此妇人俱重此色衣服。亥为十月，信知造物亦有时也。可见六壬占验之神，与造物无间耳。

或问："王县丞与汪五公同月将日时，同得此课，何以王县丞许其升迁，汪五公却说彩帛变色？"先生答曰："县丞本命寅，下临长生，得恩泽之神，行年即是官星，在任者宜见之，必然升迁。汪公本命未，下临魁罡，上得虚

---

① 生于七月初八日子时。

诞之神，行年添一盗气，经纪者忌见之，必然败坏。幸得寅加亥上，中传亥又来生身，为不折本耳。"

占验 215　陈占升迁

○辛未年三月甲申日戌将未时，迟公芝莱、王公旋官，占闽总台洪学升迁。（《指南》）课式同前。

陈公献曰："此课大吉，官爵必升。何以见之？课中龙常并见，城吏全逢。初传青龙内战，必有奇遇超迁。中传朱雀生日，主有公卿交誉。末传驿马德禄，俱入天门，居官定然显赫。且寅为天吏，天后为恩泽，非天官而何也？"后屡旨另推七次，终点闽总宪为冢宰。① 然式中贵履地网，龙神下贼，主自欲退位。次夏，果请告归里。

占验 216　陈占科举

○庚寅年七月甲申日巳将寅时，宜陵景兄占府院试可入泮否。（《指南》）课式同前。

陈公献曰："不但府试高取，院试定然首荐。盖因月建旬首发用，龙朱乘旺相现于初中，末传德禄驿马。又干支交车生合，传将进引，斗罡天喜加行年，朱雀乘丁神进气。文字必贴主司之意。且格合天心，主非常喜庆，掀天揭地也。是以首荐无疑。"又问："该就府送考，该就司送考？"答曰："六合加于辰末，商籍稳妥。"后果首进。

占验 217　陈占雪否

○甲申年十二月甲申日子将酉时，是日除夕，予在淮阴凤阳，施挥使相召守岁，见天气昏沉，占元旦有雪否。（《指南》）

```
  蛇朱合勾
  申酉戌亥            虎勾蛇阴            官甲申蛇
贵未    子青          寅亥申巳            父丁亥勾
后午    丑空          亥申巳甲            兄庚寅虎
  巳辰卯寅
  阴玄常虎
```

---

① 点校者注：冢宰，在六部指吏部尚书。

陈公献曰："不但元旦有雪，今晚亦雪。因天罡加丑，阴象也。况申为水母发用，生中传亥水，又乘螣蛇，乃双雪头湾曲之象。是以断今晚明日有雪。"果然。

占验218　邵占行人

○己丑年十二月甲申日子将申时，王知县占新宰何时至。(《方本占案》)

　　　　勾合朱蛇
　　　酉戌亥子　　　玄蛇合虎　　　财壬辰玄
　　青申　丑贵　　　辰子戌午　　　官甲申青
　　空未　寅后　　　子申午甲　　　父戊子蛇
　　　午巳辰卯
　　　虎常玄阴

邵彦和曰："冬占得润下课，正及时也。新官今已至润州，值水浅来迟耳。"果第三日得信云，已至润州，水浅不能前。盖发用辰加子，作玄武。子，江也，上得辰土克之，故浅。甲日子加申，子乃十二月太阳，加支为临任所，月内必到任也。果应。

占验219　郭占会试

○崇正丁丑年二月十四甲申日亥将未时，赵景皋兄占会试。(《郭氏占案》)课式同前。

郭御青曰："干支各自乘死气，又各脱耗，不利场屋明矣。且四课天将不正，三传水局，天将又皆水，虽能生日，不敌自受脱耗。凡水局见武蛇，主梦幻鬼魅，安能中乎？"放榜果不中。

占验220　邵占前程

○建炎戊申年九月甲申日辰将亥时，陈学谕辛未生三十八岁生于十二月二十八占前程。(《口鉴》、《方本占案》)

　　　　合勾青空
　　　戌亥子丑　　　后空青贵　　　父戊子青⊙
　　朱酉　寅虎　　　午丑子未　　　子癸巳阴
　　蛇申　卯常　　　丑申未甲　　　财丙戌合
　　　未午巳辰
　　　贵后阴玄

邵彦和曰："干支皆墓，主前程迟滞，凡事不通。今喜甲申旬，未乃空亡，本身之墓既空，渐次脱去，次第亨通。初传与贵人六害，不利考试。巳作太阴为闭口，主偏堂不利，终为疾扰。妻宫加闭口子孙上，主无子。今年防被医人所误，行年上申为医而为蛇鬼故耳。本命是木墓，本身上贵人又空亡，乃是虚贵。宅上又带墓，宅既不显，人亦不兴。三十发解便不济，如处云雾中，妻亦不利。"其人果受乳母气，得心病，九年而卒。妻血病五年，本年又患痫，医人误作热症治之，几死。庚申年亡。

占验221　邵占家宅

○**戊申年九月甲申日辰将亥时，某占家宅。**（《口鉴》、《方本占案》）**课式同前。**

邵彦和曰："此宅原是坟，今墓神作梗，宅内常有声。见一人裹帽而行，乃六十老人葬于内，尚有游尸，所以出来作怪。每主克子，因灶下坟更多。若移灶，则无声。更第三间阁下是此裹帽老人葬处，掘下五尺便见，迁去即安矣。"试之，果然。因丑为裹帽老人也。

占验222　张鋐占馆

○**乙卯年闰二月初二甲申日亥将午时，占馆。**（《说约》）**课式同前。**

江村张鋐曰："六壬占一事，而相因之事牵连出现者，此时时有之，特人多忽而不经意耳。乙卯春间，舍弟在山东东平州署馆，况颇佳，因占何时来接舍侄赴署，得甲申日，干上未，三传子巳戌。余看课传全无来接之象，此本事也。又视干上虽逢未贵，但干视未为财为墓，贵视干为鬼贼，为寇仇，宾主岂能相安？兼子为败气发用，而与贵人六害，似已分手。寅加酉，主酉日到家也。果于次日乙酉舍弟回家。回后一月，舍弟索占何时得馆，余即以前课推之。命在未，上见子水生干，主有人作荐，子与丑夜贵作合，主有官相延，俟子丑月可以得馆。后至十一月，由沈湘葵荐，就江苏布臬台之招。盖丑贵临申，申主刑杀，故主臬司。然丑遭太岁克制，亦不能久于此任。"[①]

[①] 愚按：一课与二课相害，三课与四课相害，此宾主不投之象。何况末传之戌与一课之未、三课之丑共作三刑，焉得不分手乎？但一课与四课合，二课与三课合，恰好二课之子发用，与三课支上之丑相合，是失于此者而得于彼也。

占验223　郭占会试

○崇正丁丑年二月十四甲申日亥将巳时，占马氏兄弟会试中否。(《郭氏占案》)

```
    朱蛇贵后
    亥子丑寅          青后后青        兄庚寅后
 合戌    卯阴         申寅寅申        官甲申青
 勾酉    辰亥         寅申申甲        兄庚寅后
    申未午巳
    青空虎常
```

郭御青曰："余为陈留马君惕中讳孔健占会场。初嫌其返吟，德禄受克，未敢深许。其胞弟本命在未，行年在申，贵人驿马并值，似胜于惕中。及榜放，独惕中及第。后详课情，三传俱孟，吉应长者，何须帘幕贵人也。"①

占验224　邵占身位

○戊申年五月甲申日申将丑时王知县己未生，②五十岁，占身位。(《方本占案》)

```
    青空虎常
    子丑寅卯          合常玄朱        财丙戌合
 勾亥    辰亥         戌卯辰酉        子癸巳阴
 合戌    巳阴         卯申酉甲        父戊子青
    酉申未午
    朱蛇贵后
```

邵彦和曰："日上破碎，作鬼克身，主与阴人兴讼，官位不明。来年八月事起，必相扰。干支罗网，不可受财，定被贬谪。更老阴人，因一子不成器，用度不足，心常怏怏，但难开口。四月十一，必进人口。来年己酉太岁，防谪为曹属也。庚戌则大数莫逃矣。"王知县次年受乡绅徐知府长子钱五百缗，被知府恭人所揭，王被责劾。盖徐长子乃义子，与次子争分家财，次子徐亲

---

① 愚按：登科者，禄马扶会。此课禄马如此，且乘天后恩泽之神，青龙吉将相并，安得不中？独无奈其相冲也。凡相冲者，必须合。惕君之命在午，午与寅三合，午上见子，子与申三合，是以中也。若其弟命上见丑，行年上见申，皆不会合，虽为贵人驿马，何益之有？郭君以"惕中命上子为本日福星，作螣蛇而临午，为飞空进用，卦爻应题，不必多求"。此郭君事后之言，似是而非，余删之。又吾郡吴稼云先生曰："此返吟课，故年命吉者不中，而中者反作年命不吉者也。"此论太奇。附之。

② 生于二月十九日午时。

生子也。王受贿，判与长子，故致此。庚戌在任，不得意而终。盖阳日，酉为阴官作雀，故本身有讼，官位不明。酉为兑，兑为泽，故因恩泽受财。初传在日之前，甲克戌为财，卯与之合，又得六合，是暗受财。被追扰者，干支罗网不可脱也。己酉遭谪，是酉克甲也。酉加寅上，故曰曹属。庚戌年死者，巳加戌，乃甲申旬末，故闭口不能言也。庚戌行年在巳，本宫为子所克，巳又加戌入墓，故闭口而死也。又云，一老阴人因子用度不足，心中怏怏者，乃王知县有弟，不才而窘，母深怜惜。王不垂顾，母尝怏怏。盖巳为闭口乘太阴，故老阴人怏怏不言也。巳下人者，甲以巳为子弟也。

乙酉日

占验225　陈占六甲

○崇正丁丑年四月乙酉日酉将酉时，嘉兴冯尔忠占六甲。（《指南》）

```
        合朱蛇贵
        巳午未申          后后勾勾        财壬辰勾
      勾辰  　酉后        酉酉辰辰        官乙酉后
      青卯  　戌阴        酉酉辰乙        兄辛卯青
        寅丑子亥
        空虎常玄
```

陈公献曰："产必双胎，一男一女。然男必生，而女必死。何也？酉为日之胎鬼死气，偏房婢妾之孕，不必言矣。但末传卯作支之胎神生气。中传酉属兑，为少阴；末传卯属震，为长男。其男子生者，胎财生气也；女子死者，作死气日鬼也。"

占验226　邵占讼事

○建炎己酉年闰八月乙酉日辰将卯时，祝秀才壬辰生三十八岁，占讼。（《方本占案》、《张本占案》）

```
        空虎常玄
        午未申酉          后阴空青        父丁亥后
      青巳  　戌阴        亥戌午巳        父戊子贵
      勾辰  　亥后        戌酉巳乙        财己丑蛇
        卯寅丑子
        合朱蛇贵
```

邵彦和曰："主子偷物，出外卖之。阴人乘势争财，少女从而应之，迤逦闲气成讼。"盖因连茹课，故遂连绵起事。却幸我之行年自前截住，终为我遏。何也？自酉支上见戌，连接戌亥子丑。卯为行年，加寅截住，此名挫锋，众议俱解。但前进则解，畏怕则被攻不止矣。祝有子将公众之物偷卖，其嫂与其弟之女说知，遂经官兴讼。祝秀才挽公人陈姓者调停，其事遂息。

占验 227　陈占出师

○**顺治乙酉年五月乙酉日申将辰时，占出师。**（《指南》）

```
        合朱蛇贵
      酉戌亥子          虎后贵勾        官甲申勾
   勾申   丑后         巳丑子申        父戊子贵
   青未   寅阴          丑酉申乙        财壬辰常
      午巳辰卯
      空虎常玄
```

陈公献曰："乙酉五月初四日，予避难福缘庵。同盟副帅杨九苞，督舟师，随大兵南征，修书差官招予同事。予因幼儿随身固辞，仍占一课寄之曰：'南都定然归顺，放心前往，但防东南有兵变之虞。盖因末传旺相财爻，生合初传官星，且结水局生日，又合中无煞，是为主者，必归顺而贡降也。且干支休囚，则旺气在内，其城不可拔，亦无屠戮之惨。但辰阴见白虎，太乙建旺合克酉支，因而提防东南兵变也。'后果如所占。"

占验 228　陈占逃亡

○**庚寅年四月乙酉日酉将巳时，湾子街二人来占子逃往何方，何日寻见。**（《指南》）**课式同前。**

陈公献曰："此子逃于西南，四十八里，亲戚之家。其家楼房近水，门前有羊二只，柳数株。尔子与金山僧往来。寻之，丙丁日可见。"盖申为金，加辰为山，又水局围绕，岂非金山乎？玄卯居亥即近水楼房，亥支居未，上下相乘，即西南四十八里。玄武之阴神，未加卯门，有鬼柳二宿，故言门前有羊有柳。后四日，其子方自金山回，于所云处见之。

占验229　邵占家宅

○建炎戊申年五月乙酉日申将卯时，冯修职己卯生，① 三十岁，占家宅。

（《方本占案》）

```
　　　朱蛇贵后
　　戌亥子丑　　　　青阴阴合　　　　财　未青◎
　合酉　　寅阴　　　未寅寅酉　　　　父戊子贵⊙
　勾申　　卯玄　　　寅酉酉乙　　　　子癸巳虎
　　未午巳辰
　　青空虎常
```

邵彦和曰："此课支来加干，名'上门乱首'；又用神当囚死，斗罡系日本，课名'天狱'。不有大服，则有大祸。支神犯日，酉为婢妾，恐婢妾死亡为累。初中两传，贵人六害，行年又在其上。乙日以子为父母，主先遭横扰，次值凶丧，又防失火。"时冯为主簿，五月初二日占课，六月十七日，婢子争宠，因责之，遂自缢。县尉与主簿不足，依法看验申州，被拘在能仁寺，将及一月。母亡，遂得丁忧而去。又两月，母之妹又殁，此乃冯之姨母，供养在家者也。未葬而厨下火发，延烧将及堂前而灭。盖支辰犯日，乃下犯上也。酉为婢，六合为人口。五月火鬼在酉。故婢横死。酉金克乙木，故为所累。贵人六害，所以被拘。又未为眷属，上见子为父母，既受土克，又受未害，行年加之，重克重害，所以母亡。五月以巳为月病符，作末传，乘虎加母之本宫，归丧于家也。大凡火鬼克人，不是一个可当。六合为棺木，卯神亦是，所以一年之内，连见三人殁也。

占验230　邵占谒见

○三月乙酉日酉将辰时，史某占访僧见否。课式同前。

```
　　　朱蛇贵后
　　戌亥子丑　　　　青阴阴合　　　　财　未青◎
　合酉　　寅阴　　　未寅寅酉　　　　父戊子贵⊙
　勾申　　卯玄　　　寅酉酉乙　　　　子癸巳虎
　　未午巳辰
　　青空虎常
```

---

① 八月十六日辰时生。

邵彦和曰："和尚出门撞见，要回寺。又有一贵人来访，僧设宴款待。吾兄不得豫也。"史果至寺门相见，待欲留茶，俄有侍御来见，僧便设席，史不预宴而回。盖发用空亡，传入贵人，为日之三合，故有贵人来。未为酒食，原为此贵设也。酉来合乙得六合，故主寺门相见。酉为酒克日，未为酒，龙为宴，又作空亡，虽有酒宴，我不得豫也。

占验231　程占年岁

○崇正己巳年正月乙酉日子将未时，新安大雪极寒，因占年。(《指南》)课式同前。

程翔云曰：据此课象，今年天气亢旱，风大雨少，田禾欠熟，且有疫疠死亡之患。盖因初中风伯会箕，神后空陷，末传虎乘遁鬼，① 又因未为田园，自四课发用，即田庄交界。子属稻谷亦空，故知田禾欠熟。又天鬼、支来克干，此为上门乱首。种种凶象，而况劫煞入辰，三传递克，全无和气，凶荒之征也。后果如占。

占验232　陈占吉凶

○崇正丙子年二月乙酉日戌将巳时，淮扬巡按吴公振缨，② 因贼焚凤灵，被逮刑部，已定重辟，索占吉凶。(《指南》)课式同前。③

陈公献曰："目今必遇恩赦，六月便有出狱之征。"曰："何以言之？"曰："皇恩临干，天赦居支，又中传太岁作贵人生日。罪虽至重，亦能转凶为吉。但嫌戌临孟位，又为本命，谪戌恐难免也。"后果曹大司礼奉命热审，开豁改戌。

占验233　陈占风水

○顺治庚寅年五月乙酉日未将寅时，庠友刘二兄占风水吉凶。(《指南》)课式同前。

陈公献曰："此风水在西山，无真龙正穴，然不备之中亦有好处。何以论之？玄武为风水，临卯加戌，是西北山岗也。未为青龙，虽空而乘进气。螣蛇为穴，乘亥而落空亡，喜作旬丁长生，主穴活泼。然美中不全，亦有可取。

---

① 愚按：五子元得辛巳。
② 浙江湖州府人。
③ 愚按：灵当作陵，崇正八年正月，贼陷凤阳，焚皇陵。

喜贵人左旋，逆水之局，四课下寅之对冲为朝案，是申，理合艮山坤向，兼丑未分金也。勾陈主明堂，阴阳二将，见财官幕贵，朱雀河魁建丙临巳是对案山。出文明富贵，利于中房也。但嫌子爻空战，定艰于子息。酉为日之胎神，阴见寅木生巳火，子孙辰年十一月酉日主婢妾有妊，连生两儿，因巳为双意故也。但玄武建辛，主坟边小路克比肩，与兄弟官有碍。况龙虎空战，长季房分，人财不旺。后阴为水口，螣蛇作罗城，喜其紧关包固，但初中两传，财贵逢空，一二代虚利虚名。末传子爻，为支之长生学堂，阴神河魁，乃文明之宿。三代中房，长房子孙必出青衿科甲之贵，文兼武权之职。"存此一案，以俟后学依而断之。

丙戌日

占验234　陈占科试

○崇正壬午年五月丙戌日，予住淮阴，有江阴六壬袁友，为宿迁陆奋翼庠友，占科试。申将丑时。（《指南》）

```
        合勾青空
        子丑寅卯           合常阴合            官戌子合
    朱亥    辰虎          子巳未子           子    未阴◎
    蛇戌    巳常          巳戌子丙           父庚寅青⊙
        酉申未午
        贵后阴玄
```

陈公献曰："院试必取科举，省试未能遂志。"问曰："史抚台已升凤督，去否？"曰："必不能去。盖驿马坐墓，干神归支，静象也。"又问女病。曰："胎鬼发用，血支加支，又四课不备，病主脉息虚弱，心胸不利，以致失血，必因胎产所致，冬月不保。"又问："宿迁合岁安堵否？"曰："贼符加干支，冬月必有兵警。然日之阴阳自是中传制初，来兵必败怯而退。干神生支，居守保固，无破城之虞。"后四事俱验。

占验235　郭占会试

○崇正丁丑年二月十六丙戌日亥将辰时，临晋姚君昌祚暨乃侄在朝，占会试。（《郭氏占案》）课式同前。

郭御青曰："此课两人占，中末空，即为两空矣。末克中，中克初，初克干，又乘螣蛇，课名殃咎。大姚君命上乘贵人，入墓克日，不美，行年乘白虎作刃。小姚君命在未，虽填空，但学堂入墓，皆不敢许。"放榜果不中。

占验236　邵占差遣

○建炎己酉年闰八月丙戌日辰将酉时，王四官戊寅生，三十岁，占差遣。（《一针见血》）

```
      合勾青空
    子丑寅卯              合常阴合            官戊子合
  朱亥    辰虎            子巳未子            子  未阴◎
  蛇戌    巳常            巳戌子丙            父庚寅青☉
    酉申未午
    贵后阴玄
```

邵彦和曰："日来加辰，人向入宅，岂能快利？但日上子作六合，主得子之喜。中传又有六害，喜而又害，是虚喜也。此课缘无头不正，遂有阻滞。禄随身入宅，且宜食禄。中末入空亡，乃父母入空。父母者，恩人举主也。食禄之地更空亡，其事休矣。如要功名，须再修学，尚有高中之理。"王丈只欲甚时讨差遣，先生只以"可得子，不可望差遣"之说告之，王丈笑而不信。及到行在，元文字并寄书铺处，并无片纸可验，方始大惊。既无出身文字，如何参部？遂气愤归家，用功读书。壬子年运司请举，癸卯年及第。授得丽水县主薄，去任不禄。盖日来加辰，为支所墓，势不能脱出。又本家有子水克制，退又不得。中空亡不进，末空亡更不得进。既两传不进，只得守株待兔耳。官星作合在日，如再求官可矣，守现再进者，不可也。

占验237　邵占家宅

○戊申年正月丙戌日子将辰时，任太公甲午生七十五岁，占家宅。（《方本占案》、《口鉴》、《一针见血》）

```
      朱合勾青
    丑寅卯辰              合虎阴朱            财乙酉阴
  蛇子    巳空            寅午酉丑            兄癸巳空
  贵亥    午虎            午戌丑丙            子己丑朱
    戌酉申未
    后阴玄常
```

邵彦和曰："此课干支六害，一主牛马自伤"，戌以丑为刑神，作朱雀，是害牛也。何不言田而言牛？春丙火相气，相主生息，牛乃生息之物也。① 午为屋、为马，言马不言屋也，因午空亡，乃不定之物，且正月天马在午故也。作空亡而入墓乘虎，是害马也。"二主妇人失明"，盖午为妇人，午乃离，为目，入墓是失明也。"三主自身有淫婢，而仆从淫僭"，盖以巳加酉，巳即日干，为本身，以申为妻，以酉为婢。巳加酉，是宠婢也。天空为奴，从而加之，是仆僭乱有奸也。"四主老妇血疾成痨"，盖初传太阴，与酉一体。太阴为老妇，酉为血，加丑上为墓所埋，是血不行也。丑带破碎而成痨。从革又主痨也。"五主山地有争"。乃末传丑是也。春占，巳上见丑，是相气，火生丑土，丑遇生气，本牛也。然至末传则是秋冬，非丙火之旺可以生丑土言也，故曰山地。朱雀主争，子主池塘，行年上见子加辰，又乘螣蛇，主争，必失理也。

占验238　徐占来意

○五月丙戌日未将亥时，癸酉命人占来意。（《一字诀玉连环》）

勾青空虎
丑寅卯辰
合子　　巳常
朱亥　　午玄
戌酉申未
蛇贵后阴

青玄贵勾
寅午酉丑
午戌丑丙

财乙酉贵
兄癸巳常
子己丑勾

徐次宾曰："来意主西北上远行，理会自己差遣文字，一路并无难阻，得差遣，必是近任。八月内丁酉日归家，当月得俸。本州太守姓刘，是一刚毅正直之人，主蒙太守美爱，而得聚财之庆。"何知西北上远行？盖时为日干之驿马，又与天马并，故主远行。登明为西北方也。又登明为日贵，乘朱雀，主文字，岂不是自身差遣文字也。命上见天恩，上见官爵，又用传俱是三合，故知近任。何知一路并无难阻？以式中无关隔故也。用起从魁，中传太乙，归计大吉而临巳，上乘酉，酉上得丁字，故知丁酉日还家也。从魁为日下之财，故"八月得俸"。太守为刚毅正直姓刘者，发用太乙乘酉，酉为金，主义，为刚直。酉为金刃，故曰"姓刘"。何知蒙太守美爱？盖天乙与日三合

---

① 愚按：正月丑为天牛煞。一云，朱雀丙午火，丑午六害，是以丑作雀，乃害牛也，不细参此。何以见雀便害牛？

也。有聚财之庆者，卦体属金，为日之财也。

占验239　郭占会试

○丁丑二月十六丙戌日亥将寅时，为魏君冲占会试，酉命。（《郭氏占案》）

```
    青空虎常
    寅卯辰巳        虎阴朱青        官丁亥朱
勾丑      午玄      辰未亥寅        财甲申后
合子      未阴      未戌寅丙        兄癸巳常
    亥戌酉申
    朱蛇贵后
```

郭御青曰："干上学堂青龙，发用帘幕朱雀，七马俱全，十分吉课。但嫌帘幕克干，朱雀又遁丁神，命上神作刃，乘玄武，辰上神墓日上神，主场屋不利。有此数端，以致坏局而不中。"①

占验240　郭占秋闱

○崇正癸酉年八月二十七丙戌日辰将未时，张贞明兄占秋闱。（《郭氏占案》）

```
    合勾青空
    寅卯辰巳        青常贵合        官丁亥贵
朱丑      午虎      辰未亥寅        财甲申玄
蛇子      未常      未戌寅丙        兄癸巳空
    亥戌酉申
    贵后阴玄
```

郭御青曰："是日揭晓，占得此课。贵人作官星，相气又乘劫煞，主极迅速。干上长生，天德命马，初传岁时马，中传日马、天马，末传行年马，七马聚会，目下即捷音至矣。"果酉时而报至。

占验241　郭占会试

○丁丑年二月丙戌日亥将丑时，宗万弢占常熟章君旷会试，本命亥。（《郭氏占案》）

---

①　愚按：命上乘空，亦非所宜。

```
        空虎常玄
        卯辰巳午          玄后勾空          子己丑勾
    青寅    未阴          午申丑卯          官丁亥朱
    勾丑    申后          申戌卯丙          财乙酉贵
        子亥戌酉
        合朱蛇贵
```

郭御青曰："本命乘酉，恰是贵登天门。行年乘寅，而为学堂年马，① 且作青龙吉将；又太岁作初传，朱雀作中传，贵人作末传，而登天门之上，必中无疑矣。"果然。

占验242　邵占前程

○建炎己酉年七月丙戌日午将未时，程主薄戊寅生三十二岁，占前程。
(《一针见血》)

```
        青空虎常
        辰巳午未          玄阴勾青          父辛卯勾
    勾卯    申玄          申酉卯辰          父庚寅合
    合寅    酉阴          酉戌辰丙          子己丑朱
        丑子亥戌
        朱蛇贵后
```

邵彦和曰："辰为龙也，又见青龙，又名'朝阙'。三传又再见父母，自是好课。但临赴任，为母服所阻。宅上酉作太阴，是阴贵人，丙火死于酉，而见太阴，来年必有母服。服满后赴数任，皆得上宪提携。② 先任海边船场，次任赴曹属官，迤逦至于太常，寿得其中矣。"程丈现授饶州德兴主薄，当年赴任，次年丁母忧。服满得明州船场。任满。再授户部架阁。任满。又得煞③文思院。④ 任满，得太常薄。一年零四个月，除太常丞。至癸亥年冬，郊祀，权太常寺卿。甲子年三月卒。

---

① 愚按：年马是行年之驿马。
② 愚按：此父母长生之故也。
③ 愚按：煞字疑错。
④ 点校者注：文思院是唐后期设置的一个制作机构，并为五代两宋时期所沿置。宋代文思院的职能，《文献通考》卷60《文思院》条说："掌造金银犀玉工巧之物，金彩绘素装钿之饰，以供舆辇、册宝、法物及凡器服之用。"

占验 243　邵占前程

○戊申年五月丙戌日申将未时，何知录丁丑生，生于四月十一日丑时，年三十二岁，占前程。（《方本占案》、《口鉴》）

```
    青勾合朱
    午未申酉        后贵勾青        官丁亥贵
  空巳    戌蛇      子亥未午        官戌子后
  虎辰    亥贵      亥戌午丙        子己丑阴
    卯寅丑子
    常玄阴后
```

邵彦和曰："吾兄今虽授台州知录，然此任不能赴，必有阻也。将来食禄在江西，有'刑法'二字。次任湖南北，三任广东作倅，四任近京，为安抚司。恐此后虽有授州郡之名，不得赴任也。当年乳母死，丁心丧，不赴此任。后任江西崇任县令，又调湖南北提刑司检法，因追究劫盗有功，升广东某州通判。任满，又为江西安抚司参议，此任与京相近也。后升饶州府太守，未赴任而卒。"盖日上午作青龙，乘刃为退鳞，又是空亡。午为心，所以遭心丧而不得赴任。次任江西者，亥加戌，水受土制则为江，临西方，故言江西。刑法二字者，干支皆自刑，更法字从水从去，亥子丑顺流而去，故为法字。子为江湖，又在此方，初中皆官相连，是江西与湖南北相连也。又四任近京者，丁生人，丙日占，丙丁皆以寅为生地，父母之邦，故言京也。[①]但与日远，故不言都下，而言近京。末传本命见太阴加子，丑土也，土为守土，为太守，加在江湖地，依旧江西饶州也。授而不赴，太阴不显也。既不显，安得赴？丙子年卒，不出亥子丑也。丑是本命，乘阴不显，不显，便是死也。[②]

占验 244　邵占开店

○己酉年闰八月丙戌日辰将寅时，钱三郎甲戌生三十六岁，占开店。（《方本占案》）

---

① 愚按：亥子丑下即寅，寅加本命上，故取寅断之。
② 秩九曰："丑是本命，为午龙六害。又作官星制神，既害官品，制官星，焉乎得显？不显自死矣。丑独加子，故不出丙子年。"又曰："午得龙为官品，既空，则此任虚度矣。然脱此则就支上官星贵人，况发用、三传皆是，焉得不显？故便从官贵上断之。"

```
        勾合朱蛇
        未申酉戌              玄后朱勾              官戊子后
        青午    亥贵          寅子酉未              父庚寅玄
        空巳    子后          子戌未丙              子壬辰虎
        辰卯寅丑
        虎常玄阴
```

邵彦和曰："此课开店后，当有他事相扰。方开张之时，便有人来算虚帐，主人本无此心，自是隔皮亲人，反去报他，遂来相攻，不能为害，但其店终嘈杂不甚兴。令郎长大，因淘汰钱物使用，动众一挠，其店遂止。此向三阳，乃向高之象，终不可止也。"钱氏于重阳日开店，有邵一郎，是钱之姨夫，因往日向钱氏借贷不允，今钱氏开店，却唆彼主母入状，追赍前签过账薄内钱七十贯，官断令追还。依旧开店，果不兴发。至壬子年，其子斗黄头鸟，因两边收钱不明，遂斗殴经官，于是歇店。盖日上未，作勾陈，空亡。空，挠也。支上子，作天后，厌翳也，故不兴发也。中传寅作元武，子偷钱物也。末传辰作白虎，动众相打也。

占验245 某占前程

○**四月丙戌日申将巳时占前程。**（《精蕴》）

```
        合朱蛇贵
        申酉戌亥              虎阴贵合              财甲申合
        勾未    子后          辰丑亥申              官丁亥贵
        青午    丑阴          丑戌申丙              父庚寅玄
        巳辰卯寅
        空虎常玄
```

断曰："申为相气，财乘六合为用。中传官鬼，登于天门，主以财纳官，考授京职。末传父母乘玄武，发财发身。三传递生，必有上人提携，为子求官，亦不免用财取贵。支上丑为天喜，主要怀孕也。"

占验246 邵占前程

○**戊申年正月初一丙戌日子将未时，徐大夫乙丑生，生于三月初六日辰时，四十四岁，占前程。**（《方本占案》、《口鉴》）

```
蛇贵后阴
戌亥子丑            合常常蛇            财甲申合
朱酉   寅玄         申卯卯戌            子己丑阴
合申   卯常         卯戌戌丙            兄  午青◎
未午巳辰
勾青空虎
```

邵彦和曰："支来加日墓日，上又螣蛇夹住，主人如处云雾中，进退不得。且天地转煞加宅克宅，上作太常为服，丙以卯为母，母当六月亡。妻加天地转煞上，六合夹之，妻不宜孕，孕主亡。①本命上午作末传，虽空却是帝旺阳刃，先防妻与母。子年，己身不善终矣。"徐现授湖广监司，当年五月母亡，丁艰。六月妻亡。庚戌年八月从吉授监司。辛亥年赴任。壬子年十一月，赃败自刎。盖此课十二位上下皆带煞，支加干墓干，又被螣蛇夹住，是真墓不可脱。墓上见卯，乃天地转杀，乘旺克宅而太岁又加转煞上，本命又加太岁，主是本命为墓压太岁，太岁遂来逼煞，煞遂入宅克宅，宅遂加干墓干，递互相逼，遂成凶咎。况空亡阳刃加本命，反克太岁，若不是申作太岁，丑作本命，未可如此说。五月丧母，六月丧妻者，是今日之鬼所加处也。壬子年十一月自刎者，行年在丑，再见阳刃之午，又被太岁冲动，午为自刑，故不法而死也。②

占验247　邵占终身

〇同年月日时，某乙亥生三十四岁，占终身。（《方本占案》）

```
蛇贵后阴
戌亥子丑            合常常蛇            财甲申合
朱酉   寅玄         申卯卯戌            子己丑阴
合申   卯常         卯戌戌丙            兄  午青◎
未午巳辰
勾青空虎
```

邵彦和曰："日上见戌作蛇，支来墓干。巳本属蛇，与螣蛇夹一墓在中间，腹中必有疾病，戌墓主积块。"答曰："腹中果有一块。"先生曰："原因感风起，因入丧家，伤素食而不化，遂成痞块，若不速医，命必不久。"盖初

---

① 申财，妻也。作六合，儿也。卯木即申金之胎，故以孕断，妙绝！
② 末二行原本俱有脱误，愚稍为润色之，以俟后之君子参酌。

传卯上见申作六合，六合亦是卯，两卯夹一申，卯为风，申为肺，是风传入肺脏起也。卯为申金所克，遂奔居戌上而克戌作太常，为丧吊家。太常又为食，戌为脾胃，是食素食伤于脾胃也。戌既为卯所克，便走来墓干，而被两蛇夹住，墓主坚牢，是此病不能脱矣。是年占人年三十四岁，行年在亥，三十五岁遭官灾，大有破耗。八月卒。盖丙即巳，巳加子，受子水官鬼克，作天空，主虚诈。又巳为日禄，禄即财，子水克之，天空耗之。三十五岁，行年到此，所以如是。八月卒者，八月火死土败，而前面便是戌，九月建戌，所以过不得也。①

丁亥日

占验248　陈占疾病

○崇正辛巳年九月丁亥日辰将亥时，庠友张奉初为乃弟观初占病吉凶，遂袖传一课以答之。(《指南》)

```
　　蛇朱合勾
　　戌亥子丑　　　　　贵虎常合　　　　兄癸巳常
　贵酉　　寅青　　　　酉辰巳子　　　　子丙戌蛇
　后申　　卯空　　　　辰亥子丁　　　　父辛卯空
　　未午巳辰
　　阴玄常虎
```

陈公献曰："课得铸印，占病不吉，三日内必死。"张友不言而去。少顷一人至，占得未亥卯三传，飞魂、丧魄发动，丧吊全逢，且木空则折，病主风寒，三日内死。占者曰："适家伯先已来占矣。因不吉，再来占之。"张友又扶鸾，吕祖师下降，判曰："数合于数，吾无间言。"果三日死。

占验249　邵占疾病

○建炎己酉年闰八月丁亥日辰将亥时，尹邦达庚申生占妻病，妻同庚。(《方本占案》、《口鉴》)

---

① 愚按：此断与徐大夫之断大异。岂以辰作白虎，在亥年命上，故断以疾病乎？然辰可冲戌墓，而邵公不言及者，岂以支来墓干，又被两蛇夹住，而辰不能冲乎？予友吴稼云先生，以此案为邵公最得意之笔，熟玩乃见其精，惜未将徐大夫之所断，合而参论之也。

```
            蛇朱合勾
            戌亥子丑              贵虎常合           兄癸巳常
       贵酉      寅青          酉辰巳子           子丙戌蛇
       后申      卯空          辰亥子丁           父辛卯空
            未午巳辰
            阴玄常虎
```

邵彦和曰："丁日会起水局,① 日上子作六合,主孕,恐是鬼胎。"众人大笑曰："五十岁何能有胎?"先生曰："《心镜》云'受气于秋何以决?妇在子兮夫立申',今正秋占及时之课,故主怀孕。只不合水局是丁日之鬼,故是鬼胎。空中必有响动,来年二月必见鬼形矣。"尹妻数月后渐安,腹渐大,果是孕。次年二月三日生,乃鬼胎也。生后时时或瓦落,或物响,更不令安宁。盖丁火生于寅,胎在子,子又为子息,更作六合临日,正应《心镜》之论。然会起水局为鬼,故曰"鬼胎"。末见卯与子刑,故次年二月见鬼形也。若他人占行年,不并不见鬼,不可云鬼胎,若不会起申子辰,却是官星,必生贵子,非鬼胎也。

占验250　陈占章奏

○崇正丁丑年十一月丁亥日申时,东省户垣孙科长代同乡丁科长占守科失红本回奏。(《指南》)

```
            贵后阴玄
            亥子丑寅              贵空勾阴           兄癸巳空
       蛇戌      卯常          亥巳未丑           官丁亥贵
       朱酉      辰虎          巳亥丑丁           兄癸巳空
            申未午巳
            合勾青空
```

陈公献曰："官必降罚,职必更改。"曰："今朝廷责之已过当矣,矧又重其责乎?"曰："龙神克战,课将返吟,居官定难满任。况巳为驿马,上承皇诏,主一任未了,二任又临,因此更职无疑。"后部议降三级,回旨不准;拟降五级,又不准。拟降别衙门,然后依拟。

---

① 愚按:干上子,支上辰,本命申,故曰会起水局。吴稼云曰:"必取此者,以非交不孕也。此邵氏至精密之处,宜详玩之。"

占验251　王占讼事

○乾隆丁卯年辰月丁亥日戌将辰时，占讼。（《牧夫占验》）**课式同前。**

王牧夫曰："讼田地乎？"曰："然。何以知之？"曰："丁动逢丑未，是以知之，以丑未为田园故也。其讼有四年矣，以巳亥及覆皆四数也。"曰："何时得结？"曰："四月其归结之月乎？始于巳而终于巳也。""何以知其归结？""鬼临旬尾，官灾不起，是以知之。"果结于四月。

占验252　郭占会试

○崇正丁丑年二月十七丁亥日亥将巳时，金坛荆君讳庭实占会试。（《郭氏占验》）**课式同前。**

郭御青曰："凡得返吟，即主反复。马动而临绝地，年上乘墓却作螣蛇，主有惊疑事。课传又无帘幕，未敢许中也。"果然。

占验253　邵占行人

○二月丁亥日戌将卯时，王寺丞占兵士往饶州取马，何故未回。（《方本占案》）

```
蛇朱合勾
子丑寅卯        朱虎阴合        兄 午虎◎
贵亥  辰青      丑午酉寅        子己丑朱☉
后戌  巳空      午亥寅丁        财甲申亥
酉申未午
阴玄常虎
```

邵彦和曰："其马必遭虎伤而死。"盖午为马，乘虎加亥发用，以自刑而加自刑上，又被亥克故也。后五日，兵士果来报曰："放马山上食草，被虎所噬。"

占验254　郭占产期

○癸酉年十月丁亥日寅将未时，占产期。（《郭氏占验》）**课式同前。**

郭御青曰："干上寅，支上午，必戊日生。寅为干之长生，六合小儿之象。"后果于戊戌日申时生子。应末传之申字也。

占验 255　郭占会试

○丁丑年二月丁亥日亥将卯时，宗万弢占周简臣讳铨会试中否。（《郭氏占案》）

```
      朱合勾青
      丑寅卯辰            勾常贵勾           子　未常◎
   蛇子　　巳空           卯未亥卯           父辛卯勾☉
   贵亥　　午虎           未亥卯丁           官丁亥贵
      戌酉申未
      后阴玄常
```

郭御青曰："余初断此课，发用旬空，不成木局生日，无帝幕驿马，未敢深许。及中后，细详课情，未临本命，可以填空。① 卯是月建，亦可填空，会成木局，则能生日。行年乘子为丁日福星，螣蛇临辰象龙，此中之大端也。余于此，进一识矣。"②

占验 256　邵占谒贵

○己酉年八月丁亥日辰将未时，傅清钦乙亥生三十五岁，占出外谒贵。（《一针见血》）

```
      合勾青空
      寅卯辰巳            空玄朱青           兄癸巳空
   朱丑　　午虎           巳申丑辰           父庚寅合
   蛇子　　未常           申亥辰丁           官丁亥贵
      亥戌酉申
      贵后阴玄
```

邵彦和曰："天罡作青龙，真斩关卦，必至出外。但求远在近，求久在弥，徒然千里之外，只在目睫之间。"傅云："我往道州见太守，乃姑丈曰'尔即往见彼，而恩人在近侧耳，求远得近，但看造物如何耳'。"傅往道州，姑丈却与一书，荐在本州汪通判处就馆，得两百贯钱。盖天罡青龙，千里无

---

① 愚按：此说非也。若未是本命，或可填空；今未临本命，安能填空耶？
② 吴稼云曰：此课干支传课，无不相会，且成木局值时，是即会试成进士之确应也。郭君所评，甚为迂谬。○愚按：此课木局生日，妙在得时。初传空亡，妙在末传不空，且作贵人日德岁德。何故郭君未之言及也。此案似不应入选，因郭君直书而不讳，故登之以表其直焉，且见此等课象皆必中之兆也。若秋令得此，恐未必然。○又按：年月日时将、三传四课皆会三合，更值春令，卯木正旺之时，焉得不中乎？

踪，故主远出。时上发用，传归父母，却在近宅。末又归在父母，皆归本乡也。

占验257　陈占来意

〇崇正十五年壬午岁九月二十日丁亥丙午命人来索占，辰将未时。（《指南》）课式同前。

```
        合勾青空
        寅卯辰巳        空玄朱青        兄癸巳空
    朱丑    午虎        巳申丑辰        父庚寅合
    蛇子    未常        申亥辰丁        官丁亥贵
        亥戌酉申
        贵后阴玄
```

陈公献曰："来意必为功名。公乃未年甲榜。"曰："然。何以知之？"曰："贵德官星临年，月将青龙居干，且羊角相加，故应未年登科。"曰："该做京官做外官？"曰："岁居干后，日生青龙，理宜先京职而后外任。所嫌身禄不得地，此去身不安而禄不养。况岁君临嗔怒之所，此番当为国家起见耳。"后访之为吴门钱大鹤先生也。李贼破京遂归。

占验258　郭占会试

〇崇正丁丑年二月十七丁亥日亥将寅时，金坛张君公亮讳弼占会试。（《郭氏占案》）课式同前。

郭御青曰："初传巳，为本日、行年、月建三马；中传寅，为命马；支上申，为时马、天马；末传亥，为岁马，真'七马聚会'。又三传自下递生，干上青龙，末传贵人，初传天空旺相，天空见贵人，为奏书之神。但无帘幕，即断为十名以外之魁，定在瀛洲之内。"余占东南名公数十人，独许张君高列。已而果然。

占验259　邵占终身

〇戊申年正月丁亥日子将寅时，王解元辛丑生[①]六十八岁，占终身。（《方本占案》、《口鉴》）

---

① 生于九月二十八日辰时。

```
            空虎常玄
            卯辰巳午              阴贵空常           财乙酉贵
          青寅    未阴            未酉卯巳          子    未阴◎
          勾丑    申后            酉亥巳丁          兄癸巳常☉
            子亥戌酉
            合朱蛇贵
```

邵彦和曰："主外人有服者，来争家财，我终被他所挠，而入不明之地，且受太阴之抑。盖酉作贵登天门，乃夜贵用事，是不明也。酉即太阴，太阴即酉，互相掩蔽，终于失理。行年上太阴，门户亦主分破，况身宅三传行年皆在阴上，正是不利之年，七十岁必死矣。"何以见外人有服者入宅争财？盖巳作太常，乘马加干故也。太常己未土入本家，乃家人也。丁，我也。丁被巳乘马逼身而来，而丁遂加酉上，托于今日阴贵人用事。谁知阴贵人入宅，却是破碎，宅反为他所破，且太阴乘未加酉，未即丁身，是我为他所蔽，阴翳不明。阴贵加阳贵上，阳贵为今日之鬼，又是不明。又自阳贵上发传，终历阴贵，而末传仍归我身上，依旧作支破，① 当主炉灶败坏。巳之本家，又见卯作天空，必至门户分破也。王有一弟，少年与人为子。己酉年其父死，弟乘服未满归宗。六月入状，争分家财。王托乡绅徐通判料理，尽为徐所骗用，仍旧分给与弟。将中门拆断作两处，厨灶皆坏。此事戊申年何故不发，至己酉年四月方发耶？盖戊申阳年，虽六阴全而不能举，己酉阴年故发也。己酉年十月分定，仍是徐通判调停。酉贵作破碎，加亥故也。

占验260　邵占家宅

○同年月日时，邵氏丁巳生五十二岁，占家宅，同得此课。（《口鉴》）

邵彦和曰："此课名弹射，一主妇人患血气，二主门户不宁，三主婢妾出走，四主家主患口齿之疾。此课可改门户，不然则口舌立至矣。"至五月十五日己丑，皆应。

占验261　邵占生产

○二月丁亥日戌将亥时占生产。（《直指》引《古鉴》）

---

① 冲支为破。

```
        青勾合朱
        辰巳午未          贵后勾合          子丙戌后
        空卯  申蛇        酉戌巳午          财乙酉贵
        虎寅  酉贵        戌亥午丁          财甲申蛇
        丑子亥戌
        常玄阴后
```

邵彦和曰："占时与日比，用神克下，当生男。亥为头，戌为足，恐有倒生之象。末传蛇，对冲寅，寅作白虎为血忌，① 加卯上，卯日当生矣。"果验。

占验262　徐占来意

○七月丁亥日巳将午时，占来意。（《一字诀玉连环》）

```
        青空虎常
        辰巳午未          阴后空虎          子丙戌后
        勾卯  申玄        酉戌巳午          财乙酉阴
        合寅  酉阴        戌亥午丁          财甲申玄
        丑子亥戌
        朱蛇贵后
```

先一人戊申生，五十四岁男子来占。徐次宾曰："来意因其子在外饮酒过多，胃有宿食冷气得病。"盖时为日干六合，主在外，支上发用，本命上俱得子孙爻，乘休气，故为子孙病。命上小吉太常，为饮食，并发用戌为脾胃，上得天后水，为冷饮。又值事门得白虎，为道路，故云因子孙在外，因饮食伤脾胃得病来占。

又一人丁卯生三十五岁男子来占。徐次宾曰："来意因在外与二卑下妇人往来，得气痞嗽血之病。"盖命上见六合为私门，发用天后，主厌翳。中传太阴，主伏匿。天魁从魁主奴婢。上得天后太阴，故曰"与二卑下妇人往来"。天后克日，末传玄武又克日。戌酉申俱是日干死墓之乡，丁主心血，故知得病嗽血也。

又一人辛巳生八十一岁来占。徐次宾曰："来意因家中走失奴婢两口，得一姓马人往西南方追捕捉获。"盖发用天魁为奴，从魁主婢，末传得玄武临门，为窥户。又值事门上得白虎，主道路，卦得斩关，主逃亡。今年老有官者来占，岂不是奴婢逃亡也？先锋门胜光为今日等辈，又主姓马人，克制玄

---

① 血忌当作血支。

武故捉获。言往西南追捕者，盖玄武阴神所居也。

占验263 陈占吉凶

○崇正丁丑年七月丁亥日巳将辰时，太仓中翰钱是庵占常熟陈南洲逮问吉凶。（《指南》）

```
青勾合朱
午未申酉        阴后朱合         财甲申合⊙
空巳  戌蛇      丑子酉申         财乙酉朱
虎辰  亥贵      子亥申丁         子丙戌蛇
卯寅丑子
常玄阴后
```

陈公献曰："占讼最凶，全无救解。盖皇诏发用坐空，又蛇虎二墓加临卯酉，此为冢墓门开，必主重重死丧也。又传将纯劫煞，丁火日干，而病死墓绝俱见，如何有救？且年上勾刃带木，是用刑人执杖，定遭凶死。后果奉旨廷杖，枷死三人。"①

占验264 邵占前程

○戊申年五月初四丁亥日申将午时，毛主薄乙亥生三十四岁，占前程。（《方本占案》、《口鉴》）

```
勾合朱蛇
未申酉戌        常阴贵朱         财乙酉朱⊙
青午  亥贵      卯丑亥酉         官丁亥贵
空巳  子后      丑亥酉丁         子己丑阴
辰卯寅丑
虎常玄阴
```

邵彦和曰："日上破碎发用，中传官星，即加其上，必因破财得官。三传日辰遍地贵人，主薄在任，须多差使，兼之权摄。但九丑在宅，主淫乱。在本命，主贪色。末传又见丑，作太阴，加官星上，太阴者，阴晦也，主在任因色而死。"毛巨富，缘此结纳四方，乃得此任。任中尽将家财夤缘，故在任差使，更不曾停。家中果淫乱，毛最贪色，昵于婢妾，乙卯年死。盖卯上有

---

① 愚按：此课行年在午，则当是酉生命。蛇墓加命，所以尤凶。年上勾刃带木句，带木二字不可解。以旬遁而言，则陈乘未，是空亡。以五子元遁而言，则未支遁得丁干，非乙木也。何以言其带木耶？岂以未中藏有乙木故耶？

巳，会起酉丑，合起破碎，九五日上死神兼与中传亥相冲，名"冲起绝神"，死与绝会，是以死也。大凡传课，最畏遍地贵人，又畏行年上会起杀神。今丁亥日，有酉丑而欠巳，卯上见巳，所谓会起杀神也。故不能逃矣。

占验265　戴洋占兵

○晋元帝五年十月丁亥日寅将子时，闻毛宝判兵当来攻武昌城，戴洋占之。①

```
朱蛇贵后
未申酉戌        空常阴贵        财乙酉贵⊙
合午　亥阴      卯丑亥酉        官丁亥阴
勾巳　子玄      丑亥酉丁        子己丑常
辰卯寅丑
青空虎常
```

戴洋曰："十月丁亥夜半时得贼问。干为君，支为辰。干为征西府，亥为邾城。功曹为贼神，加子时，十月水旺木相，旺相气合，贼必来。寅数七，子数九，贼高可九千人，下可七千人。从魁为贵人加丁，下克上，有空亡之事，不敢进武昌也。"贼果陷邾城而去。

陈公献曰：己丑三月，偶有六壬诸友相晤间，持有丁亥日寅将子时课与予断，云有贼兵攻武昌，看城池安危。予曰："贼自西南而来，城必无虞"。曰："游都离日辰甚远，何以知贼之必来？"曰："酉贵临干发用，故知其来而自西南也。"曰："有众几何？"曰："游都离日辰远，干上贵人又空，惟以正时上下合断，约有七九六千三百。"曰："城无虞者何？"曰："贵人临干受克，故知贼之不攻城而去也。"此课乃晋元帝时，因毛宝判兵屯邾城，命宰相戴洋占，后载之于史。予初不知，不意断法竟与古事相合。然纯阴之课，干上阴神鲁都克日，主贼有埋伏。又支为城，上神克之，而上神又被阴神所克，主居守不仁，且欲自相攻击。又末传生合初贵，主内有暗降之人。此数事皆前人未发之秘。予不惜笔之于书，以授后之学者。

---

① 《晋书·戴洋传》："戴洋，字国流，吴兴长城人，为晋相。妙解占候、术数、风角。"不但知六壬而已。

占验266　邵占平生

○己酉年丁亥日辰将丑时，傅清卿壬申生三十八岁，占平生。(《方本占案》)①

```
      蛇贵后阴
      申酉戌亥          勾虎常后          兄　午合◎
   朱未　　子玄          巳寅丑戌          子丙戌后⊙
   合午　　丑常          寅亥戌丁          父庚寅虎
      巳辰卯寅
      勾青空虎
```

邵彦和曰："自有随身库，何必求财？"傅曰："随身库，所主何也？"曰："只利书会，此是随身库，余不利。盖父母在鬼乡，又作虎，才讨生涯，便生不足。初禄加卯，又是空亡，故只好书会为活计耳。"

占验267　程占年岁

○崇正癸未年十二月二十七丁亥日，已交甲申年春，程翔云居广陵报闻兵警，占甲申年岁吉凶。子将酉时。(《指南》)课式同前。

程翔云曰："墓神覆日，虎符朝支，又丧吊入传，末见岁刑白虎，定有兵丧不测之虞。勾陈游都入辰阴，又作死神阴煞，寅为幽燕，是以此地兵戈难免。且干支各乘脱气，必主内外空虚。支阴游都刑克太岁，于君不利。日阴克辰，西北有兵变急进之虑。支又克辰阴，城东边之将与兵民必生离异。"其后贼果犯燕京，城中内变而有三月十九日之事。

---

① 愚按：丁亥日是闰八月十二。是日，传有两课。一是傅清钦乙亥生占出行，载于《一针见血》。一是傅清卿壬申生占平生，载于《方本占案》。未知是一人，是二人。其人固不足深辨，而其年命则不可不参详也。

戊子日

占验 268　邵占失羊

○**三月戊子日酉将寅时，占失羊。**（《方本占案》）

```
蛇贵后阴
子丑寅卯         后空空蛇         财戊子蛇
朱亥　辰玄       寅未未子         兄　未空◎
合戌　巳常       未子子戊         官庚寅后☉
酉申未午
勾青空虎
```

邵彦和曰："子作螣蛇加日为用，主非横之事。中传未加子，未羊也，加子为六害，羊非水中物，不宜临子，况作天空，天空是戌，戌刑未，戌为犬，子为水。此羊被犬赶入水中，而被人烹宰，盛于瓮器中，而去藏于厕屋中。盖天空无气为器物，又为污秽，故为瓮器，为厕屋。末传寅，即白虎，加未，故伤羊。不出今日，当捉获。"果然。

占验 269　郭占疾病

○**甲戌年元旦戊子日子将卯时，占阴人病。**（《郭氏占案》）

```
蛇朱合勾
寅卯辰巳         青常阴蛇         官庚寅蛇
贵丑　午青       午酉亥寅         财丁亥阴
后子　未空       酉子寅戌         子甲申虎
亥戌酉申
阴玄常虎
```

郭御青曰："余况占阴人病，此病已至危急无望。今课得干上寅鬼，三传自下递生克干。支上酉，乃旬乙。末传申，乃旬甲。纯木克土，诚为难当。然病危不死。《毕法》云'鬼贼当时无畏忌'。至初八日立春，木旺贪荣，上生枝叶，下不克土，渐有生意。"果至初八日渐愈。凡占遇死囚，鬼反可畏。若鬼得时，反不伤人，不足畏矣。虽然，惟木则如此。凡木性克土，全在秋冬。若金水火土，旺愈伤人，不可以一例而论。①

占验270　祝泌占寇

○十一月戊子日寅将卯时，卜安丰敌寇。（《一针见血》）

```
        合勾青空
    辰巳午未          玄阴朱合        兄丙戌玄
朱卯      申虎        戌亥卯辰        子乙酉常
蛇寅      酉常        亥子辰戌        子甲申虎
    丑子亥戌
        贵后阴玄
```

祝泌奏曰："三传戌酉申，连续而退，乃寇渐退之象。所占安丰，彼地受敌日多，今臣敢忘国家之忧，即以自占，亦到宥府占之，得数课，皆是临日辰月建。月建乃侯伯之权，即所卜安丰之郡也。游都为寇，即栖其位，是虏寇迫城之象。今之所占，游都在日前四位，在日支后三位。古法云：'二三依次须防御，若临前四不侵围。'由此推之，则可知虏寇已退矣。第未去，盖游都犹在日支后第三位也。初传天魁，未免失利。又占戌亥日间动为信喜。二三日内，音信当至矣。"

占验271　某占官事

○庚寅年十一月戊子日丑将寅时，一吏犯事，占此。（《一针见血》）课式同前。

断曰："此事带众难了。出一狱，入一狱。初传戌加亥，戌是天牢。戊子日，纳音属火，戌是火墓，中传酉作太常，加戌，六害，末传申作白虎，加酉旺地，连茹传阴，阴主杀，申酉金临金，主伤残，主狱死。以戊子火克申酉金，故出一狱，入一狱，带众难了，况又见辰戌两墓乎？"后至壬辰年正月，配在本州。

占验272　郭占会试

○崇正丁丑年二月十八戊子日亥将子时，江西王家魁孝廉占会试。（《郭氏占案》）课式同前。

---

①　愚按：此课之所以病愈者，实赖申酉二金克寅木之鬼也。初八日后，申酉二金值日，自当渐愈。予不知郭公何故不引"制鬼之位乃良医"之句耶。

郭御青曰："此课墓禄覆日，虽初传有戌冲之，乃年上又乘墓神，命上乘酉，合住辰墓，则戌不能冲开矣。大端不美，余可不论。"①

占验273　郭占功名

○崇正戊寅年正月二十四戊子日亥将酉时为高公占功名。（《郭氏占案》）

```
    贵后阴玄
    未申酉戌          合青阴贵          兄壬辰合
  蛇午　　亥常        辰寅酉未         父　午蛇◎
  朱巳　　子虎        寅子未戌         子甲申后☉
    辰卯寅丑
    合勾青空
```

郭御青曰：课名登三天。嫌中末空陷，初传墓神，乃正月，目下诸事不爽。未几，果有言。须属犬人冲之，到四五月方美。行年见白虎，必是台中，但恐考不能待。孰知其果至期也。乃五月中字填实，三天方可登。此番旷典，乃真登三天也。与张坦之课俱奇中。见辛卯日干上巳。

占验274　邵占官讼

○己酉年闰八月戊子日辰将子时，姚博戊辰生四十二岁，占官讼。

```
    朱合勾青
    酉戌亥子          蛇玄空朱          兄壬辰玄
  蛇申　　丑空        申辰丑酉         子甲申蛇
  贵未　　寅虎        辰子酉戌         财戊子青
    午巳辰卯
    后阴玄常
```

邵彦和曰："讼因后一项财，却争先一项财起，喜得有旧文书为证。"姚曰："果是收得伊父笔据，候到官前将出。"曰："今日有一人，面黑有痣，状貌魁肥，来探尔口中言语，尔可设酒款待，却将此笔据出看，讼可便止。"盖三传无官鬼，财在今日之长生上，所以不失财，故与此人说即止也。姚博昔与何知镇干财，知镇赴任时，姚博将帐簿来呈，知镇于簿内批判清讫二字。其子名于九者，却不知。及知镇卒后二年，姚博再向何宅借钱三百贯，何宅将与之，而宅前有沈姓者开店，其人身肥，面黑有痣，却与何宅说，"知镇在

---

① 吴稼云曰："墓库加干，乃埋没不得出头之象。"

日，姚博欠钱未还"，其子遂欲进状来追，姚博因来占课。及占后回家，沈姓果来相探，姚博遂置酒相待，将知镇批据与看，沈乃向何宅言之，遂止。盖酉作朱雀，为旧文字。阳主新，阴主旧也。辰加子，作玄武，临财，是财上之库鬼，即沈也。申临库地，所以便了。财临生地，所以不失财也。

占验275 邵占家宅

○己酉年三月戊子日戌将巳时，何承务丁巳生五十三岁，① 占家宅。（《宋本占案》、《方本占案》、《一针见血》、《口鉴》）

```
        合朱蛇贵
     戌亥子丑          合常阴合         父癸巳常
   勾酉　　寅后       戌巳卯戌         兄丙戌合
   青申　　卯阴       巳子戌戌         官辛卯阴
     未午巳辰
        空虎常玄
```

邵彦和曰："日往加辰，是人广而宅狭也。宅上发用，传出日上，是宅居不得许多人而后移出也。末传归第二课，又见宅不纳人。然非宅克人，是人多欲自出也。②若移出，各人自为活计，将来因老阴人扰动而兴讼，十三年后见之，③然人财尚可兴旺也。"何居祖宅，宅窄人众，此是日来加宅相逼，又作破碎也。本年十一月，移出店房居住，自做经营。④前原是兄嫂掌家，十三年后，岁在甲子，果因家财争讼，是巳加子，人宅相克也。巳四子九，并之合当十三年起讼。缘壬戌年，有卯制，故不动。癸亥年，天罡压之，亦不动。甲子年人宅相逼，所以至此方争也。讼起于甲子之春，至乙丑四月方止。宅上见禄神，尚自兴旺，人财尚可旺发也。

占验276 陈占仕宦

○顺治辛卯年二月戊子日亥将午时，胡尹二兄占淮扬巡按差可复，吏书缺可照旧否。（《指南》）课式同前。

陈公献曰："巡方官必复，吏书缺未能如旧。何也？盖因铸印乘轩，主迁

---

① 一作丁未生。
② 若丙子日，人来就宅，为宅所克，是宅不容人居，必生灾患。
③ 太阴乘卯为今日鬼，故就卯上论之，在末传，故至十三年后。
④ 亦应初传巳为店业，妙！妙！

官转职，面君奏事。喜日禄临支发用，末传太岁为官，定有差遣，代朝廷巡狩之官也。且官居奎娄，是凤庐有官之兆。又格合回环，四墓加生，去而复来，已废复具之象。"未几，工科上疏题复。其不复吏书者，以四课不全，故占二得一也。

占验277　郭占会试

〇**丁丑年二月戊子日亥将巳时，江西傅鼎臣孝廉占会试。**（《郭氏占案》）

```
朱蛇贵后
亥子丑寅          蛇虎常朱        父　午虎◎
合戌　卯阴        子午巳亥        财戊子蛇☉
勾酉　辰玄        午子亥戌        父　午虎◎
申未午巳
青空虎常
```

郭御青曰："三传俱空，天将皆凶。日克朱雀，大不美课。凡诸同袍来占者，余皆含糊应之。独此课，余面直告。"傅君变色，余心不安。后果不中。

己丑日

占验278　郭占会试

〇**崇正丁丑年二月十九己丑日亥将午时，六安祝谦吉孝廉字尊光者，占会试。**（《郭氏占案》）

```
朱蛇贵后
戌亥子丑          蛇空虎贵        父癸巳虎
合酉　寅阴        亥午巳子        兄丙戌朱
勾申　卯玄        午丑子己        官辛卯玄
未午巳辰
青空虎常
```

郭御青曰："帘幕临行年，亦为吉。但申临胎地，无力，况干支上子午相冲而空陷，传课全无马，时即未敢深许。"祝君精于五星，亦自知不第，后果落孙山。

占验 279　陈占考选

○崇正庚午年十一月己丑日寅将未时，富平朱西昆占入觐考选何官。（《指南》）

```
贵后阴玄
子丑寅卯              玄勾合阴          官辛卯玄
蛇亥    辰常          卯申酉寅          兄丙戌朱
朱戌    巳虎          申丑寅己          父癸巳虎
酉申未午
合勾青空
```

陈公献曰："考选不得铨部词林，定是风宪言官，且有贵子由科甲入翰院。盖因日上天吏官德空墓，阴神又制之，必有明暗相攻，不得铨部也。发用卯，乘玄武为官，中传朱雀，末见白虎，是以主黄门金锁风宪言官耳。"果后考入垣中，历转山海巡抚都御史。又因支上申金子孙为帘幕贵人，且作长生学堂，故应子由科甲入翰院也。

占验 280　郭占会试

○丁丑年二月己丑日亥将寅时，陈名夏孝廉字百史者占会试。（《郭氏占案》）

```
朱合勾青
寅卯辰巳              虎阴蛇勾          财戌子贵
蛇丑    午空          未戌丑辰          兄壬辰勾⊙
贵子    未虎          戌丑辰己          兄丙戌阴
亥戌酉申
后阴玄常
```

郭御青曰："课得昴星，已为不美，况发用贵人作财，又为中传所墓。干上辰墓，虽戌能冲之，乃辰作勾陈，是又一辰也。似非戌所能冲矣。课传并无帘幕驿马，命乘朱雀，嫌克太岁，安能中乎？"陈君为海内名宿，后果抱屈。信乎人遇合有时？①

占验 281　郭占子息

○壬申年十月己丑日寅将巳时，自占明年得子否。（《郭氏占案》）**课式同前。**

---

① 吴稼云曰：命乘朱雀、日德、月德，是即名士之应。

郭御青曰："壬申余因伤子，偶动意占明年得子否。意中不知课体吉凶，但传出子字，即取为子。果传出子字，乘贵人且发用三奇旺相，后果于癸酉年甲子月戊戌日庚申时生子。八字甲戊庚三奇，与课同，何其神符也。"①

占验282　某占儿病

○十一月己丑日丑将辰时，某占儿病。（《方本占案》）

```
空虎常玄
寅卯辰巳           后朱青常            财戊子勾
青丑　　午阴       未戌丑辰            兄壬辰常⊙
勾子　　未后       戌丑辰己            兄丙戌朱
亥戌酉申
合朱蛇贵
```

断曰："昴星课，阴掩其阳，是无阳气也。辰作常覆日，阴神丑来破之，末传戌加丑，被丑相刑，是阴气阳气将尽。病人当气促而喘死，外应虚热烦躁，又主热渴。"其人果先热渴而后喘死。

占验283　郭占会试

○丁丑年二月己丑日亥将子时，金檀虞大定孝廉占会试。（《郭氏占案》）

```
勾青空虎
辰巳午未           后贵青空            财戊子贵
合卯　　申常       亥子巳午            财丁亥后
朱寅　　酉玄       子丑午己            兄丙戌阴
丑子亥戌
蛇贵后阴
```

郭御青曰："此课干上命上禄作天空，无帝幕贵人，宅上虽贵人发用，上下夹克为逼迫煞，贵人入庙，吉不为吉。天空虽在日相对，入庙则不见面。天空为恶矣。"②

占验284　某占闱题

○乾隆戊午年八月初九己丑日巳将午时，占闱中头场四书题目。（《残编》）

---

① 愚按：子贵发用，众土伤之，此应生而不育之兆。观丁丑年十月戊申日子时占梦一课，而知此子之不育也。郭君虽不论课体吉凶，但六壬神应，无微不到，吉凶何尝不豫报耶？

② 吴曰：贵人入庙，为隐而不出之象。

课式同前。

断曰：此课予初断，岁破发用，应出臣子尽忠之命意。及头牌出，方悟子为道路神，又为支之先，又阴神见丁马，皆是行神。是先行其言句也。又亥为四数，故只四字。第二题，看中传，天后冠带，临于阴寝。阴神位有元酒太羹，非享亲达孝之命意乎？六字者，戌上见酉，六数也。①

占验285　徐占来意

○七月己丑日巳将辰时占来意。（《一字诀玉连环》）

```
    空虎常玄
    午未申酉         合朱玄常         官庚寅朱
青巳    戌阴         卯寅酉申         官辛卯合
勾辰    亥后         寅丑申己         兄壬辰勾
    卯寅丑子
    合朱蛇贵
```

徐次宾曰："来意主正月间与一杜姓人争田土，又有一姓蔺人，挟势相助，却得一姓张贵人力，只于七月事务了毕。"盖时为日墓，值事门上见勾陈，故言争竞田土事。发用寅木加丑土，木配土为杜字，又寅为日干之鬼，上得朱雀，主口舌文字，寅为正月建，故知正月间与杜姓人相争也。又言蔺姓人相助者，中传卯主门，六合为草头，下临寅位，艮方为重土，主佳字，合而为蔺字也。寅卯为等辈，故言相助。日上得传送，为今日贵人，上得太常吉将。具寅卯二木相并克日，日上传送金正旺于七月，反制二木。传送为弓，为长，合之为张字，故言得一姓张贵人力。传送为七月建，故言七月事务了毕也。

占验286　郭占会试

○丁丑年二月己丑日亥将戌时，常熟蒋睕仙孝廉②占会试。（《郭氏占案》）课式同前。

郭御青曰："帘幕覆日作长生学堂，必为本房首荐。年马、岁马、日马加于戌命之上，而与初传朱雀生合，且得进连茹课，必中之兆。但马少于公亮，

---

① 愚按：是科浙江闱题，首题"先行其言"，次题"春秋修其祖庙"。然则此课，是占浙江闱题也。

② 名棻。

名次不高。"① 蒋君中后赠诗云："漠帝滂沱失道时，白衣老父指点之。嗣有通元隐中条，长生术得神仙师。繇来下博多奇壬，谶纬星历能旁窥。景纯少授青囊秘，五行翻驳参同契。介休独上元礼船，户屦时盈占一第。后先得失镜于胸，余亦从君考轩轾。君云马少几被落，覆身犹喜存帘幕。撤闱发策券前知，铩羽弹冠不一错。君才绣虎兼雕龙，胡为九摈甘泥蠖。泄天应犯夫公恼，因君之身识君老。吾闻场中鬼有权，日迷五色烘头脑。八股不灵六壬灵，主司何如测数好。"

占验287　陈占日晕

○甲申年五月己丑日庚午时申将，占日晕。（《指南》）

```
        青勾合朱
    未申酉戌           虎玄蛇合         官辛卯玄
  空午    亥蛇        巳卯亥酉         父癸巳虎
  虎巳    子贵        卯丑酉己         兄　未青◎
    辰卯寅丑
        常玄阴后
```

陈公献曰：五月初二日午时，偶见日有大晕围绕，众人皆以为祥瑞。予袖传得此课，乃谓众人曰："玄武贼符发用，克干克支。干为天位，既乘败气；支为社稷，又见死神。且太岁临灭没之方，贵人又不得地。中州吴越，必失封疆。君国败亡之象。"② 后福藩登位一载而失国，此其应也。③

占验288　郭占会试

○丁丑年二月己丑日亥将申时，丹阳张孝廉锦鳞午命占会试。（《郭氏占案》）

```
        勾合朱蛇
    申酉戌亥           青常后朱         父　午空◎
  青未    子贵        未辰丑戌         兄丙戌朱⊙
  空午    丑后        辰丑戌己         兄壬辰常
    巳辰卯寅
        虎常玄阴
```

---

① 张公亮课，见丁亥日干上辰。愚按：《六壬指南》亦有占蒋畹仙一课，见己巳日干上寅。
② 愚按：玄武贼符加丑，丑为吴越之分野也。然日晕等物，断不天下皆见。今既见于江南，则吉凶祸福只应于江南矣。即使玄武贼符临于他处，亦不应他处也。
③ 按：福王以甲申年五月初一日由淮安迎入南京。十五日即位。乙酉年五月二十五日被俘。

郭御青曰："课得昂星,其名不佳。初传空而乘空,虽本命可填实,乃中传落空,为折腰,大体不美。况无帘幕驿马,朱雀乘戌,火为戌墓,未敢许也。"果不中。①

占验289　邵占失物

○十一月己丑日寅将戌时,某妇占失金耳环。(《捷要》)

```
    蛇朱合勾
    酉戌亥子              蛇玄虎合            子乙酉蛇
贵申      丑青          酉巳卯亥          兄己丑青
后未      寅空          巳丑亥己          父癸巳玄
    午巳辰卯
    阴玄常虎
```

邵彦和曰："金环以酉为类神,初传酉金,即加巳上,乃长生之地,不落空亡,又是三合金局,其物乃自己遗失,现在必得。巳为炉灶,酉加之,得蛇,亦巳火,火至冬而死,当失在炉灶灰中。"果于炉下灰中寻见。

庚寅日

占验290　邵占宅基

○建炎己酉年十月十五庚寅日寅将酉时,邵伯达占宅基。(《方本占案》、《口鉴》)

```
    合勾青空
    戌亥子丑              青贵后空            子戌子青⊙
朱酉      寅虎          子未午丑          官癸巳阴
蛇申      卯常          未寅丑庚          父丙戌合
    未午巳辰
    贵后阴玄
```

邵彦和曰："大凡占求宅基,须看支辰。今支上空亡,是宅不可得而图也。本身近墓,宅又近墓,何以得移?初传脱气,虽得青龙,又在空地,亦是暂住,尚未有定论也。中传巳作太阴,庚干长生在巳,巳为店业,太阴为

---

① 愚按:魁罡利于占功名,其所以不中者,以土气太多,克去行年上贵人也。

妇人。是买得老妇人店业，便是宅基。其妇人善于干办，是本人亲族，事皆由他也。"伯达以兄弟众多，伯叔共住，谋迁外居，累求未许，伊房叔母，有一店屋，因无生计，却与伯达当家，伯达增价买得其店屋，至丁巳年方改造而移居之。大凡阳宅，要看支，支上空，便未有宅基也。却见中传长生，便就长生上言。况求新宅，看何方生旺即是。巳为店，加子为北方，太阴为妇人，未戌属土，生今日之庚，乃是尊长作干人。戌为仆从佣工之类，有当家之象焉。六合则成就也。

占验291　郭占会试

○**崇正丁丑年二月庚寅日金坛虞君讳敬占会试。**（《郭氏占案》）

```
        合朱蛇贵
      戌亥子丑           蛇空虎贵         子戌子蛇⊙
    勾酉    寅后         子未午丑         官癸巳常
    青申    卯阴         未寅丑庚         父丙戌合
      未午巳辰
      空虎常玄
```

郭御青曰："二月二十日午时，为虞君占得此课。干支俱被墓覆，宅上乘幕贵，空亡无力，课传又无马，何敢许也？"果不中。

占验292　郭占会试

○**丁丑年二月庚寅日亥将巳时，宗万弢占王曰余先生会试。夜占。**（《郭氏占案》）

```
        勾青空虎
      亥子丑寅           虎蛇蛇虎         财庚寅虎
    合戌    卯常         寅申申寅         兄甲申蛇
    朱酉    辰玄         申寅寅庚         财庚寅虎
      申未午巳
      蛇贵后阴
```

郭御青曰："发用与干上俱命马，辰上得支马、天马，行年乘太岁，天空为奏疏之神，有六七分可望。"后中副榜，亦天将蛇虎，无帘幕之过。[1]

---

[1] 吴稼云曰：帘幕现临行年，而曰无，可乎？○愚按：此课虽是夜占，然即得巳时，仍用丑贵为是。

占验293　中黄占讼

○**未年五月庚寅日未将亥时，占讼。**（《中黄经》）

```
空虎常玄
丑寅卯辰              后合青玄              父丙戌合
青子　　巳阴          午戌子辰              官　午后◎
勾亥　　午后          戌寅辰庚              财庚寅虎⊙
戌酉申未
合朱蛇贵
```

断曰：戌作初传，遁得丙火，克日最凶，上乘六合，是因和合上起口舌，却喜为五月解神。中传午乘天后，末传寅乘白虎，主同类阴谋，已定死罪。幸三传虽是火局，合来克日，却是递生日干。又贵人未土生干，太岁未土亦生干，初传戌土又生干，主减凶刑作配也。

占验294　邵占家宅

○**戊申年八月庚寅日辰将未时，张九翁戊午生五十一岁占宅。**（《捷要》、《口鉴》）

```
蛇朱合勾
寅卯辰巳              虎阴蛇勾              官癸巳勾
贵丑　　午青          申亥寅巳              财庚寅蛇
后子　　未空          亥寅巳庚              子丁亥阴
亥戌酉申
阴玄常虎
```

邵彦和曰："干支皆乘长生，然利宅不利人。何则？干上发用，传归支上，脱干而生支，必因充役费用，又因妻与姓陈吏人争讼，末后为儿娶妇所费，尽坏家计。十一年间，阴人守寡，是时家产四分矣。"张九翁果先好，后因充役，大有所费。又为妻叔与陈姓吏人作鬼，来动店内财物，因此争讼。后二年，又与子娶妇，倍赔女家。后五年，因弟有事，遂作四分分也。盖庚生于巳，寅生于亥，庚脱于亥，寅脱于巳，干支自受生而互受脱，是先兴旺而后衰败也。亥数四、寅数七，乃十一年也。亥脱今日干，则泄耗我矣，故主费财。亥为支之长生，生宅脱我，岂不是为宅旧役累而费用乎？宅上亥乃脱神，又发出而为末传，再来脱我，亥为妇人，故为子娶妇废坏也。亥作太阴，为老阴人，故又主阴人守寡。中传寅为吏人，上为螣蛇所挠，又为今日绝神，又为今日财神，阴神得亥为脱气，故主因妻与吏人争讼也。

占验 295　陈占拜相

○崇正戊辰年十二月庚寅日庚辰时，新安汪仙氏邵无奇占少宗伯马康庄先生能拜相否。（《指南》）

```
    朱合勾青
    卯辰巳午              玄后合青          官　午青◎
  蛇寅　　未空           戌子辰午          父壬辰合☉
  贵丑　　申虎           子寅午庚          财庚寅蛇
    子亥戌酉
    后阴玄常
```

陈公献曰："马宗伯不但不能大拜，且不日还乡矣。何也？凡在朝官，占得顾祖，多不满任。又初中空亡，龙化为蛇，急宜猛省退步。且龙神克下，倘欲强进，定遭不足。"后果枚卜不就，次年察处回里。未久弃人间事，从赤松子游矣。

占验 296　郭占会试

○丁丑年二月庚寅日亥将丑时为金坛虞本忠孝廉占会试。（《郭氏占案》）课式同前。

郭御青曰："干支俱乘败气，传课无马，无帘幕，初中空陷，不中之象。"其亲荆君庭实问余数次，余皆不许。后果不中。①

占验 297　郭占会试

○同日子时为王君讳猷占会试，辰命。（郭氏占案）

```
    合勾青空
    辰巳午未              后贵青空          子戊子后
  朱卯　　申虎           子丑午未          子丁亥阴
  蛇寅　　酉常           丑寅未庚          父丙戌玄
    丑子亥戌
    贵后阴玄
```

郭御青曰：此课余初断，帘幕覆日，旬空，马少，是日同袍数十人，众

---

① 吴稼云曰：干支俱乘败气，即文战而败之象，安能中？

人虽皆面谀，实未深许。王君中后，余详课情。魁度天门临行年，玄武入庙，不能为恶，月建作朱雀临本命，太岁作生气贵人临宅，帝幕虽空得支上太岁冲之不空，天空如不见贵人，当作空论，今与支上太岁贵人对面，则为奏书之神。其高中，宜也。遭一蹶长一智，乃知妙理无穷也。①

占验298　壬占胎产

○**乾隆戊辰年丑建庚寅日子将丑时，占胎产。母丁未生二十二岁。**（《牧夫占验》）

```
    合朱蛇贵
    辰巳午未          虎空蛇贵          子戊子虎
勾卯        申后      子丑午未          子丁亥常
青寅        酉阴      丑寅未庚          父丙戌玄
    丑子亥戌
    空虎常玄
```

王牧夫曰："占胎产，主易生，母无恙，子难保也。"凡占孕与产不同，孕忌蛇虎，产喜蛇虎，以其为血神也。干位为子，支位为母，定体也。今干支俱乘墓，互相制，是怀此孕，即当有病，母子皆不安宁。产易生者，蛇虎在干支之阴，为其辅也。母无恙者，支寅木，春占得旺气也。子难保者，传归夜时，而遁出丙丁，皆克干之鬼也。生女者何？干支上神，相比皆阴，而正时又下克土上也。推而言之，戌为足，加于亥，亥为天头，足上头下，亦易产也。传退，亦易产也。三奇，亦无恙也。干空，子不利也。母位之丑，乃庚日之墓，又带丁克干，子亦不利。干上之未，虽墓母位之支，然带癸水生神，母亦无恙也。子午，道路也；蛇虎，血神也。故产一女而后不育也。后果一一俱验。

---

① 愚按：此断皆牵强，予所以载之者，嘉郭君之直也。此课惟有朱雀旺而临命，中传生之，末传合之，可望其中，然不能中处甚多，似可以此一端而许之也。殆郭君逢人辄占，是日占多而神不告欤？抑另有妙义，非浅学者所能窥测也。

占验299　叔芳占名

○江府左府，年二十五岁，白身要求荫授，又无学术。一日往苗叔家卜课，得庚寅日伏吟。（《一针见血》）

```
            朱蛇贵后
            巳午未申              青青后后              兄甲申后
   合辰         酉阴         寅寅申申              财庚寅青
   勾卯         戌玄         寅寅申庚              官癸巳朱
            寅丑子亥
            青空虎常
```

苗叔芳曰："天后青龙朱雀三吉将，末又与初传合，可以进身。且始终德合，天城天吏入传，维持必可成就。天后为用神，须得阴贵人之力。可求刑官，以三传三刑之故，然不免艰辛耳。"后果授泉州司李，① 乃刑官也，终得阴贵人之力而成。

占验300　朱占失物

○丁巳年三月庚寅日戌将申时，占来意。（《五要权衡》）

```
            空虎常玄
            未申酉戌              青合后玄              父壬辰合
   青午         亥阴         午辰子戌              官　午青◎
   勾巳         子后         辰寅戌庚              兄甲申虎☉
            辰卯寅丑
            合朱蛇贵
```

朱氏恒曰：来意失去钞二百张。据《经》先锋门是内动，又是马，值事是白虎为惊忧。中传鬼作龙，为财物，旬空未敢以贼盗言。虽玄武乘戌，是庚日之印，又未敢言贼。初建论之，为丙戌，为庚之鬼。复建论之，得甲戌，是复建生初建鬼旺矣。况玄武是盗失，若以戌为仆，太阳在戌，又是昼日为白日贼也。戌与交合，是同类之人，否则屋主之亲，自西南而来，藏于正南，为居于西北，相去甚近。戌至申，相隔一辰耳。亥戌申纯阳，为男，临孟，为少，自申至戌二辰，不过二人耳。后获钞一半，巳日得。终是巳生干，中末空，盗者利。经缠以辰上见者为所失之物，今寅上见辰，乃月建，月建为

---

① 司李，官名。李，通理，即司理，为掌狱论之官。又为对推官的习称。

贵物，以此知钞是世之贵者。发用助日，我为有气矣。由是观之，生中有鬼，财中有克，皆在建干变化也。此凝神子郭璞所以妙出人表也。若取来情，当以聚散鬼救论。若断休咎，只用干为主，三传生克正时论始终平安，不必用变求奇。古人有云：求奇反不奇也。

占验301　郭占行人

○**戊寅年五月二十八庚寅日未将巳时，傅太尊占家下行人。**（《郭氏占案》）**课式同前。**

郭御青曰："课名斩关，又名登三天，又贵登天门，自是行路往北走之象。初传天马，不久即至。但中末空陷，须到甲午旬六月初三以后可到。以午字填实，三天可登也。然甲午旬，辰又空，天马本行空之物，不怕空也。子孙爻系劫煞，临酉，当于酉日到。课名涉害，路中有阻。"果于六月初六丁酉日到。路中家人堕骡数次，几伤。

占验302　邵占店业

○**戊申年九月初九庚寅日辰将丑时，张九公癸卯生，生于十月初四日亥时，六十六岁，占店业。**（《方本占案》、《口鉴》）

```
        蛇朱合勾
        申酉戌亥              蛇阴虎勾              兄甲申蛇
    贵未      子青             申巳寅亥              子丁亥勾
    后午      丑空             巳寅亥庚              财庚寅虎
        巳辰卯寅
        阴玄常虎
```

邵彦和曰："干支上皆盗气，其家世店业十退五六矣。初传加巳，是禄来加蛇上，又是为蛇所扰，^① 必主少人物。中传亥，又加日上，脱气太重。末传财在脱气上，又遭虎克，到此十分去尽矣。主四年中退一半，七年中全退，又妻生产死。"张九公占时，家甚费力，至辛亥年，两店皆歇。^② 甲寅年欠债狼狈，为人所讼。^③ 当年妻病浮腮而死。

---

① 愚按：此是禄被夹克。
② 亥为庚之脱气，且巳为店，亥又冲克之，故重会亥而歇业。
③ 寅支为店，既为巳所脱，故至亥年而废。

占验303　邵占疾病

○同年月日时张逸士庚戌生五十九岁，占病，同得此课。（《方本占案》、《口鉴》）

邵彦和曰："此课大凶，干支皆脱，此病因吐泻得之。自后寒暑往来，必成五劳七伤，又兼翻胃吐食，况日上见水，金去生之，又多冷涎，兼之白浊。支上见巳，巳为心胞络，被寅所刑，必心下不宁，遂至沉重，死在二十八日。不然，再历二十八日，难过矣。"盖此课始终见凶神，上下皆盗气，巳亥俱四数，寅申俱七数，四七二十八，两处皆见，五十六日也。

占验304　王占雨雪

○戊寅年正月庚寅日子将酉时，占何日雨雪。（《牧夫占验》）课式同前。

王牧夫曰："水母发用，蛇乘于上，中见亥水，末见风神，用传归支，今日当雪，来日当大雪。盖蛇乃雪象，中见极阴之水，寅为东北，风从东北，当有雪也，况三传递生乎？今日雪小者，寅与亥合也。来日雪大者，太阳子卯相刑。春夏主雷，冬主雪，各因时而论耳。"

辛卯日

占验305　邵占平生

○建炎己酉年七月辛卯日午将辰时，林丞务丙辰生五十四岁，占平生。（《方本占案》、《口鉴》）

```
          蛇朱合勾
          未申酉戌              蛇后常空              官癸巳后
        贵午    亥青            未巳寅子              父 未蛇◎
        后巳    子空            巳卯子辛              兄乙酉合⊙
          辰卯寅丑
          阴玄常虎
```

邵彦和曰："日上子为盗气，又见天空，至下部遗泄，兼子息不美。支上破碎，又兼发用，中传空亡，末传禄神，又加空上，禄神既空，前程不永。宅犯破碎，子作盗气，是诸子耗盗财物，各抽入己，于我则空，除非另爨，离去其宅，则可少延，否则家破财散矣。"林丞务有四子，两妻所出，堂前之物,子盗一空。本身常有淋疾,家计渐觉退败。盖辛见子盗气,卯见巳破碎,子为一阳之始,巳为六阳之终,始于身而终于宅也。故始主自身下部遗泄,而终于破家。子为子息,所以破家由子也。初传宅上,中末俱空,号曰不行,故只以干支二处分断。① 然初传更加一重破碎,子为脱空,六阳既到此极处,又是破碎作初传,上见天后,命洗女卦,故其继妻,性最淫荡。第四子最蠢者,是其所生。更有两小女,尤做手脚。此课若占病,必死。占前程,脱精而亡。

占验306　陈占乡试

○崇正癸酉年七月辛卯日,扬州明经宗开先同张向之来占科场事,报寅时,以午将加寅。(《指南》)

```
合勾青空
酉戌亥子          青蛇贵常        父　未蛇◎
朱申　丑虎        亥未午寅        子丁亥青⊙
蛇未　寅常        未卯寅辛        财辛卯玄
午巳辰卯
贵后阴玄
```

陈公献曰:"公今中矣。"曰:"何以报一时,即知其中?"曰:"先锋为幕贵,且临日上,月将官贵又加寅命,是以必中无疑。然发用作旬空,必俟未年太岁填实,方中甲榜。"

占验307　刘占家宅

○元祐六年辛未九月辛卯日,角音人戊子生四十四岁,占家宅,得寅时。(《一针见血》、《玉连环》末卷)

```
青勾合朱
酉戌亥子          合虎常贵        父　未虎◎
空申　丑蛇        亥未午寅        子丁亥合⊙
虎未　寅贵        未卯寅辛        财辛卯后
午巳辰卯
常玄阴后
```

---

① 中末皆空,初仍宅上,等之无传矣,故只就干支分断。若初传不从宅与日上起,则又当细审,不得概为不行也。

刘日新曰:"君家修造宅舍,不依方所,误用日时,不知禁忌,故怪异骈集,频有丧服哭泣之事,留滞月日。"占人曰:"实有此灾怪,丧病久矣,愿求禳治之法。"刘曰:"必犯六甲黑道,今已日月滋久,不须禳谢。只是君家井厕相近,又厕畔有桃树,叶落厕中,故有此灾怪。君当去此桃树,移厕远井,则灾怪自消矣。"议曰:未加卯为用,上得白虎,其卯是久居之宅,又卯为门户,兼角音之宅神在卯,中传有丁神乘六合,加太岁之上,行年上又是丑乘螣蛇,故云宅中有怪异。末传天后乘卯,加亥,亥为双鱼宫,即为阴怪。九月飞魂丧魄同居未,上乘白虎,故有丧病哭泣之事。九月以寅为月厌,以戌为天目,寅临戌上,乃是月厌加于天目也,所以怪异留滞月日。法以亥为厕,未为井,今相加为近。寅为桃,卯为树,课得曲直属木,木至秋则叶落,又六合加井厕上,故云桃叶落在井厕中也。

占验308　邵占家宅

○**戊申年正月辛卯日子将未时,叶助教戊午生,生于二月十三日寅时,五十一岁,占家宅。**(《方本占案》、《捷要》、《口鉴》)

```
勾青空虎
戌亥子丑        虎朱朱玄        财辛卯玄
合酉   寅常     丑申申卯        兄甲申朱
朱申   卯玄     申卯卯辛        父己丑虎
未午巳辰
蛇贵后阴
```

邵彦和曰:"此课支来就干,为干所制,名曰赘婿。太岁入宅克宅,宅来就人,又被人克,六年中家破屋拆,遂成墓地,必葬尊长在内。六年之前,四分五裂,门户分张,主外姓或还俗僧人入挠,遂家破矣。"盖末传丑为辛日之墓神,临太岁上,太岁为其所墓,遂来宅上克宅。《太岁歌》曰:"太岁当头立,诸神不敢当。若无官事扰,必定见凶丧。"今既入宅克宅,宅被克,走来日上,又为日所克,宅既不留,屋何存立?又自身上发传入宅,仍是太岁来加,太岁上又见今日之墓神丑,丑土生申金,是尊长,庚辛墓于丑,是尊长葬埋之处。卯数六,故不出六年。申为僧,申与辛同类,还俗僧也。① 卯上见元武,故主门户分张。后癸丑年其叔死,遂殡于内。叔有三子,一子为僧,

---

① 或乙酉见辛卯,或辛酉见乙酉,皆为还俗僧。乙为沙门,辛为僧舍也。

还俗思分家产，助教不肯，经官断定，同诸子均分，助教兄弟与叔之子，共六人，家财作六分分，助教止得一分。戊申至癸丑，恰六年也。若不是太岁入宅克宅，又不可如此断。当年又死一男一女，亦因太岁克宅也。其经官者，亦因太岁入宅克宅也。

占验309　邵占失物

○**三月辛卯日酉将辰时，僧人占失度牒。**（《方本占案》、《张本占案》）**课式同前。**

邵彦和曰："被一亲人偷去，火焚之矣。其人足跛，手指缺。"盖度牒以朱雀为类神，申为僧人，而玄武乘卯合辛，故为亲人，辛克卯，故卯遂偷去。① 戌为足，被卯克，故跛。卯为手，被申克，故指缺。丑加申为僧，被卯木乘玄武来克，而丑又乘白虎，主被人亏算。朱雀乘申，遁丙火，火焚之象也。后访知是外弟偷去，手足有疾不谬。

占验310　郭占功名

○**崇正戊寅年卯建辛卯日亥将辰时，新乡张坦公缙彦占功名。**（《郭氏占案》）

```
        空虎常玄
        子丑寅卯             后勾空后         父丙戌勾
  青亥       辰阴           巳戌子巳         官癸巳后
  勾戌       巳后           戌卯巳辛         子戌子空
        酉申未午
        合朱蛇贵
```

郭御青曰："本命上贵登天门，行年上青龙乘月将，断断乎青华一席矣。"张公谦让不自信，后有民部之转。余细详课体，止嫌贵午旬空，然年上月将作青龙，上吉，极难得之课，岂终空乎？至四月，闻有通选之命。余大喜曰："若至五月，午字填实，坦公翰院无疑。"其后果应如响。奇哉！余于壬数，习之已久，不意其神妙包藏至此。从来考选，无此旷典，方为真贵登天门。必至五月而成者，午字填实，方得天门有贵，不然其贵尚虚也。初传戌，作天喜，带勾陈，即稽留迟滞之象。至午月与太岁寅字三合，乃成官星。余初

---

① 愚按：辛克卯，是此亲人与僧人不投，故怀恨而偷去。

断，亦不知如此神妙也。①

占验311　邵占医道

○戊申年十二月辛卯日丑将巳时，叶八郎癸亥生四十六岁，占行医。（《捷要》②）

```
    青勾合朱
    丑寅卯辰         后虎勾贵          父　未后◎
  空子    巳蛇       未亥寅午          财辛卯合⊙
  虎亥    午贵       亥卯午辛          子丁亥虎
    戌酉申未
    常玄阴后
```

邵彦和曰："金日得木局，满盘皆财，不合午来化出许多败气，木又死于午，作贵人，主医贵人不利。却有天医在中传，地医在末传，能制午火，是临危之病，方来相请。初有一妇人害翻胃者，当治肝不治胃。又有一小儿患中风者，当通水脏，不得治风。依此行之，可以取效。汝家屋上，不合安一兽头东立，邻家亦有一兽头，相触害人，故财不入耳。"叶八郎医道不甚行，治小儿有效，才治大人便不效。其先人因屋之对面有破山头，遂安兽头于屋上镇之；西北邻家亦然，在叶氏屋前对冲。盖亥作白虎加宅，是本家屋上之兽头也。亥本宫上见未，作夜将之白虎，是西北邻家之兽头也。叶因先生之言而去之。次年正月初七日，杨七小娘子患翻胃，延数十医俱不效，乃请叶治之。叶思先生言，调治肝经即效，得钱二百余缗。三月十八日，徐参议之孙六岁，中风四五日，瞑目不动，来请。叶又思先生言，遂以泻药利其水脏，六七日能行，脱然无虞，又得钱三百余缗。自此医道大行。缘天后在未，天后为妇人，未为胃，卯来克未，未遂克亥，故主翻胃。三传木局，又克未土，卯木属肝经，所以当治肝而不治胃也。辛日亥为幼子，加卯，六数，是六岁。亥水生木成局则生风，若导水使行，则水不生风而风自息，故理水脏而不治风木。白虎在亥，通之为佳，故宜泄也。

---

① 愚按：三传回环，官星临干，亦吉。不但贵登天门加命，月将乘青龙加年而已也。五月官星旺，故应。
② 《口鉴》作"癸丑年八月十四日戌时生，四十六岁"。据此，则非戊申年占也。又以时宪法推之，戊申年十二月无辛卯日，其十一月辛卯日则未交冬至。

占验 312　邵占官讼

○戊申年七月辛卯日午将戌时，林文丙辰生五十三岁，占官讼。（《口鉴》、《方本占案》）

```
蛇贵后阴
丑寅卯辰          虎合贵常              父　未虎◎
朱子　巳亥        未亥寅午              财辛卯后☉
合亥　午常        亥卯午辛              子丁亥合
戌酉申未
勾青空虎
```

邵彦和曰："主有孝服妇人争讼，挟起卑幼，遂乃动众。夜贵加在日贵，宜暗中嘱托，庶可。传财太盛反化鬼，若要此事了，须是贴幼小财物自止。徒然有众人，不能成事也。"林文兄弟三人，又叔伯兄弟四人，分家产时，诸弟皆小，所分不均。厥后兄死，寡嫂与小弟论伊往日分产不公，叔伯兄弟从之，因而起讼。后果暗贴幼弟财物，幼弟无言，诸人皆散。盖木局生干上午鬼，行年上又见寅贵人，午虽是关节，奈又是鬼，寅木又生鬼，故有事。贴幼子即止者，因宅上见亥，亥为幼子，亥水能制午火。然诸木又生于亥，故住与不住，皆由于亥，故必贴幼小方得止也。日上午鬼，为妇人，作太常，为服，故因寡嫂而动。三传生鬼，动众之象。夜贵加昼贵，贵人差递，宜告贵人。亥水作六合，故挟起卑幼。午鬼空无力，可以不贴妇人。亥能制鬼，故宜贴卑幼耳。

占验 313　郭占会试

○崇正丁丑年二月二十一辛卯日亥将卯时，常熟苏孝廉祖占会试。（《郭氏占案》）课式同前。

郭御青曰："幕贵覆干并行年，本吉；嫌其克日，又是空亡，马少；末传丁神，命上太岁作螣蛇，皆为不美。"后果不中。

占验 314　邵占失物

○十月辛卯日寅将巳时，李四官占失钱谷。（《方本占案》）

```
        勾合朱蛇
        寅卯辰巳              玄空朱后          子戌子空
    青丑    午贵              酉子辰未          父  未后◎
    空子    未后              子卯未辛          子戌子空
        亥戌酉申
        虎常玄阴
```

邵彦和曰:"辛卯日,三传不行,单只在干支上。初传是支上之子,中传是干上之未,末传又归支上子。子未相害,虽喜未能制子,无奈未是旬空,不能克制,徒作干上空亡,合当失脱也。未空不能生辛金,而辛金反能生支上子水,子作天空,为之脱空神,故捉贼不得。但初传自宅发用,末传又归宅上,是贼不出门也,当主本家眷属为脚耳。"后知是乃侄偷回房中去,三月后方取出使用。大凡占贼,日传归日,辰传归辰,皆不是外人。况辛卯日,三传俱在干支上乎?若末传出去,庶可向外寻耳。占人行年又在卯上,乃家贼无疑矣。

占验 315　邵占文字

○二月辛卯日亥将寅时,张一公占州中相论文字何日到。(《方本占案》)

```
        贵后阴玄
        寅卯辰巳              青朱阴虎          子戌子朱
    蛇丑    午常              酉子辰未          父  未虎◎
    朱子    未虎              子卯未辛          子戌子朱
        亥戌酉申
        合勾青空
```

邵彦和曰:文字今日必来。盖昴星课,卯日子加卯,朱雀临门,主文字立至。子卯相刑,其来迅速。又三传俱在日辰上,自主本日必到也。果然。

占验 316　郭占会试

○丁丑年二月辛卯日亥将丑时,邵孝廉名灯者占会试。(《郭氏占案》)

```
        合朱蛇贵
        卯辰巳午              虎青贵阴          父己丑青
    勾寅    未后              亥丑午申          子丁亥虎
    青丑    申阴              丑卯申辛          兄乙酉玄
        子亥戌酉
        空虎常玄
```

郭御青曰："命上乘日禄，行年上乘幕贵，本为好处，嫌课名九丑，格名极阴，太岁作墓神，为龙夹克，不美。"果不中。

占验 317　郭占会试

○丁丑年二月辛卯日亥将子时，归孝廉名起先者占会试。（《郭氏占案》）

```
    朱蛇贵后
    辰巳午未        青勾阴玄        父己丑青
  合卯    申阴      丑寅申酉        子戊子空
  勾寅    酉玄      寅卯酉辛        子丁亥虎
    丑子亥戌
    青空虎常
```

郭御青曰："干上禄神为玄武所夺，遁得丁神为辛日之害，虽帘幕在宅，与日上年命俱无干，三传盗气，日辰夹住，欠一'戌'字，而为命上神补足，命上戌临，作关隔断，皆非吉象。"后果场屈。

占验 318　邵占终身

○戊申年十二月辛卯日丑将寅时叶七秀才丁卯生四十二岁，占终身。（《方本占案》、《口鉴》）

```
    朱合勾青
    辰巳午未        后贵空虎        父己丑后
  蛇卯    申空      丑寅申酉        子戊子阴
  贵寅    酉虎      寅卯酉辛        子丁亥玄
    丑子亥戌
    后阴玄常
```

邵彦和曰："丑墓发传，加于寅上，中末子亥水脱气，主令堂所葬之地，乃艮山坤向，水从胁下便陡泻，往西北方出去。庚方有一石山，其形甚丑，必主人腰钱而死。尔因妻起家，不是六年便七年，主丧妻，自此便退耗。一则男女债，二则子不成器，三则有水坏田，九年大退，十三年当患疝气而亡矣。"叶母果葬艮山之坟，水从胁下流去西北，庚方果有一山，尽是怪石。壬子年妻弟过访，因腰钱回入城中，途间腹痛而卒。甲寅年丧妻，年内卖产嫁女。长子最贪嫖赌。乙卯年大水，溪田尽坏。庚申年十一月疝气而亡。盖丑墓生辛金，故为母墓。① 加寅上，故艮山也。辛以寅为妻，加宅作贵人，故因妻起家。金绝于寅，故主妻死。传见子亥，退传而脱，是以退也。辛以子为男，亥为女，太阴男不明，元武女多赔耗。亥四子九，并之得十三，亥为肾，元武主疝气，金死于子，故十三年疝气而亡。②

占验319　陈占六甲

○**庚辰年三月辛卯日戌将戌时，傅姓者占六甲。**（《指南》）

```
      合勾青空
      巳午未申              蛇蛇常常          财辛卯蛇
    朱辰    酉虎            卯卯戌戌          子戊子阴
    蛇卯    戌常            卯卯戌辛          财辛卯蛇
      寅丑子亥
      贵后阴玄
```

陈公献曰："此必双胎，皆男子也。主八月戊日辰时生，母子清吉。"何以知为双胎？以月建重叠作胎神，乘旺气故也。何以知为两男？卯属震，为长男，日上河魁，乾宫所属，亦男也。何以知八月生？酉冲卯胎也。何以知戊日辰时？戊为养神，候辰来冲干上戊也。

壬辰日

占验320　邵占疾病

○**建炎庚戌年六月壬辰日午将巳时，叶解元丁丑生三十四岁，占病。**（《方本占案》）

```
      蛇朱合勾
      午未申酉              蛇贵常虎          官己丑常
    贵巳    戌青            午巳丑子          子庚寅玄
    后辰    亥空            巳辰子壬          子辛卯阴
      卯寅丑子
      阴玄常虎
```

---

①　沈曰："丑墓若不发用，不可乱断。"
②　沈曰："水从肋下便陡泻，自西北方出去者，因亥子水逆入西北故也。"

邵彦和曰："此课干上乘旺，本身虽坚固，不合传进，迤逦脱气。初传丑与子合，作太常，因与人相会饮酒，喜乐太过，遂感风邪。今已愈七八分了，以行年退一步而就禄，壬水又旺，亥又同途，水既太盛，虽生木不为害，但只补元气，其风自退。宅上见绝神，三传丑寅卯，若非行年退却一步，定见进脱，必不可疗矣。"大凡壬日得丑寅卯，迤逦进脱，支上又见绝神，必不可治，不论老少，皆以死论。惟此课行年在后一位，引退就禄。传虽名进，其实就退，只不合初传本命，来与子合，太常为燕乐之神，饮酒太多，遂使风邪入内，以致生病。然喜时令在秋，秋金生壬癸水，又得亥子相并旺相，必不至死，且主今冬得子。若在来年正月节生，其子必贵，内有暗贵人故也。目下主服，初传丑为破碎，作太常，是以主之。

占验321　某占逃亡

○**十月壬辰日寅将戌时，占逃亡。**（《精蕴》）

```
    勾青空虎
    酉戌亥子         虎合朱阴      官　未朱◎
    合申　丑常       子申未卯      兄丁亥空☉
    朱未　寅玄       申辰卯壬      子辛卯阴
    午巳辰卯
    蛇贵后阴
```

断曰："小吉加卯为用，主门户动摇，将得朱雀，主为词讼，交文书口舌。中见登明，将得天空，必因欺诈而逃。甲申旬，以午未为孤虚，逃亡终不可获。末见太冲，将得太阴，复临日上，辰上见传送，将得六合，为天门。冬日占，太阴临生门，逃亡必远去也。"

占验322　郭占孟津

○**崇正庚辰年十一月十五壬辰日丑将申时，占孟津。**（《课经集》）

```
    青空虎常
    戌亥子丑         玄勾勾后      子庚寅玄
    勾酉　寅玄       寅酉酉辰      官　未朱◎
    合申　卯阴       酉辰辰壬      兄戊子虎☉
    未午巳辰
    朱蛇贵后
```

郭御青曰：撵台王公觉斯自北都至怀庆，拟次日渡河，回原籍孟津，余占得此课。支加干克干墓干，卑凌尊，下犯上，为上门乱首，大凶之象。余痛止之。王公云："二人在堂，急欲往省。"余劝以迎至河北，王公尚犹豫。次早，夫马骈集署门，余投书又止之，公始听余言不行，迎其椿萱至覃怀，不十数日而遭内艰。又春正念一日，贼陷洛阳。危哉！设王公至家，即遇太夫人之变，将奈何也？

占验323　邵占谪官

○甲申年秋壬辰日巳将子时，陈殿元占谪官衢州。（《方本占案》、《一针见血》）

```
          青勾合朱
戌亥子丑      蛇空空后      子庚寅蛇
空酉  寅蛇    寅酉酉辰      官　未常◎
虎申  卯贵    酉辰辰壬      兄戊子合⊙
未午巳辰
常玄阴后
```

邵彦和曰："寅作螣蛇，加酉为用，名'蛇入鸡穴'而被伤。未加寅为中传，名曰'鬼宿入鬼门'。子加未，作六合，为末传，名曰'势害'。又辰加壬，作天后，刑胜德。此课有三不吉也。内有天后带天喜，虽曰'恩神带喜'，奈加日克日，主恩动而过多，则加官不起，后来恐遭谪贬而死于贬所矣。《经》曰：'魁罡若向日辰游，贬出天涯地角头。'此之谓也。"陈殿元后果编管柳州而死。

占验324　邵占赴任

○戊申年十一月壬辰日寅将未时，徐通判戊午生，生于二月初二日未时，五十一岁，占赴任及前程。（《方本占案》）①

```
          青勾合朱
子丑寅卯      后空勾后      财　午后◎
空亥  辰蛇    午亥丑午      官己丑勾⊙
虎戌  巳贵    亥辰午壬      父甲申玄
酉申未午
常玄阴后
```

邵彦和曰：予详此课，不便明言，惟以廉洁二字勉之，并嘱其慎用奴仆，

---

① 《口鉴》作丑将午时，错。

宜移父坟而已。乃退而告门人曰："此课名乱首，通判日后因在任中受贿，为仆所持，遂奸其妻，通判终死于仆手。由其父墓，元武不垂顾，拒尸之故。盖其父墓坎山，元武七十余丈，葬在六十丈，前面又有十余丈，果不垂顾。若速移此坟，可保性命，否则戊午年必见凶矣。"门人问其故，曰："亥加辰，乃自取乱首，将得天空，仆犯主也。午为财，丑为官，丑官加午财上，故在任受贿。亥作天空为仆，财作天后为妻，临于天空之上，故主仆淫其妻，天后又主淫乱也。壬以申为父，加丑是父墓，元武长生，刚硬而不垂顾，为拒尸。午亥俱自刑，壬即亥，受辰土天空之夹克，乱首为下犯上，故终死于仆手也。"徐通判辛亥年赴任，权州事，有一妇人打死一婢，徐得二千贯，从轻发落。厥后新知州赵公怪其用度过奢，遂与不足，欲动申文，得华宪副为之和解。而徐有仆童吉，常持二千贯以挟其主，遂奸其妻，徐知竟不敢明责。乙卯年徐调池州通判，不带此仆去，仆因怀恨。戊午年仆到池州，徐见叱之曰："尔尚敢来耶？"仆次日持刃刺杀徐于门中。

占验325　邵占官事

○十二月壬辰日子将巳时，某占因二人力打死一人解官。（《方本占案》）**课式同前。**

邵彦和曰："此课虽凶，然今次却遇赦免难。六年后，俱恶死矣。盖天后发用，主遇恩赦。申金长生入墓，终主于凶。"后果蒙恩赦而免死充军。六年上，二人复打死人，一人自缢，一人受戮。

占验326　邵占赦否

○三月壬辰日酉将寅时，或占杀伤二人，能遇赦否。（《方本占案》）

```
        合朱蛇贵
        子丑寅卯        玄勾朱玄           财　午玄◎
    勾亥    辰后        午亥丑午           官己丑朱⊙
    青戌    巳阴        亥辰午壬           父甲申虎
        酉申未午
        空虎常玄
```

邵彦和曰："此课大凶，盖自取乱首也。日加辰作勾，上下夹克；午作玄武为用，亦是夹克；日辰上皆是自刑；宅上勾陈即天罡，天罡是鬼，既是死奇，又是日墓；末传申是长生，又作入墓。其凶不可言，安能遇赦也？"后果取决。

占验 327　王占成事

○乾隆甲戌年七月壬辰日巳将申时，占成合事。（《牧夫占验》）

```
蛇贵后阴
 寅卯辰巳            青朱阴虎         财癸巳阴
朱丑    午玄        戌丑巳申        子庚寅蛇
合子    未常        丑辰申壬        兄丁亥勾
 亥戌酉申
 勾青空虎
```

王牧夫曰："占成合事，而财作闭口为用，虽三传递生，有人引荐，奈不能明言。况支辰纯土，闭塞不通，多有阻隔，事无益也。据余看此数，今年宅中，尊长与妻宫及卑幼，皆有灾咎。何也？干上长生，父母也，带白虎凶煞，而支上又值岁刑。巳，妻财也，坐三刑中为闭口，闭口主兆死亡。蛇主小儿，亦在刑内。支为卑幼，种种不吉，见于体用。况太岁在支阴刑冲，而日支为墓鬼，家运如此，年境如此，岂能望事成合乎？尤防口舌争竞也。丑乘朱雀，为岁刑克干，故主口舌。"是年果见口舌死亡也。①

占验 328　叔芳占宅

○淮西安丰军霍邱孙池信卿仕于钱唐，久不得归，一日往苗太监侄孙苗叔芳处问宅，壬辰日亥将丑将。②

```
贵后阴玄
 卯辰巳午            合蛇常空         子庚寅蛇
蛇寅    未常        子寅未酉        兄戊子合
朱丑    申虎        寅辰酉壬        官丙戌青
 子亥戌酉
 合勾青空
```

苗叔芳曰："此宅团转水绕，盖壬辰水日，四课又见子水也。寅为火之长生，克宅为用，又乘腾蛇，主两三回火发于宅，幸得水多有救。但中末传龙

---

① 愚按：此课之凶，在于鬼临三四，且并岁刑太岁也。夫太岁为家长，既遭丑刑，自是不利。若曰"长生带白虎，主父母不利"，彼《指掌赋》云"将虽恶，生我则其喜终至"，注云"虎勾生我，其力尤雄"，此又何以称耶？况诸家壬癸日，昼贵咸临巳，独牧夫先生昼贵则用卯，若依诸家用巳贵，则申又不乘白虎凶神矣。

② 《张本占案》有月将正时，《一针见血》无月将正时。

虎回环艮方，① 主有雷伤坟墓及惊损老者，宅眷却无恙。且夕必有信至。"半月后，果有一仆自安丰来，诘问仔细，竟如叔芳所言。②

占验329　王占楚匣

○辛巳年六月壬辰日午将申时，乔继迁翁壬辰生五十岁，占楚匣可得否。

（《牧夫占验》）课式同前。

王牧夫曰："正时冲初传，事即不能顺遂。况三传本寅午戌财局，为子乘六合者冲去财位而踞之。子与壬同气，乃同事之人有之也。天空在酉临身，乃败气，生之无力，荐之者亦无力也。命上寅，年上丑，皆属艮卦，艮者，止也。巳为三楚，其地分乘卯为贵人，所合者戌，戌加子上，午巳无情，安能得之？"后知为张姓者任之。此用贵人者，其权操之于官，以运司为之主耳。商总则以旬首为用，六合加子亦的，以子为地支之首，六合为商贾，其象可取也。

占验330　郭占会试

○崇正丁丑年二月壬辰日亥将丑时，为慈谿社丈费君弗庵讳鋐占会试。

（《郭氏占案》）

```
       朱蛇贵后
       卯辰巳午        青合阴常        子庚寅合
   合寅      未阴      子寅未酉        兄戊子青
   勾丑      申玄      寅辰酉壬        官丙戌虎
       子亥戌酉
       青空虎常
```

郭御青曰："日马年马发用，本吉，但格名冥阴，寅乃日出之方，退转子戌阴地，为自明入暗。且交车脱气，无帘幕，马少，干支上乘败病。未敢许中。"果然。

癸巳日

占验331　黄占终身

○张大人垣龄，生于康熙辛酉年八月十三癸巳日巳时，问终身于黄先生。

---

① 愚按：此句又当是用巳贵。
② 张本作惊蛰后有信至。愚按：龙虎回环艮方，何以主雷？况龙虎实不回环艮方乎？鄙见必是寅为雷公煞，乘腾蛇加宅克宅，阴神又见六合，故主雷惊。辰为日之墓库，凡四季土，皆为老人，故曰"雷伤坟墓及惊损老者"也。

遂以其八字演课，以辰将加巳时，得三传卯寅丑。（《戬编》）

```
        蛇贵后阴
        辰巳午未              朱蛇空青            子辛卯朱
    朱卯    申玄              卯辰亥子            子庚寅合
    合寅    酉常              辰巳子癸            官己丑勾
        丑子亥戌
        勾青空虎
```

黄断曰："日上青龙官禄，支上太阳照宅，又二贵拱天喜，且传又喜帘幕，定是乡榜。"张曰："既知乡榜，可知中在何科？"黄鼓掌算之，遂决曰："中在辛卯科也。"人问其故，黄曰："虽由理推，亦要意会。盖癸巳，日主也，乃在甲申旬，法当从地盘戌上起一岁，数至三十一岁，行年在辰，上乘卯为朱雀，又系幕贵，下临辰为天喜，非其中之时而何？故知即在三十一岁辛卯科也。"① 又问："有子否？"黄曰："传中皆子星者，寅卯之木也。合观其八字，纯金局，一派合剋子星，况卯寅为四废休囚，恐桂子稀疏也。"果官高无子。是六壬之独步也，故详记其占案，以广所学云。

占验332　邵占身命

○建炎己酉年三月癸巳日戌将酉时，何宣义丁丑生②三十三岁，占身命。（《宋本占案》、《捷要》、《口鉴》）

```
        合勾青空
        午未申酉              勾合贵后            官  未勾◎⊙
    朱巳    戌虎              未午卯寅            父甲申青⊙
    蛇辰    亥常              午巳寅癸            父乙酉空
        卯寅丑子
        贵后阴玄
```

邵彦和曰："本身贪色，心高志大。三传与宅并在南方，家计异日比今日增数倍，但未是空，一生难为眷属。③ 末传至酉，晚年愈贪色欲，有一妾为主，反欺众人，终死于此妾之手。虽劳心费力积得财物，只是后来被此妾盗去。行年上支破作太常，今年五月主外服，又主三月、七月儿妇因病小产也。"何果高傲好胜，劳心费力，营运积财，庚子暂停，以庚子与身居于下也。宅上财与三传之生皆在南

---

① 愚按：此以生日起行年，未知所本何书？
② 生于二月二十四日丑时。
③ 未为眷属空亡故也。

方,所以后来运货至南方发卖,获利成家。只是不合过宠一妾,盗财归于母家。当年五月,何有丈母之服。① 三月长媳小产,七月次媳因感风发热亦小产。盖日上天后乘寅木脱神,而寅木又脱于巳午,故主三四月妇人小产。寅以酉为破碎,加申,故七月亦然。其晚年愈贪色者,酉作天空,加癸水之长生上也。

占验333　邵占求财

○**己酉年十月癸巳日寅将丑时,邵七丞务戊寅生三十一岁,占求财。**(《方本占案》、《口鉴》)**课式同前。**

邵彦和曰:"尔欲往妻家取往年所许之财,未得。今因生子,又欲问令岳丈借之。"丞务笑曰:"然。"盖癸日以午为财,又为妻,旬空,故未得。日上寅为子孙,生起午财,故云"以生子为由又借"。"中传申为日长生,为尊长,又乘龙为财类神,再求必得也。后必遭婢仆所患,随得随失,空酉与破碎并临故也。行年酉,见戌为六害,白虎与血支相加,恐遭官讼,几不免刑。幸作三合,终能解散也。"邵丞务名康伯,娶郑氏,先是乃岳许田未与,后经多年生子,欲往取之,乃岳与之三百千。邵有仆宜童、婢荣奴,向有私情,荣奴偷钱与宜童,被邵见之,乃行吊打,当夜宜童持刀要伤主人,邵幸走脱。次日缚宜童送官惩治,宜童却供出"家主去年用我私开白地三十余亩,许我上钱二百贯文,又许将荣奴嫁我,今背前约,故欲害之"。官因根究私田不税,邵遂受杖责,所得之钱,尽费用而无余。

占验334　雪占行人

○**八月癸巳日辰将寅时,癸丑生人占行人。**(《行人类证》)

```
勾青空虎
未申酉戌              空勾朱贵           官　未勾◎
合午　　亥常          酉未巳卯           父乙酉空⊙
朱巳　　子玄          未巳卯癸           兄丁亥常
    辰卯寅丑
    蛇贵后阴
```

雪心曰:大凡断行人,看日干为行人,并看玄武及行人足。又曰:日为行人,看乘马与否,以决动静。今玄武乘子临戌,合九月动。今日癸寄丑,丑临

---

① 亥冲支为支破,作太常临行年,主服。亥卯未三合,未临午上,故知应在五月。

亥，亥是马，主动，末是亥，足已动。亥为兄弟，交十月节归。末传为足，看乘二马，有无勾留恋厩。《经》云：马合则勾留，乘生则恋厩，空亡则折足。

占验335　邵占家宅

○己酉年三月癸巳日戌将未时，王解元辛未生三十九岁，占家宅。（《方本占案》、《口鉴》、《捷要》）

```
    合勾青空
    申酉戌亥        空合朱后        父甲申合
朱未    子虎        亥申未辰        兄丁亥空
蛇午    丑常        申巳辰癸        子庚寅玄
    巳辰卯寅
    贵后阴玄
```

邵彦和曰："此课利宅不利人，若占病占讼，真闭口卦也。日上墓作天后，天后本是滞神，见墓愈加迟滞，主时运未通。幸得宅上之六仪长生引进，又与宅合，主进人口，妇人怀胎。然终不安，中传亥作天空乘丁，乃移动缸瓮之故，幸作长生可以保全。末传寅是子孙，乘玄武为风湿，主子息因湿感风。西南西北二处，不可修动，主田遭水患，行年在申，主内争讼，得一道士劝和。"王自发解后，皆不利，疑其宅生灾，故占之。身乘墓作天后，辰虽月建，主兴旺，却是墓神滞神，目下如何发得？宅上见本旬仪神，引出长生旬首加旬尾，乃周而复始格。六合发用，故主进人口，血财以其乘长生也。中传亥乘丁，加旬首上，属西南西北，不可兴工。辰加丑为破，不可开田，主被水冲后，其田丑年开，尽被水冲成沙也。又除夕妻移缸瓮，胎几堕而得全。盖寅并元武，主堕胎。幸申作六合引长生，能制之，故保全也。其长子十二岁，自学舍归而澡浴，因湿感风，却无大碍。家族争讼，得族人为道士者劝和。盖寅加长生之地，为道士也。《中黄经》曰："寅作长生道士身。"

占验336　邵占婚姻

○己酉年十月癸巳日寅将亥时，孔七公戊午生五十二岁，占婚姻。（《捷要》、《口鉴》、《方本占案》）

```
        青空虎常
        申酉戌亥              常青勾蛇           父甲申青
   勾未    子玄          亥申未辰           兄丁亥常
   合午    丑阴          申巳辰癸           子庚寅后
        巳辰卯寅
        朱蛇贵后
```

邵彦和曰："孔丈五十二岁，又做新郎，今日干方出墓寻生，其亲必成也。此女清白轻盈，知书算，善持家，来即生子享福，但恐娶来不久尊堂服动。"孔曰："何以知之？"曰："课象中自见，奈人不究心耳。盖日上逢墓，从前自必昏滞，长生发用，故言出墓寻生。婚姻之占法，以支辰为妻位，上见长生仪神学堂，故年富貌美，知书算，善持家。申金主清白也，巳与申合，寅与亥合，所以无不成就。四课三传无空亡，所以终身享福。长生为父母，但亥乘丁临长生之上，又作太常，故主服动。况亥申又为六害，见于辰阴故为内艰。末传寅为子孙，作天后，加亥上，得长生，故成亲后即有子息也。"孔公前妻李氏亡，今续娶童氏，占得此课，果成。次年即生子，五十八岁又生子。童氏于前夫处，颇有积蓄带来，且知书算，善持家，娶来十四个月而母果亡。

占验 337　邵占疾病

○**戊申年五月癸巳日徐孺人己卯生三十岁，占病，申将卯时。**（《方本占案》、《口鉴》作占身命、《捷要》）

```
        青空虎常
        戌亥子丑              阴青空蛇           财　午蛇◎
   勾酉    寅玄          卯戌亥午           兄丁亥空⊙
   合申    卯阴          戌巳午癸           官壬辰后
        未午巳辰
        朱蛇贵后
```

邵彦和曰："日上午作蛇空亡，为偏室阴人所苦，遂至心下不足。遇饥则气攻心胸，眼目昏暗。生子多但不实，内一子足多一趾。中年血海败，五十左右则成血瘿，不宜破，破则死矣。平生不宜养蚕，五十四、五之间，恐因养蚕得病也。"徐孺人之父有妾，①父死随孺人在徐司理家，常与司理不足，孺人因此郁闷而得病。生子十一胎，仅存三人，内一子足多一趾。四十一血败，三年成瘿。五十四

---

①　即孺人乳母。

因养蚕夜出，胃冷致疾，瘿破，出血数升而卒。盖日上见午为心，癸水灭午火又空亡，是心受制而不足。午为阴人，空则无位，故为妾，蛇在午上扰，故知为此阴人所苦。又午为目，蛇扰水制，又空亡，自然昏暗。饥则痛者，已卯生人，禄在午，空则饥也，蛇扰故痛。生子多不实者，中传亥为孩童，支上青龙木，四课卯木，皆是子孙，故多。无奈亥落空亡，又乘天空，故不实也。戌为足，见青龙为多趾。血败者，亥坐空亡，又乘天空也。血瘿者，辰加亥为天后，辰为坚土，加血上，故为血瘿。天后主污秽，癸水入辰墓，故瘿破而卒也。

占验338　郭占会试

○丁丑年二月癸巳日亥将巳时，马君梦桂占会场。（《郭氏占案》）

```
        空虎常玄
        亥子丑寅              贵空常朱              财癸巳贵
    青戌    卯阴              巳亥丑未              兄丁亥空
    勾酉    辰后              亥巳未癸              财癸巳贵
        申未午巳
        合朱蛇贵
```

郭御青曰："此课发用贵德登天门，行年斗鬼相加，合为魁罡。命上乘命马，中传岁日二马，美处多端。止嫌朱雀乘未在干上克干，居要紧之地，一疵害九纯乎？"①

占验339　郭占会试

○丁丑年二月癸巳日亥将卯时，江右李君光倬占会场。（《郭氏占案》）

```
        勾合朱蛇
        丑寅卯辰              常勾贵常              财癸巳贵
    青子    巳贵              酉丑巳酉              官己丑勾
    空亥    午后              丑巳酉癸              父乙酉常
        戌酉申未
        虎常玄阴
```

郭御青曰："此课行年上得岁日二马，发用月马、日德贵人，本为吉课。奈合中犯煞，不能会金局生日。干上酉冲克帘幕朱雀，四课不备，乃不完美之象，何能望中？"

---

① 愚按：朱雀空亡且休囚无气，贵德虽登天门，奈作闭口，皆有名无实。郭君何故不言？

壬占汇选卷之四

甲午日

占验340　陈占来意

○崇正壬午年七月甲午日巳将午时，偶有一客至埂子街寓中坐定索占。（《指南》）

```
    合勾青空
    辰巳午未          合勾后贵      父庚子后
朱卯      申虎      辰巳子丑      父己亥阴
蛇寅      酉常      巳午丑甲      财戊戌玄
    丑子亥戌
    贵后阴玄
```

陈公献曰："公科第中人，非田姓即王姓也。然有朝廷之事连累。盖贵人临身，必科第中人。然贵被干克，岁破发用，课传退茹，是以有获罪朝廷之事。喜初中后阴为恩，无大咎也。"后知为襄阳知府王承曾，甲戌进士，以失城逮问。贼破燕京始出。①

占验341　中黄行人

○丁亥年十一月甲午日丑将寅时，占行人。其人甲寅生，三十四岁。（《中黄经》）

```
    合朱蛇贵
    辰巳午未          合朱虎空      父庚子虎
勾卯      申后      辰巳子丑      父己亥常
青寅      酉阴      巳午丑甲      财戊戌玄
    丑子亥戌
    空虎常玄
```

---

① 愚按《明鉴》：辛巳年二月张献忠入襄阳杀襄王、焚王宫，知府王承曾逋。原书荆州知府，错也。

断曰：三十四岁，行年在亥。亥临子，其人正北为客去矣。却从西北还家，何也？《经》曰："以行年立处为去方，行年上神为还家方位。"是以合正北子方去，西北戌方还家。若问财，其人无财。以日上财，坐天空。末传与行年财又被玄武夺，是以无财。问在外有病否？主无病。以行年立处不见白虎克，故无病。问远近路程。行二千二十里则还。以行年上下相乘亥四子九得三十六，又加遁干乙八丙七并之得五十一。远行人，十则言百，合得五百一十里。又亥子水旺于冬，当加一倍得一千二十里。入处加一千之数，是以合二千二十里。问有阻隔否？曰无。以行年日上不见关隔，故无阻也。若关隔上神乘玄武，主盗贼江河水涨之隔。乘六合、太阴、天后，主妇人之隔。乘白虎，主病患之隔。乘勾陈、朱雀，主官事口舌之隔。乘青龙，主财帛之隔。乘贵人，主官长之隔。乘太常，主酒食稽留之隔。问何月日还家？乃戊子年二月还家。非二月则四月决来。谓寅是十一月之天马信神，临卯，为到门。二月建卯，主二月有信。四月来，以辰为十一月之戏神，辰临巳主动，是以主四月还家。四月建巳故也。

占验342　刘占扣门

○十月甲午日寅将丑时，占何人扣门。（《张本占案》）

```
蛇贵后阴
午未申酉              后贵合勾              财　辰合◎
朱巳　　戌玄          申未辰卯              子　巳朱◎⊙
合辰　　亥常          未午卯甲              子甲午蛇⊙
卯寅丑子
勾青空虎
```

刘公日新指一沙门曰："此来捕汝也。盖甲上卯，挟刃太旺；卯为沙门，勾陈临之之故。然勾陈土为木所克，不妨。未上见申天后甲己非正合，带奸门，曾犯强奸。宅上阴神申克甲，是宅人不容，拒逐而败。卯克辰为财，甲又克之，是偷师傅之银而走。辰数五，午数九，银共一百四十两。有汪姓人，藏他家中。"时果来搜寻，指他走南方，有少女随之可脱，至北河可以活命。以中传巳作朱雀，为飞腾之象也。果逃至溪边，有少女洗菜，见和尚来，惊走，和尚随之，果往南脱去。少女者，巳也。利北河者，水能生甲木也。

占验343　邵占谒贵

○建炎己酉年十月甲午日寅将戌时，管学正辛酉生四十九岁，占往宜兴谒县尹杨公。（《方本占案》、《口鉴》）

```
    朱合勾青
    酉戌亥子           虎合合后           兄壬寅虎
  蛇申    丑空        寅戌戌午           子甲午后
  贵未    寅虎        戌午午甲           财戌戌合
    午巳辰卯
    后阴玄常
```

邵彦和曰："详课意，吾兄若欲行正道，则不必见之。若行邪道，见之不妨。① 盖寅午戌相习而为旺觉，天后六合不正之神，又为失友，主下稍埋怨不足，互相冤抑。夫甲日火局是十二分盗气，支又来耗我，故大有所费。吾兄纵有所得，左手得钱，右手便送娼家，被官知觉，亦轻视不肯惠矣。"管笑曰："杨尹有书来，安得无利？"遂往。杨尹大喜，所赠甚厚，管皆送入娼家。杨察知之，曰："吾多方照顾，欲尔收拾养家，若如此胡为，枉做人情矣。"遂不相顾，仅与盘缠而归。盖炎上课，甲日自是不利，又午来蚀甲；天后、六合皆不正之神，主酒色蛊惑，且日课不足，虽厚本亦主消折，况赤手空拳乎？

占验344　陈占功名

○崇正壬午年十二月甲午日子将未时占熊司马功名。（《指南》）

```
    合朱蛇贵
    戌亥子丑           玄朱蛇空           父庚子蛇
  勾酉    寅后        辰亥子未           子　巳常◎
  青申    卯阴        亥午未甲           财戌戌合⊙
    未午巳辰
    空虎常玄
```

陈公献曰：江西南大司马熊潭石先生，因河北声息紧急，聘余上金陵，余占得此课。知熊大司马功名非久远之象，来年秋初，必解任去。盖初传岁破内战，命上龙马克下，必因宰执招非，上台不足，燕京有奏，自欲请退。且斗系日本，幕贵临干，为仰丘俯仇，干墓支绝，种种不佳。惟喜奇仪天赦

---

① 点校者注：此句不通。或当作"吾兄若欲行邪道，则不必见之。若行正道，见之不妨"。

发用，朱雀皇诏作恩，定然好旨归里。后果如占。

占验345　邵占前程

○**己酉年正月甲午日子将午时，冯干办丁卯生，生于八月十七日辰时，占前程。**（《宋本占案》、《口鉴》）

```
       朱蛇贵后
       亥子丑寅         虎蛇后青          兄壬寅后
     合戌    卯阴       午子寅申        官丙申青
     勾酉    辰玄       子午申甲          兄壬寅后
       申未午巳
       青空虎常
```

邵彦和曰："此课德丧禄绝，妇人主家；支干尽伤，病符临身，不久主瘫痪风疾之忧。生气作蛇入宅，主生男子。见此子后，其病便生，须是珍重，不可贪色。甲寅年尤甚，其宅十八年变为溪涧也。"冯受转运司干办公事，有三年缺，上任一载中风，自后瘫痪不能动。止因壬子年得子，贺喜过饮，遂成风疾。解任归，日食自费两千之余，虽卧病不起，其食自倍。至甲子岁大水，宅为水所冲损，果变作溪涧矣。

占验346　邵占出行

○**某丁巳生五十二岁，占出行，同得此课。**（《宋本占案》、《口鉴》）

邵彦和曰："主有三千里之动，七年八年方归也。"七月果随一官员到广，二千三百里，至八年方归。盖日上驿马交驰，寅申各七数，故有七年之测。命上亥加巳，为天门加地足，故动必远也。

占验347　郭占赴任

○**戊寅年巳月甲午日酉将寅时，问赴任。**（《郭氏占案》）

```
       青空虎常
       子丑寅卯         蛇空玄朱          官丁酉朱
     勾亥    辰玄       申丑辰酉        财　辰玄◎
     合戌    巳阴       丑午酉甲        父己亥勾⊙
       酉申未午
       朱蛇贵后
```

郭御青曰：戊寅年用奇门，拟于四月初一甲午日寅时到任。偶于先一日，再查六壬，得此课。鬼作朱雀，干上发用，有官者防弹章。喜中末传空陷。然行年在辰为填空，亦喜初鬼生末传育干，印能化煞。月将作雀鬼，亦日边之象。得此课，心甚疑惧，不便再更。果于到任之时，闻邸报。真奇事也。

占验348　邵占平生

○己酉年正月十五甲午日子将卯时，傅大禄己巳生四十一岁，占平生。**傅生于十一月初三日午时。**（《宋本占案》、《口鉴》）

```
蛇朱合勾
寅卯辰巳              后朱虎阴           官丙申虎
贵丑    午青         子卯申亥           子　巳勾◎
后子    未空         卯午亥甲           兄壬寅蛇⊙
亥戌酉申
阴玄常虎
```

邵彦和曰："此课亥来生日，是官星垂顾，太阴神佑之象。但羊刃作雀入宅，乃本家之朱雀，恐目下本家有事起。初虎作鬼，亡祟为害，是家中人所为，从此遂生事故。末寅加巳，远则四年，近则四月，被事牵缠。① 若见金司年入讼，其身不便无疑。"傅后与弟不足，弟挟恨，告其子违法事。② 后又受盗赃千贯，三年发觉禁勘，八月配英州死。盖第四年太岁在子，子上得酉，乃己酉太岁得助，故为祸百端。八月者，复助酉也。

占验349　邵占平生

○**何子重壬戌生四十八岁，占平生。同得此课。**

邵彦和曰："来年行年到寅，因僧人丧亡，水边得物，有十一年之宽余，往后依旧不足。初犯刑，刑后做炉匠，被姓陈人坏了。"次年果有一僧死于水，身边有银四锭，被何子重拾得，作小买卖，果有十一年宽余。第十二年又在此溪边，却因伤人受刑。后作坑冶匠人，未足四年，被陈姓人告抢踏作贼，配池州。亥四加寅七，乃十一年也。白虎作马鬼，故凶也。

---

① 愚按：螣蛇既乘寅加勾陈之故也。
② 愚按：寅为兄弟，刑巳子孙也。

乙未日

占验 350　陈占应候

○顺治己丑年六月乙未日未将亥时，扬州天宁寺半夜内外人惊，吴一山占主何应候。（《指南》）

　　青空虎常
　　丑寅卯辰　　　　合虎贵勾　　　兄癸卯虎
勾子　巳亥　　　　亥卯申子　　　父己亥合
合亥　午阴　　　　卯未子乙　　　财乙未后
　　戌酉申未
　　朱蛇贵后

陈公献曰："主有贼船东来，无攻城破邑之虞。盖因游都贼符临干支，自支发用，故主东有贼船至。初中二传休囚，末传太阳月建，故主城邑无虞。"己亥日报贼自东方来，水陆并进，人民惊走。余以申时占课，三传戌酉申为返驾，初旺生末，虽有奸人勾引，不战自退。官兵出，贼遂奔散。

占验 351　邵占家宅

○建炎戊申年三月十一日乙未日戌将丑时，童秀才庚辰生二十九岁，占宅。（《方本占案》、《口鉴》）

　　空虎常玄
　　寅卯辰巳　　　　青常朱青　　　财辛丑青⊙
青丑　午阴　　　　丑辰戌丑　　　财戊戌朱
勾子　未后　　　　辰未丑乙　　　财乙未后
　　亥戌酉申
　　合朱蛇贵

邵彦和曰：此课人来就宅，正是求新宅之课。夫宅要坚牢，不可无土。今四土俱备，是前后左右皆有山也。主山太高来逼宅，须用开辟，乃山有新坟，欲开辟，定与坟主争竞。宅左青龙带破碎，[①] 须用土填，将来必富，[②] 但

[①] 此云宅左青龙，是以支阴论，不以天盘论。惟断坟墓方用天盘，看坐山、朝山等。家宅则止就四课言。邵公诸案皆然，可考而知。

[②] 青龙加丑，虽云破碎，却又不备，故左必不完，宜用土填也。

无清秀之士。以课传无水，故出人重浊。初传青龙，妻为之主。中传戌作朱雀，主家西北界未备，因与人争界。① 末传财作天后，主妇人守寡。② 乙以土为财，又临旺地，天将又无凶神，初传财爻兼得青龙财星，故主此宅大发。造宅二十年应。未八戌五，五八相乘得四十，春木旺土死，当折半，故二十年应也。

占验352　邵占财产

○童监税庚午生三十九岁，占财产，同得此课。（《方本占案》、《口鉴》）

```
空虎常玄
寅卯辰巳          青常朱青        财辛丑青⊙
青丑　　午阴      丑辰戌丑        财戊戌朱
勾子　　未后      辰未丑乙        财乙未后
亥戌酉申
合朱蛇贵
```

邵彦和曰："此课日上见财，主进田庄，不用钱买，中间一人争竞，又复还他，后却得众财，乃是服满人家得来。六月防家中斗殴，不然即门前有尊长新坟，与之争讼。所得之财，悉化为鬼矣。"是年童监税与妻家主张分产，遂得田二十亩及财物。有第三房舅嫂守寡，得产不中意，要告官。众人因已分，不欲破开，遂将童氏所分得众人之二十亩田与寡妇，另以财物偿童之田价。盖乙木以辰戌丑未为财，又以丑未为妻，故财自妻家而得。何以见彼之分产？丑为破碎煞也。丑为田，田上有青龙，故得之不费钱买。中传戌作朱雀，故有人争。末传未作天后，是又彼人之产复还也。既还产又得众财者，乃辰加未，便是乙加未，乙去克宅。宅为彼，又为财，辰为众，故得众人之财也。当年九月，有一尊长，葬于童氏门前坟地上，侵童氏地界，遂与斗，争讼于官，所得之财，果悉化为鬼矣。盖日为尊长，日为前，支为后，日加支，故为宅前，未以辰为墓，故曰新墓。③《经》曰："三传全财化为鬼。"若非春占，乙木旺于春，财不可得，则反损己财也。

---

① 他本程爱甬注曰：西北当作东北，爱甬见数本皆作西北，玩味"争界"二字，似指戌乘朱雀而言，戌为西北，雀主争也。

② 未财作后，何以便曰妇人守寡？盖财，妻也，天后，女也，未，妇人也。未又今日乙未之墓，却来刑日上之丑，刑则克，故主妇人守寡。愚按：未为年之寡宿煞，故邵先生敢作如此断。

③ 按《心镜》："辰为新，丑为旧。"

占验353　邵占盗贼

○十一月乙未日丑将卯时，占贼盗。（《直指》）

```
    合勾青空
    卯辰巳午           合青贵朱        父己亥后
朱寅    未虎          卯巳子寅        兄壬寅朱⊙
蛇丑    申常          巳未寅乙        子　巳青◎
    子亥戌酉
    贵后阴玄
```

邵彦和曰："玄武克日，必主破财。青龙克玄武，贼本合败，却被旺亥反制巳火。贼得水中伏匿。戌为来路，亥为去方，皆在西北。酉为贼本家，必属鸡。酉六亥四，遁得乙八丁六，酉无气，不倍，当于二十四里外，门前有林木，屋后有水处捕之。"果验。①

占验354　陈占章奏

○崇正丁丑年六月乙未日未将申时，张友占九江职方赵光汴先生请缨行边。（《指南》）

```
    勾青空虎
    辰巳午未          青空朱合        财戊戌阴
合卯    申常          巳午寅卯        兄癸卯合⊙
朱寅    酉玄          午未卯乙        子甲午空
    丑子亥戌
    蛇贵后阴
```

陈公献曰："凡阴阳昴星，虽无蛇虎入传，只宜静守，不宜动用。贵人居本位，驿马旬空，守旧为上。况河魁度亥，中传断桥，凡事阻隔难行。且赤鸟犯岁君，上疏必撄上怒。"后果谪戍。壬午岁授蓟辽总督，失机，逮问典刑。如占词讼，名达朝廷，坐死。

占验355　郭占会试

○崇正丁丑年二月乙未日亥将戌时，荆寔君占闵孝廉度会试。（《郭氏占案》）

---

① 愚按：此断见于《中黄经》，并非邵氏之案。

```
空虎常玄
午未申酉          玄常空青          官丁酉玄
青巳  戌阴        酉申午巳          财戊戌阴
勾辰  亥后        申未巳乙          父己亥后
卯寅丑子
合朱蛇贵
```

郭御青曰："帘幕加支，而作太常吉将。青龙覆日，又为驿马良神。官星发传，引入长生。以五子元遁之三传，恰合三奇格。必中之兆也。"果然。

占验356　陈占隐遁

〇顺治甲申年五月乙未日申将未时，费县张相公（四知），因高杰兵马先扎城外，占进退行止。（《指南》）

```
空虎常玄
午未申酉          玄常空青          官丁酉玄
青巳  戌阴        酉申午巳          财戊戌阴
勾辰  亥后        申未巳乙          父己亥后
卯寅丑子
合朱蛇贵
```

陈公献曰："东南水乡，居住安稳。盖因岁贵劫煞临支，贼符驿马加干，此地异日还有兵戈扰攘。幸日上罗网逢空，相公必当解脱而去。然昴星乘玄武克日，作来年太岁，革故从新，应在酉年必矣。"相公遂渡江而南。①

占验357　陈占疾病

〇己丑年六月乙未日巳时，程友为同乡郑姓者占病。（《指南》）课式同前。

陈公献曰："占病不治，且临于床。八九月之会，是其死期乎？"何以知其病之不起？干支互成绝气，课传革故从新，且二马临身宅，乘青龙太常，谓之孝服纸钱煞也。病人见驿马，又非所宜。何以知其卧床？因身加卯上为床为棺也。何以知其死期？二阴一阳，中传戌加酉位，是八九交会之时。果交九月节日死矣。

---

① 愚按：此课鬼临三四，何故不言？

占验 358　陈占会试

○崇正丁丑年二月乙未日亥将戌时，安庆阮寔夫明经占刘若宜孝廉会试。（《指南》）

```
朱蛇贵后
午未申酉            后贵朱合            官丁酉后
合巳　戌阴          酉申午巳            财戊戌阴
勾辰　亥玄          申未巳乙            父己亥玄
卯寅丑子
青空虎常
```

陈公献曰："为人代占，今年必中。盖发用日鬼皇恩，中传河魁天喜，末见长生太阳，最利试场之象。支见贵人官星，又朱雀生太岁，文字华藻合时，课名'革故从新'，更乡科而中甲榜必无疑矣。但嫌干支上乘互绝，居官未能远大。"后补刑部主政，恬退不仕。① 又为代占武会试，曾中两名，亦此课。余曾占病，亦死二人。

占验 359　郭占会试

○丁丑年二月乙未日亥将酉时，荆寔君占黎树声孝廉会试。（《郭氏占案》）

```
青勾合朱
未申酉戌            蛇合勾空            官丙申勾
空午　亥蛇          亥酉申午            财戊戌朱
虎巳　子贵          酉未午乙            父庚子贵
辰卯寅丑
常玄阴后
```

郭御青曰："涉三渊之名，即主不佳，况末传贵人坠落。课体交车虽亦佳，不敌涉三渊课之为害也。时未敢许。"荆君知之。②

占验 360　郭占会试

○丁丑年二月乙未日亥将申时，为江右罗文止孝廉万藻占会试。（《郭氏占案》）

---

① 愚按：此课与前郭氏之课同年月日时，惟一用申贵，一用子贵之不同耳。
② 愚按：两贵受克，亦不能中。

```
    勾合朱蛇
    申酉戌亥          后朱朱青          财乙未青⊙
  青未   子贵          丑戌戌未          财戊戌朱
  空午   丑后          戌未未乙          财辛丑后
    巳辰卯寅
    虎常玄阴
```

郭御青曰：墓神覆日发用，一木难敌众土，无帘幕驿马。余素读罗君刻稿，向往已久，偶于李君光倬寓中得邂逅。余每遇名公，即为占之。惟于公亮、畹仙、章君、闵君四人得佳课，余俱不佳。时余心恐惧不安，同袍八十余人，岂仅公亮四人乎？放榜后，止失周马两君。数之前定若此。①

占验361　邵占讼事

○**五月乙未日未将卯时，某占讼。**（《方本占案》）

```
    合朱蛇贵
    酉戌亥子          玄蛇贵勾          父己亥蛇
  勾申   丑后          卯亥子申          兄癸卯玄
  青未   寅阴          亥未申乙          财乙未青
    午巳辰卯
    空虎常玄
```

邵彦和曰："一出头便被枷锢，后却无事。"盖申作勾加身为鬼，所以枷锢，然却是日之德合，末有青龙，故无事。果丙申日被枷，后即疏放。三传曲直，应先曲而后直也。

占验362　陈占仕宦

○**戊子年六月乙未日未将卯时，山西司化南占得此课问是何官所占。**（《指南》）**课式同前。**

陈公献曰："此是林木舟车官也。非科甲中人，却做科甲之官，将来功名远大。何以论之？夏占木局，枝叶正现茂盛，况蛇化为龙，定然居官荣耀，因幕贵坐空，是以不由科甲也。卯为林木舟车，现于中传，故知为舟车之官。"曰："果何官？"曰："印爻发用，中传皇恩，必是恩荫之官。"曰："可能升兵宪否？"曰："正官在日，偏印居支，先升知府，后转司道。"曰："此清江刘工部所占也。"后果升镇江太守。

---

① 愚按：《指掌赋》云：不第者刑害俱并。此等课是也。

占验363　王占母病

〇己卯年八月乙未日辰将子时，徐棣存先生占母病，己丑生五十一岁。

（《牧夫占验》）

```
           蛇朱合勾
           酉戌亥子        虎合勾贵        父己亥合
       贵申      丑青     卯亥子申       兄癸卯虎
       后未      寅空     亥未申乙       财乙未后
           午巳辰卯
           阴玄常虎
```

王牧夫曰："此数若占男子，病可医治，女人病则难医难治而终于凶也，盖女人以支位为主。未为日墓，三传亥卯未木局克制支辰，此其本体已弱矣。其得病受病之由，则风疾夹湿为多，肝经受病为的。以曲直生风，亥水为痰，木侵淫为湿。白虎居卯带癸，日禄作闭口，不能饮食矣。虎在中，病在中焦，命乘马作玄武，魂已出游。木主瘦弱，未为风伯，又为日墓，风藏于内不得出。其病日深一日，医药所不能治也。仪神入墓，救之无缘。且命年巳戌合中传卯，已成铸印，死形已见。况太岁作虎为支之鬼乎？病深重矣。己亥之日，其难过乎？"后果于己亥日卒。亥日凶者，冲命上巳也，巳破而铸印坏矣，安能久乎？若占男，则支上之亥乃长生，又木局自生，故不死也。

占验364　邵占前程

〇己酉年三月十七乙未日戌将巳时，童学士戊寅生三十二岁，占前程。

（《方本占案》、《口鉴》）

```
           朱蛇贵后
           戌亥子丑        虎贵阴合       子　巳虎◎
       合酉      寅阴     巳子寅酉       财戊戌朱⊙
       勾申      卯玄     子未酉乙       兄癸卯玄
           未午巳辰
           青空虎常
```

邵彦和曰："酉作六合，主生莲花痔，因色中躁怒而得。① 正妻无子，必主偏生，三下贼上，前程未能兴发。初巳作虎，子息防水厄。② 戌作雀，防妻

---

① 色者何？酉为色也。曷言躁怒？酉克乙木，木为肝，肝主怒，非色中躁怒而何？
② 初巳子爻加于子水之上作白虎凶将，又遭下克，是以主乎水厄。中戌，戊阳，乙阴，正妻也，加子爻空亡上，焉能生子？奈又作子爻之墓何？

有烫厄。末卯作元，防出入骑乘有伤手足。文书在盗气上，前程难显。宅上贵人六害，末财禄又入盗气，更三十年不得意而死。"盖日上酉作合，酉为血，合为莲花，来克身，故主莲花痔。以巳为子息，巳乃旬空，又作虎，中妻又临空，无子又妨妻。后辛亥年大水，子堕水几死，丁巳妻醉后烧脚，乙卯骑马入城，扑折左足，其言皆应也。六十三因任分去产，不得意而死。盖乙以戌为财乘空，末又被元引将去，反失财也。卯六戌五，五六当三十，故更三十年而死。①

占验365　陈占会试

○**丁丑年二月乙未日亥将巳时，太仓吴孝廉克孝占会试。**（《指南》）

```
蛇贵后阴
亥子丑寅          青后常朱          财戊戌朱☉
朱戌　卯玄         未丑辰戌          财　辰常◎
合酉　辰常         丑未戌乙          财戊戌朱☉
申未午巳
勾青空虎
```

陈公献曰：三传年命魁罡俱空，如何敢许甲榜？但丑未年、丑未日、丑未合而为魁，又是必中之象。但中后居官未能满任，即有丁艰之事。盖传课纯财，则印爻被克矣。吾乡阎和阳先生辛未会试，乙丑日占得返吟而中，亦此课也。

占验366　邵占前程

○**戊申年十一月乙未日寅将未时，赵知县丁巳生五十二岁在任占前程。**（《方本占案》、《口鉴》）

```
贵后阴玄
子丑寅卯          合阴空蛇          子甲午空
蛇亥　辰常         酉寅午亥          财辛丑后
朱戌　巳虎         寅未亥乙          官丙申勾
酉申未午
合勾青空
```

---

① 看验处着着俱妙，邵先生亦未之及也。辛亥年，巳亥相冲，子动也。妻戌加巳，巳火戌足，足加火上，非烧足而何？巳上故巳年应之。卯本日禄，不可言凶，乘元乃凶耳。卯为驴，驴，马类也，克戌是折足，阳左阴右，故折左足。○愚按：卯乘元武，又受酉冲，故主骑乘而扑折。若无酉冲，必不至此。大抵卯为舟车肩舆驴骡，一遇酉冲，便主翻覆扑跌，予尝得验也。

邵彦和曰："甜处遭苦，乐里生忧，此课是也。亥来生乙，螣蛇挠之。宅上寅作太阴，寅与亥合，因州中曹职吏人暗谮而成不足。初是死地，午为心，见天空，主心间恍惚，又主子息暴病，妻宫产难几死。盖因火阁压中堂，下梢任满难脱，有七日曹职之权，后得卢姓人而解任矣。"赵果与判官不足，遂被何孔目间牒，因屡谮于太守，太守亦与赵不足，赵遂心下恍惚暴燥。子病几死，次年妻产，几不得生。任满权官不能解任，值卢运使过，与太守解纷，遂得归。盖乙木生于亥，不合螣蛇来挠。寅作太阴，寅为曹职吏人，午为子息爻，加亥水上受克，自然不安。乙以丑为妻财爻，丑又为产神，加六害上，故主产厄。末申七，申乃日鬼，入于深墓中作勾陈，故能谮而不能脱。子作贵人生干，加巳之年命上，子为漕，巳为炉，故主卢姓运使解纷也。

占验367　陈占逮问

○崇正丙子年二月乙未日戌将卯时，御马监太监冯允升被逮刑部，已定重辟。求占。（《指南》）

```
贵后阴玄
子丑寅卯      合阴空蛇       子甲午空
蛇亥   辰常    酉寅午亥       财辛丑后
朱戌   巳虎    寅未亥乙       官丙申勾
酉申未午
合勾青空
```

陈公献曰："此课必遇恩宥，仍拔重用之兆。盖以日上皇恩，支上见天赦，又太岁贵人生日，罪虽至重，亦能转凶为吉。传将递生，初末引从子命，定主上台推荐。"果五月奉热审，开豁谪戍，发京营立功。后监洪黑二将，及予追剿，有功复职。

占验368　陈占释罪

○登州戚都司司宗因失机，以定重辟八载，占吉凶若何。同年月日时，同得此课。（《指南》）

陈公献曰："六月遇赦，转凶为吉之象。缘长生临身，天赦加支，况太岁贵人俱作恩星，罪虽重，亦减轻矣。尤可喜者，传将递生，初末暗拱未命，仍有公卿推荐，他日出仕之兆也。"果六月奉命热审，豁罪谪戍，发京营立功自赎后，辛巳年升甘肃镇中军参将。

丙申日

占验 369　陈占拜相

○崇正丁丑年八月丙申日巳将巳时，浼中刘太史，占楚省袁副院鲸，及同乡郑大司寇元岳两先生，枚卜果否。(《指南》)

```
空虎常玄
巳午未申            玄玄空空        兄　巳空◎⊙
青辰　　酉阴        申申巳巳        财丙申玄
勾卯　　戌后        申申巳丙        父壬寅合
寅丑子亥
合朱蛇贵
```

陈公献曰："两公俱不能入相，且主台省弹劾而回。何也？三传递互刑克，全无和恰之气。刚日伏吟见马，归象已兆，此非台省有言而回乎？"后两公枚卜不果，袁公当被参去，郑公为钦件下狱，拟罪而归。因郑命见地网、日墓，是以罹祸尤重。

占验 370　邵占疾病

○建炎己酉年十月丙申日寅将寅时，伊秀才占父病。父丙午生，六十四岁。(《方本占案》、《口鉴》)

```
勾合朱蛇
巳午未申            蛇蛇勾勾        兄　巳勾◎⊙
青辰　　酉贵        申申巳巳        财丙申蛇
空卯　　戌后        申申巳丙        父壬寅虎
寅丑子亥
虎常玄阴
```

邵彦和曰："此课自本身传归妻宫，妻宫又传归父母。六旬向上人占病，不宜见父母。盖父母既故，是下世重见父母也。行年与本身并，因财上及旧事不足，以致伤心。中间又财爻乘蛇入课，必是财物，兼与妻不足，遂激成病。末传生气，本主未死，缘父母艮山坟，左边地风吹骨转，右边白蚁又入棺，若急移坟，可以延年；否则归冥也。"伊父之病，因为子娶妇，囊空不顺意烦恼，遂心热消渴成病，日渐狼狈；兼子又无书舍，愈增烦闷。先生令其移坟,渠闻可延,移意遂决。及开棺视之,果然骨殖被地风吹得颠倒,白蚁满棺,泥土淤塞,于是易棺移葬,病日渐退,从此安好。次年,其子又得一好书舍,雍容而过,安乐八十岁方卒。盖丙日寅为父母,爻上见白虎,定是父母坟不安。① 白蚁之凶,乘白虎也。此伏吟上下皆父母,非他占可单用也。②

占验371　祝占国家

○淳祐壬寅年正月丙申日,宣谕卜今年国事、边事、岁事。(《一针见血》)

```
      勾合朱蛇
      巳午未申           蛇蛇勾勾          兄　巳勾◎⊙
   青辰　　酉贵           申申巳巳          财丙申蛇
   空卯　　戌后           申申巳丙          父壬寅虎
      寅丑子亥
      虎常玄阴
```

祝泌奏曰:伏吟主静,中有动者,大类去年,动如宰执之除及边郡之惊。太乙为月德、日德,六阳既极之地,应有变,而二德神在焉,此国之有道也。次传今日支上见螣蛇,属丁为正月天德,臣今为国家占课,则日支为宅,乃宫禁所也。天德之神来奏福,宜有喜庆事。终传功曹,即今岁之君,其位为今日之日本,主事之先兆,白虎为兵挠。臣言兵来有惊亦与此合。然白虎之金,安能当丙午之火,宜可屈折不为害。申主粟麦,巳主禾,三谷有德神临之,当收成。寅主豆,不能免白虎之灾,恐收少薄耳。

占验372　陈占仕宦

○崇正丁丑年四月丙申日酉将酉时,阮寔夫在北京索占。(《指南》)课式同前。

陈公献曰:"仕途得此,主有台省参劾,秋解任去。然系何命?"曰:"癸酉。"余曰:"此公必居相位,但不久留矣。"何以知之?太阳日贵临命,非宰相而何?独嫌三传递克,伏吟丁马,定有参劾行动之事。况太阳西坠,挥戈

---

① 六旬人见父爻,本不利。然寅为丙之长生,故得不死,而以父母坟断也。
② 愚按:巳、寅、虎皆为风,故云地风吹骨转。

返景，能几人乎？复知为乌程温首揆占，后果被论，秋月准驰驿而归。①

占验 373　邵占前程

○建炎戊申年九月十五丙申日辰将丑时，施主簿乙亥生，生于七月初二日亥时，三十四岁，占前程。（《方本占案》、《口鉴》）

```
蛇贵后阴
申酉戌亥          虎阴阴蛇          财丙申蛇☉
朱未  子玄        寅亥亥申          官己亥阴
合午  丑常        亥申申丙          父壬寅虎
巳辰卯寅
勾青空虎
```

邵彦和曰："支来就干，为干所克，主无正宅，多在寺观及外处寄居，或在妻家。盖课名赘婿，所以无正居也。传见蛇虎，必多丧服，将来终于曹职。末传寅作虎，至于水边，作州府职官而已。"其后果丁父母四丧，甲子年授江阴军知录，丙寅年赴任，己巳年有事矣。盖宅加日受克，宅上见亥，反去生亥，安得正宅？末寅生于亥，丙生于寅，为水边州府也。寅为曹职，今知录亦然。大凡占官，寅申为迁转之神，既为蛇虎所挠，故止于知录。

丁酉日

占验 374　陈占仕宦

○崇正辛未年三月丁酉日卯时，刘经历占梁大司马，今推冢宰可允否。（《指南》）

---

① 愚按：戊日伏吟，三传递克而克干；丙日伏吟，三传递克却不克干。惟丙申日，从干上发传，递克至寅，实冲申支。干为我，支为人，此自欲参人之象，应在温体仁与张汉儒密谋，讦钱谦益、瞿式耜事也。钱有金傍，耜亦金器，皆应申金之支故也。体仁拟旨逮治，谦益求解于大司礼监曹化淳，体仁知之，遂开罪化淳，此应寅为曹姓也。殊不知寅乘白虎，反遁壬水克干，此应化淳自请案治，得温张密谋伏上之，帝命汉儒立枷死。六月，体仁乃引疾归。逾年，太岁在寅，体仁亦死。此虎乘遁鬼之为害大也。况日禄即空，青龙又空，安得不罢？欲害人而适以害己，观此课象，可以知戒也夫？六壬之细微曲中，有如是神奇也夫？

```
        蛇朱合勾
    子丑寅卯              贵青阴合              官己亥贵⊙
贵亥      辰青          亥辰酉寅              兄甲午虎
后戌      巳空          辰酉寅丁              子辛丑朱
    酉申未午
    阴玄常虎
```

陈公献曰："不惟不迁，寻当退位。何也？日马坐墓库，禄神临绝地，传将又逆行故耳。况命上官贵履天罗，年上腊蛇作日鬼。交夏月应有一番风波。幸官贵俱空，官虽退位，却无大咎。"后以浙省大行水公参劾，请告而退。东省万公名应斗者，在垣时，壬申冬占此，亦逮问拟罪而回。

占验375　陈占雨雪

○丁丑年十二月丁酉日丑将卯时，曾应遴先生，因雪后天气昏沉，占明日有雪否。（《指南》）

```
        勾青空虎
    卯辰巳午              空常勾空              子辛丑朱
合寅      未常          巳未卯巳              兄　巳空◎
朱丑      申玄          未酉巳丁              兄　巳空◎
    子亥戌酉
    蛇贵后阴
```

陈公献曰："明日无雪，且有日色。太阳发用乘朱，雀乃南方火之精也，且三传四课纯阴，阴极阳生，必有日色。至庚日未时有暴风起，酉为风煞，未为风伯，酉与未会故也。又日禄乘白虎加庚上下克战，故有此应。"

占验376　李占子息

○壬申年□月丁酉日□将□时占子息。（《郭氏占案》）课式同前。

郭御青曰：壬申年，束鹿李望川者，为余占子息。是年余伤子，即己巳所生者。李断："此课巳空，即主所伤之子。天上日寄未临酉，土金相生，又遁干丁己，火土相生，乃真父子相见，酉年必得子。"果于癸酉年十一月得一子，李断亦奇妙矣，附此。且课名别责，亦弃先而别图后望之意。[1]

---

[1] 愚按：中末空亡，生子不能长大，此前人所未发，余屡因试验知之，故特附记于此。

占验 377　邵占求财

○丙辰年五月十八丁酉日申将未时，某甲申生，三十三岁，占求财。(《方本占案》、《口鉴》)

```
            青勾合朱
            午未申酉           贵蛇朱合           官己亥贵
        空巳　　戌蛇        亥戌酉申           官庚子后
        虎辰　　亥贵        戌酉申丁           子辛丑阴
            卯寅丑子
            常玄阴后
```

邵彦和曰："进连茹，三传皆鬼，只喜申财加日，而辰上作六害。日上申加丁作六合，支上戌加酉作螣蛇，六合乃卯，螣蛇乃巳，此是卯与戌合，巳与申合，又末传见财之库，必得。三传虽鬼，只是少阻，无妨。此往来数次，再三方得之兆。况本命行年俱在传课，且本命作财，必主喜兆，非鬼兆也。"

占验 378　邵占家宅

○建炎戊申年七月十五丁酉日午将辰时，江文老占家宅。(《方本占案》、《口鉴》)

```
            勾合朱蛇
            未申酉戌           阴贵贵朱           财丁酉朱
        青午　　亥贵        丑亥亥酉           官己亥贵
        空巳　　子后        亥酉酉丁           子辛丑阴
            辰卯寅丑
            虎常玄阴
```

邵彦和曰："汝家中所奉之神，非正，乃邪也。是独足五通之类，与正神相反。是自招其祸，侵淫了少女，又坏你一缸酱，兼有蛇入宅也。"是时江氏供一五通神，损折一足，只有一足在。盖酉为五通，丁止一足，朱雀即午，七月尚是午将，将下见酉，乃酱字也。丁主怪异，坏物，课中有酉丑暗会起巳，巳临门，故主蛇入宅。酉又为兑，兑少女也，故主侵淫少女。丁以酉为妻，丁主独足，故主妻生独足儿。

占验 379　邵占官讼

○童秀才壬戌生四十七岁占官讼。同年月日时占同此课。(《方本占案》、《口

鉴》)

```
    勾合朱蛇
    未申酉戌           阴贵贵朱         财丁酉朱
青午    亥贵           丑亥亥酉         官己亥贵
空巳    子后           亥酉酉丁         子辛丑阴
    辰卯寅丑
    虎常玄阴
```

邵彦和曰："昼贵在夜，夜贵在昼，谓之贵人失位，不宜讼，必主断理不明。且贵人差迭，主以财结托，及暗通贵人关节，酉作雀故也。日干用支为财，支临干是结托，遍地贵人，治事不一，徒然结托，必主又换衙门。行年上见寅为吏，又为今日之父母而克命，主吏人及尊长为鬼，盖不合寅又加鬼乡故也。官断不明，末传太阴故也。以后彼必葬老阴人于内，太阴作丑为墓故也。"童有房弟，卖田并山，其兄有分，欲取赎，弟反增高价，遂讼于官，由州县而至部。买主系童秀才之姑，自戊申至辛亥六月，姑死，彼家果扛姑葬于内，而赎不得。

占验380 灵文占事

○**五月丁酉日午将辰时占事。**(《指归灵文论》) 课式同前。

断曰：初传在天乙前，末传在天乙后，此名传阳入阴。必主旦暮有奴仆附书信而至。何也？酉在天乙前为奴，在天乙后为婢。[①] 今酉在天乙前，又并朱雀故也。天乙在酉主门户动摇，又得传阳入阴，故主外来书信立至。

占验381 邵占继子

○**己酉年十月二十二丁酉日寅将子时，郭彦和壬午生二十八岁，占继子。**
(《方本占案》、《口鉴》)

```
    朱蛇贵后
    未申酉戌           常阴阴贵         财丁酉贵
合午    亥阴           丑亥亥酉         官己亥阴
勾巳    子玄           亥酉酉丁         子辛丑常
    辰卯寅丑
    青空虎常
```

---

① 愚按：此论诸家所无。

邵彦和曰："三传干支，皆是贵人，此子恐日后必不服心，而有回家之意。酉作贵人，内中有丁且又发传，终久主动。宅上亥作中传，丁绝于亥，且权住脚，似尊阃不看顾他，惟赖老阴人抚恤，终老阴人之世，他必去矣。然此子不贵，吾兄年三十二上，自有子，盖贵人太多，所以贵多不贵，两头不得也。子就父作贵人，支投干作贵人，可见此子不合留。丁以酉为妻，妻后自有子，故不看顾他，他乃去也。①宅中有上穹像，不合触秽，又兼主山不合造猪圈，所以缺子。乾亥山来冲右胁，主妇人堕胎。盖亥为上穹，作鬼入宅，阴神作月厌，亥又为血忌，故主触秽。支上为主山，作太阴为鬼，亥属猪，宜改造猪圈。丑为墓，加乾亥上，丑乃丁之子孙，丑土犯亥，故墓不利。若移了猪圈及供上圣，修乾亥墓，自然有子矣。"后果如占。

占验382　朱占来意

○**正月丁酉日亥将酉时，占来意，**（《五要权衡》）**课式同前。**

朱恒曰：来意主盗贼杀人，后获贼。是妇人因奸，与一行人，杀死一僧一仆于舟中，沉水内。其妇人与僧通，犹妻也。据《经》"酉为少女"，是因妻。亥为鬼为贼，为孤独之人，未敢定论是贼杀人。初建观之，先寻今日建鬼，是癸卯，乘天空，是行人矣。是舟人，辛亥，辛乃今日妻，亥卯相合，是妻与行人谋杀。又复建观之，酉得鬼临丁，酉为妻，癸为鬼，是妻害巳也。此妇人是癸酉生，可怪。虽败入狱，遭世变，俱不结案而逃去。

占验383　陈占扣门

○**己巳年十一月丁酉日丑将戌时，占人扣门何故。**（《指南》）

```
          蛇贵后阴
   申酉戌亥        空玄常后         官庚子玄
朱未    子玄        卯子丑戌         父癸卯空
合午    丑常        子酉戌丁         兄甲午合
   巳辰卯寅
   勾青空虎
```

陈公献曰："来扣门者，必因盗贼之事。"及开门时，是迟王两县尊相召。随往见之，坐下即云彼乡有一举人作乱。余即以是课签曰："指日败擒，无烦

---

① 酉乃丁之妻，亥乃酉之子，亥加酉上，故曰'妻有子'。三十二岁行年到酉，乃应也。

过虑。盖因干支上乘死墓，元鬼临于败地日上神又制之，是以不能持久。一交土旺时，自休息矣。"又问："家宅安否？"曰："然系何命？"曰："乙亥戊子者。"余云："亥年驿马贵人，子年乘河魁，又二贵拱夹。亥命有功名而未成，子乃科第中人，俱迁居他处矣。"曰："亥命家兄是秀才，子命舍弟是举人。"果十二月，为乱者事败，家中安堵。

占验384　邵占前程

○戊申年五月丁酉日申将辰时，何秀才丁亥生二十二岁，占前程。（《方本占案》、《口鉴》）

```
    朱蛇贵后
    酉戌亥子        空阴常贵        官己亥贵
    合申　丑阴      巳丑卯亥        父癸卯常
    勾未　寅玄      丑酉亥丁        子乙未勾
    午巳辰卯
    青空虎常
```

邵彦和曰："本命在日上作初传，即是官星，上见贵人，是贵人带官来，三十岁定主及第，及第后须见大病，病后却吉，迤逦至守土官。支上丑作太阴，终身居于旧宅，一生不能建造，但有守土之名，无守土之实。残疾在身，不能赴美任矣。"何二十九中举，三十及第。第六任授台州府太守，因风瘫不能赴任。盖亥水克丁为官，本命又是官，是自家官星相催也。三十乃丙辰年分，辰上见申，申金生亥水，官星有气，故及第。① 及第后大病四十余日方安者，先论官，次论克也。病得不死者，亥卯未木局，木能生丁火故也。卯乃生丁之神，卯数六，故六任。末传未是本身，加卯上为勾陈所拘，木能生风，死败之气，乃虚风也。勾陈留滞之神，故终为之缠也。未即今日之丁，未土死于卯，丁火败于卯，未为守土之任，既死败，故不能赴任也。

占验385　邵占前程

○何学录庚申生四十九岁，占前程，同得此课。②（《方本占案》、《口鉴》）

---

① 愚按：三十岁行年在未，未上见亥水官星，故及第。
② 旁注：亦戊申年占，月亦与前课同。

```
    朱蛇贵后
    酉戌亥子           空阴常贵           官己亥贵
 合申   丑阴           巳丑卯亥           父癸卯常
 勾未   寅玄           丑酉亥丁           子乙未勾
    午巳辰卯
    青空虎常
```

邵彦和曰："前是二十二岁，官星未过，乃取官之年。今则四十九，官星已过，即是绝神克身，末又受克，不能制水，是数不永。辛亥年必死矣。况卯乃截路空亡，未加于上，亦以空言，所以不得力。更宅前左手，不合被人迁坟，掘断龙脉葬老阴人，因此生事，家计悉破也。"何公三十二岁上中举，已满官星之数，四十外已无力，故不及第，为学录。至辛亥年果死。盖亥克丁为官，亥四未八，四八三十二，故四十外即不得力也，既不为官，即是鬼，鬼来克身，又是丁之绝神，命上又添一子水之鬼，至亥年鬼旺，则数不可逃，故死。又酉日，丑加酉为墓神，丑为北，酉为西，西方看北方，是左也。太阴，老阴人也。故言宅前左手被人葬老阴人也。夫同此一课，而命上添一鬼，便乃迥异如此。①

占验386　陈占请假

○丁丑年四月丁酉日酉将巳时，浣中刘退斋太史请假省亲占允否。(《指南》)课式同前。

陈公献曰："此奏不允所请，必有温旨相留。何以知之？盖天驿二马加临年命，理应行动之象。但发用官贵德马夹克，天马又恋长生，主不由己而动。且朱雀入空为文书不就，中传卯与支上太岁相克，主君上阻隔，有温旨相留也。"后果不允假旋。

戊戌日

占验387　王占回乡

○乾隆戊辰年戌月戊戌日辰将酉时，山西张贡生占回里。(《牧夫占验》)

---

① 一云五十二死者，命上子水，变杀破禄也。

```
      蛇贵后阴
      子丑寅卯              蛇常空蛇            财庚子蛇☉
    朱亥    辰玄          子巳未子            兄乙未空
    合戌    巳常          巳戌子戌            官壬寅后
      酉申未午
      勾青空虎
```

王牧夫曰："此课不能还乡，出六月尚有带妾移居之事，恐终住此处也。盖发用蛇作妻财临身，还乡财不足，一也。巳作太常居支，巳乃戌身，身归支墓，岂能动乎？二也。自子传寅，末归东北，传不到西。三也。有此三象，安能返故园乎？再视支上巳，巳乃少女乘太常，为亲戚，由外入内，当主妾家之亲来就居共爨作缠绕也。初传腾蛇又在妻位，与中传未害，天空主喧竞，是以有吵闹之事。未主六月，支上巳与申马作合，故主六月有移家之象。"占课之时，张兄已娶妾，住关南，因妾家亲戚来共居，张见恶之。果于六月迁居小东门，家宅始安，至今尚未还乡。

占验388　郭占产期

○**崇正癸酉年十一月戊戌日寅将午时，占产期。**（《郭氏占案》）

```
      贵后阴玄
      丑寅卯辰              后虎勾贵            官壬寅后
    蛇子    巳常          寅午酉丑            兄戊戌合
    朱亥    午虎          午戌丑戌            父甲午虎
      戌酉申未
      合勾青空
```

郭御青曰："前为产期，丁亥日寅丁一课，知在戌日矣。至戊戌日占，果是日生否。此课贵人临午，丑为腹神，落空，必产而后腹空也。又午为戌之胎神，作白虎，速产之象，又临戌，必是日生也。"前寅丁一课，寅午虚邀戌字，今即三传寅戌午。又壬申年己丑日辰巳一课，发用子作贵人，今干上丑作贵人，三课呼应如一课，奇矣。

占验389　邵占住持

○**二月戊戌日戌将寅时，潘道士乙亥生占住持。**（《方本占案》、《口鉴》）

```
     空虎常玄
     丑寅卯辰            虎后朱空            官壬寅虎
  青子    巳阴          寅午酉丑            兄戊戌合
  勾亥    午后          午戌丑戊            父甲午后
     戌酉申未
     合朱蛇贵
```

邵彦和曰："大凡僧道占住持，以日为我，支为住持。春得炎上局，却喜旺相，只是不合阳刃加支，而作天后，主住持九月与朱姓妇人私通，遂受刑而出。初传是鬼，临妇人上，虽三传化火生干，然火旺不久便暗，而寅木独为戊鬼，身上丑作天空，正是传法之空门，目下即成。后因同牒人反来做造，必因奸而坏也。潘谋住持，得丑作天空临干，是荐贤空门之象。丑为僧，僧与道同类，住持必成。"果五月受帖，六月至观。宫畔有朱百户妻，遂与往来。自六月至次年二月，共九个月，被原与同牒人汪三，使人告发，至官披刑而出。大凡炎上局，自是有头无尾，如火之炎，暂时便止，那更合后，遂为失友。午作天后，是妇人，午字像朱姓，戊日阳刃在午，故主刑。自第四课传出，故出观。暗贵作空，故可至观。既至，自然被害也。①

占验390　邵占终身

○建炎戊申年十一月戊戌日丑将卯时，袁知镇癸酉生三十六岁，占终身。

（《方本占案》、《口鉴》）

```
     朱合勾青
     卯辰巳午            青虎贵朱            兄辛丑贵
  蛇寅    未空          午申丑卯            财己亥阴
  贵丑    申虎          申戌卯戊            子丁酉常
     子亥戌酉
     后阴玄常
```

邵彦和曰："此极阴课。戊土死于卯，败于酉。初传贵人，享父之福。中传临官加丑，亦秉父之财。② 末传酉为日败，又是本命，而加于亥，主本身自败坏矣。中水末酉，又乘阴常，丑土归西北而倾，必因酒色而成痨病。亥四酉六，主四十六岁亡。后又因有服尊长为主，凡事尽决于他。盖以宅上见申，

---

① 一云：午乃离，属朱雀，故姓朱。午字像朱，非也。又曰：午乃妇人，天后亦妇人，加支为日之刃，故主因妇人受责。在支上，是以得住持而后受责。

② 丑为父母类神，贵人加之更的，故曰"享父之福"。

戊土生于申，为尊长，作白虎为服，故为有服尊长也。"后俱应。袁知镇守湖州新市镇，合庚戌年赴任。己酉年十月有邵龙图知湖州，袁之父昔年曾有嘱托，他遂回避，得差监泽州南岳庙，满载而归。又覆德州岭口仓，半年丁母忧。袁一向好酒色，久委房兄七官人主家。戊午年患色痨，至己未年正月二十七日死。先生每怕丑亥酉，名极阴，到此方是极地；何况戊戌二土皆死于卯，皆败于酉，可谓削极，故成痨。酉加亥，可谓败极，故死。

占验391　某占递呈

○乾隆丁巳年三月戊戌日戌将午时，东阳寺僧祥明师，壬戌命五十六岁，欲投阁宪呈词，屡递不收，叩余占断，何日得能收进。(《残编》)

```
    勾合朱蛇
    酉戌亥子         虎后贵勾         官壬寅后
  青申　丑贵         午寅丑酉         父甲午虎
  空未　寅后         寅戌酉戌         兄戊戌合
    午巳辰卯
    虎常玄阴
```

断曰："占投呈，看文书，朱雀为主。今中传午为文书，旬遁甲木为官星，乘神是白虎，午与白虎皆道路之神也。寅者，卦属艮，是高山也。今天盘寅，去在西北，是西北高岗，官至其处，乘神天后是大士之法像。末传戌为天喜，与卯六合，况寅卯大小官星俱聚于天门。意者，此月十五癸卯日，阁宪大人必出拈大士香，登海会寺，尔迎路而求之，可蒙收进也。"至十五日，果一一如断。

又一壬友曰：十五日癸卯得收进者，取末传戌为应期，地盘戌前上见卯，故得收进也。又云：卯日者，卯加在亥，官星乘长生故也。

占验392　王占疾病

○丁卯年午月戊戌日申将卯时，程东起翁占父病，乙丑命六十三岁。(《牧夫占验》)

```
    合朱蛇贵
    戌亥子丑         青阴阴合         子丙申青
  勾酉　寅后         申卯卯戌         兄辛丑贵
  青申　卯阴         卯戌戌戌         父甲午虎
    未午巳辰
    空虎常玄
```

王牧夫曰："此课占病极凶，主心伤体弱，手足浮肿，十月不保。以课体言，支加干位，戌不备，戌主足，故病在足。不备则气血亏败，故主浮肿。命上午乃戊日阳刃乘虎。虎乃病之主煞，午为心，心持刃，故曰心伤。十月不保者，命阴见亥水绝神也。以三传而论，初亦主病症，申为金，金制木，今卯木不足是肝衰也。肝藏血，肝衰不能养血，则血气妄行，故主浮肿。中传丑乃本命，自墓长生，病由己身不慎所致。末午又归本命上，神作虎，穿害本命，是心事丛杂，自添其病。午阴终归亥绝，亥乃十月之建，故主十月可畏。目今无碍者，申乃戊之长生在初传也。覆视大象，丑乃本命，不应往墓申金，致申克卯，卯去制戌，戌畏卯克，往投于干。一路皆自本命逼到身上，以成不备之体，其咎在己自取也。长生乃父母之乡，丑墓压之，亦主坟墓所致。以行年本命而言，命乘旺午，若阴神不见亥水作克，亦无妨。而亥上乘朱，重重见绝，何可当也？行年在辰，而勾酉加之，酉乃戊日败气，辰乃戊日墓乡，又逢空位，六十三岁日已就老，又逢败支，归于墓止之地，岂能久乎？况亥上又乘辰，十月之建，恰当其下，寿数由此止矣。"后果验于十月。

占验393　祝占六甲

○淳祐七年丁未七月十二戊戌日，奉御笔占丙子女命，月事不行，将及三月，或疾或胎，明白具奏。得子时。（《一针见血》）

```
    合勾青空
    戌亥子丑          蛇常常合        子丙申蛇
  朱酉    寅虎        申卯卯戌        兄辛丑空
  蛇申    卯常        卯戌戌戌        父甲午后
    未午巳辰
    贵后阴玄
```

祝泌奏曰：臣谨以此课，今秋月属金，金胎在卯，亦于卯上发用。申字有胞胎之象，此主孕有胎之课。课中无鬼煞，行年见青龙，为喜。终传午乘天后，七月之生气也，此胎可育，第阴数耳。惟三传申午，行年上子，皆阳神，可变为阳胎。道家有此术，不可为虚无。诞在正二月。

己亥日

占验 394　邵占前程

○建炎己酉年正月己亥日子将未时，陈上舍戊辰生①四十二岁，占前程。（宋本《占案》、《口鉴》）

```
朱蛇贵后
戌亥子丑          合常虎贵        父　巳虎◎
合酉　　寅阴      酉辰巳子        兄戊戌朱⊙
勾申　　卯玄      辰亥子己        官癸卯玄
未午巳辰
青空虎常
```

邵彦和曰："初末夹定日墓，又名引从。② 引既不起，从亦不动，前程只如此。巳戌卯铸印格，乃贵人课，又贵人临日，可谓吉矣。须壬子年，方脱墓神之滞，然后及第，即持两服，服满得任，又不终矣。有坎山坟，白蚁遍食，所以前程不通。"陈生当年果不中。壬子年得解及第，补和州乌江尉。癸丑年持母服，乙卯又持父服。丁巳再授婺州浦江簿，庚申九月身亡。其子后开坎山坟，果是蚁食者矣。夫引从之格本吉，无如己日见巳为绝，辰为墓，卯为死。日上子水亦绝巳、墓辰、死卯，今反引出死墓绝及白虎元武夹定支干之墓，墓加宅作太常，所以引起孝服。庚申年死者，行年又临巳宫，乃是绝地。巳与申合，合起墓绝，所以死也。③

占验 395　邵占开店

○己酉年十月己亥日寅将酉时，曹八秀才戊辰生四十二岁，占开店。（《方本占案》、《口鉴》）

---

① 生于四月十六日巳时。
② 愚按：初传居支前为引，末传居支为从。
③ 愚按：庚申年五十三岁，行年当在午，并不临巳宫。

```
        朱合勾青
        戌亥子丑              蛇常玄勾              父　巳玄◎
    蛇酉    寅空          酉辰巳子              兄戊戌朱⊙
    贵申    卯虎          辰亥子己              官癸卯虎
        未午巳辰
        后阴玄常
```

邵彦和曰："日上见贵财，支上见财库，日上财神又归财库，此大利开店。初传巳又为店，但乘玄武主修葺有费耳。盖元武为费用倍常也。中又为店之库，重重皆是财利奋发，但末传卯鬼破库，主后来被人取店，于是争竞。"曹曰："莫赁，买之如何？"曰："买亦争竞。以九年为期。"曹曰："九年再处。"乃问汪七娘赁屋，大费修葺。入店三年，大发，积百万。第六年，汪七娘以店卖与之。第九年，汪七秀才因有分，来取赎，曹不肯，汪乃进词与讼。官断准取赎。曹乃依从，果如先生言。大凡占店，少得如此等课。日上见财，且是行年，安得不厚？更中传戌，又是巳火归库。若末非卯鬼破库，财可永久。今既遭破，且尽巳之四、戌之五，共九年也。

占验396　祝占贼寇

○**十一月己亥日寅将申时，卜安丰贼寇。**（《一针见血》）

```
        蛇贵后阴
        亥子丑寅              蛇虎青后              父　巳虎◎
    朱戌    卯玄          亥巳未丑              财己亥蛇⊙
    合酉    辰常          巳亥丑己              父　巳虎◎
        申未午巳
        勾青空虎
```

祝泌奏曰：死气临日支发用，将见白虎，杀气颇重，房贼未退，月破临城，乘生旺之乡，不至大害，亦在危疑之间。不至大害者，螣蛇能制白虎也。亦主危疑者，游都加人民也。臣以术测之，安丰必先败而后胜，安丰受害之民，必有损伤，然终可全保。

占验397　陈占疾病

○**顺治己酉年正月己亥日子将巳时，参将卢承山占病吉凶。**（《指南》）

```
    贵后阴玄
     子丑寅卯          后空合阴          父甲午空
   蛇亥   辰常          丑午酉寅          兄辛丑后
   朱戌   巳虎          午亥寅巳          子丙申勾
     酉申未午
     合勾青空
```

陈公献曰："脾土受症，目今无虑。盖木为官鬼，则脾经受症矣。必以平肝清心为上，切勿健脾理肺，七月恐有不测之忧。"盖禄临绝地，马入墓乡，且子巳相加，为阳临阳绝。又卯临申位，是木被金雕，病人非宜。且年带二死克日，故断其七月必死。已而果然。

占验398　郭占卖马

○**己亥日占卖马。**（《郭氏占案》）**课式同前。**

郭御青曰：余亲有马二匹，一大一小，问皆卖出否？课果传类神午字。时旁有人断为皆不得卖，以午为日禄也。又一人断为卖出大马，以大马捷足先出也。余断曰："马为日禄，为卖出乃得，价为禄。卖出小马，以午自刑，大刑出小，小不能刑出大也。马即从宅上发用，明乎一马在宅，一马出外，且马有恋主之意，凡卖皆不愿出。今一马出传，必大刑小出也。"果卖小马。

占验399　陈占仕宦

○**崇正壬午年十月己亥日卯将未时，山东明经王米山索占。**（《指南》）

```
   蛇朱合勾
     丑寅卯辰          合虎后合          兄乙未虎
   贵子   巳青          卯未亥卯          官癸卯合
   后亥   午空          未亥卯己          财己亥后
     戌酉申未
     阴玄常虎
```

陈公献曰：王米山携子某来扬谒陈东明求官，过小斋访道。余曰："先生少间有三客至，内必有杨姓者，果如言。"余曰："干神归支，传将逆行，郎君理应回东省取功名。且贵地不日兵动，且有攻城破邑之事，眷属宜迁他处避之。"曰："祝老母九十寿方可迁。"曰："尊堂寿止八十九。因乙发用与地盘己字合断，为八九之数也。此皆日后事，目今须防失脱。"米山移住湾子街，旧同寅陈宅书房，果被盗。王复来，余曰："玄武脱气居丑命，所盗者，郎君物耳。"曰："然。还防贼复来。"果三日又来，将父子衣物尽盗去。曰："何以明其然也？"余曰："课传回环，故知其贼之复来。"米山问曰："山东兵动者何？"曰："盖因三传纯官鬼，又鲁都虎鬼克支，贼符将星克干，是以知贵省中外兵动攻城破邑也。"果冬月一一如占。米山迁居淮安新安镇，其母未度九十而卒。

占验400　邵占疾病

○庚戌年七月己亥日午将未时，韩省幹戊寅生三十三岁，占子病。子丙午生，五岁。（《方本占案》、《口鉴》）

```
　　勾青空虎
　　辰巳午未            玄阴青空          兄戊戌阴
　合卯　　申常        酉戌巳午          子丁酉玄
　朱寅　　酉玄        戌亥午己          子丙申常
　　丑子亥戌
　　蛇贵后阴
```

邵彦和曰："此病至危，宅中请医谢神，费尽千万钱，而不知病在目前。今主至困而又发吊，手足拳束，口眼歪斜，还是风症否？"曰："然。"曰："若作风症，其病必死。此病因尊价领出，与冷粽子吃，及归又吃冷淘面，二物积中，遂发热，积坚肠涩，致令手足拳束耳。可依此治，即安也。"韩丈之子，果因七月十五仆家里粽祀祖，遂与食之，归又吃冷淘面，晚遂得病，日渐沉重，求神请医，费千万钱不效。闻先生言，医遂以陈皮、青皮、乌药汤治之，便觉身轻，下黑粪四五块而愈。盖己日见戌为同宗，日上见午，火中之物也。己乃未，形似米，以"米"配"宗"象"粽"字，加亥水上，故曰"冷粽"。太阴老妇，乃仆人之母与之也。酉麦、申面，故曰"面"。元武主过水，是以为冷淘也。①

占验401　陈占来意

○癸未年正月己亥日亥将未时，占来意。（《指南》）

---

① 吴稼云曰：魁度天门，知其为积，案中却不肯说破，此古人秘密藏也。

```
          合朱蛇贵
      酉戌亥子              青玄玄蛇           兄乙未青
    勾申    丑后            未卯卯亥           财己亥蛇
    青未    寅阴            卯亥亥巳           官癸卯玄
      午巳辰卯
      空虎常玄
```

陈公献曰：余在金陵卜圣瑞书坊，偶有两客，进坐索占。余曰："龙神发用，传课结成官局，来意必占今年功名事。六月即有钦召之应。盖春得进旺之木，遇夏则枝叶茂密，将来事业远大。"曰："六月之说，何也？"曰："岁建皇恩发用，中传天诏，是以六月定有佳音。"后知来占者，即赵忻城昆弟也。果于是月奉诏进京，授京营提督，甲申又升京营戎政。

庚子日

占验402　邵占进屋

○建炎己酉年十月二十五庚子日寅将未时，曹八秀才癸酉生三十七岁，占进屋。（《方本占案》、《直指》、《口鉴》）

```
      蛇贵后阴
      子丑寅卯            后空合阴           父戊戌合
    朱亥    辰玄          寅未戌卯           官　巳常◎
    合戌    巳常          未子卯庚           子庚子蛇☉
      酉申未午
      勾青空虎
```

邵彦和曰："斫轮课，须仔细，后必争竞。支受干制之课，犯者畜产不生。宅上天空作六害，主有阴小相欺。行年在寅，上缠干之罗网，况酉临寅为绝地，必有小扰大之事。太阴主宅母不明，定是不足。中传太常长生，奈是空亡，便无生意。末传螣蛇子孙临于绝地，主绝了又生，生了又绝，非佳宅也，切不可居。"①

---

① 此课原本错误，今照《直指》改正。

占验 403　邵占成亲

○李二伯，乙酉生，二十五岁，占成亲。同年月日时，同得此课。（《方本占案》、《口鉴》）

邵彦和曰："此课必成。但恐成亲后，再归去生小口舌，兼难得子。"盖日上便见妻宫，妻宫上作天罗，地网作合，兜牢不欲开去故也。子作蛇，名退子，纵生子，亦不肖。天后之阴神，酉作勾陈，主妻患血风，从此成废疾矣。①

占验 404　徐占来意

○十月庚子日卯将未时，甲子命妇人占来意。（《一字诀玉连环》）

```
      贵后阴玄
      丑寅卯辰         玄青蛇玄         子庚子蛇⊙
  蛇子　巳常          辰申子辰         兄丙申青
  朱亥　午虎          申子辰庚         父　辰玄◎
      戌酉申未
      合勾青空
```

徐次宾曰："来意主三月胎气不安，而有惊恐，至十一月见喜生男，主子母俱庆。"盖时与支害，主内忧，发用神后为今日子孙，上见螣蛇，为日干之鬼，下临辰为三月，故言"三月胎气不安"而有惊恐之象。至十一月见喜生男者，中传传送为嗣部，上得青龙吉将，下临子为十一月。又言生男者，天罡所系与日比阳，又三传俱阳故也。母子俱庆者，三传与日辰为三合，虽有螣蛇克日，卦得润下属水，又日上有玄武水，其四水乘旺相气而为救神，其螣蛇不能为害也。

占验 405　苗占行人

○天圣二年，岁在甲子，四月庚子日申将子时，丁卯年生命五十八岁，来占丙申命二十九岁行人。（《玉连环》末卷、《一针见血》）

---

① 愚按：妻宫上作天罗者，盖庚日以酉为天罗，今卯乘太阴，太阴即酉，而卯本地网也。

```
空虎常玄
丑寅卯辰            玄蛇青玄            子庚子青☉
青子   巳阴         辰申子辰            兄丙申蛇
勾亥   午后         申子辰庚            父  辰玄◎
戌酉申未
合朱蛇贵
```

苗公达曰："子去万里，音信不通，资财大获，出门迎归。"其人云："某有一子，于天禧元年正月间，因言语不足，将些财物往岐路兴贩。一去八年，不知音信，何能望见之？"苗曰："当于乙巳日早晨，可出北门外候之。有行李笼具数担，后有二人骑马。尔子衣白，骑青马；随一妇人，衣紫，骑赤马，得意而归。"本人云："八年音信不通，安能便归？"时有同来人云："苗公之术如神，可至是日往伺之。"果于是日出城外三里，见笼具十余担远来，先一人着白衣乘青马，一见之便下马泣拜，乃是其子自陕西得利而归。议曰：课属斩关，发用神后水是今日庚金之子孙，加辰为空亡，以下贼上为用，将得青龙飞腾万里，又传入玄武乘空亡，主失信，故云子去万里，音信不知。行人年上乘寅木，是今日之财，加在旺方，故云资财大获。课值日辰相加，其见必速而近。又庚德自处加子上，申本数七，当囚死法以折半求之。本人五十八岁行年在亥临卯，卯为门，将勾陈，家在戌辰，辰为门外之路，发用水神，水旺于北方，故云出北门三里之外候之。行年有天驿二马乘寅，寅木青色，将得白虎，金白色，故主白衣乘青马。天上行年午加戌作天后，戌是火墓，天后水乘午火，水黑火赤，相合而成紫色。天后妇人，故言妇人紫衣乘赤马。课变润下水之象，见巳为绝，绝为至之兆。又行年临戌，以午为至期，午上见寅，寅中有甲，甲与己合，四月建己巳，又庚与乙合，数取四月乙巳日归。

占验406 陈占仕宦

○崇正癸酉年七月庚子日午将戌时，云间董兑之占乃祖元宰太史，辞大宗伯，允否。（《指南》）

```
空虎常玄
丑寅卯辰            玄蛇青玄            子庚子青☉
青子   巳阴         辰申子辰            兄丙申蛇
勾亥   午后         申子辰庚            父  辰玄◎
戌酉申未
合朱蛇贵
```

陈公献曰："此课不能升迁，请告亦不能退位，却有加衔恩荫之兆，何用辞为？盖因三传全脱，递生空亡，虽有公卿推荐，不过口头虚誉。且日禄归支，印绶逢空，故不得掌录正官。惟喜皇书德禄居中，乘旺必有加衔，恩荫之征。又课传回环，进旺之气，岂退位之象？明年春末，龙禄传墓，则当请告。"次年春晋官衔，驰驿归里。

占验407　陈占来意

○顺治乙酉年申建庚子日午将申时，扬州兵盐道刘公名汉式占来意。（《指南》）

朱合勾青
卯辰巳午　　　虎玄合青　　　官甲午青
蛇寅　未空　　申戌辰午　　　父　辰合◎
贵丑　申虎　　戌子午庚　　　财壬寅蛇☉
子亥戌酉
后阴玄常

陈公献曰："胜光同天马，来意问行人。过月望赤龙，眷属到门庭。"曰："然。"盖因中末空亡，是以月内不来，过月驿马之足克辰，故应丙辰日。曰："此课看功名能复旧缺否？"余曰："顾祖中末空，有初必无终。龙化为蛇例，当请告为稳。"盖因初龙末蛇，止于兵宪；龙神克下，上官不足。赴任月余，被劾逮问。

占验408　陈占守城

○顺治甲申年高杰率兵自黄河北来围困扬州近半月，江都令李公名日成，占城池安危。五月十三庚子日申将巳时。（《指南》）

青勾合朱
申酉戌亥　　　虎阴后朱　　　官甲午虎
空未　子蛇　　午卯寅亥　　　兄丁酉勾
虎午　丑贵　　卯子亥庚　　　子庚子蛇
巳辰卯寅
常玄阴后

陈公献曰："城必无虞，不日围困可解。"盖因干支休囚，旺气在内，故曰"此城无虞"。格合罗网，初传鲁都虎鬼月建，彼兵虽凶，然末传游都将星又系螣蛇，冲克初传，此为以凶制凶，不过虎头蛇尾而已，故曰"不日解围"。

辛丑日

占验409　邵占官讼

○建炎戊申年三月辛丑日戌将巳时，汪淑仪壬戌生四十七岁，占讼。（《方本占案》、《口鉴》）

```
        勾青空虎
        戌亥子丑        青贵朱玄        财癸卯玄
    合酉    寅常        亥午申卯        兄丙申朱
    朱申    卯玄        午丑卯辛        父辛丑虎
        未午巳辰
        蛇贵后阴
```

邵彦和曰："干上旬尾，支上旬首，为一旬周遍格，又为周而复始格。来了又去，去了又来。日上，我也；支上，彼也。我见卯旬尾，是事了毕；彼见午旬首，其事又起。末传丑与支上午六害，到了翻论，终是彼输。卯财乘元武，财又被人诬赚。辛墓于丑，丑坐于申，主在外州入狱而羁绊也。他是午火，反生他州狱神。我是卯木，能克狱神。翻至二次，却能胜也。"汪与张氏争山起讼，汪氏初入状，果胜。张氏翻论至州，半年不断。汪又入状上司，送随州。张不待讯，又往上司翻告，再送严州司理狱，又入州县狱，得严州府马公断胜，方得了绝。张氏理短，盖午作贵人作日鬼临支，却是六害，故彼自然失理也。汪氏被人啜了银一百两，乃卯财作元武临干也。卯乃闭口，说不得，又不敢问。凡人不识课名，此为"一旬周遍格"，若辛未日卯加未，午加辛，亦然。谋诸事，作吉成凶，作凶成吉，惟讼要散，不要关锁也。

占验410　邵占人命

○十二月辛丑日子将未时，某占因人力打死欠米钱人解官。（《方本占案》）课式同前。

邵彦和曰："天乙作鬼加丑支而六害，玄武乘卯加辛干而发用，却被中传申作朱雀来克，[①] 末传又是白虎乘墓，恐其人入狱而死。"果二月死于狱中。

---

① 稼云曰：朱雀克干上神，犹之克干也。

占验411　陈占官讼

○崇正戊寅年二月辛丑日戌将巳时，东省刘太史讳正宗者相召索占。（《指南》）**课式同前。**

陈公献曰："太史所占，是一外官，曾经降罚者。"曰："何以知之？"曰："因日生青龙，故为外官，又上克下，故知降罚也。"曰："家兄任太平知府，为钱粮降罚，看有碍升迁否？"余曰："支首干尾，格合周遍，何碍升迁？"曰："升在何时？"余曰："青龙离支六位，初传月建催官，中传天马传送为驿邮、为兵马、为直符，七月内必升吴分兵宪。"后果升嘉湖驿传兵宪。

占验412　刘占开店

○四月辛丑日卯将申时，邓姓人占市侧造客店。（《一针见血》）

```
空虎常玄
子丑寅卯        玄朱空后        财癸卯玄
青亥　　辰阴    卯申子巳        父戌戌勾
勾戌　　巳后    申丑巳辛        官　巳后◎
酉申未午
合朱蛇贵
```

刘日新曰："尔欲市侧兴造店屋，奈此处有祖墓，如何造得？不上一年，必致兴讼，吃棒坐狱，出狱而死。盖支为店业，丑为辛金之墓。巳亦为店业，而加戌墓之上。故知此处有祖墓也。支上白虎作朱雀，中传勾陈，故知兴讼。财作玄武，必主破财。白虎作朱雀加于丑墓，中传戌作勾陈，戌为牢狱，故必坐狱。戌能生日，故不死于狱中。末传巳火克干，四月正旺，故知出狱而死。"邓某不听，后果遭讼被押，押久致病，保出而卒。

占验413　某占讼事

○辛丑日□将□时占讼。

```
朱蛇贵后
辰巳午未        虎空阴玄        子庚子空
合卯　　申阴    亥子申酉        子己亥虎
勾寅　　酉玄    子丑酉辛        父戌戌常
丑子亥戌
青空虎常
```

断曰：辛丑日，子加丑为用，上见天空，即戌也。子为丑之财，上下夹克，为争财之象也。三传传归于辛，辛上见酉，辛禄所居，所以得财。辛以火为鬼，子亥解之，丑所畏木，日上有酉金解之。三传日辰相就而传退，所以言得财而息也。

占验414　陈占生产

○己丑年二月辛丑日戌将亥时，占生育吉凶。（《指南》）

```
    朱合勾青
    辰巳午未            玄阴空虎           子庚子阴
蛇卯    申空            亥子申酉           子己亥玄
贵寅    酉虎            子丑酉辛           父戌戌常
    丑子亥戌
    后阴玄常
```

陈公献曰"占产难生，子母皆亡。"友人曰："一手先出矣。据课子必难保。"余曰："不然。先母生余时，先一日晚手出，次早脚出，母子无恙。此课河魁渡亥，子被阻隔，天狱无冲，其子何由而出？日干上虎乘遁鬼，支上子游魂，天后象母，受寅贵劫煞制克，是以子母不保。"未几，子未出，母已死矣。

占验415　邵占官事

○庚辰年七月十六辛丑日午将巳时，衢州王四官人犯事求占。（《方本占案》、《一针见血》）

```
    贵后阴玄
    午未申酉            合勾空虎           财壬寅勾
蛇巳    戌常            卯寅子亥           财癸卯合
朱辰    亥虎            寅丑亥辛           父　辰朱◎
    卯寅丑子
    合勾青空
```

邵彦和曰："此课必有恩赦，是阴人明年辛巳年正月内有灾，合上即位，又生太子，要有赦了。"果十月十五日闻圣后还政放赦，至明年正月末旬，太皇后升天也。午加巳，巳上九乾纯阳，阳极于午，午阴，今位午是太阳临乾，上九纯阳之位，又作贵人，正当天心，在纯阳上九乾爻用事，虽是居上九极处，然传内三贵人并见，亥作虎加辛日也。亥是明年正月太阳，用午作贵加巳，是今日之德，又是辰，始于寅。辛丑日会明年辛巳年，更用午太阳加巳，又见亥作白虎加辛也。亥者，阴气之尽。明年辛巳岁正月太阳亥上当天心，故辛巳年正月上升。此阴阳岁会例。

壬寅日

占验416　陈占人品

○崇正丁丑年八月壬寅日卯时，浣中刘退斋太史索占，问可知是何等人。（《指南》）

　　朱合勾青
　　未申酉戌　　　蛇后阴常　　　官　辰后◎
　蛇午　亥空　　　午辰卯丑　　　财甲午蛇☉
　贵巳　子虎　　　辰寅丑壬　　　父丙申合
　　辰卯寅丑
　　后阴玄常

陈公献曰：余玩之良久，断曰："此近君阴贵人也。盖太岁常官临日，阴见夜贵，太阴又居岁位，此必近君阴贵人也。"曰："此公主也。然有何事？曷一决之。"曰："此必请封荫子之事。盖末传皇诏长生六合为孩儿，是以知之。"曰："旨谕允否？"余曰："传将六阳登天，必事达天廷至尊之前。但嫌初中空亡，必须两次，方许封荫。"果如其占。

占验417　郭占产期

○崇正乙亥年四月壬寅日申将午时，再占产期，[①]（郭氏占案）课式同前。

郭御青曰："前嫌人宅乘墓，此即自墓传生，两课相解，前课初实中末空，此课初中空末实。至甲辰旬，俱不空矣。当在丙午日生。以月将临午作六合，小儿之象，又壬水胎处也。"先乙巳日，饮于同袍亲姻张贞明家，余预达明日，遇余贺生子，张贞明犹骇异不信。至第二日丙午寅时，果得男。凡产育、行人期候最难，亦有决不准者，此其验之奇中者耳。

占验418　郭占许州

○崇正辛巳年十二月初一壬寅日丑将酉时，在许州占可居否。（郭氏占案）

---

① 先得卯时占，遇见干上辰

```
          空虎常玄
          酉戌亥子              虎合勾贵           官乙未勾
  青申    丑阴      戌午未卯           兄己亥常
  勾未    寅后      午寅卯壬           子癸卯贵
     午巳辰卯
     合朱蛇贵
```

郭御青曰：此课干支上皆逢死气。《毕法》云"人宅皆死各衰羸"，正合此句。遂同督师于次日癸卯北回汴城。越日贼至，许而城破矣。

占验419　王占流年

○乾隆己巳年午建壬寅日申将辰时，庚午命六十岁，占流年。（《牧夫占验》）**课式同前。**

王牧夫曰："此课主多子，木局子孙旺故也。凡三合之局气聚最好，但以年命推测，又有不好处在。行年在己巳上，酉用木局而年见从革与用相冲，卯酉主门户，恐有乖乱事也，须慎之。支为家宅，旺火脱用传之气，恐有狂惑之人在宅生乱也，七月可畏。申上子，乃刑卯之月也。"后果于七月门中有杀伤事。因此课式中，方知年命为要耳。若以干支三传视之，木火相生旺相，安能知之？凡占流年，当以年为紧切也。存此以俟高明。①

占验420　邵占家宅

○建炎戊申年十一月壬寅日丑将申时，任三翁庚午生三十九岁，占家宅。（《方本占案》、《口鉴》）

```
     青空虎常
     戌亥子丑              虎朱勾后           兄庚子虎
  勾酉    寅玄      子未酉辰           财　巳贵◎
  合申    卯阴      未寅辰壬           官戊戌青⊙
     未午巳辰
     朱蛇贵后
```

---

① 愚按：此断语甚多牵强附会而未得要领。六十岁行年在丑，丑上见巳，吉凶当从巳推测。何得以巳上酉言其卯酉相冲，主门户乖乱事也？支上旺火脱用传之气与宅何干？何得言有狂惑之人在宅生乱也？七月可畏，亦是事后之言。子刑卯与宅又何干也？据余看此课，人宅皆死便为不祥，何况支上午火乘旺气而脱支之气，阴神更见白虎死气作鬼，安得不凶乎？辰时未发用，皆克日，为天网课，亦主刑伤。卯木虽能破网，无奈卯巳休囚，而辰未皆相气也。此余一得之愚，俟高明裁定。

邵彦和曰："此课占宅，身宅居墓无气，因婢妾相争，遂出其婢，而后再归，必是辰日。又常被子息及兄弟作扰，门户上口舌不足。只喜末空亡，又临绝乡，下稍口舌扰乱俱绝无矣。"盖酉为婢作勾陈，主相争。酉不在宅中，居于干阴，故主出也。何以知婢再归？以酉之阴神，乃寅，又是宅也。兼酉加辰与辰合，天将勾陈夹住，勾陈为牙人，故主辰日其婢再还也。① 只是发用与宅六害，故事多阻。巳既绝地，故至甲辰乙巳日自绝也。果一一如占。②

占验421　郭占六甲

○**乙亥年四月壬寅日申将卯时，占产男女。**（郭氏占案）**课式同前。**

郭御青曰：子字发用，即取为男，不必别求。虽中末空，至二十五日甲辰旬，则不空矣。课名三奇，与壬申年己丑日辰巳一课，占得子，亦名三奇相合。但嫌人宅乘墓，谁知后课又相应也。

占验422　邵占求财

○**己酉年十月壬寅日寅将申时，水四哥占求财。**（《方本占案》、《口鉴》）

```
空虎常玄
亥子丑寅         玄合空贵         子壬寅玄
青戌　卯阴       寅申亥巳         父丙申合
勾酉　辰后       申寅巳壬         子壬寅玄
申未午巳
合朱蛇贵
```

邵彦和曰："此课尔先讨，他已还本，今再问他讨利。是如此否？"水曰："然。何以知之？"曰："壬水绝于巳，巳财绝了。又见申金长生，是还本后再讨也。但讨得此财，下稍必被他扰害，实成不足。四年外必见是非。"果癸丑年因争息钱殴伤下狱，得赦免罪。丑年者，惹动丑上朱雀鬼故也。

占验423　邵占前程

○**戊申年九月二十一壬寅日辰将酉时，邵梓材戊寅生，③ 三十一岁，占前**

---

① 辰又为日上神故也。
② 细参此课，占家宅断法，日辰逢墓便作凶推，则知邵伯达庚寅日干上丑之课，是断迁移法，非断家宅法矣。人皆草草一并视之，何以得有益乎？
③ 生于三月初一日辰时。

程。（《方本占案》、《口鉴》）

```
        合朱蛇贵
        子丑寅卯           后空朱玄        财甲午玄
   勾亥     辰后           辰酉丑午        官辛丑朱
   青戌     巳阴           酉寅午壬        父丙申虎
        酉申未午
        空虎常玄
```

邵彦和曰："此课名四绝，且干支自刑，又初中六害，其不利有三：一者居偏室无正位，二者妻宫不利，三者眼不明。因父坟不利，皆是白蚁，左畔已虚空矣。前程非惟不远，又且寿夭，九年将屋基作田园，家破碎，贵贱皆因酒而败也。"邵闻先生言，欲启父坟，因兄弟众多不肯行。妻不生子，常有血气，至辛亥年病眼，① 男女皆因酒败。乙卯年众拆屋一半作田，一半作园，邵公居于店屋，② 戊午身丧。己未兄弟启父坟，骸骨皆为蚁食矣。盖壬以申为父，父在墓乘白虎，主白蚁。日上午为目、为妻，火绝于亥，故不利。丑加午六害，丑为田园，午为屋，水克午而屋坏，土克水而以屋成田园。③ 宅上见酉，壬败于酉，故为所败，又是破碎，主男女皆因酒破败也。

占验424　王占疾病

○辛未年卯月壬寅日戌将寅时，某占甲子生八岁子病。（《牧夫占验》）

```
        勾合朱蛇
        丑寅卯辰           后虎朱阴        官戊戌虎
   青子     巳贵           午戌卯未        财甲午后
   空亥     午后           戌寅亥壬        子壬寅合
        戌酉申未
        虎常玄阴
```

王牧夫曰："戌为白虎，又是火局，内有积滞，关隔不通，火无力以化之，恐不能保。凡炎上得后合厌翳之神附之，主炎上不畅。后临午又相冲，火即受冲，其局散矣。况八岁行年见巳，末传寅，命上申，合成三刑，长生绝矣。七月上辰冲破支上戌土，此病不得过也。"此病甚凶，极验。

---

① 武壬皆亥，夹克午火，故至亥年而应。
② 水死于卯，又戌鬼加卯上，故卯年应。
③ 《直指》云：丑作午阴，且被午生，是拆屋为田。

占验 425　邵占前程

○戊申年九月二十一壬寅日辰将未时，邓省幹癸未年生于四月初七日申时二十六岁，占前程。（《方本占案》、《口鉴》）

```
        合朱蛇贵
        寅卯辰巳        玄空贵玄        财　巳贵◎
     勾丑　　午后       申亥巳申        子壬寅合⊙
     青子　　未阴       亥寅申壬        兄己亥空
        亥戌酉申
        空虎常玄
```

邵彦和曰："此课与前课大不同。干支皆得上神之生，学堂加干，贵人发用，尽可取功名。但嫌贵空，又学堂为玄武所滞，非科第中人。日上得申长生，却即去生寅，初巳贵人作财，只运司发解而已。初任管铜铁，次任管坑冶，三任水船官而止。"邓果初任铸钱，有功，再任坑冶司检踏官，次得明州船场，归家而死。盖申来生壬，为长生学堂，故壬子年发解。初巳作贵，为德神，加学堂上，寅又加巳，生贵生德，故终得前程。铜铁者，申金也。坑冶司者，巳为炉冶加申也。水船场者，亥为江湖临于寅上也。寅木未成船，而卯巳成船，故主船场修造也。①

占验 426　张占选期

○嘉庆己未年六月壬寅日未将戌时，占选期。（《说约》）课式同前。

张江村曰：有为人占一事，而其人性情事业，以及目下将来之景况，一一皆现于课中者，此时或有之。如己未夏间余附粮舟回南，同舟一人已得官，占选期。六月壬寅日未将戌时，三传巳寅亥。余曰："选期视长生，申作长生，临干亦临亥，主亥年得选。"此本事。余细推干上，见申作马，申主躁动，作马尤甚，此人性情必躁。申作长生乘玄武，玄武卑鄙龌龊，其官必不由正路。得申作马，而干归支，其行而归家乎？支上亥为日禄，本是充裕之家，今天空，殆无蓄矣。支阴重见申马，归家后必出行。申与用神巳六合，巳作日财乘贵人，行必投贵人求财。但巳值空亡，又是绝神，必无遇。中传寅脱气，末传亥仍临支上，徒劳往返，仍回家中耳。又推申为干之长生，巳

---

① 《直指》云：寅作六合为船。

又为申之长生，此人必祖与父俱在堂，但已值空亡，其祖恐不久。已又为妻值空亡，当尚未娶。当时萍聚，后日久见其浮躁，无一刻闲。询其出身，由供事议叙得官，供事卑鄙，其非正路明矣。今欲归家，家中昔开布行，久歇，拟归后往投四川某知府。祖父俱在堂，祖已八十外，实亲未娶，一一皆准。然投贵无济，祖不能久，二节别后不知。第已往皆准，恐未来亦必验也。

占验427　邵占坟地

○己酉年正月二十三壬寅日子将寅时，郑三公辛亥生，[①]五十九岁，占坟地。（《方本占案》、《捷要》、《口鉴》）

```
贵后阴玄
卯辰巳午           青合常空        官戌戌青
蛇寅　未常         戌子未酉        父丙申虎
朱丑　申虎         子寅酉壬        财甲午玄
子亥戌酉
合勾青空
```

邵彦和曰："此课艮山行龙，坎山落穴，不是正龙，左边无山，右有两重白虎，第三重为案。主子孙贪淫好赌，后为酒家佣，妇人不正，随人淫奔。且墓内棺中有泥，白蚁食尸，右边有水，末主人为道童，自身为酒所败。老无妻，以他人之妾为妻。六年患酒病，更三年终矣。"郑三公乍富，教子读书，指望及第，故请先生占之。其地果艮山来，坎山落穴，无正山，以过山为主，右有两重白虎，案山亦从右边来，似乎三重。三公日夜饮酒，后二年妻死，娶徐知府之妾为妻，行事颇不正。三公死后，次子伴徐氏卖酒，妻与媳被外人领走，子孙不成器，一向非为。三公六十四有酒病，六十七上终。皆如先生之言也。左边山无者，传不行也。申作白虎，午加申上，又是虎，故两重来为案山。子午作元合，故主子孙邪淫。壬日酉作天空，故主酒败，子孙为酒家佣，亦主妇人为妓。酉六数，故主六年酒败，更三年死，酉增一半也。

占验428　刘占生产

○三月壬寅日酉将戌时卜生产。（《一针见血》）

[①] 生于四月初一日未时。

```
蛇朱合勾
辰巳午未        玄阴空虎         兄庚子玄
贵卯　申青      子丑酉戌         兄己亥常
后寅　酉空      丑寅戌壬         官戌戌虎
丑子亥戌
阴玄常虎
```

刘日新曰：日辰皆阳，壬属水，用玄武水，传入三渊，皆水。子是女宿，主生女。① 支为母，不受克，母平安。干为儿，受戌克。玄武加子发用，为武入三渊。末传仍归戌虎克干，儿不吉，故生女而弃水死。河魁加日，主迅速，故主当日生。

癸卯日

占验429　徐占来意

○七月癸卯日巳将午时，占来意。（《一字诀玉连环》）

```
蛇贵后阴
辰巳午未        勾合空青         官辛丑勾
朱卯　申玄      丑寅亥子         兄庚子青
合寅　酉常      寅卯子癸         兄己亥空
丑子亥戌
勾青空虎
```

徐次宾曰："来意主因当日丑时，三人巡更，与地分中姓马人相争，来日申时到官。因姓孙司吏为鬼，三人并遭杖责。"何知当日丑时？发用大吉便为今日丑时。何知三人夜巡？今日癸水，中末亥子为等辈爻，便为三人。因丑时相争，故言夜巡也。先锋门胜光为姓马人，又为日下财，与日为六害，又发用勾陈为鬼，岂不是相争也？发用丑为钮丝，中传神后与丝相配成孙字，大吉与勾陈克干，故云孙姓吏人为鬼。今日癸与子亥俱属水，为大吉勾陈所克，勾陈为杖棒，末传虽有天空，亦克今日，故言俱受杖责也。

占验430　郭占行人

○崇正丙子年十一月癸卯日子将丑时，占行人。（《郭氏占案》）

---

① 愚按：下克上亦是女。

```
         蛇朱合勾
         辰巳午未         阴后常玄         官辛丑阴
         贵卯　申青         丑寅亥子         兄庚子玄
         后寅　酉空         寅卯子癸         兄己亥常
         丑子亥戌
         阴玄常虎
```

郭御青曰：束鹿王宏宇者，为衡水令王讳询占行人。三传退茹，即断为归，所望行人乃贵人也。类神临辰，主明日到。果于甲辰日到。凡望行人，期候最难。此其准者也，附之。此课干上天马，初末引从，子水墓于辰，所以辰日到。

占验431　邵占坟地

○建炎己酉年九月癸卯日辰将卯时，徐丞务丁未生六十三岁，占坟地。

（《方本占案》、《捷要》、《口鉴》）

```
         合勾青空
         午未申酉         朱蛇贵后         官　辰蛇◎
         朱巳　戌虎         巳辰卯寅         财　巳朱◎⊙
         蛇辰　亥常         辰卯寅癸         财甲午合⊙
         卯寅丑子
         贵后阴玄
```

邵彦和曰："此地甚好，但恐此时不可得而葬。"徐曰："何故？"先生曰："前后左右皆有空穴，山侧又有一阴人坟，如何葬得？须于中赔钱去之，然后可葬，必出贵人。最好是水合星辰，山川清秀，文笔双峰，必是卯龙入首，作乙山辛向也。夫辰为坟地，作空亡而发用，故主有空穴。戌亦是墓，加酉，酉作天空，亦是虚坟。以初传为主山穴，对前戌墓也。卯为子孙，作贵人，不为脱气也。"徐宅问汪家买山，汪兄弟三分，其二分将来卖，而长兄一分，故将空棺自埋于内。先前亦有三四个虚穴，皆不葬。徐丈赍钱问汪长兄买之。庚戌年九月葬妻，以后子孙皆中举及第，皆此地发也。巳加辰作贵，巳主双，故有双峰，号为文笔星。宅又得贵人，癸见卯不可为脱气，乃子孙贵人也。申酉为今日水母，故水来去皆合星辰。巳为双女，故出双贵人也。①

---

①　愚按：此课断法似出勉强，疑有错误。后见《一针见血》作"癸亥日卯将亥时占"，似较此为确当。因并存之。

占验 432　戴占六甲

○**天启甲子年四月癸卯日申将午时，占来意。**（《指南》）

```
     朱合勾青
     未申酉戌          朱贵贵阴          官乙未朱⊙
  蛇午　　亥空         未巳巳卯          父丁酉勾
  贵巳　　子虎         巳卯卯癸          兄己亥空
     辰卯寅丑
     后阴玄常
```

陈公献曰：余访徽州戴义宇，请占来意。戴曰："时为日之胎神，必为六甲占也。"余曰："然。男乎抑女也？"曰："干上卯，属长男之象，又是幕贵。三传四课纯阴，阴极阳生，生贵儿必矣。且支加干，俯首见子，生必顺利。但四课不备，未能足月。"曰："生于何时？"曰："六月生。"后果一一如断。余又细看之，子冲胎神，子上见寅，子日寅时生。

占验 433　王占走失

○**乾隆己卯年寅月癸卯日子将酉时，占走失。**（《牧夫占验》）

```
     合勾青空
     申酉戌亥          勾蛇朱后          父丁酉勾
  朱未　　子虎         酉午未辰          兄庚子虎
  蛇午　　丑常         午卯辰癸          子癸卯阴
     巳辰卯寅
     贵后阴玄
```

王牧夫曰："此人非走失，乃因酒后误落水中，已死矣，沿流寻其尸可也。"其人曰："素闻王先生数学精妙，故特来请教。此是余邻居，若果如此，怎处？"余曰："此数也，无可如何。"盖此课，干乘鬼墓，发用是酉，癸日见酉，乃酒字也。墓为鬼，与作合，三传递生，末见闭口，子卯相刑，岂非因酒误事乎？且死气在支，闭口亦在支。凡占事，课凶得闭口者，必死。落水死者，辰为水库，天后乘之，墓神作鬼故也。即往寻之，果得其尸。

占验 434　王占差遣

○**乾隆壬午年未月癸卯日午将卯时，詹经历戊午生二十五岁，占有差遣否。**（《牧夫占验》）

```
    青空虎常
    申酉戌亥          空合勾蛇         父丁酉空
勾未    子玄          酉午未辰         兄庚子玄
合午    丑阴          午卯辰癸         子癸卯贵
    巳辰卯寅
    朱蛇贵后
```

王牧夫曰："日内即有差遣，不须过虑也。问是何差？"余曰："太岁作财在支上，乘六合，其财逢旺，甚大，主万数，当是解饷之差。"公曰："月下运气甚平常。"余曰："运气春夏原平常，但公才干能抵当，何畏？"是日晚，即接运司批，命解京饷数万。盖此数今日癸卯，明日甲辰，辰在干，虽是墓气，然是次日旬首，解愁眉也。正时与支皆卯，又属贵人，制鬼，故时下能振墓脱否也。三传天空递生，主有推荐，末又是日支，故主今日有差遣也。数以理断，其验如此。

占验435　陈占上疏

○崇正辛未年六月癸卯日未将卯时，台中王旋宫先生占上疏。（《指南》）

```
    勾青空虎
    酉戌亥子          空朱勾贵         父丁酉勾⊙
合申    丑常          亥未酉巳         官辛丑常
朱未    寅玄          未卯巳癸         财　巳贵◎
    午巳辰卯
    蛇贵后阴
```

陈公献曰："传将递生，有疏荐人乎？"曰："非也，有疏参人耳。"余曰："虽三传递生，嫌初末逢空，独存中传岁破为鬼，又朱雀乘太岁克日。太岁，君也；岁破，相也。恐得罪于君相，于公不利。"后果以上章参人，下狱拟配。

占验436　徐占来意

○十一月癸卯日丑将酉时，占来意。（《一字诀玉连环》）

```
    空虎常玄
    酉戌亥子          常勾空朱         父丁酉空⊙
青申    丑阴          亥未酉巳         官辛丑阴
勾未    寅后          未卯巳癸         财　巳朱◎
    午巳辰卯
    合朱蛇贵
```

徐次宾曰:"来意主西南近寺,与姓周老阴人争竞,后移东北近庙居住。"盖先锋门与日支冲而又发用,主宅不安。中传大吉为日下之鬼,下临酉为寺。合酉为佛、为金仙,又酉为西方,大吉得太阴,主老阴人争竞,因此家宅不宁。太阴主口舌事,大吉为土,地盘酉属兑,主口舌。以大吉下见土、口配合为周字,故曰西北近寺与姓周老阴人争也。辰为宅,时即冲克之,不安之象。何以移住东北近庙居住?盖卦得从革,革故鼎新,从革本主西南而云东北者,何也?盖大吉临酉为日鬼,畏其鬼不敢往。末传太乙得朱雀为日下之财,下临丑,丑主庙,故言往东北近庙居也。丑为天乙本家故言庙也。

占验437　邵占家宅

○正月癸卯日亥将巳时,占宅。(《张本占案》)

```
    空虎常玄
    亥子丑寅          阴勾常朱          子癸卯阴
青戌    卯阴          卯酉丑未          父丁酉勾
勾酉    辰后          酉卯未癸          子癸卯阴
    申未午巳
    合朱蛇贵
```

邵彦和曰:"家内有私财,兄弟来争之象。盖卯酉为门户,酉主阴私,加宅作克,而发传用下贼上,是阴私财也。勾陈主争讼,乘酉克宅。未为官鬼乘雀加干,未兄弟也,丑未相刑,小刑大为贼乱之刑,丑年已争竞一番,今酉乘勾克卯,当复来争竞也。"询之,果胞弟争财。

占验438　陈占失马

○顺治庚寅年十月癸卯日卯将申时,王怀荫占失马。(《指南》)

```
    青勾合朱
    子丑寅卯          贵虎朱玄          子癸卯朱
空亥    辰蛇          巳戌卯申          官戌戌虎
虎戌    巳贵          戌卯申癸          财　巳贵◎
    酉申未午
    常玄阴后
```

陈公献曰:"此马黑青色,在西北山冈,三日内必获。"曰:"何以见之?""盖因末传之马而乘旬中之空,必俟出旬乙巳日填实方能得马也。""何以知其色为黑青?""因马之阴神见子水乘青龙,故知之。""何以知其在西北山冈?"

"因马居戌地也。"果后三日自刘家集寻得。①

占验439　邵占谋干

○己酉年十月癸卯日寅将辰时，曹将仕丙午生六十四岁，占谋干。(《方本占案》)

```
        朱蛇贵后
        卯辰巳午        空勾常空        官辛丑勾
    合寅    未阴        亥丑酉亥        兄己亥空
    勾丑    申玄        丑卯亥癸        父丁酉常
        子亥戌酉
        青空虎常
```

邵彦和曰：支上丑，作勾陈发用，自宜用旧，未利谋新。况三传四课皆阴，岂宜进干？若阳则宜进干。岂不闻《心镜》曰：大吉临干为死旧，天罡加日是生新。《心镜》全以阴阳二字分别，以阳宜动，为生、为新、为德；阴宜静，为杀、为旧、为刑也。

占验440　邵占捕逃

○同年月日时第五直壬戌生四十八岁，占捕逃有罪人，同得此课。(《方本占案》、《口鉴》、《张本占案》)

邵彦和曰："此课干来加支，即发用，退归西北，其人逃往买卖人汪家后空猪圈内藏匿。亥四丑八，去此三十二里。② 丑日有婢在宅前洗酒器，穿孝服，可问之，不然即在崩败东厕内，可往擒之。"盖水日见亥，亥内有壬，壬加水，汪姓也。酉加亥为酒器，酉又为婢，作破碎，乘太常为丧服。勾陈克日，追逃必获也。③

---

① 愚按：自干阴而传归支，自外入内之象，故寻得。○课名回环，主不失。
② 张本作六十四里，旺加倍也。
③ 此二句照张本补。○愚按：当是天网课，利于捕亡。

壬占汇选卷之五

甲辰日

占验441　范占归国

○三月甲辰日酉将未时，越王占归国。（《吴越春秋》）

```
        空虎常玄
        未申酉戌              虎青青合           财甲辰合⊙
    青午      亥阴          申午午辰           子丙午青
    勾巳      子后          午辰辰甲           官戌申虎
        辰卯寅丑
        合朱蛇贵
```

吴王赦越王归国，越王登车，范蠡执御，至三津之上，仰天叹曰："嗟乎！孤之屯厄，谁念复生渡此津也。"谓范蠡曰："今三月甲辰，时加日昳，孤蒙上天之命，还归故乡，得毋后患乎？"范蠡曰："大王勿疑，直眂道行，越将有福，吴当有忧。"①

愚按：斩关卦，诸书只云利于逃亡及藏形遁迹等事，殊不知利于治国，亦利行师。观越王此归之后，终能霸越治吴，固为显证。尝读柳柳州《龙城录》云："上皇始平祸乱，在宫所与道士冯存澄，因射覆，得卦曰'合因'，又得卦曰'斩关'，又得卦曰'铸印'、'乘轩'。存澄启谢曰：'昔此卦，三灵为最善，黄帝胜炎帝而筮得之。所谓合因斩关，铸印乘轩，始当果断，终得嗣天。上皇掩其口曰：止矣。默识之矣。'后即位，应其术焉。"② 又读欧阳公《五代史·贺瓌传》云："事郓州朱宣，为都指挥使。梁太祖攻朱瑾于兖州，宣遣瓌与何怀宝、柳存等以兵万人救兖州。瓌趋待宾馆，欲绝梁饷道。太祖

---

① 《笔尘》解曰：按三月甲辰，酉将，加未时，乃斩关课，大利逃亡也。
② 上皇即明皇也。

略地至中都，得降卒，言瓌等兵趋待宾馆矣。以六壬占之，得斩关，以为吉，乃选精兵，夜疾驰百里，期先至待宾以逆瓌，而夜黑兵失道，且至巨野东，遇瓌兵击之，瓌兵大败。瓌走，梁兵急追之。瓌顾路穷，登塚上大呼曰：'我贺瓌也，可弗杀我。'太祖驰骑取之。"[①] 凡此皆足资考证。独是此两课，皆不载月将、日时，无式可演。特因论斩关卦，而附载之于此。

占验442　雪心占信

○**甲辰日辰将寅时，占信。**（《玉连环》末卷）

```
贵后阴玄
未申酉戌          后蛇蛇合        财甲辰合☉
蛇午  亥常        申午午辰        子丙午蛇
朱巳  子虎        午辰辰甲        官戌申后
辰卯寅丑
合勾青空
```

雪心曰："三传日同初，辰同中。占望信，责朱雀。今朱雀乘巳，临卯，名'朱雀临门'，又曰'雀腾空'；巳为子孙，是卑小信来，应在乙巳、戊申日到。"盖巳乃朱雀乘神，申乃朱雀之六合也。

占验443　苗占子信

○**甲辰日未将丑时，父占子。**（《张本占案》）

```
勾青空虎
亥子丑寅          玄合虎蛇        兄　寅虎◎
合戌  卯常        辰戌寅申        官戌申蛇☉
朱酉  辰玄        戌辰申甲        兄　寅虎◎
申未午巳
蛇贵后阴
```

苗公达曰："甲木旬空，巳为朽木，申金又克之。其子七岁以前，主惊风，或起或仆，不能自立。寅数七，被申克，故主风，白虎亦主风。七岁以后，又申加寅，寅上亦作白虎，寅逢旬空，当是在前山七株树下，遇一戏猴人，引索而走，受了一惊，害病几死。猴，申也，蛇空，故为断索。辰投入宅，与申三合，拱生甲木，颇有生意。寅申俱七，辰戌俱五，盖至二十四岁，

---

① 瓌音规。

人颇精彩。宅上见戌为财，辰戌冲断，又为斩关，遂出外买卖。戌上又见辰，为武、合相并，主有阴私。一连三个财，财多身弱，武为盗神，武乘辰龙则能变幻光怪，化为美妇，盗其精血，日后贪淫，一十五年。中传申化为鬼，日夜跟随，不离梦醒，寅为夜时，为梦醒。又见蛇虎缠绕，如此七年。三传返吟，来来往往，不得断绝。申月寅日，因天风吹倒大树，压在门前，中风而死，魂无所归，安望归乎？父子至情，徒生悲切耳。"

占验444　王占子息

○丁卯年五月甲辰日未将丑时，甲戌命五十四岁，占子息。（《牧夫占验》）课式同前。

王牧夫曰："此课占子息，主有子不育。直到五十六岁，偏胎之一子可许也。"此课三传无子，惟遁出丙火子孙，又为日鬼克绝，木受金伤，则子孙何所托以为体？丙受克，则子孙何处以为生？此三传之现在者，不得有所存也。支乘六合，六合乃子孙类神，居于冲墓之地，不得为旺。然五月火司其正，戌乃火墓，子息临库旺乡，尚有一子可许。若非五月火有气，则支上之重土乃丘坟重垒，主孤寡也。己巳之岁，胎见长生，又与命上生气作合，酉为妾，卯为长子，故主是年偏胎生一子也。后果验。

占验445　某占官讼

○甲辰日寅将申时，占官讼。（《一针见血》）

```
朱蛇贵后
亥子丑寅        玄合后青       兄　寅后◎
合戌　卯阴      辰戌寅申       官戌申青·
勾酉　辰玄      戌辰申甲       兄　寅后◎
申未午巳
青空虎常
```

断曰：凡寅申入传，多应旧事发动。虽有凶，结末小也。如秋冬占之，在正月方入；若春夏占之，在七月方出。其凶解者，德神在寅，乘天后也。凡见德神，更行年有气，空亡在传，主无害矣。

占验446　邵占失狗

○二月甲辰日戌将寅时，某占失狗。（《方本占案》）

```
            空虎常玄
            丑寅卯辰            蛇青后合            财庚戌合⊙
      青子        巳阴        申子午戌            子丙午后
      勾亥        午后        子辰戌甲            兄  寅虎◎
            戌酉申未
            合朱蛇贵
```

邵彦和曰："寻狗不见矣。盖戌为类神，加日虽主自归，奈戌作六合受上下夹克，寅又作白虎在末传克戌，故寻不得，定被杀矣。"后知被木排上人杀而烹之。①

乙巳日

占验447　何占武试

○天启丁卯年八月乙巳日申时，金华何伴鹤访陈公献于扬州，陈母托占两子武乡试。（《指南》）

```
            蛇朱合勾
            丑寅卯辰            玄蛇常贵            官己酉玄
      贵子        巳青        酉丑申子            子乙巳青
      后亥        午空        丑巳子乙            财癸丑蛇
            戌酉申未
            阴玄常虎
```

何伴鹤曰："昆弟皆中。午命在前，亥命在后。盖因蒿矢见金，如箭有簇，自四课发用，箭数合式。朱雀翱翔，文事武备，皆得之矣。且贵临贵位，必得两贵周旋推荐而中。"放榜后，果前后一一不爽。问曰："何以分前后？"答曰："因三传逆合，又午命甲寅，亥命丁未，故知之。"

占验448　邵占家宅

○建炎己酉年三月乙巳日戌将亥时，邵百一秀才癸丑生，②五十七岁，占家宅。（《宋本占案》、《口鉴》）

---

①　寅作虎，又克戌；寅木也，遂应木排上人。奇妙至此！盖卯为排，夹克戌土故也。
②　生于闰月十二日辰时。

```
勾合朱蛇
辰巳午未         青勾空青          财甲辰勾
青卯   申贵      卯辰寅卯         兄 卯青◎
空寅   酉后      辰巳卯乙         兄 寅空◎⊙
丑子亥戌
虎常玄阴
```

邵彦和曰：凡传用，若干支阴阳已先据其位，只以不备推测，不可重复取用。今第一课卯加辰，卯木，辰内乙亦木，不克，已先据其位矣。第二课寅加卯，第三课辰加巳俱不克，第四课卯加辰，乙已为干先据，何得重传？是支课不足用也。当以日遥克为用，卦名弹射，如此占之方应。术人多以第四课发用，为元首，传用已差，占何得应？皆由用术不精，反云六壬不灵，岂不诬哉？此课乙木克辰土，支阴卯来害日，宅不容人。初传辰作日财，自宅上传出，中仍归卯位，此乃夺父之财禄另居，乙以卯为禄，寅为同类，三传不离支干，必有兄弟出去了，后复归来。辰为勾陈，主争讼，课中不见父母，止同类，自相吞并，占者与父母各居十六七年，至五十九、六十，行年到亥子，上见父母，则有服矣。后一一不爽。

占验449　刘占家宅

○乙巳日占家宅。（《一针见血》）

```
朱蛇贵后
午未申酉        蛇朱朱合         财丁未蛇
合巳   戌阴     未午午巳         官戊申贵
勾辰   亥玄     午巳巳乙         官己酉后
卯寅丑子
青空虎常
```

刘日新曰："四课纯是火神，三四课且乘蛇朱，不免火灾怪异，及出口眼有疾之人。巳支临日而作六合，主进外口分食，及过房不定，小口逃亡之事。未蛇加午，小口落井，蛇为怪异，阴神见申贵，是神佛为灾。未财化鬼，主损妻。酉作天后，主以婢为妻，并刑及死，出寡妇人也。"①

---

① 原本句法多颠倒，愚略为润色之，文理较顺。

占验 450　灵文来意

○八月乙巳日辰将寅时，占来意。（《指归灵文论》）

```
  青勾合朱
  未申酉戌         合青勾空         官戌申勾
空午　亥蛇         酉未申午         财庚戌朱
虎巳　子贵         未巳午乙         父壬子贵
  辰卯寅丑
  常玄阴后
```

断曰：来意事起官人，道路往来，欲合婚姻，奈有所隔，而终不成。盖申为夜贵，故云官人。申为道路，即作勾陈，则勾留不定，往往来来。乙日为占人，庚寄在申，乙与庚合，巳与申合，干支俱与初传合，岂非欲合婚姻？中传戌作朱雀，为奴婢，是官人欲买一妾，故道路往来也。奈申金畏干上午火，其妾家畏而不允，故终隔而不成也。

占验 451　陈占钦差

○崇正己巳年二月乙巳日巳时，楚黄洪半石先生占差，出一成课，巳为何姓者，批定大同饷部。（《指南》）

```
  朱蛇贵后
  戌亥子丑         玄朱阴合         兄　寅阴◎
合酉　寅阴         卯戌寅酉         财丁未青⊙
勾申　卯玄         戌巳酉乙         父壬子贵
  未午巳辰
  青空虎常
```

陈公献曰："此南行数也。彼以禄临戌上，故云北差。不知守土官则论禄，钦差官只论马。今驿马长生居午，必是南差。"曰："明日堂上阄定，看该先拈，该后拈？"余云："后拈利。"盖以初传中传空亡，末见贵人生日故也。次早，关中张主政，先拈得大同差，果存九江钞关，洪先生得之。

占验 452　邵占交易

○己酉年正月乙巳日亥将巳时，周氏占与罗氏交易。（《方本占案》）

```
         蛇贵后阴
         亥子丑寅           虎蛇常朱           子乙巳虎
      朱戌      卯玄        巳亥辰戌           父辛亥蛇
      合酉      辰常        亥巳戌乙           子乙巳虎
         申未午巳
         勾青空虎
```

邵彦和曰："返吟体，见凶将，最难成。但日上见财，乘雀，必见争闹而后成。只是两家俱有孝服。"后来周姓果丧母，罗姓亦丧妻。"又主后有三人来作闹，丁丑日事成。其闹者，乃过房子也。"盖乙以巳为儿，巳中有丙戊二干，二姓之象，故主过房子来争矣。

占验453　徐占来意

○**七月乙巳日巳将亥时，辛酉人占来意。**（《一字诀玉连环》）

```
         合勾青空
         亥子丑寅           玄合常朱           子乙巳玄
      朱戌      卯虎        巳亥辰戌           父辛亥合
      蛇酉      辰常        亥巳戌乙           子乙巳玄
         申未午巳
         贵后阴玄
```

徐次宾曰："来意家内属鸡小儿病，心腹疼痛，血痢频并，脉气相反，病症反复，身体羸困，只得脾胃气壮而善进饮食，至九月节病，势反增。至甲子日，脾胃困，不能饮食，不可救也。"何知家内属鸡小儿病，盖时为日支冲克主内动。又用起子孙爻，乘死气，临绝地，故主小儿病。因白虎临酉，故知家内属鸡小儿病也。何知心腹疼痛，血痢频并？以巳为心胞络，上得玄武水克于火，故知心腹疼痛也。巳主血，应赤色，水主黑色，水火相杂，故为血痢。末传又得巳，故知血痢频并。脉气相反者，秋用起火，故脉气相反也。病症反复者，卦得返吟也。身体羸困者，以值事门与中传是亥，亥为幼子，上见六合，为棺椁，又用起死气，故知羸困也。得脾胃气壮而善进饮食者，缘日上戌土，上得朱雀火，火生土，土生脾胃，故壮而进饮食也。何知九月病势复增，缘中传亥，八月为解神，九月则非解神故也。甲子日脾胃困，不能饮食者，缘日上戌土主脾胃，甲子旬空亡则脾败而无力也。言不可救者，所赖者解神与胃气，今既无解神，又脾胃气落空亡，故云不可救也。

占验454　邵占争保正

○戊申年七月二十三乙巳日午将亥时，沈四公庚戌生，生于四月十八日辰时五十九岁，占事保正。（《口鉴》、《方本占案》）

```
        勾青空虎
        子丑寅卯              后勾阴合              子丙午阴
    合亥    辰常           未子午亥            财癸丑青
    朱戌    巳玄           子巳亥乙            官戌申贵
        酉申未午
        蛇贵后阴
```

邵彦和曰："课名四绝，末又绝神，不合亥水又来生日，绝中又起，奈何你母劝你休争，你女又劝，俱不听。下稍自做，虽得财，不善可恶，后必有悔。子为乙母，财临子上，主得母家产业，可移翁棺葬此内，必出贵子，为大和尚。汝亦葬祖侧也。"沈母乃童氏，其女亦嫁童家。童家役满，沈公欲争保正。母与女劝，俱不听，乃自做了。后童分家，请沈公作主，沈却于公共内，取一生坟安葬其祖。果四年生一儿，后为大和尚，于宁国府广教寺。盖乙以子为母，午为女，亥为父，申为翁，丑为墓，申加之，是为翁墓也。沈命庚戌，庚金墓丑，是自亦墓此矣。申为僧，丑为贤，上见贵人，生子当作大和尚也。

丙午日

占验455　邵占家宅

○建炎己酉年九月丙午日卯将申时，伊伯廷甲戌生，三十六岁，占家宅。（《方本占案》）

```
        蛇朱合勾
        子丑寅卯              玄朱常蛇              官壬子蛇
    贵亥    辰青           申丑未子            子丁未常
    后戌    巳空           丑午子丙            父　寅合◎
        酉申未午
        阴玄常虎
```

邵彦和曰："子与丑合，末见长生，虽子水克丙，初中六害，得寅木引鬼为生，可望先凶后吉。奈何寅是空亡，所以不能引进，见生不生，反成凶咎。甲寅年必有大灾。子丑年多事，急移可免。"伊为人狂妄自高，果子丑年多事，甲寅年与大辟人过财，干人命入狱，百余日，几死。己未年妻母皆丧，庚申年丧子。后移居，殆免灾。大凡干支相合，须有副则为好课。今甲辰旬，却入见寅，进则空亡，退又子克，所以灾起子丑之年，几死于甲寅之岁也。夫以旬末而又引入空亡，故即以其年分言之。

占验456　祝占夷寇

○丙午日，占夷寇。（《一针见血》）

```
    合勾青空
    寅卯辰巳           蛇勾贵合           官壬子蛇⊙
  朱丑    午虎        子卯亥寅           财己酉阴
  蛇子    未常        卯午寅丙           兄丙午虎
    亥戌酉申
    贵后阴玄
```

祝泌奏曰：四课皆无克，辰之阴神子克日为用。日，内也；辰，外也。外来克内，夷来侵夏之象。遥克谓之无刑，幸而游都与贵人皆在三传之外，主房目今在境矣。推此课，蛇虎在传，四仲相交。歌曰："今日辰当为子午，传中四仲类相因。三交家隐奸私客，不是逃亡将避迍。"推目今边境，想已被外寇来侵，不利而去，但课之始终吉气少而凶气多，未能免寇至之患。目今之吉者，发用落空，游都在三辰之外也。未能免寇者，四仲相续，蛇虎为初终也。不至大害者，太阴在传，贵顺而加日本也。

占验457　王占阴晴

○乾隆己巳年二月丙午日戌将子时，占阴晴。（《牧夫占验》）

```
    空虎常玄
    卯辰巳午           青虎勾空           子癸丑勾⊙
  青寅    未阴        寅辰丑卯           官辛亥朱
  勾丑    申后        辰午卯丙           财己酉贵
    子亥戌酉
    合朱蛇贵
```

王牧夫曰：课名极阴。初用土空，中传朱雀，又临亥位，丑为雨师，亥为水神，酉为兑泽，而水墓又在支，俱主阴雨之象。今日上卯乘天空生日，主无雨。丁未、戊申、己酉三日，未上巳为风，阴神卯木亦主风，是日主风晴。申日午受玄武制，阴神白虎天罡，主阴晦。酉日未乘太阴，亦主阴晦。庚戌上申为水母，乘天后相生，主雨。酉为贵人加亥，亥日主大雨。壬子日方晴，晴而未融，以蛇居太阳上也。丑日始为正晴。此拟一旬之内，阴晴如此。

占验458　邵占疾病

○十二月丙午日子将亥时，某占病。（《方本占案》）

```
     合朱蛇贵
     午未申酉          蛇朱朱合        财戊申蛇
  勾巳    戌后          申未未午        财己酉贵
  青辰    亥阴          未午午丙        子庚戌后
     卯寅丑子
     空虎常玄
```

邵彦和曰："定是喘嗽狂言，见鬼见神之状，其人必死。"盖三传金主肺，主嗽，而午火又加丙，午火盛发，心神散乱，故主发躁狂言。鬼神之状者，申加未，未临宅，未主鬼神也。未中有鬼宿。其人死者，传归于死墓也。

占验459　衍占生产

○皇祐三年辛卯岁三月丙午日，仁宗皇帝宣楚衍，立夏日占课，衍依课奏对罢。帝又占陈贵妃六甲，年二十二岁，妊身十月未产，得未时，以月将从魁加未。（《一针见血》、《玉连环》末卷）

```
     勾合朱蛇
     未申酉戌          蛇合朱勾        财戊申合
  青午    亥贵          戌申酉未        子庚戌蛇
  空巳    子后          申午未丙        官壬子后
     辰卯寅丑
     虎常玄阴
```

楚衍奏曰："此课占产，臣不敢言。"帝曰："但实言课意。"衍奏云："于今月二十三庚戌日辰时，降生一公主，必失左目。生后五日，恐有不测。虽产危而无损，宜预备之。"上云："有禳法否？"衍云："无法禳之，臣当万死。"上当日渐有怒色，云："且出外听音。"即时差人监守楚衍。至二十三日庚戌辰时，降生一公主。贵妃生产时甚艰难，至当日晚公主忽发搐搦，遂损左目。至二十七日，公主死。即时赐楚衍御酒香药。次日引见，乞恩谢罪。上云："应验如神。"议曰：母行年立亥上，见丑加之，丑与子合。庚戌日辰时生，午火旺，申金死，下胜于上，故生女。申金乘六合，内战外伤六合之木，木属眼，申属阳，阳主左，故损左目。生后五日见寅，寅是金绝之地，以日干为子，则庚戌自绝于寅，寅上又天罡白虎，故五日后子死无疑。变入乱首，故母有产厄。支本属母，午火四月正旺建，上有天医乘青龙吉神，故母产后无恙。

占验460　刘占风水

○四月丙午日申将午时，占风水。（《张本占案》）**课式同前。**

刘日新曰："干为龙，干上未，是来龙偏针不正。支为穴，支上申是穴居高地。朱雀临酉作夜贵，前砂圆正。青龙临午加辰，左砂尖利有余。白虎临辰加寅，泄气受克，为不足于右砂也。朱旺，作丁未向，若戌，则为火墓，不可用。三传为涉三渊，初主买卖破财，兼伤小口。中蛇乘墓，主丧妻。末居子加戌，又因妇人败家，损害家长。"

占验461　陈占城池

○顺治甲申年三月十八丙午酉将午时，卞孟升闻真定被李贼围困，占城池安危。（《指南》）

```
    合朱蛇贵
    申酉戌亥            后朱贵合        财戌申合
 勾未   子后           子酉亥申         官辛亥贵
 青午   丑阴           酉午申丙         父　寅玄◎
    巳辰卯寅
    空虎常玄
```

陈公献曰："不惟真实内变，城破，即燕京亦有他虞。盖因初传财爻内战，又乘相气，冲克旬空之末传。干支又被两阴神所克，支又克支上神，主居民心散，兵马为钱粮内变，左右献城弑主之象。且末传寅为幽燕，被初传申马冲克，燕京安能无虞？即此日京城亦被贼所破。"月余闻报，余言俱验矣。

占验462　陈占高杰被困

○顺治乙酉年正月丙午日子将申时，总漕部院白公百原闻高镇睢州，被

许定国围困，占吉凶若何。（《指南》）

```
        朱蛇贵后
    酉戌亥子              玄蛇阴朱          财己酉朱
  合申    丑阴            寅戌丑酉          子癸丑阴
  勾未    寅玄            戌午酉丙          兄乙巳空
    午巳辰卯
    青空虎常
```

陈公献曰："兴平公必被戮。课传从革，合中刑干害支。春占金局，乃返射肃杀之气。戌命上长生被其克尽，全无一点化解。况干乘死气，支乘干支之墓，不惟主堕客计，而主亦自被其愚矣。又干支命年上神，俱遭刑克墓害，死又何疑乎？"三日后果应。

占验463　陈占仕宦

○**崇正戊寅年二月丙午日戌将巳时，淮安蔡熙阳任北中府时，占推吴淞总戎可得否。**（《指南》）

```
        蛇贵后阴
    戌亥子丑              虎贵常蛇          子甲辰虎
  朱酉    寅玄            辰亥卯戌          财己酉朱
  合申    卯常            亥午戌丙          父　寅玄◎
    未午巳辰
    勾青空虎
```

陈公献曰："先推吾兄，后推翁也。"曰："何以见之？""盖因亥贵作官星临支，乃吾兄之命，辰乃翁之命，入辰阴发用，是以先推亥命者。且辰自亥发传，与陈姓同音，故知如此。"果未及旬日，推吾兄吴淞总镇。两月后，推蔡翁狼山提督。

占验464　苗占老鹤

○**嘉祐四年己亥岁，三月十三日，老鹤在殿上，奉御旨宣苗公达，问"此鹤何时飞去，后往何方，死在何年月日时"。当日丙午，正辰时占，酉将。**（《苗公达断经》）**课式同前。**

苗公达奏曰："卦得斩关，此鹤在今日未时起去，飞正南方，不出一里，却望回正西方去。今年九月壬寅日辰时，此鹤在水边被军人将青黑食，用罗网而获，见血而死。"上曰："何也？"奏曰："正时加太岁，逢白虎，不出时下起。丙午日，并在天网，择旺处，故望南方飞。不出一里回望正西者，天乙太岁并立，故回兑上。酉为朱雀，阴是从魁，更与生气并也。今年九月壬寅日辰时被军人于水边所获者，朱雀被日辰所制。日上见戌，应于九月。终于寅，为玄武，故壬寅日。辰加亥，兼亥加支上，则主近水。亥，黑色食。天罡是军人，为大煞。① 并死气又见白虎，行年又值天罡，日上又见螣蛇，故及时见血死也。"

丁未日

占验465　祝占贼寇

○辛丑年九月二十三丁未日卯将戌时，占寇。（《一针见血》）

```
      蛇朱合勾
      戌亥子丑           常合常合          兄乙巳常
  贵酉      寅青         巳子巳子          子庚戌蛇
  后申      卯空         子未子丁          父　卯空◎
      未午巳辰
      阴玄常虎
```

祝泌奏曰：谨详此课，是八专课。有克为用，用起游都者，正主戎寇之神也。丁日天空在巳，巳火神临子，被下贼上，今秋冬火无气，《心镜》云："游都旺相支干损，贼势凭凌难守持。"今游都无气，传归巳上，见戌为火墓，则游都立位也，乃受抑塞，其神螣蛇归家，螣蛇亦贼神也，主贼狐疑而遁。此课于月将加戌，戌，月建也，月建为城府，其将见天空，天空，卒位也。今天空又归家，主兵卒武战者，已归城壁。此戌时课，三传之占也。臣之算术，曾言九十月之交，有小寇。《易》曰："自我致寇，敬慎不败。"即而参之，此课当主丑类一时干犯，随即逃去。游都在日辰五位，贵人亦在日辰三位，寇已退矣。太常发用，是郡城拆搭来掣之占。然据此数，恐深冬寇再来，又宜戒饬守臣，无弛预备为主。

占验466　邵占赴任

○建炎己酉年八月丁未日午将子时，童巡检丁卯生四十三岁，占赴任。

---

① 大煞正月起戌，行四季。

壬占汇选

(《方本占案》)

```
朱合勾青
亥子丑寅         阴勾阴勾      兄乙巳常
蛇戌  卯空       未丑未丑      子癸丑勾
贵酉  辰虎       丑未丑丁      子癸丑勾
申未午巳
后阴玄常
```

邵彦和曰："一火生四土，行年虽有木，又不得地，如何救我？次第须有旧事牵绊。初驿马动，便见起程，不是六十里，即一百二十里，后来降官坏任之忧，不是一件，定是二件。若止一件，必有大灾，只寿能永，便是大幸，不可别图迁擢也。①"童十月起程，过信州，果一百余里，蓦见追回，究前任不了事，遂不能赴任，被拘四个月，得赦回家。方欲再去，被差保正。及分雪了，又被侄儿争分家财，留连半年，竟失此任。又过母坟，被管山人所诳，开穴犯地风，次年六月遂死。盖火生四土四勾，脱气太盛。丑为旧事，又为丁之子孙，又为坟墓，勾陈主争，又为田役，故主诸事脱耗财物也。

占验467　陈占疾病

○辛卯年二月丁未日戌将卯时，占董晋仆病。(《指南》)

```
蛇朱合勾
子丑寅卯         阴合阴合      财己酉阴⊙
贵亥  辰青       酉寅酉寅      子甲辰青
后戌  巳空       寅未寅丁      官辛亥贵
酉申未午
阴玄常虎
```

陈公献曰："此课主手足不举，全无一点生气。因日禄临绝地，驿马投墓乡，又行年游魂，子巳相加，合为死字。三传死墓绝，安能有救乎？何以知病在手足不举？因卯加申，戌加卯，故主风瘫发搐之症。"问曰："死在何日？"答曰："久病应空亡之下，空亡是卯加申，申日子时死矣。"②

占验468　陈占公讼

○崇正癸未年七月丁未日未时，丹阳茸村盛顺白被逮进京，舟泊邗关请

---

① 重重丑土作勾，岂是一件可了？
② 愚按：申日冲去干上长生，故死。未必尽因空亡之下。

占。（《指南》）

```
     合勾青空
     寅卯辰巳           朱青朱青           官辛亥贵⊙
朱丑     午虎          丑辰丑辰           子甲辰青
蛇子     未常          辰未辰丁           子甲辰青
     亥戌酉申
     贵后阴玄
```

陈公献曰："其事定然辩雪，到京公讼自休。盖月将青龙加临干支，勾陈生日，官鬼空陷，是以公讼辩雪，自休息矣。"曰："为周相公占课何如？"手取棋子三十二枚，以十二除之，余八枚，亦是此课。曰："己丑命见日墓，年乘三刑，与寅命相去甚远，焉能无罪？"十二月，周相国赐死。甲申三月，李贼破京城，盛脱自归。

占验469　王占乡试

○**乾隆己卯年八月丁未日辰将未时，癸卯人三十七岁，占乡试。**（《牧夫占验》）**课式同前。**

王牧夫曰：贵德官星发传，青龙天喜太阳堕未，气虽不足，却是功名之吉神。然今科主不得中，以年命逢空，谁为而受之乎？故占事，年命亦不可逢空。初七日榜放，果不中。

占验470　邵占失羊

○**六月丁未日未将未时，某占失羊。**（《方本占案》）

```
     空虎常玄
     巳午未申           常常常常           子丁未常
青辰     酉阴          未未未未           子癸丑朱
勾卯     戌后          未未未丁           子庚戌后
     寅丑子亥
     合朱蛇贵
```

邵彦和曰："伏吟主近，其羊定在西南方，兄弟姊妹亲眷家寻之，并主今日申时可见。"果申时在西南方妻姐家寻见。盖未为羊，上见太阳，丁未日又未发用，故在西南。亲属者，未为亲属者也。伏吟在本位不旺，未乃月将，五月当相气，故不失。

占验 471　邵占前程

○己酉年九月丁未日卯将寅时，应汝言癸未生二十七岁，占前程。(《方本占案》)

```
    合朱蛇贵
    午未申酉        贵蛇贵蛇        财戊申蛇
  勾巳　　戌后      酉申酉申        财己酉贵
  青辰　　亥阴      申未申丁        子庚戌后
    卯寅丑子
    空虎常玄
```

邵彦和曰："若问功名难许，问财即富家矣。身、宅、初传、中传皆财，财多宜以财营运，必因妻财起家。须把稳，不可狂图，下稍主奴婢上耗费。盖末传是火库，非财库，丁以丑为财库，若是财库则收住。今见火库反熔坏财矣。蛇主非横，所以自婢仆生出事来。因此破财，不得意而死。"汝言此时，尚未有妻，次年娶妻，颇有嫁资，遂将此营运，十余年成富翁。四十二典钱，四十七八愈厚，五十一岁癸酉年，因婢仆通奸，汝言责之，仆缢死，被告入官，费用财产一空，得罚赎而归。甲戌年死。

占验 472　苗占求财

○己丑年十二月丁未日子将戌时，京师富人江明叔甲子生六十二岁，占求财。(《一针见血》)

```
    朱蛇贵后
    未申酉戌        阴贵阴贵        财己酉贵
  合午　　亥阴      亥酉亥酉        官辛亥阴
  勾巳　　子玄      酉未酉丁        子癸丑常
    辰卯寅丑
    青空虎常
```

苗公达曰："君欲斗禽之财。当以己酉日卯时，斗禽必胜，财及千缗。是时当有商徵音中贵二人、武职一人，各敌到晚。当有酒食喧争，虽无刑狱，须防破财三分。"以此决课而去。后数日，江君来邀小饮云："前日在相国寺，王小垒栅内，和张直殿斗鹌子，共有一千余缗，某斗鹌子得胜。当日同二内官，一人姓陈，一人姓李饮酒，次张直殿至晚前来，同坐，却云：'早来斗得不是。'因是言生气，领在铺中一宿，至晓劝和，不曾见官，所费三百余千。

公之术应验如此。且以银物三十两为酬。"议曰：初见从魁是休气，丁死火所制，必有战敌。酉是羽毛斗禽之属，其性见杀，又是今日之财，是斗禽取财也。类神之阴，得亥加酉上，作太阴，本属酉，行年立卯上，见太乙，乘勾陈，酉与巳合，勾陈主斗，故在己酉日卯时见斗也。财传月建，是财及千缗。酉金丁火，故主商徵用事。中传亥加酉，为今日贵人，上得太阴，为阴贵人也。末传太常为武臣，加亥为入狱。太常又主酒食也。行年立卯上，带勾陈互合，则有喧争。勾陈临空，故不见官，无刑狱之咎。末传是月建，为财数，被今日丁未损破，却亥中有壬，为旺气所胜，故财只破三分也。

占验473　王占婚姻

○**戊辰年正月丁未日亥将酉时，占婚姻。**（《牧夫占验》）**课式同前。**

王牧夫曰："此婚主男克二妻，女克二夫，鳏寡相配。先私后娶，不日即合卺也。"盖丁日以酉为妻，酉带自刑加身，阴见亥水官鬼，主克夫再醮。丁以酉为妻，何酉之多也？故亦主克妻再娶。丁主动，为新喜。支未中，亦有丁火，男女之位皆逢，岂非合卺在即乎？八专为课，干支不别，帷薄不修，男女往来，非止一次。盖干即支，支即干，仰首即见，何用媒为？验甚验甚。

占验474　陈占仕宦

○**庚午年十二月丁未日丑将戌时，迟公、王公入觐，行至东省而占。**（《指南》）

```
    蛇贵后阴
    申酉戌亥          常后常后        官辛亥阴
 朱未    子玄         丑戌丑戌        子庚戌后
 合午    丑常         戌未戌丁        子庚戌后
    巳辰卯寅
    勾青空虎
```

陈公献曰："所占必是显宦。何以知之？盖发用官贵日德，而式中贵人又居岁君日禄旺位，断非寻常之官。"曰："此公将来若何？"答曰："不能久任。何也？干支乘墓，禄马空陷，又太阳入山，岂能久居庙堂乎？"次年三月，因言请归。后知为大冢宰王射斗先生也。

占验475　王占官讼

○**己卯年戌月丁未日辰将丑时，程载翁己卯生六十一岁，占讼。**（《牧夫占

》)**课式同前。**

王牧夫曰:"官讼渐息,身心渐安宁矣。但文书此次受驳,再递,到十月方可决绝了释。"后果受驳,至十月始准详结。盖丁乃柔火,动荡不常。今丁日戴戌墓,是火有所藏,则不乱动。况深秋火又休息,故曰官讼渐息,身心安宁。其文书初受驳者,酉贵为今日之财,坐午上,乃贵人作堂上持权。本命乘天空相冲,正时又冲,支辰兼动身位,故须再递也。十月上寅木文书,与官作合,亥为十月建,又丁火绝于亥,故主十月方能结绝了释也。验甚。此数若以戌墓为凶,则当入狱。然官司已拖三年,不当以此论断。法当知权变,若新讼夏占,又当以凶论也。

戊申日

占验476　邵占漕试

○建炎己酉年四月初一戊申日酉将丑时,邓十八官人乙酉生,① 二十五岁,占漕试。(《宋本占案》、《口鉴》)

```
        空虎常玄
        丑寅卯辰              青玄朱空           财壬子青
    青子      巳阴          子辰酉丑           子戊申蛇
    勾亥      午后          辰申丑戌           兄甲辰玄
        戌酉申未
        合朱蛇贵
```

邵先生曰:"土日得财局,须是用财为之却吉。漕司正是申子辰水局也。既以漕司为财,须费己财为佳。身上是昼贵作天空,主帘幕贵人,驰声于我,我遂得功名也。宅上元武,是本局作贼,须三换名字,及换卷子,并令人代之,此所以不正中也。甲辰旬十日,皆是魁星,故主魁首也。但不知何以有即日东方江边鱼盐之职也。"邓宅虽积世武官,却大有钱谷。申子辰正是漕司之局,戊以水为财,所费不可言。知有关节,又闻有易卷之说,不知何如也。末传归宅是辰,却是甲辰旬之魁首也。故本年中经魁,次年虽省试不中,却试了弓马,得明州象山县税务。盖戊土以辰为库,辰土生于申,乃真库也。

---

① 生于二月十二日亥时。

凡墓与库，二名而同体，何以分别？盖生处为库，死囚为墓。今辰生于申，实为真库，天罡为鱼盐之物，故监务兼煎盐也。

占验477　邵占赴任

○己酉年四月戊申日酉将子时，邓巡辖戊寅生三十二岁，占赴任。（《宋本占案》、《口鉴》）

```
青勾合朱
寅卯辰巳            青朱常青          官　寅青◎
空丑　　午蛇        寅巳亥寅          财辛亥常⊙
虎子　　未贵        巳申寅戌          子戊申后
亥戌酉申
常玄阴后
```

邵彦和曰："大凡占官，要见官。今寅作青龙为官，奈何寅空，必不得也。干却就宅上去作朱雀，乃戊禄临支也。宅神又加亥为末传，此任莫非虚度？盖寅是官星，巳是禄位，寅作龙不空，即当赴任，即空反作鬼论。鬼来逼日，日去加支，克支之申，主权摄不正。又戊禄在巳，巳与申合，禄在支，故正任不可望，却可食禄，内主陈姓人不足，① 且当西南上避嫌。② 待陈姓人退去，方得正任。"果因陈提刑与伊尊人有仇隙，故行至半途，遂不敢往。经过鄂州，素与太守有旧，遂令权公使库及提辖三酒务。至次年八月，陈提刑替去，邓始得十月到任。来年者，太岁上有贵人也。十月者，支神所止也。

占验478　邵占家宅

○己酉年六月初一戊申日未将酉时，刘秘教己巳生四十一岁，占家宅。（《宋本占案》、《口鉴》）

```
勾合朱蛇
卯辰巳午            合蛇空勾          兄癸丑空⊙
青寅　　未贵        辰午丑卯          财辛亥常
空丑　　申后        午申卯戌          子己酉阴
子亥戌酉
虎常玄阴
```

---

① 寅为陈姓。
② 戊即巳，巳加申，申为西南。

邵彦和曰:"家势退矣。日上勾陈克日,而作空亡,旧事百般尽牵在己,宅上午作螣蛇带阳刃,主家人争屋,四散分飞。初传丑作天空加卯,主泥土塞门户,妇人肚腹常疼痛,又有白带。自身主脾泄,末传尽去破败,来年难过。主太阴少妇掌家。"己卯年,果将住宅拆毁,各人四散分居矣。

占验479　邵占比试

○己酉年四月初一戊申日酉将申时,邹大官人庚辰生三十岁,占比试弓马取功名。（《宋本占案》、《口鉴》）

```
青空虎常
午未申酉        玄常空青           兄庚戌玄
勾巳  戌玄     戌酉未午           子己酉常
合辰  亥阴     酉申午戌           父丙午青
卯寅丑子
朱蛇贵后
```

邵彦和曰:"课得昴星,名虎视,身上有马而无弓,马带阳刃,若见焦黄马,决不可骑,恐为他所害。况所走之地,有污秽,不可令新衣人在傍。如要去,须先解禳。盖干支上各自刑,宾主不投。行年上申是箭,却不得地。午见酉,酉见午,名四胜煞,主各逞其能。阳刃午作青龙,仅得兵部垂顾。初戌作元武,又六害,如何比得中?盖巳为弓,申为箭,今有马有箭而无弓,箭又不得地,所以事终不成也。"邹后果屡试不中,得赵侍郎权兵部,乃与彼一虚官衔。

占验480　王占兄信

○乾隆戊辰年戌月戊申日辰将卯时,弟占兄信息。（《牧夫占验》）**课式同前。**

王牧夫曰:"此课后日庚戌日,必有信音。但行人不得至,已有动念。"盖昴星为课,主信义,所动必准,故应庚戌日。午为文书,青龙乘其上,文书临身,故主先有信至。戌酉申为返驾,当主行人至,而酉申皆金,坚固不化,虽有动念而未行也。此课乃唐公圭所断。与余复视,其兄数年未有信息,又七十以上人,客游在外,安能望其消息?不知此课昴星又无凶战,岂得以凶论之?余以理断,果于庚戌日得马溜船上人,代寄信云:"随后动身来扬也。"其弟次日诞辰,青龙居午为宴会,午为南山,即此信到在宴会时。验甚。

占验481　邵占家宅

○己酉年八月戊申日巳将卯时，童三十四公丙申生七十四岁，占家宅。
（《方本占案》、《口鉴》）

```
空虎常玄
未申酉戌            后玄常空              财壬子后
青午  亥阴          子戌酉未              官  寅蛇◎
勾巳  子后          戌申未戌              兄甲辰合⊙
辰卯寅丑
合朱蛇贵
```

邵彦和曰："此课老反送幼，良为不利。初子即为子息，天后为少女，既有初而无中末，是家务不进也。身上见眷属，行年上引出破败，宅上戌作玄武，主诸子分居，财各入己。戌为季，主第三子尤不肖。四课上发用，是玄武之阴神传出，乃子孙皆贼也。"童公有五子，果是各将家财肥入己囊。当年丧第三媳，又丧少女。次年丧第二子，壬子年丧长子，甲寅年丧第四子。五子仅存其二，财物悉尽。老反送幼，于斯毕验。盖日上未为眷属，阴上见酉，酉属兑，兑为少女。初传见子，子亦为子息，皆是以下之人，而无老阴老阳之辈。且行年上巳为老阳，却临卯上自败；亥为老阴，却在酉上自败。① 中寅日德而空亡，末辰为财库，库既空，财亦空矣。

占验482　壬占疾病

○戊辰年戌月戊申日辰将寅时，占病。（《牧夫占验》）课式同前。

```
空虎常玄
未申酉戌            后玄常空              财壬子后
青午  亥阴          子戌酉未              官  寅蛇◎
勾巳  子后          戌申未戌              兄甲辰合⊙
辰卯寅丑
合朱蛇贵
```

王牧夫曰："此病其患在背，迟迟而愈。无碍也。"何以知病患在背？书

---

① 愚按：此节自"阴上见酉"以下五十八字，与"老反送幼"相矛盾，必非邵公之语，乃后之人强作解事者杜撰之词。余意："子为子息，乘天后，又为少女，既作死气，又受戌土之下克，干上未土之克害，故不利子息与少妇。况子在四课，恰为卑幼之位，受克受害，安得不伤？"邵公引而不发，以待学者之自悟。奈何后人不谙此理，节外生枝，使明镜而生尘埃也乎！

曰：三壬，天后临子，遁壬一也。① 又寅属艮，艮为背，是以知之。但官鬼带蛇，不能即好。末见墓合，又是仪神，即合且墓，能收日也。仪神月将皆吉神，故能化凶为吉也。

又丙子日，为人占得戌酉申三传，余断其病在舌。盖心属火，舌根于心，发用火墓，申酉金主声，为墓所闭，必病哑也。果验。善推于理，确然必中。

占验483　苗占行人

○**五月戊申日未将辰时，占子久出何时回。**（《张本占案》）

```
青勾合朱
申酉戌亥        后朱朱青            官　寅后◎
空未　子蛇      寅亥亥申            父乙巳常⊙
虎午　丑贵      亥申申戌            子戊申青
巳辰卯寅
常玄阴后
```

苗公达曰："支与干会，行人必来。申为子孙，坐干上，不过七日，汝从东北四十里大木桥上相等。汝子带有一妻，年二十八，戴朱冠，穿青绸袄，下着白丝套鞋，乘马而来。有四担行李，得宪司牌封锁，一女许一少年医生，今同汝子来作赘婿。"盖末传申七数，故七日来。寅为天梁，故曰桥。亥四数，故四十里。寅七数，坐亥故四七二十八。亥为丝绸，寅青色，寅为申马，故曰"青衣乘马"。朱雀带天后加财上，故曰"宪牌"，申金为锁也。亥为申之女，寅为医，亦为婿，寅与亥合，乘天后，在第四课上，是以女招婿赘到我家也。寅生巳，巳生申，申生戌，一路顺生，大得和谐。

占验484　王占疾病

○**甲戌年亥月戊申日卯将子时，汪昆自兄代占婴儿病。**（《牧夫占验》）

```
蛇朱合勾
申酉戌亥        虎勾勾蛇            官　寅虎◎
贵未　子青      寅亥亥申            父乙巳阴⊙
后午　丑空      亥申申戌            子戊申蛇
巳辰卯寅
阴玄常虎
```

---

① 愚按：此句有错误字。当云：三壬为背，天后属壬，一也。甲辰旬是壬子，二也。戊日五子元遁得壬子，三也。

王牧夫曰："此风搐之症。虎乘寅，为虎踞山林，故主风搐也。七日之内，即为婴鬼矣。"盖小儿占，不宜见刑。用见刑者，百无一存也。此乃三刑，刑尽长生，本元即绝，虽有些小吉象，亦无益耳。常占以虎头蛇尾，先重后轻，余独谓是小棺具之象也。何也？巳乃日德，居于蛇虎之中，成了三刑，安能望其生乎？果验。

```
贵后阴玄
巳午未申          勾勾勾勾         官癸丑勾
蛇辰　酉常        丑丑丑丑         官庚戌虎
未卯　戌虎        丑丑丑癸         官丁未阴
寅丑子亥
合勾青空
```

余又占得一九岁儿病，乃是癸丑日伏吟，丑乘勾陈。断曰："此乱坟堆耳，不能治也。"后果然。

占验485　郭占梦兆

○崇正丁丑年十月戊申日卯将子时，占梦。（《郭氏占案》）**课式同前。**

```
蛇朱合勾
申酉戌亥          虎勾勾蛇         官　寅虎◎
贵未　子青        寅亥亥申         父乙巳阴☉
后午　丑空        亥申申戌         子戌申蛇
巳辰卯寅
阴玄常虎
```

郭御青曰：余自丁丑年八月京邸候选至十月十四日，夜得一梦。梦一人叩寓门，高声朗诵曰：正西身上可安坤。余梦中曰："汝念错，乃坤上可安身。"其人又朗诵如前。遂醒。呼烛占之。卯加子，得申戌一课。戌乃干身，上乘申，非身上可安坤而何？梦中人为余起此课也。亦奇矣。详课体，初中官禄俱空，岂十月尚不得选乎？辰课不备，吊客临宅，至家中幼小不安。其余莫能尽解。去灯假寐，又梦一老妪驾鹰逐兔，其兔起余面前，奔入一犬腹内，余一足踏犬颈曰：剖犬即得此兔矣。遂醒。一夜连得二奇梦。取课详玩，见酉乘朱雀临干，戌乘六合临未，酉乃婢，朱雀乃鹰也；戌为犬，六合乃兔也。但不知所主何事。不数日，余因旧火病，为庸医针灸，兼误服附子过多，火炽如燎原，遍身疮痍，不离床褥。十月遂未得选。余止两幼子，家信至，俱为痘伤，至十二月，力疾选得怀庆，取课反覆推详，一一符合。初中官禄俱空，主十月不得选。干上螣蛇，上下夹克，即主身上火病。且申乃子息爻，螣蛇正瘰痘之患，即主伤子。鹰犬之梦，盖六合小儿之象，前为鹰隼所逐，后为天狗所食也。至十二月，春节不远，寅木有气，所以得选。寅临亥地，亥乃魏分，怀庆属马，且签选十七，又亥日，一一皆前定矣，人生碌碌何为哉！犹幸剖犬得兔之说。余庚辰年交壬戌运，辰戌冲，即剖犬可以得子矣。但正西，二年尚不得其解。故存之。

占验486　邵占晴雨

○**十二月戊申日子将申时，某占晴雨。**（《方本占案》）

```
            勾合朱蛇
    酉戌亥子            玄蛇贵勾            兄甲辰玄
青申    丑贵            辰子丑酉            子戊申青
空未    寅后            子申酉戌            财壬子蛇
    午巳辰卯
    虎常玄阴
```

邵彦和曰："润下课，元临子发用，中传龙又乘申，末又是夜青龙。若春占主水涨，今冬占，必有大雪。"果辛亥日雨，丙辰日大雪，戊午日晴而起风。

占验487　邵占家宅

○**己酉年五月戊申日未将卯时**戊申乃六月朔，因未交小暑，故言五月也，**刘将仕庚午生四十岁，占宅。**（《方本占案》、《口鉴》、《宋本占案》）**课式同前。**

邵彦和曰："既恋一旧妾，又讨一新妾，精气衰耗，渐不支持。三传皆财，又不入库，为家贼所偷，宅上子作螣蛇，主子外横，乃宅中水不合被长生耗去，故多招是非，常不安妥。今年太岁值水败尚可，来年不利。本身有脏毒，终为所苦。沟渠为土淤塞，子作沟渠，上加辰作玄武，故主土注淤塞。坤申方有涧水来克，子必不肖，而婢为宅主也。"刘将仕果有新旧二宠，盖酉作勾陈加行年，又在日上，是有两婢也。破碎主旧事扰攘。[①] 戊日水局，财气太盛，自库传生则反传出去，只因库中有鬼贼，[②] 所以偷去。子作蛇加申，主

---

① 稼云曰：勾陈主旧事。
② 辰比劫财，又玄武为盗神故也。

子息非理废用。至丁巳年，退去八分，庚申年退尽。① 辛酉年四月脏毒死矣。盖酉为脏毒，临巳为四月，又遇酉年，破碎重见故也。

占验488　陈占疾病

○崇正辛未年正月戊申日亥将未时，刘一纯占病。(《指南》) 课式同前。

陈公献曰："病起少阴，目今无虑，但绵缠难脱体耳。微独病也，且防贼至。病起少阴者何？从魁临干，为日之败气，是因少阴而败身也。病难脱体者何？传将合成财局，生起日之官鬼也。占病而言贼至者何？玄武发用，传归支上，主贼入我内室也。""医当如何？"曰："木为官鬼，火作白虎，心脾二经受症，当觅东方之医，理肝清心，切勿健脾补肺。""何时当愈？"曰："甲戌流年，方且不保，遑问愈乎？缘戊日，元墓发用，是为收魂煞，又纯财生卯木，死气克日，故是年冬可虑。"果后三日，一贼入室。刘复来言及，余仍以原数断云："贼北方道路往来，陈姓，年少人也。作贼无伴，一人耳。然必告官方获。元辰乘相气，主年少，在子为道路。辰与陈姓同音。元阴生水，水合一数也。官鬼遥克玄武，公命上神又制盗神，必告官而后捕捉也。""何日可获？"曰："告官三日即获。"后果然。反询其姓名，则陈忠也。

占验489　陈占功名

○崇正戊辰年十二月十一戊申日丑将申时，余在京城会高仁斋、夏客还、张环玉，在礼部李戴溪先生座，索占。(《指南》)

```
          合朱蛇贵
       戌亥子丑            虎贵阴合           官　卯阴◎
    勾酉　　寅后           午丑卯戌           子戌申青⊙
    青申　　卯阴           丑申戌戌           兄癸丑贵
       未午巳辰
          空虎常玄
```

高仁斋曰："卯与戌合，为大六合，六合加戌为小六合。喜末传月将贵人，定然片言入相。"余反其意曰："太阴临卯空，即不能成名，此乃旧事又举行者，二月还宜慎重。"曰："何以知其旧事？"余曰："旧太岁发用，且四墓覆生，主已废复行沉而又举也。嫌初中龙官空战，朱雀阴见元墓，若上疏

---

① 巳上见酉为破碎，故丁巳退八分。申上见子，作蛇扰之，故退尽。

旨意不佳。"果后以改授上疏见驳，几至察处。

占验490　邵占前程

○己酉年六月戊申日未将寅时，刘干运丙寅生四十四岁，占前程。（《方本占案》、《口鉴》、《宋本占案》）

```
合勾青空
戌亥子丑              后空常合          官　卯常◎
朱酉　　寅虎          午丑卯戌          子戊申蛇⊙
蛇申　　卯常          丑申戌戊          兄癸丑空
未午巳辰
贵后阴玄
```

邵彦和曰："此课无造化。戊以卯为官星，甲辰旬，空亡也。戊以申为长生学堂，又入空亡。只有末传是丑不空，奈又来刑日上戊，且作天空，虽作日贵，乃贵而无位也。主晚年孤独，只与奴婢过残生，俱不见妻子。"后果然。

己酉日

占验491　王占生计

○乾隆己巳年三月己酉日戌将辰时，辛巳人四十九岁，占谋生。（《牧夫占验》）

```
蛇贵后阴
亥子丑寅              合玄青后          官　卯玄◎
朱戌　　卯玄          酉卯未丑          子己酉合⊙
合酉　　辰常          卯酉丑己          官　卯玄◎
申未午巳
勾青空虎
```

王牧夫曰："夫妻商量，欲为门户计乎？"其人曰："何以知之？"余曰："此课龙后相交，故知为夫妇商量也。卯酉相冲，故知为门户计也。"曰："将来如何？"余曰："看来此数大不美，不惟门户不振，犹惧申酉之年，有死亡之忧。盖酉为败金，卯为死木，死败相乘，岂能越申酉年乎？且元合为不正，占亦丑矣。"

占验 492　陈占出狱

○崇正丙子年三月己酉日戌将卯时,粤东少宗伯陈秋桃太史为宗藩建言被逮刑部,占出狱。(《指南》)

```
        贵后阴玄
        子丑寅卯            蛇常合阴           财辛亥蛇
    蛇亥    辰常         亥辰酉寅           父丙午空
    朱戌    巳虎         辰酉寅己           兄癸丑后
        酉申未午
        合勾青空
```

陈公献曰:"目今不能脱难,交四月甲戌日巳时方出狱也。"同难诸缙绅皆曰:"指日即出。"余曰:"不然。发用驿马坐墓,且赤鸟犯岁君,如上疏,旨意必驳。"众不然其说。三月冯大司寇上疏,旨意驳下。四月上疏,依拟脱罪。因四月建巳,冲初传墓中驿马,方有出狱之应也。

占验 493　张占疾病

○乾隆乙卯年正月己酉日子将丑时,戌命人占病。(说约)

```
        勾青空虎
        辰巳午未            虎常青空           兄庚戌阴
    合卯    申常         未申巳午           父丙午空
    朱寅    酉玄         申酉午己           子戊申常
        丑子亥戌
        蛇贵后阴
```

张江村曰:"冬蛇掩目,占病不起。然午加干,虽是死气,却作日禄生干。酉加命虽值四废,却作干之长生,因此断此时少延,至三月辰日卯时必死。以辰上见卯,卯冲酉破午也。"后果然。大凡占病,色色皆凶。尚有一点生意者,视此一点生意。有力者,可救。无力者,视此一点生意尽于何时,以决死期。此课可为隅反。

占验494　邵占失婢

○三月己酉日酉将未时，某占失婢。（《方本占案》）

```
　　青勾合朱
　　未申酉戌　　　　　后蛇蛇合　　　　兄癸丑后
　空午　　亥蛇　　　　丑亥亥酉　　　　官　卯玄◎
　虎巳　　子贵　　　　亥酉酉己　　　　父乙巳虎⊙
　　辰卯寅丑
　　常玄阴后
```

邵彦和曰："此婢不失，但往东方寻之，六里内必见也。日辰三传俱在阴位，阴主伏匿。巳作虎，临门户上，其人出门去便止也。盖己日为尊，酉辰为婢，今加日上，是婢来就尊，日辰相加，所以不失。酉六，故不出六里必见。"果往东方六里内寻见，乃失路不能归也。

占验495　王占行人

○己巳年五月己酉日申将午时，占行人。（《牧夫占验》）**课式同前。**

王牧夫曰："行人已出户外，到期不远，丙辰日验。"其人果于丙辰日到。此在外望宅中行人之占，故以支加干为宅就人。酉乘六合，门户动，课名出户，马带蛇逢冲，俱是来象。动爻丑土乘后作合，中见官鬼，末见白虎，皆速到也。故即以马为应期。马亥临支又与末冲，归着当在马，马带辛，丙与辛合，遁丙在辰，故断丙辰日也。

占验496　邵占后运

○建炎己酉年九月己酉日卯将丑时，姜子昭庚午生四十岁，占向后何如。（《方本占案》）

```
　　蛇贵后阴
　　未申酉戌　　　　　虎玄玄后　　　　兄癸丑虎
　朱午　　亥玄　　　　丑亥亥酉　　　　官　卯青◎
　合巳　　子常　　　　亥酉酉己　　　　父乙巳合⊙
　　辰卯寅丑
　　勾青空虎
```

邵彦和曰："支来加干败干，又作天后，一主不能读书；二不得妻子力；三宅气衰败，走失财物；四坟中满棺是水，又有泥并白蚁。吾丈又贪色，夫妻一味娇态，不管家务，今六阴皆备，不日便为泉下人矣。若改乾亥山向，决宅水东流，戒酒色，犹可延，否则死无日矣。"姜好酒色，占后月余，吐红，遂成翻胃，小肠刺痛，大肠结，十月死。大凡六阴，自是不利，自夜传出日，尚可；日传入夜，其阴愈甚。今干生支酉，酉金生亥水，更行年上未，六阴俱全，本命又见脱盗，且迄逦传出卯巳，自败传死，自死传绝，行年又加绝上，即是巳禄本身与行年相继投绝，安得不丧？日上酉为血，天后为厌秽，自内传出，是吐血也。武亥加血上，亥本宫被丑克，故翻胃。丑作虎，故小肠痛，大肠结也。巳作六合，绝处入庙锁定，兼六阴相继，所以不通，传绝而死。

占验 497　陈占疾病

○己卯年六月己酉日未将辰时，杭州张澹宁相会占病。（《指南》）

```
        勾合朱蛇
        申酉戌亥            玄贵后朱          官　卯玄◎
    青未    子贵           卯子丑戌          父丙午空⊙
    空午    丑后           子酉戌己          子己酉合
        巳辰卯寅
        虎常玄阴
```

陈公献曰："当年病无妨，何须再三详。黑马自东来，跨上往西方。早觅元空径，教尔接命长。宅上见胎喜，一阴并两阳。盖太岁发用，作日破旬空，目今无妨。但嫌医神发用克日，主医人用药不当。但木火为虎鬼，脾肺受病，未能脱体。须东南钱刘之医，平肝清心，其病渐愈。"曰："何以言元门？"曰："卯乃死我门，酉为生我门，元空长生在传，宜避初鬼就末生，须向元空之门，求接命延年之术，否则壬午春，必有他虞矣。"曰："有胎者何？"余曰："支上见胎神。"曰："三儿妇俱怀孕矣。"余曰："试言何命。"曰："丁未、壬子、甲寅。"余以行年推之，丁未生女，余二皆男。后果然。澹宁壬午春死。

占验 498　邵占前程

○己酉年九月己酉日卯将子时，姜子安壬申生，[①] 三十八岁，占前程。

---

① 壬申生，二十八岁。占课当是己亥年占。己酉年占，又当是壬午年生也。或是壬申年生，三十八岁。

(《方本占案》)

```
         贵后阴玄
         申酉戌亥              青常虎阴              官  卯青◎
    蛇未      子常              卯子丑戌              父丙午朱⊙
    朱午      丑虎              子酉戌己              子己酉后
         巳辰卯寅
         合勾青空
```

邵彦和曰："吾丈暗昧，亦不永远。惟令郎好，与老阴人可以享此。今则福谢灾生，身宫不明，何望显达？须管一有福之子丧，则君不禄矣。况初中空亡，惟末传撞在日之后，作败神，主酒色伤身夭寿，三年半期满，恐难过也。"姜子安好奇异，闻言哂而不信。至壬子年，一子果死，其子温厚，姜氏悲怆，日夜追思，相继而亡，果三年半也。盖己酉日见支前之太阴，是暗昧在前也。宅上子作太常，己以子为财，财来此败，太常己未土，亦随此败。初传见卯，土死于卯，卯又空亡，是空亡死也。初中即空，只在末酉，又在日后。① 夫太常到酉上败，是进败也。酉在日后，是退败也。太阴即酉，又来日上败我，是进亦败，退亦败，现成亦败，岂得不死？壬子年，子上卯，宅自子引入本宫，己土至彼败且死，人宁不亡欤？

庚戌日

占验499 邵占家宅

○建炎己酉年七月庚戌日巳将丑时，伍七二秀才辛未生三十九岁，占家宅。(《一针见血》)

```
         朱合勾青
         酉戌亥子              后虎玄青              父甲辰玄
    蛇申      丑空              午寅辰子              兄戊申蛇
    贵未      寅虎              寅戌子庚              子壬子青
         午巳辰卯
         后阴玄常
```

邵彦和曰："此课第二课发用，末传又归日上，水自墓中发出，中传同

---

① 愚按：日干之后也，己寄于未，申为前，而午为后，酉加午，故曰"在日后"也。

类去受生，而为螣蛇所克，后归本宫，又被子蚀，得一而失十。龙武蛇皆水兽，尽取辨于我；宅上又三传之驿马，家势更进，子孙好胜而败。宅中马作虎，家中必有喧吵之人，定主分离。壬子年因喜事而破产，甲寅年因争竞而分开。丙辰受制于人，庚申自身丧矣。庚日得水局，又传归日上，自他更蚀来，最是怕人；兼龙蛇武，愈紧来蚀庚，便无事之人，亦为病者。若占病人，无疑是亡。今占宅，是财退之兆也。子女皆因缘而败也。"伍七二秀才，自他尊丈及令嗣，好宾客筵宴，凡事好胜，家势尽退。宅中弟兄不齐，又不和睦，值白虎作驿马在宅也。壬子年，女嫁有官便家，皆出产为之。冬又为儿子纳妇，亦出产为之。甲寅诸子喧争，遂至私给。丙辰年，少汪定钱文千贯，为他追扰，自此困穷。不无数年，庚申年十一月身丧矣。果先生之言也。

占验 500　邵占前程

○己酉年二月庚戌日亥将辰时，杨秀才辛未生三十九岁，占前程。（《宋本占案》、《口鉴》）

```
蛇贵后阴
子丑寅卯          蛇常合阴          父庚戌合⊙
朱亥  辰玄        子巳戌卯          官乙巳常
合戌  巳常        巳戌卯庚          子壬子蛇
酉申未午
勾青空虎
```

邵彦和曰："庚上见卯空亡，是朽木不堪雕斫，徒有斫轮虚名。戌为模范，亦落空地，虽有巳之炉火，却无模铸，是徒有铸印虚名。主到老奔波，只是士人书会而已。末传子爻作螣蛇，主子孙不读书，宜改业。临于巳上，巳为店。四年后，得店屋为宅，家计虽不宽，亦不饥寒。子孙以水磨、水碓为生计颇好。盖斫轮不成，止可作水碓之轮；铸印不成，止可作磨舂之范而已。虽不富贵，却有寿。盖金长生在巳，巳数四，二巳得八，巳上见子得九，八九七十二也。"杨读书淹博，累试不中。后徐侍郎知州，令权教授，人称杨教授，果是虚名。四十二岁分得店屋居住，其子作水碓生理，果如先生之言。

占验501　邵占前程

○己酉年八月庚戌日巳将酉时，王知县丙子生三十四岁，占前程。(《一针见血》)

```
空虎常玄
丑寅卯辰          虎后青玄        子壬子青
青子    巳阴      寅午子辰        兄戊申蛇
勾亥    午后      午戌辰庚        父甲辰玄
戌酉申未
合朱蛇贵
```

邵彦和曰："尚是七月节，天马带将星入宅，中传我去被脱，初传脱神受制，末传土来生金，此名润下，其定先脱后生也。天马入宅，来年会起寅午戌，望见今冬十二月，即赴任也。本是九月动，被妇人病阻，故少迟也。初上任，彼处财赋虽缺，本制治有法，后为失财所苦，甚是不明，即终任竟为此困也。"王知县待次年庚戌，不见从人来催。八月初五日，忽交代文书至，催赴任。十二月十九日交割，二十二日立春。本年九月起程，缘尊堂太宜人病极，遂未成行。十一月全安，遂行。初上任，为官缺乏钱，措置亦不费力，只是一年零三月余，倡库中失银七片，库门封锁如旧，业勘了无限人，外人传言自是知县与库子合盗，遂将官诰敕书，往州府纳，州府不受，诸人勘无去著而止。自此不如意，却喜终任，全璧而归。此课先脱后生，文到生日，只不合玄武偷库中物，本喜土来生金，所以不成事也。若子加庚作玄武在末，则历底费力矣。

占验502　俞占忧疑

○俞大师在祥符寺，一人于庚戌日酉将戌时占忧疑。(《直指》引《三车一览》)

```
合朱蛇贵
辰巳午未          后阴蛇贵        官丙午蛇
勾卯    申后      申酉午未        官乙巳朱
青寅    酉阴      酉戌未庚        父甲辰合
丑子亥戌
空虎常玄
```

俞曰："庚日阳刃在酉，酉为金，戌为足，恐为刃斧伤足。其人因秀才，读书有名声，定为积盗，后事败，太守刖其足。"①

又一人占出入，酉加卯为行年。曰："阳刃得手，惧有所伤。"不出一月，其人果断其手。盖酉为刃，卯为手也。

占验503　祝占蝗灾

〇丑年五月庚戌日伏吟课，占外处飞蝗。（《一针见血》）

```
        勾青空虎
        巳午未申              玄玄虎虎              兄戌申虎
    合辰    酉常          戌戌申申          财　寅蛇◎☉
    朱卯    戌玄          戌戌申庚          官乙巳勾
        寅丑子亥
        蛇贵后阴
```

祝泌奏曰：谨按螣蛇与天空主飞蝗之象。今此课次传见之，乃螣蛇长生之地。凡螣蛇有气，则为灾轻，而不能全消其害。方此久雨，自不容此物滋蔓，但在课传在生地未可扑绝，遗蝗再发。所乘白虎为德神，属金，金主秋成，申主稻麦二谷成熟，不如去岁之大歉。况贵人顺行，临于太岁，虽有遗蝗，不全然为灾。

占验504　陈占疾病

〇顺治六年六月庚戌日午将午时，陈惟一占扬州陈道台病。（《指南》）**课式同前。**

陈公献曰："此课不利占病，丁巳日必死。"盖因禄马发用，入传中空绝之乡。病人见驿马，乃神气出游之象。课传无胎，主别处投胎之象。虎鬼临处是畏期，课传既无天医，而末传巳火克日，故以是日决之。

占验505　王占晴期

〇乾隆己亥年六月庚戌日未将未时，久雨占何日晴朗。（《牧夫占验》）**课式同前。**

王牧夫曰：是年自五月二十日雨起，终日闻檐溜声，闷甚占之。余谓日

---

① 愚按：此课午巳二火克干，又作螣蛇朱雀，叠叠火神，固已凶矣。而日上贵人，又遁丁火，安得不凶？但贵人生日，想必五六月间，为太守诱去，以致败露，而后刖其足耳。惜三车一览，余未之见，而《直指》所引各书，仅寥寥数语，无从印证，为可惜也。

干刑尽长生，一时难晴，至七月始能晴。岂知九月初一，始晴不雨。是岁卑下之区，皆为水淹。三伏热气，为雨淋尽，竟不知有暑月也。三月间九头鸟盘旋鸣号不去，此鸟属阴，故能豫知天时也。余断既不验，则复细视之。三传申为水母，乘虎，水乘壮气。寅巳为风，乘勾陈缠绵而久。秋金旺，故不晴。至九月晴者，巳火受戌墓也。①

占验506　壬占六甲

○**庚辰年九月庚戌日辰将辰时，占六甲。丁酉命四十四岁。**（《牧夫占验》）**课式同前。**

王牧夫曰："此课甚奇。乃是双胎。然母子俱不能保。"何也？年月日时月将俱是罗网魁罡，何由得出此难？况三传刑尽妻财，天占更为不吉。何以知是双胎？月建重叠故也。女命丁酉，酉是庚日之网，重重凶征，故于次年二月先生一女，腹仍未消，子母俱不能保也。

占验507　壬占家宅

○**甲戌年亥月庚戌日卯将寅时，占家宅。**（《牧夫占验》）

```
     蛇贵后阴
     午未申酉          虎常玄阴          子辛亥常
 朱巳     戌玄          子亥戌酉          子壬子虎
 合辰     亥常          亥戌酉庚          父癸丑空
     卯寅丑子
     勾青空虎
```

王牧夫曰："干支皆乘罗网，人宅俱晦。传见脱气，不见昼神，全无发旺之气，越居越寂寞也。况未归丑土，墓人刑宅乎？宜速迁移为要。"此课金寒水冷，日就萧条，不至凶咎，以子孙能制鬼耳。

占验508　邵占宅基

○**己酉年二月初一庚戌日亥将酉时，汪解元丁卯生四十三岁，占宅基。**（《宋本占案》、《口鉴》、《方本占案》）

---

① 愚按：巳火受戌墓，牵强之极。况九月壬申朔，尚未交寒露，岂戌建乎？

```
空虎常玄
未申酉戌                蛇后后玄          子壬子后
青午    亥阴          寅子子戌          财  寅蛇◎
勾巳    子后          子戌戌庚          父甲辰合☉
辰卯寅丑
合朱蛇贵
```

邵彦和曰："宅后逼山，宅前逼水，水虽东流，过宅反直去。若为宅基，主女多男少，子为吏人，孙为军卒仆从，财退人散。"盖四阳虽临东南，无关阑拘束，日后主水坏宅，因身役而尽败也。此宅基，乃庚兑山行龙，坎山为主，盖缘逼迫，遂欲凿半山为之。果是后逼山，前逼水，次年建造，不过十年，连产四女。男作县吏，自后诸孙为屠儿，又有为仆从者，又有投军者。此宅因为公人押网，犯罪籍没，因此折破败坏，后卒为水冲其基也。盖为宅来加申，戌为山冈，是后逼山也。宅上子作天后，是前逼水也。水横过，寅为直去，东南两处风路，为螣蛇所挠，故主吏人。又主失陷财物，兼木败坏在子故也。末传辰为军卒仆从，六合加之故也。

占验509　王占六甲

○辛巳年五月庚戌日申将午时，占胎产。男己卯生六十三岁，女丙戌生五十六岁。（《牧夫占验》）**课式同前。**

王牧夫曰："占胎当以支位之胎神为类用。六十三岁人，血气已衰，不当以干之胎神论也。今正时即支之胎神，发用天后冲破，中见蛇，又逢空，末见六合子息之神，又为日破，此似胎而非胎也。午于五月为月厌煞，天后为血，寅木为肝，肝乃藏血之脏，带蛇，主不足，此主气旺血不足，似胎而非胎，不能产也。"后竟不产而腹自消。又初传子冲时，中传寅冲日，末传辰冲支，其气散矣。

占验510　王占友病

○己巳年三月庚戌日戌将申时，占友人病。（《牧夫占验》）**课式同前。**

王牧夫曰："此毒疮生于下部，由不正而起，将来必出头，血脓行过，方得全好。其疮当在左足腿叉，与肾相关处。喜是顺症可治，不致丧命。"所病之处，果丝毫不差，一一如占。盖支加干，戌为足，玄武为不正。用见天后，故必要出头，见脓血也。庚乃戌之左，子临戌上，故断以左足腿义，近肾也。

子为血污，寅乘蛇，故知其必出头耳。末辰带六合，尚得收口。寅数七，至于有七十余日痛楚也。后果然。

辛亥日

占验511　子胥占伐齐

○**七月辛亥日巳将寅时，卜伐齐。**（《吴越春秋》）

```
   朱合勾青
   申酉戌亥            后常阴虎          官乙巳后⊙
蛇未    子空            巳寅辰丑          兄戌申朱
贵午    丑虎            寅亥丑辛          子辛亥青
   巳辰卯寅
   后阴玄常
```

吴王从勾践之师伐齐，子胥闻之，谏曰："窃观《金匮》第八，其可伤也。"吴王曰："何谓也？"子胥曰："今年七月辛亥平旦，大王以首事。辛，岁位也。亥，阴前之辰也。合壬子岁前合也，利以行武，武决胜矣。然德在合，斗系丑，丑，辛之本也。大吉为白虎而临干，功曹为太常而临亥，大吉得辛为九丑，又与白虎并重，有人若以此首事，前虽小胜，后必大败。天地行殃，祸不久矣。"吴王不听，次年复伐齐，勾践使范蠡、泄庸率师以绝吴路，遂入吴。

占验512　邵占文字到否

○**四月辛亥日申将巳时，僧占举请长老，望州中文字到否。**（《方本占案》）**课式同前。**

邵彦和曰："文字目下便至。盖初传驿马乘后为恩泽神，又月建主州府文字，作巳时发用，中传即见朱雀，故不出巳时见之也。只是长老得了文字，自身却有灾，宜保重。乃虎乘墓加身也。"果当日文字至，长老交割了，却谢州府，中路轿门柱损颠下，手废成疾。

占验513　陈占功名

○顺治甲申年十一月辛亥日丑将酉时，公明长兄占黄虎山功名。（《指南》）

```
    青勾合朱
    酉戌亥子        虎后常贵        父丁未虎☉
 空申    丑蛇      未卯午寅        子辛亥合
 虎未    寅贵      卯亥寅辛        财　卯后◎
    午巳辰卯
    常玄阴后
```

陈公献曰："据此课象，藩台不得善后矣。何以明其然也？课中干乘绝气，支见死神，① 两贵空亡，禄神受制，功名安得久长？且官星空矣，谁与居位？营垒空矣，谁与御侮？财星空矣，谁与生官？况太阳西坠，桑榆之返照无多。冬木逢空，腐朽之折伤必应。岁在大梁，余言必验。"曰："以何故不利？"曰："明岁行年酉为自刑，破坏木局矣。次年五月，御敌自刎。"②

占验514　某占婚姻

○辛亥日□将□时，占婚姻。（《壬归》）③

```
    青勾合朱
    丑寅卯辰        合后勾贵        父丁未后
 空子    巳蛇      卯未寅午        财　卯合◎
 虎亥    午贵      未亥午辛        子辛亥虎☉
    戌酉申未
    常玄阴后
```

断曰："姻事必成。但嫌不旺夫家，偏旺母家。八年后，定当改嫁，非吉象也。"盖干支之上，午未作合，故主必成。凡天后发用，而三传自合成局者，谓三阴自旺。得天后临支，支系母家，致主偏旺母家。后之所乘，明生暗鬼，而三传木局又生起干上之鬼以克干，故不旺夫家。未数八，故八年之后，丁动而中空桥断，卯即辛之妻星，故主改嫁，其象若此，尚可成乎？婚姻之占，关系甚大，其可忽乎？

---

① 死神正月起巳，顺行十二支。占病凶，若并虎，名虎衔尸，大凶。
② 己酉五月初十，福王出奔，投黄得功，刘良佐追至，伏弩射中得功喉，得功叹曰："我无能为矣。"归营拔剑自刎。
③ 愚按：此课不载月将正时，未知《壬归》所引何书。

占验515 陈占疾病

○乙丑年十月辛亥日午时，金陵王养吾索占。（《指南》）

```
勾合朱蛇
寅卯辰巳        蛇阴朱后        官乙巳蛇
青丑    午贵    巳申辰未        财 寅勾◎
空子    未后    申亥未辛        子辛亥虎⊙
亥戌酉申
虎常玄阴
```

陈公献曰："公为阴人占病，主胸膈不宽，饮食少进。"曰："果妇病，其症若何？"曰："传得病元胎，又四课得鬼发用，巳作闭口，食神乘空，故知病在胸膈，不能饮食。且禄临死地，何以养生？目今子爻制鬼无妨。恐来年初夏，太岁生鬼可虑。况夫占妻，岂宜财空？主半路断弦，难以续终也。辛日亦不宜占病，因辛作亡神故也。"

占验516 邵占赴任及前程

○建炎己酉年九月辛亥日卯将巳时，赵主簿丙子生三十四岁，占赴任及前程。（《方本占案》）

```
合朱蛇贵
卯辰巳午        后玄贵阴        官丙午贵
勾寅    未后    未酉午申        父甲辰朱
青丑    申阴    酉亥申辛        财 寅勾◎
子亥戌酉
空虎常玄
```

邵彦和曰："主簿美差不能赴，自是岳庙两次，二任岳庙后，虽授美差，必不得赴。而丁忧服满，更授差遣，下稍丧妻，以妾为主，贪酒中风而死。"赵不信。庚戌年当赴任，因新任运使是姑丈，遂回避，就岳庙二任。既满，授乌江丞，丁父母忧。服满，授寿昌令，诸宾作贺，醉后不律，中风而死。盖初传日贵，传归夜贵，自治事终反不治事。日上申作太阴，申为神佛，太阴管阴私，寅为庙，艮为山岳，自日归夜，自然监庙，又是顾祖，何能赴任？自干上一带引去，直至东南而止。潭州岳庙，正在东南上也。一味投绝，又自日传夜，所以如此。

占验517　邵占失鸡

○十二月辛亥日子将丑时，占失鸡。（《方本占案》、《张本占案》）

```
       朱合勾青
       辰巳午未           虎常空虎          父庚戌常
    蛇卯    申空          酉戌申酉          兄己酉虎
    贵寅    酉虎          戌亥酉辛          兄戊申空
       丑子亥戌
       后阴玄常
```

邵彦和曰："鸡寻不见矣。被犬冲入邻家，一奴便捉去，杀而食之矣。"盖戌为用，奴偷也。邻近人家者，酉与戌邻故也。酉为鸡，虽类神入传，加日，主自归，奈何加戌，阳刃煞上酉为刀作虎，申亦是虎，如何得活？盖申为白虎之本家，临于酉上，亦为宰割，乘天空，为瓦器，此时覆在瓦盆之下，尚未烹饪耳。

占验518　苗占射覆

○六月辛亥日午将酉时，射覆。（《苗公达断经》）

```
       勾合朱蛇
       寅卯辰巳           蛇阴朱后          官乙巳蛇
    青丑    午贵          巳申辰未          财　寅勾◎
    空子    未后          申亥未辛          子辛亥虎☉
       亥戌酉申
       虎常玄阴
```

苗公达之师断曰："必有一个小飞虫活物，须至壬癸日，被小儿将铜铁物或刀杖物作害而死。"盖发用是癸巳，纳音属水，水主一数，又带死数，故主小物之象。发用见月厌生气，更有蛇加巳，故主飞虫活物。公达问曰："阴神是寅，何为水数一？"曰："此法数与诸经不同，勿轻传于世也。此法更知数目多少，无不验也。"公达曰："弟子坚心二十余年，未尝闻此数，求师传之。"师曰："此法授于汝，切宜秘之。只如此课，谓射物在发用，是太乙，以五子元遁之，即见纳音属其数也。故遁得癸巳，水数一也。甲乙日用干遁，庚午之数八五也。其间更看四时休旺，加减乘除相因，请秘言之。余谓壬癸日被小儿将铜铁物或刀杖作害伤死者，为壬癸所克螣蛇太乙月厌生气。小者，末传亥加寅。白虎铜铁刀杖者，为支上见申，又辛日占言也。作害者，巳申相伤。死者，末传白虎带死气。"后果应其课也。

壬子日

占验519　邵占终身

○建炎戊申年十月初一壬子日卯将丑时，邵木匠乙丑年六月六日未时生四十四岁，占终身。（《方本占案》、《口鉴》）

```
        勾青空虎
        未申酉戌          蛇后贵阴          官甲辰蛇☉
合午        亥常          辰寅卯丑          财丙午合
朱巳        子玄          寅子丑壬          父戊申青
        辰卯寅丑
        蛇贵后阴
```

邵彦和曰："登三天本至高至危之象，今细微中出入人，却能显焕，必富寿也。"盖身宅皆居西北极地，迤逦出东南来，将来必做富人。中传见财，末传长生，有财有寿。长生入财位，子先死，孙送终，以长生能害子孙故也，况寅卯空乎？邵仁占课时，四十四岁，靠木匠工作度日，正窘。后七年，造城山寺大殿，从此兴旺。六十左右，家典钱，连丧三子。丙寅又丧一子，辛未、癸酉又丧二子，是时六十九矣。七十七岁，充保正，至甲午年九十岁卒，七孙送葬。盖壬子皆西北方，至幽至阴之地，转出东南阳方，中午为财，末申为长生，故有财有寿。宅上有寅为子息，奈作空亡，初罡为鬼，又临子息之地，故难为子息也。①

占验520　祝占风烛及宫室灾祥

○丁未年十月初三壬子日子时，奉御笔占向去京邑风烛宫室休祥。（《一针见血》）

```
        青空虎常
        申酉戌亥          合贵朱后          财丙午合☉
勾未        子玄          午卯巳寅          父己酉空
合午        丑阴          卯子寅壬          兄壬子玄
        巳辰卯寅
        朱蛇贵后
```

---

① 邵公盖取中午为孙。愚按：李卫公《十韵》内有云："问子须看脱气星，财宿逢之曰见孙。"邵公以午财为孙，可知矣。午财乘六合相生，故孙吉也。

祝泌奏曰：午加卯为用，六合乘之，囚死之火，来加城门，而今日之水，及传终于子之水，玄武水又乘其上，纵城内有小小惊恐，随见扑灭，不至动众。若宫闱之间，更有天乙贵人，则子卯为刑，自主安宁，只有感冒风寒之疾，在后宫之属耳。

占验521　祝占六甲

○淳祐丁未年九月壬子日卯将戌时，奉御笔再占丙子女命怀孕，或是或非，或男或女，具奏。（《一针见血》）①

```
    青勾合朱
    戌亥子丑        青阴空后        财乙巳阴
空酉      寅蛇      戌巳酉辰        官庚戌青
虎申      卯贵      巳子辰壬         子  卯贵◎
    未午巳辰
    常玄阴后
```

祝泌奏曰：此课三传巳戌卯，皆有合。巳加子，巳中有戊，子中有癸，戊与癸合。中传戌加巳，戌中有辛，巳中有丙，丙与辛合。末传卯加戌，卯与戌合。臣故曰：三传皆有合。此课名铸印乘轩，真吉课也。但三传阴将神稍多，中传戌与阴，恰见为诸臣之主照，自是阳胎未可必。

占验522　邵占前程

○己酉年六月壬子日未将子时，盖判院辛未生三十九岁，占前程。（《方本占案》、《口鉴》）

```
    合朱蛇贵
    子丑寅卯        蛇常朱玄        财丙午玄
勾亥      辰后      寅未丑午        官癸丑朱
青戌      巳阴      未子午壬        父戊申虎
    酉申未午
    空虎常玄
```

邵彦和曰："此课名涉害，动涉中皆有利害。又名四绝，前程偃蹇不通。身与初传玄武俱入庙，中雀又六害，末申作虎入墓。宅上未作常，六害，课象如此，前程可知。吾兄与妻必不足，妻死，又主亲戚入宅，亦死。只因掘

---

① 先是七月戊戌日占过，见戊戌日，干上戌。

损艮方父母坟，所以前程不通也。"盖判院欲来年冬赴任，当年患眼，又因屋倒受惊，其目愈昏，所授之任不能赴。其先与妻果不合，辛亥年妻死。却令姨母来家住，亦死。因看父母坟，果艮方被人掘损。盖壬以申为父母，申墓于丑，是父母坟也。白虎主损坏，以致家败身不荣也。至癸丑年而亡。

占验523　王占流年

○乾隆甲戌年十月壬子日卯将申时，未命人占流年。(《牧夫占验》)课式同前。

王牧夫曰："此课干支上神，虽作合，然大象颇有事故，心甚不宁，恐有私情口舌也。初传午为财，被夹克，玄武逼迫，论财有失而无得。况财与鬼穿害乎？长生又作虎，本源受伤，年境何能得佳？以支辰论，子冲干上午，午为心，受支冲克，而本命又立支上穿害，自又午未作合，午为妻，主妻宫口舌不安，牵连父母亦不安也。且子见于行年，而未又是本命，玄武为用，毕竟由己不正，惹起事端，以致如此。"后知其私乳妇，为妻撞遇，归母家，同岳母来作吵。比时余谓彼"当出门，以避口舌为吉"，后因出门始免。行动免者，以马在寅，能制丑上朱雀也。

占验524　张占妻病

○甲寅年七月壬子日午将酉时，占妻病。(《说约》)

```
　　合朱蛇贵
　　寅卯辰巳　　　　　后常贵玄　　　　财丙午后
勾丑　　午后　　　　午酉巳申　　　　子　卯朱◎
青子　　未阴　　　　酉子申壬　　　　兄壬子青⊙
　　亥戌酉申
　　空虎常玄
```

张江村曰："占此现彼，往往有之。余甲寅年四月初一丁巳日酉将申时，因占幕馆而知妻有病。见丁巳日干上申。及七月间，妻果患痢甚重，为占死生得此课。午为妻，发用，乘天后外战，幸午为太阳，病虽重，无妨。又看干为我，申作长生临干，主有人作荐，巳作贵人临申六合，余亦有馆矣。"果然。

占验525　邵占求酒

○**壬子日申将亥时，或占求酒。**（《方本占案》）

```
    蛇贵后阴
    寅卯辰巳              玄空阴虎           财丙午玄
朱丑　　　午玄          午酉巳申           子　卯贵◎
合子　　　未常          酉子申壬           兄壬子合⊙
    亥戌酉申
    勾青空虎
```

邵彦和曰："酉加子支为酒，作天空，其酒必败，器必破，无酒决矣。"盖酉加子为破，乃破器也。子水败于酉，酉金死于子，故必败。乘天空为虚诈，又传入空亡，是以无酒。

占验526　邵占家宅

○**王德卿辛酉生四十八岁，占宅，戊申年十月壬子日卯时卯将。**

```
    贵后阴玄
    巳午未申              青青空空           兄辛亥空
蛇辰　　　酉常          子子亥亥           兄壬子青
朱卯　　　戌虎          子子亥壬           子　卯朱◎⊙
    寅丑子亥
    合勾青空
```

邵彦和曰："此课财禄极稳，但自有膀胱气及阴肿水气之扰。宅上帝旺，财物兴隆。今年进子又添孙，中传及支皆子也。子边作亥，乃孙字也。末传卯作朱雀，主门户不安，徭役事扰。堂上不合安符，主家中无一时安静。①家资得池塘之利，必然大发。尚有十六年寿，主水肿而亡。"王乃士人，善治家，只是受膀胱气病累。本年三月生子，十二月添孙，常为户役聒吵。堂上挂一天师符，自此梦寐不安，怪异响动，遂去之，果无事。其家池塘最盛，一年有数万鱼利，越十六年果死。盖壬子日，十月亥子水旺，又壬禄居亥，

---

① 盖卯雀脱壬子而刑子支，故其断如此。若不刑子支，不可如是断也。

而旺于子，亥四数，课中四个亥，四四一十六年也。①

癸丑日

占验527　邵占休咎

○**己丑年三月癸丑日酉将戌时，长老占休咎。**（《方本占案》）

```
　　　蛇朱合勾
　　　辰巳午未　　　　常玄常玄　　　兄壬子玄
　　贵卯　　申青　　　亥子亥子　　　兄辛亥常
　　　后寅　　酉空　　子丑子癸　　　官庚戌虎
　　　丑子亥戌
　　　阴玄常虎
```

邵彦和曰："子作元武，加日相合，即作初传，加丑为阳刃，大吉又是僧寺，中传亥加子作太常，亥即玄武，作常加子，又是势害，末虎克日，此课凶矣。必旬日内，盗欲入方丈不得，乃入库下，偷三人物，后来干三人命，盖连茹体也，且损点水姓人。"果第七日，贼入库，偷监寺、副寺、典库三人财物，既觉，行者寻踪，往他客汪家捉贼，误将汪氏一铁椎击死，因解行者到官，狱死。三僧吃棒，一僧患杖疮死。皆因连茹主牵连，子亥戌皆在夜方不明，末虎作鬼故也。库中者，丑为库也。

占验528　邵占雨泽

○**庚辰年浙江大旱，八月癸丑日辰将辰时，占雨泽。**（《张本占案》）

```
　　　贵后阴玄
　　　巳午未申　　　　勾勾勾勾　　　官癸丑勾
　　蛇辰　　酉常　　　丑丑丑丑　　　官庚戌虎
　　朱卯　　戌虎　　　丑丑丑癸　　　官丁未阴
　　　寅丑子亥
　　　合勾青空
```

---

① 此非先生意，乃及门诸子增入之辞也。何则？课传止二亥，亥为旺气，当倍进，即日伏吟，断少则二亥八年，又不可云十六年矣。且亥乃日禄，何反之决死？是此说之谬可知矣。按邵公之意，或因越十六年而行年在辰，辰为壬日之墓，流年太岁在亥，太岁乘空临身，所谓当头立也。太岁即临身，而行年又临墓地，故主十六年而亡耳。邵公之意，毋乃在此乎？

邵彦和曰："伏吟课，定是今日未时有云，一霎时起大风，又下小雨。明日甲寅，一日大风，下微雨。至乙卯日风止，大雨一日，水暴涨也。"盖丑在癸上，即癸丑为初传，而中戌末未，叠叠刑开，使癸水下注。癸丑纳音属木，木主风，故未时兼有风，是八月十五日也。至十七日乙卯，是大溪水，故大雨水涨。由丑寅二日，风以动之也。太阴，月宿，十五日在戌，十六、十七日在酉，乃是月离于毕，毕在酉宫也。十七日朱雀加卯，火败于卯而得月离于毕，故主大雨。雨常附阴而降，以酉为太阴之门，纯阴之位。凡占雨，但用月宿到今日，看临在酉，则是月离于毕也。癸丑纳音木，克乘神勾陈土，土溃而水漏，故一霎时风雨。甲寅乘六合，木盛多风。至十八日，丙火辰土，而纳音又土，辰又为八月太阳，上乘螣蛇火神，至是雨霁而晴矣。

占验529　邵占失物

○九月癸丑日卯将卯时，某知县宴同僚，反失去银器衣物索占。（《方本占案》）

```
贵后阴玄
巳午未申          勾勾勾勾          官癸丑勾
蛇辰    酉常      丑丑丑丑          官庚戌虎
朱卯    戌虎      丑丑丑癸          官丁未阴
寅丑子亥
合勾青空
```

邵彦和曰："贼从高处下来作窃，物必藏在神庙中。未出衙门，今日午时，主姓徐、王人败。"盖丁己共在未，故主二姓人。癸为日主，刑戌，戌为人力，又为高楼宿处，伏吟不离本家也。未有鬼宿，乘太阴，主神庙，又为隐匿。人在高处者，元武在申，申为高处也。丑为官星，勾作刑，故获。果于本衙内神庙龛下寻得，乃更楼上更夫偷也。

占验530　邵占家宅

○戊申年八月癸丑日巳将丑时，郑宣义己亥生，生于五月六日酉时七十岁，占家宅。（《方本占案》）

```
           空虎常玄              空朱空朱         父己酉空
           酉戌亥子              酉巳酉巳         官癸丑阴
        青申    丑阴              巳丑巳癸         财乙巳朱
        勾未    寅后
           午巳辰卯
           合朱蛇贵
```

邵彦和曰："此课人盛宅狭，人兴宅替。不出四年，必主修造酒房，厨下一婢酒中死。不要买叔婆之产，必有退悔。又主有三所店，先开二所见财，后开一所主败。宅前不合置淘镬，主八年内，淘锅屋下必停丧，是时其家四分矣。"郑兄弟十人，共四十余口，未曾分。至辛亥年，公果造酒房。十二月，婢盗酒饮，醉死。己酉年，与叔婆交易，叔婆有二子，年幼者未预名，后来果退悔。又丙辰、戊午两年，两店兴旺。己未又开淘镬，正对门前，至乙丑二月，弟妇死，殡于内。盖谓人盛人兴者，癸日遇巳酉丑，八月旺金来生也。宅狭宅替者，丑为宅，值金局而脱气也。丑为八月死气，加于酉婢之上，丑上见巳，巳为厨灶，癸水见酉，乃酒也，故主婢死于酒房厨下。三店者，日上、支上、传上见三个巳，巳为店业。一所败者，癸水绝于巳故也。又巳为锅镬，值癸水乃淘镬也。八年者，双巳四数也。①

占验531 邵占前程

○己酉年二月初四癸丑日亥将午时，叶助教丙辰生，生于四月初九日寅时，五十四岁，占家宅。（《方本占案》）

```
           青空虎常              空蛇空蛇         财丙午蛇
           戌亥子丑              亥午亥午         兄辛亥空
        勾酉    寅玄              午丑午癸         官甲辰后
        合申    卯阴
           未午巳辰
           朱蛇贵后
```

邵彦和曰："主宅后东厕水沟不通。一主人患眼疾，二主人常有肠风泻痢

---

① 支上巳，末传巳，皆为日财，故二所见财。日上巳，独不以财交论，乃绝神加日也，故主败。丑为宅，上加巳，是为宅前置淘镬也。○驳曰：癸绝于巳，似矣。然余犹有说焉。丑生于申，安不绝于巳乎？则绝巳云云者，非其至也。其或癸水克巳，巳为店，受克则自败也。庶几近矣。○愚按：干支为先，末传为后，先开二所见财，似指干支上二巳而言。后开一所主败，似指末传一巳而言。末传为归计，不宜逢绝也。一得之愚，附此，备考。

之疾，三主妇人血脉不通，四主人浮肿而死。只因西北水路塞闭，所以如此。若不开通，定主妇人癫狂重疾也。"叶家果有人常患眼，兼妇人有病。盖因西北方水沟为人所塞，雨后，后屋及东厕常为水浸。助教自有肠风之疾，妻妾每患吐泻。因末传辰土壅住亥水，亥水克午火，午火却逃临身宅，身虽制得他，宅却为他所害，故宅被害而反害人也。干属水，支属土，土来克水，中传又是水，末传天罡截住，壅塞亥水，故水不通，血脉不行，致生诸病。至戊午年，妇人产后，遂患癫狂。盖午为妇人，为螣蛇所挠故耳。午又为心，血脉不通而克心，故有是病。

占验532　邵占前程

○己酉年六月初六癸丑日未将寅时，姜伯达丁卯生四十三岁，占前程。

（《宋本占案》、《口鉴》、《捷要》）

```
        青勾合朱
    戌亥子丑        勾玄勾玄        财丙午玄
    空酉  寅蛇      亥午亥午        兄辛亥勾
    虎申  卯贵      午丑午癸        官甲辰后
    未午巳辰
        常玄阴后
```

邵彦和曰：吾子平生有三苦：一为屋苦，二为妻苦，三为心所苦。初午被癸克，妇人常患心血不安。中亥为同类，临午上，主官讼争屋。①末墓作天后，主女人血气之灾。自身随传入墓，必是公婆乾亥山之坟内，有泥水侵棺，走兽入内为穴，所以前程不通。九年心病，又四年，遭同族争屋，又五年死。若不动移，必然丧身也。伯达乃士人，占课之时，殊不为意，其后宅宇摧损，拆而再造毕，遂心气发作，日夜呻吟，财物耗散，妻亦心血不安，此九年午所管也。第十年，兄弟日夜争吵，或塞东厕，或关西户，又争三处店房，遂致兴讼，此四年亥所管也。末辰却管五年：二年，女人血病死；三年，自身大病。遂移公婆之坟，启攒视之，泥土淤塞，除泥改葬，后乃安稳。盖午受癸克，走回本家，又受亥克，虽虎贲之勇，亦不能当，所以见诸般不利。午为屋、为心、为目、为妻，故皆不安也。②

---

① 愚按：亥水克午火作勾陈，故主争。
② 愚按：此课与叶助教占宅之课同，然彼是亥将午时，故邵公之断语不同，不知何人将二课皆作亥将午时占，而入于一课二事各断式例内，则错误多矣。今得宋本改正。

占验533　王占婚姻

○乾隆丙子年十二月癸丑日丑将申时，占婚姻。男辛卯生四十六岁，女壬子生二十五岁。（《牧夫占验》）课式同前。

王牧夫曰："此婚必成，成后有老阴人不能安静。然财临绝地，不能齐眉，亦主贫穷。五年之内，一梦醒矣。"老阴人者，天后作墓鬼也。五年者，辰数五，癸干亦五数也。婚成后，岳母随女养子婿家，年老琐碎，吵闹无时，三年而卒。妻怀孕，得病分娩，至次年卒，一梦醒矣。五年之内，拮据异常，亦主妻家穷极。

占验534　邵占赴任

○戊申年十二月癸丑日丑将未时，何知丞丙寅生，生于二月初三日酉时，四十三岁，占赴任。（《方本占案》）

```
空虎常玄
亥子丑寅        常朱常朱        官丁未朱
青戌　卯阴      丑未丑未        官癸丑常
勾酉　辰后      未丑未癸        官丁未朱
申未午巳
合朱蛇贵
```

邵彦和曰："此课旧政上又见旧政，不知已有几年。"何曰："有三年。"先生曰："以此观之，第六年方得赴任。"何笑以为不然。盖何欲归安县任，被吏部差一考，果第六年至任。先生曰："知丞终此任矣。"果第八年丧归。盖戊申年，未为旧政，①初末日辰皆见，十二月月建丑，又加于旧上，来往皆是旧人，故不能速。六年者，未带丁，六数也。满盘是鬼，丑为墓田，乘太常，为亡化。丑未八数，故断其八年扶丧而归。

占验535　徐占来意

○**六月癸丑日巳将亥时，壬辰老人占。**（《一字诀玉连环》）

---

① 愚按：未为病符，故为旧，作日之官鬼，故为旧政也。

```
    勾合朱蛇
     亥子丑寅        朱常朱常        官丁未常
   青戌    卯贵      丑未丑未        官癸丑朱
   空酉    辰后      未丑未癸        官丁未常
     申未午巳
     虎常玄阴
```

徐次宾曰："此人因酒食过多，伤脾下痢，后小肠不通，添心腹胀满，用药不效，饮食不进，旦暮即死也。"盖日上小吉，主羊酒，太常主筵宴，土主脾胃，各乘休气，故言酒食伤于脾胃也。癸水受未土制，故下痢。三传皆土，癸水不能流行，故小肠不通，心腹胀满，癸水不得外行也。小吉为药，太常为饮食，既为日鬼，故主药不效，饮食不进矣。且时为日马，卦得返吟游子，未遁丁神，老病得之，岂能出入？当是阳魂乘天马驭六丁，游于天涯海角之外，其病身一虚壳耳。又命上丧魄，三传俱鬼，以四鬼守虚壳，岂不旦暮而死乎？

占验536　陈占六甲

〇**崇正丁丑年十月癸丑日酉时，太监陈国用占东宫田妃六甲。**（《指南》）课式同前。

陈公献曰："此男子之祥也。然生而难育，应在卯年。"盖因纯阴返阳，支上神与支相比，故生男必矣。然而卯年不育者，何也？胎神夹克无气，此追魂之魔。卯为东宫子宿，受酉将阴煞冲克，是以知其卯年不育。未几，田妃生第六子，卯年命殒。

占验537　王占仆病

〇**戊辰年寅月癸丑日亥将辰时，余思五兄占仆病吉凶。**（《牧夫占验》）

```
   合朱蛇贵
    子丑寅卯      贵虎贵虎        子　卯贵◎
   勾亥　辰后     卯申卯申       官庚戌青⊙
   青戌　巳阴     申丑申癸        财乙巳阴
    酉申未午
    空虎常玄
```

王牧夫曰："此课占仆病，大凶不治，必死。来日寅冲去支上长生，是其期耳。"盖主占仆，干支乘金克卯木为棺椁，为铸印，为敛尸，而戌为仆之类神，已在棺椁之内，安能望其生乎？至寅日果死。

占病五十以上，亦不宜得顾祖课。余首为程姑母占，断以必不能起。盖顾祖乃返本煞也。后为人得此屡验。附记于此。

占验538　郭占兵戈

○**崇正丙子年七月癸丑日午将酉时，占兵。**（《郭氏占案》）

```
        合朱蛇贵
        寅卯辰巳        阴虎阴虎        官庚戌虎
    勾丑    午后        未戌未戌        官丁未阴
    青子    未阴        戌丑戌癸        官甲辰蛇
        亥戌酉申
        空虎常玄
```

郭御青曰：七月十一，闻大兵入寨之信，得此课。官鬼满日，幸以凶制凶，蛇虎自冲，不为大害。申为游都，乘月建旺相，主大兵势盛。至九月，申入墓则衰。时有会稽陶湛生社丈，问八月科场移否？比时另占一课，不记，止记朱雀乘戌为九月，后大兵果于九月初三日东归，文场移于九月二十九。

壬占汇选卷之六

甲寅日

占验539　陈占枚卜

○崇正癸酉年七月甲寅日申时，浙嘉善讳龙正陈先生在京会试时，占同乡少宗伯讳士升钱太史可能入相否。（《指南》）

```
        朱合勾青
        卯辰巳午            玄后玄后           财壬戌玄⊙
    蛇寅    未空            戌子戌子           官庚申虎
    贵丑    申虎            子寅子甲           子戌午青
        子亥戌酉
        后阴玄常
```

陈公献曰："干支上乘旬空日败，本不许入相，然余终以入相许之。何也？因中传驿马皇诏，末传月将青龙，又岁建乘太常作官星加临年命。《经》曰：'太常入官乡，当朝执政；月将乘青龙，片言入相。'非宰执而何？但嫌龙神克岁君，将来必不获意于君上而退位。"后如其占。①

占验540　王占天花

○乾隆戊辰年戌月甲寅日卯将辰时，占天花。（《牧夫占验》）

```
        合勾青空
        辰巳午未            后贵后贵           父　子后◎⊙
    朱卯    申虎            子丑子丑           父癸亥阴⊙
    蛇寅    酉常            丑寅丑甲           财壬戌玄
        丑子亥戌
        贵后阴玄
```

---

① 按《鉴》：士升癸酉年九月入阁，丙子年九月罢归。因前献"宽简虚平"四箴，后言"不可括江南富户"输官，帝皆不悦，故引罪而去也。

王牧夫曰:"此课占子出痘,无碍。课无鬼克而子孙又立向明之方,天喜亦临生地,三传生干,贵后会合于干支之上。又甲禄在寅,父问子,支为卑幼,支旺亦无伤也。贵丑在前,戌支在后,夹住子亥克子孙者,皆吉象也。三传退入夜,先水末土带玄武血厌之神,已结靥矣。"后果验。

凡占痘,不宜太阳过旺,兼有刑克。痘乃先天火湿,故畏之。

占验541　邵占家宅

○建炎己酉年六月甲寅日未将午时,郭德音壬申生三十八岁,占家宅。(《方本占案》、《口鉴》)

```
青空虎常
午未申酉        合朱合朱        财丙辰合
勾巳  戌玄      辰卯辰卯        子丁巳勾
合辰  亥阴      卯寅卯甲        子戌午青
卯寅丑子
朱蛇贵后
```

邵彦和曰:"人宅皆逢旺神,今六月占,非本姓之旺,乃守东方之旺,只宜守旧,不宜运用。若安分守旧,则自然享福,运用便有艰辛。辰加卯六害,六合又锁之,巳加辰作勾地网,又逢勾陈锁之,迤逦传出巳午,子息破费钱物,因此衰败。子又个个多病,费尽却死,是取债之子,来年、后年行年见巳午,子愈取债也。"

占验542　王占怪异

○己巳年五月甲寅日申将未时,占怪异。(《牧夫占验》)课式同前。

王牧夫曰:其人居扬州旧城,忽生怪异,满屋灰尘,居人昼夜不安。余曰:"门户口舌不宁。卯是阳刃,带朱雀皆由人心失和所致。天目在未,未加午为堂屋,其怪异当在堂屋之内。《经》云:'卯为狐,卯为大火心星。'火主礼,失礼则失其常,故异物能侮之矣。然亦无碍,不久自退。盖发用天罡乘六合,辰由卯上发用,中见巳为勾陈,主勾留四十日自消减。"凡天目并月厌丁神主怪异,此课见矣。然此课发用为财,而末传青龙应之,又带财在门户间,其命不合,故亦不言也。巳午为灰尘,其象甚的。

占验 543　邵占失婢

○九月甲寅日卯将丑时，官人寓寺中失婢而求占。（《方本占案》）

```
贵后阴玄
未申酉戌            蛇合蛇合            财丙辰合
蛇午　　亥常        午辰午辰            子戊午蛇
朱巳　　子虎        辰寅辰甲            官庚申后
辰卯寅丑
合勾青空
```

邵彦和曰："此婢走不远，被一凶徒藏在西南阁子上，只在明日败矣。"辰加寅作六合发用，甲寅日纳音属水，水墓辰，人皆言斩关课。日辰上见魁罡，必主动，近者远去。殊不知甲寅水墓辰，辰为初传。午为阴人，在辰上曰阻关，所以不进。未申作后，是女鬼，加午道路上，被鬼阻，不行。天后主厌翳藏匿，又勾在卯，武在戌，戌为楼阁，故藏高处阁上。败者，内战也。果次日于寺西南人家阁上擒之。

占验 544　轸占雨泽

○明道癸酉年京城自三月不雨，以至六月仁宗召元轸占之。甲寅日未将辰时。（《玉连环》末卷）

```
青勾合朱
申酉戌亥            青常青常            官庚申青
空未　　子蛇        申巳申巳            父癸亥朱
虎午　　丑贵        巳寅巳甲            兄甲寅后
巳辰卯寅
常玄阴后
```

元轸奏曰："今日申时，风云大作，雷声迸发，酉时收敛。至庚申日午时，风雨大作，其势虽急，洪澍一时，自兹风雨数至，甲子日雷电风暴，大雨滂沱。"后俱一一不爽。论曰：发用青龙乘申加巳，名为龙跨虎，当有风雨。中传朱雀乘亥加申，名为水火交战，故主发雷。日上有巳火，乘太常土神，故不降雨。登明为水神加申，故应庚申日。午为阴盛，故曰午时。中传亥是白虎之阴，①其来迅速，乘朱雀主滂沛。末传寅加亥乘天后为云神，故云起西

---

① 申为白虎本家。

北。甲子日，卯加子，云雷相加。夏为雷电风暴，上得太阴金神，金能生水，故雨大作，恰一伏时。缘太阴临至本家酉上，却是神后故也。

占验545　王占生产

○己卯年七月甲寅日巳将寅时占胎产。男命辛亥二十九岁，女命戊午二十二岁。（《牧夫占验》）课式同前。

王牧夫曰："占胎而得闭口，又系八专。胎神作鬼，此私胎也。凡芜淫之课，多主淫乱。因干支不分，内外无别耳。况行年男交女命，女交男命，此岂夫妇之道乎？况明日七夕，日近巧期，卯酉私门往来无忌，幸见老阴人救解耳。"后知为苟合之胎，辛亥命非其夫也。神不可欺如此。

占验546　邵占疾病

○戊申年六月甲寅日未将卯时，王县丞甲戌生三十五岁，占病。（《口鉴》、《方本占案》）

```
勾合朱蛇
酉戌亥子        合虎合虎        官庚申青
青申　丑贵      戊午戊午        子戊午虎
空未　寅后      午寅午甲        子戊午虎
午巳辰卯
虎常玄阴
```

邵彦和曰：此课日辰皆见午，甲寅二木俱死于午，那堪中末又是午，初传又是绝神，六月午为月病符，旺火蚀休木，本宫又克父母，既无父母，亦难为子息及自身。① 幸行年在子，子能制午，木烧不尽。三十七，行年到寅见午，恐难过。三十九，行年到辰见申，尤难过矣。须先克了子，便成心病且作废人也。王县丞授邵武军，是年丧男女四人，果成心病不赴任，恣狂而走。至三十七，痴癫不知人事，亦不知饮食，几两月方瘥。三十九上，亦复如此，却不死。四十一岁，太岁到寅死矣。盖上午、辰上午、中传午、末传午，共四午来蚀甲寅，是四个月病符、四个天鬼。② 四个天地转煞、③ 四个白虎，所以丧四子。午为心，遇虎故颠狂。木死于午，故为废人。天鬼多主疫病，故

---

① 爱甬曰：此三句无谓之极。
② 天鬼常随四仲神，建寅居酉逆相巡，行年日上如遭着，灾祸刑伤病扰人。
③ 春卯，夏午，秋酉，冬子。

死者非二四即五六也。用五月禄说神煞用六月以得节论。此处论生死，太岁到寅，上见午，为日之死神。四午字，为死神、天鬼、病神、白虎加之，为脱耗日干甲木之休气。午为心作昏迷煞，白虎为道路神，故狂而走。

占验547　陈占雨泽

○**庚寅年五月甲寅日申将卯时，因天气亢旱，闻鸠鸣，遂占一课看有雨否。**(《指南》)

```
        合朱蛇贵
        戌亥子丑           蛇空蛇空        父　子蛇◎
    勾酉      寅后          子未子未        子丁巳常⊙
    青申      卯阴          未寅未甲        财壬戌合
        未午巳辰
        空虎常玄
```

陈公献曰："鸠虽唤雨，此课乃风大雨小之象。"盖以神后发用旬空，中传白虎风煞旬丁，又风伯临干支会寅，寅中有箕宿好风，岂不今日有风？夜子时填实旬空，岂不微雨？因休废空亡，故略洒尘而已。

占验548　王占首尾

○**丙子年亥月甲寅日卯将戌时，辰命人占首尾。**(《牧夫占验》)

```
        合朱蛇贵
        戌亥子丑           蛇空蛇空        父　子蛇◎
    勾酉      寅后          子未子未        子丁巳常⊙
    青申      卯阴          未寅未甲        财壬戌合
        未午巳辰
        空虎常玄
```

王牧夫曰："此课可叹。你的财是他的财，他的财是你的财。又两人各自误，到后你哄他，他哄你，遂知不清。可是否？"曰："然。"盖八专之课，彼此不别，各各戴墓，阴神自相穿害，其象如此。命上勾陈，年上丑贵，几至起讼。末传幸得六合在戌，尚有模范，可以勉强结局。太岁作恩星，可以化解。朱雀又生日，不然缠绕不清也。来年春二月可了，木绝于申，加于卯也。验。

占验549　邵占家宅

○己酉年六月甲寅日未将寅时，郭仲起辛未生三十九岁，占宅。（《宋本占案》、《口鉴》）

```
　　　合勾青空
　　　戌亥子丑　　　　青贵青贵　　　　父　子青◎
　　朱酉　　寅虎　　　子未子未　　　　子丁巳阴⊙
　　蛇申　　卯常　　　未寅未甲　　　　财壬戌合
　　　未午巳辰
　　　贵后阴玄
```

邵彦和曰："本命自来墓身，名天网自裹。子作空亡，又从命上发用，中又临空，乃子息上见子息，主克子退子，皆因星运不利。青龙既空，虽登仕路，亦无寸进。末见妻财，必是再娶，晚年始亨。未为井，墓干支，宅中有井不吉。若不迁移，主十六年而死。未乃八数，二八一十六年也。"次年郭即迁居，其凶乃免。

占验550　邵占求财

○丙辰年八月甲寅日巳将亥时，某己巳生四十八岁，占求财。（《口鉴》、《方本占案》）

```
　　　勾青空虎
　　　亥子丑寅　　　　虎蛇虎蛇　　　　兄甲寅虎
　　合戌　　卯常　　　寅申寅申　　　　官庚申蛇
　　朱酉　　辰玄　　　申寅申甲　　　　兄甲寅虎
　　　申未午巳
　　　蛇贵后阴
```

邵彦和曰："此乃反覆争夺之财，甚薄，应在辰戌日得之。"据课体本无财，因此人己巳生，乃是寅作德，又蛇制申金，财临行年。故甲戌日果得财也。此课又是论化气，甲日己命，甲己化土也。

占验551　郭占省城

○崇正辛巳年十二月十三甲寅日丑将午时，在阳武县占省城。（《课经集》）

```
        蛇贵后阴
        子丑寅卯              玄勾玄勾              官辛酉勾
    朱亥      辰玄          辰酉辰酉          财丙辰玄
    合戌      巳常          酉寅酉甲          父癸亥朱
        酉申未午
        勾青空虎
```

郭御青曰："满盘自刑，酉以破碎作勾陈，全伤干支，又作发用，城池最忌，危至九分。幸生起末传育干支，危中有救。酉临艮地，东北受伤。次日乙卯巳时，因雪再占得子乙一课，即得白虎作墓发用，墓亦凿城掘坑之象也。亦赖末传亥水育干支，自墓传生，先迷后醒，亦危中有救。二课游都皆空，交甲子旬俱实，亥水救神反空，所以预断贼二十三日至。"占时贼在汴东百余里，余在河北阳武县，以占稿具禀各院台，彼时督师丁公圣林抚台、高公鹭机按台、任公汶水急呼余即于二十三日早入城。午后而贼至城下，即攻城东北角二十余日，昼夜不息，危至万分。后克保全。此丁公同事所亲见者。

占验552　陈占射覆

○辛巳年八月甲寅日巳将申时，浙绍范元同占袖内帨包中何物。（《指南》）

```
        蛇朱合勾
        寅卯辰巳              虎阴虎阴              财  丑贵◎
    贵丑      午青          申亥申亥          父癸亥阴
    后子      未空          亥寅亥甲          父癸亥阴
        亥戌酉申
        阴玄常虎
```

陈公献曰："刚日以发用兼日上神射之。发用丑为牛，其色黄兼黑，亥为双义。必是黄黑二件，又为日贵，必贵重之物，乘天医，必是医病。其数四八。"范大服。开帨视之，牛黄二块。每块约重四分七八厘。

占验553　邵占前程

○戊申年六月甲寅日未将戌时，王法司乙亥生，[①]　三十四岁，占前程。（《口鉴》、《方本占案》）

---

① 生于十二月八日未时。

```
            青勾合朱
            寅卯辰巳          后常后常          财 丑空◎
       空丑     午蛇          申亥申亥          父癸亥常
       虎子     未贵          亥寅亥甲          父癸亥常
            亥戌酉申
            常玄阴后
```

邵彦和曰："亥是本命，加干支相生，极好。只不合是旬末为闭口，主父母闭口，兼行年又在其上，而父母上见公婆，是父母见公婆也。空丑又乘天空作初传，虚墓已动，丑更加辰为锹锄煞，当主先丁艰，然后入学馆，历台谏侍从，只不守土，至戊子年七十四或七十八死矣。"王当年十月丁母忧，次年正月丁父忧，三十七得温州法司，三十九得太学学录，又迁司业，又迁正言，权礼部侍郎，时年六十二岁，只是宫观，不曾守土。七十八卒。此课旬末加旬首，名闭口，为父母交阴神，又见申金作后与亥水六害，亥作常，为孝服，故主父母亡。自身闭口，仕途不通。初丑，土也。空上乘空，故终身不能守土。亥乃天门，又是长生学堂，中末都是，是以入学馆也。然既言七十四，又言七十八者，何也？亥加寅，亥四寅七，乃七十四。亥有四个，又添四数，七十八也。况甲与寅上两个亥，故云。

乙卯日

占验554　邵占前程

○建炎戊申年十月乙卯日卯将未时，刘运幹丁卯生四十二岁，占前程。

（《方本占案》、《口鉴》）

```
            蛇朱合勾
            丑寅卯辰          虎后常贵          财己未虎
       贵子     巳青          未亥申子          兄乙卯合
       后亥     午空          亥卯子乙          父癸亥后
            戌酉申未
            阴玄常虎
```

邵彦和曰："此课身坐贵人，又来生日，三传又是木局，乙木生亥、旺卯、库未，自墓传旺，自旺传长生，必由穷途渐至荣显至侍从。先丧妻，害眷属，须先纳兄弟一子。后一小妻，大有财物，寿近九十矣。"刘此时为朝议郎，辛亥丧妻，乙卯丧子，继兄子为子。庚申又娶妻，其时年五十四，妻三十九，有数万贯钱来嫁，后直仕吏部侍郎，八十七而终。盖乙卯皆木，亥子并生，曲直又助，自墓传生，一则有寿，二则自微至显。末亥为天门，木局为持橐，故主侍郎也。此课本主无子，同类作六合，是纳兄弟之子。初传未财为前妻墓，而作虎，主先丧偶。末传天后天后为后妻，长生归于禄地，是后妻财物旺也。

占验555　中黄占讼

○十一月乙卯日丑将巳时，甲申命人占讼。（《中黄经》）课式同前。

断曰：初传用起支阴，未乘白虎，似乎虎墓为用可畏，喜三传会木局助日。又未乃十一月解神，虎虽乘之，而临亥，主爪牙无用，不足畏也。更申命上，虽是辰作勾陈，乙干自能制之。此辰即日干本位，辰遁建者庚，乙从化于庚，有妻从夫之义，夫恋妻之仁，成仁义之风，此合之至笃者，不相贼而相成，所以为善。况三合木局行传，乙得其助，勾陈受制，白虎失势，自墓传归长生，岂不美哉？

占验556　衍占疾病

○皇祐元年，有李都尉公主，年三十三岁，忽于五月初间染患不安。至下旬，病危。医官拟议，不敢下药。于当月二十三日，奉旨遣楚衍至李宅占课，立等回奏。当日乙卯得亥时，月将小吉加亥。（《一针见血》）

```
　青空虎常
　丑寅卯辰　　　后合贵勾　　　财己未后
勾子　　巳玄　　未亥申子　　　兄乙卯虎
合亥　　午阴　　亥卯子乙　　　父癸亥合
　戌酉申未
　朱蛇贵后
```

衍具奏云："公主所患，因食冷物，被白兽动至惊风，透入经络，日中则发搐搦，入夜则稍安。此病肝胆之下隐伏不见，当于今夜子时，有神医入梦，觉即吐逆，至晚脉息应至，自后即安。乞令医官预备调和之药。果于当晚三更四点，公主梦一紫衣和尚，手执杨柳带水洒身，惊觉汗流而吐，便觉渐安。"上知甚悦，遂遣中使至李宅，令供病回，依左奏答。公主云："重午日申时以来，与都尉饮酒，吃冷粽子之间，有本宅白狮猫跳上桌子，触倒酒器，即时便不快。"上一见回奏，因依便令宣衍至便殿，诊询昨日之课，何故应验如此。敕令敷奏。议曰：昨日乙卯得亥时，月将小吉加亥，就作发用，上得天后。中传太冲加未白虎。终传登明加卯六合。此课正元首之课。白虎凶神不来克日，则占病无忧。发用未，是木墓，加于亥上，亥是阴极之位，重于冷，又未中有丁，乙以丁为食神，故言曾食冷物。中传太冲加未，得白虎乘卯木，来制初传未土，故有白兽惊恐。法以丑未为经络，巳亥为气管，故惊风透入经络。课变曲直，木乘则风。发用月将为太阳，所以日中搐搦。又木属肝胆，未为木墓，一为隐藏，故病在肝胆之下，隐伏不见。五月天医在申，今加子上，行年是子，今得传送乘之。申是木绝之地，法谓木绝则魂贵天游。行年之阴，上得天罡，为梦神，所以感梦。申是今日贵人，有天医乘之，故有神医入梦。日上有勾陈入水，本主吐逆。臣供是实。谨奏。

占验557　管辂占风

○**七月乙卯日巳将午时，占风来应候。**（《直指》引《三国志·管辂传》）

```
    勾青空虎
    辰巳午未            蛇朱朱合          财　丑蛇◎
合卯　　申常           丑寅寅卯          父　子贵◎⊙
朱寅　　酉玄           寅卯卯乙          父癸亥后⊙
    丑子亥戌
    蛇贵后阴
```

辂在典农王宏直所，有飘风从申来。占曰："日辰乙卯，斗建申，申破寅，死丧之候也。时加午而风发，马之候也。未在申为虎，虎为大人，父之候也。东方当有马吏至，恐父哭子。"明日胶东吏到，其子果亡。①

占验558　邵占前程

○**戊申年十月乙卯日卯将辰时，郑子云乙亥生三十四岁，占前程。**（《方本占案》、《口鉴》）

```
    勾青空虎
    辰巳午未            蛇朱朱合          财　丑蛇◎
合卯　　申常           丑寅寅卯          父　子贵◎⊙
朱寅　　酉玄           寅卯卯乙          父癸亥后⊙
    丑子亥戌
    蛇贵后阴
```

邵彦和曰："此课主来年再举，亥年及第高甲，迤逦在朝，更不外任，直

---

① 按此占：原属风角，然有未在申为虎一言，则仍参之六壬矣。风从申来，故当观申上之神将。

至八座位了，却贬降。终不得地，无正宅而居。"郑子云二十九岁发解，三十五又发解，三十七登第，初任临安教授，历太学秘书郎，司业、工刑二部，皆京官。因与秦太师一言不合而罢。盖乙禄在卯，迤逦归亥长生之地，自亥至卯，一带生旺，地支相连，禄神作太阳，朱雀作仪神，中末若不空，则五府之课。今既迤逦入近天门，故在朝八座也。子为紫微宫，亥为元穹宫，亦主八座，退入空亡，主晚年降谪矣。

占验559　王占应候

○己巳年辰月乙卯日酉将未时，在三义阁棹面忽响裂，占应何事。（《牧夫占验》）

```
　青勾合朱
　未申酉戌　　　　　青虎勾空　　　　官庚申勾
空午　　亥蛇　　　　未巳申午　　　　财壬戌朱
虎巳　　子贵　　　　巳卯午乙　　　　父　子贵◎
　辰卯寅丑
　常玄阴后
```

王牧夫曰："初德末贵，不是凶咎。当主有官人过，恐有火征。"少倾左卫街南失火，运司出署救火，已验。盖申为官，为风宪，与支作合，主门外见也。干支皆火神，干乘火鬼，故主火。次日僧人斗打，亦以申为僧，末见子，与支成无礼刑。三传知三事已应二事，亦当测之，中传火墓，支干皆火，亦主火也。初传劫煞，事主迅速。

占验560　邵占捕捉

○正月乙卯日亥将申时，占捕捉。（《直指》）

```
　勾合朱蛇
　申酉戌亥　　　　　合空朱青　　　　官辛酉合
青未　　子贵　　　　酉午戌未　　　　父　子贵◎
空午　　丑后　　　　午卯未乙　　　　兄乙卯玄☉
　巳辰卯寅
　虎常玄阴
```

邵彦和曰："卯为玄武，上见午，贼自正东转正南。卯六午九，此去五十四里。卯主树木坟茔，午上天空主藏窑穴中。中传克午，初传酉克卯，必主擒获。遇酉子日，即其期也。"果验。

丙辰日

占验 561　徐占来意

○**四月丙辰日申将丑时，丙寅人占。**（《一字诀玉连环》）

　　　　合勾青空
　　　　子丑寅卯　　　　玄朱阴合　　　　兄戊午玄
　　朱亥　　辰虎　　　　午亥未子　　　　子　丑勾◎
　　蛇戌　　巳常　　　　亥辰子丙　　　　财庚申后☉
　　　　酉申未午
　　　　贵后阴玄

徐次宾曰："来意主与邻右无子妇人暗合，事败，不到官，至戊午日辰时无事。"何知邻右？卦得比用。何知无子妇人暗合？盖丑时为日干三合，传送为日干六合，上带天后，又日上有六合，天后主厌斁，六合主私门，又用起玄武，名泆女卦。岂不是阴暗私通？申为嗣部，上得天后子水，子为旬空，故知无嗣妇人也。何知事败？缘日上神后水为鬼，初传玄武水，末传天后水，共来克日，焉得不败？何知终不到官？日上鬼空，时又为空亡也。何知戊午日辰时无事？缘值事门与中传大吉，上得勾陈，二土克水，为今日救神。戊午日，戊合勾陈大吉，三土俱旺，至辰时，水气绝墓，又见丙子加辰，故知辰时无咎也。

占验 562　王占开店

○**甲戌年十月丙辰日寅将午时，占开店。**（《牧夫占验》）

　　　　朱合勾青
　　　　丑寅卯辰　　　　玄蛇阴朱　　　　官　子蛇◎
　　蛇子　　巳空　　　　申子酉丑　　　　财庚申玄☉
　　贵亥　　午虎　　　　子辰丑丙　　　　子丙辰青
　　　　戌酉申未
　　　　后阴玄常

王牧夫曰："此开店之占，而得润下官鬼之局。店不甚旺相，虽有财，不见财，开了歇，歇了开，无利益也。"问之曰："三传皆水，有旋转之象，此何店也？"曰："豆腐店。"故有象如此。三传地传龙，龙生蛇，故主开了歇，歇了开。到底是官鬼局，不成才也。

占验563　王占风水

○**甲戌年十月丙辰日寅将巳时，占风水。**（《牧夫占验》）

```
    合勾青空
    寅卯辰巳           后朱贵合           官癸亥贵
朱丑      午虎       戌丑亥寅           财庚申玄
蛇子      未常       丑辰寅丙           兄丁巳空
    亥戌酉申
    贵后阴玄
```

王牧夫曰：此地当有桥梁庵观，但地形不周正耳，亦可用也。夫占风水，以支为地，干为人，干乘长生六合，支见纯土，风水不碍。纯土，故可用。况三传初贵，末禄，夹财不见刑伤，其平稳之地可知也。但其间暗中要得财，始能成交耳。盖丑乘朱雀，桥也。寅合亥，庵观楼台之象也。丑见戌相刑，主其地不周正。暗中有人欲得财者，天空带丁，寅亥闭口也。末为归结，故言其象如此。

占验564　祝占边事

○**十月初一丙辰日卯将巳时，占边事。**（《一针见血》）

```
    勾青空虎
    卯辰巳午           蛇合朱勾           子　丑朱◎
合寅      未常       子寅丑卯           官癸亥贵⊙
朱丑      申玄       寅辰卯丙           财辛酉阴
    子亥戌酉
    蛇贵后阴
```

祝泌奏曰：此课传退，名极阴。以此占边，旄头大煞在初传，其占颂曰"丑卯求吉，吉凶便临"，则主边疆平定之旨，今日再来。游都贵人在日后，已隔三辰，虏已退。但上下游都皆入传课，恐无厌再来，期在十二月。三传天官无凶，宜不至大害而不可忽也。

占验565　郭占生产

○**丙子年十一月丙辰日寅将辰时，占生产。**（《郭氏占案》）**课式同前。**

郭御青曰：余为凌九弟占生产。据常法，干上不比，三传俱阴，似女。

岂知太阳照宅，上乘六合，小儿之象。又干上卯，初传丑夹月将于中，下临本辰，丑为腹神，腹空，速产之象。若非本日必戊日。何也？天上丙寄申，下临戊戌，丙火生戌土，乃真父子相见。果于本日丙辰戊戌时生男。

占验566　邵占生产

某丁亥生，占生产。七月丙辰日午将午时。

```
      空虎常玄
      巳午未申          青青空空          兄丁巳空
   青辰    酉阴          辰辰巳巳          财庚申玄
   勾卯    戌后          辰辰巳丙          父甲寅合
      寅丑子亥
      合朱蛇贵
```

邵彦和曰："产必生男，子母无事。"丙以巳为日德，又秋令以辰为天喜，作青龙各加干支故也。中传申，为支之长生，末传寅为干之长生，是厚德载物矣。故子母无事。

占验567　陈占乡试

○顺治戊子年八月丙辰日，余住金陵时，右方伯东省孙兴功老师写本日辰时，又写酉时，占两人乡试。（《指南》）课式同前。

陈公献曰：辰时者，前列；酉时者，次之。盖缘天罡为领袖之神，从魁幕贵在后，故云。及排辰时课，三传巳申寅，干乘德禄，支见月将青龙，又禄马入传。凡士子已试后，得伏吟必中。酉时三传乃午丑申也。太岁空战，幕贵又入墓库，故次之。放榜时，辰时者，陆可球，中二十二名。酉时者，常熟赵姓，中副卷。此二者，俱以时断中也。

占验568　邵占家宅

○己酉年九月丙辰日辰将卯时，伊伯一秀才壬申生，三十八岁，占家宅。（《一针见血》）

```
      青勾合朱
      午未申酉          青空勾青          官癸亥贵
   空巳    戌蛇          午巳未午          兄戊午青
   虎辰    亥贵          巳辰午丙          兄戊午青
      卯寅丑子
      常玄阴后
```

邵彦和曰:"此课别责昂星。自亥至午,午至亥,皆是老阴少阴,并不行阳道。喜得今年、来年行年尚阳位,后年灾生,必有殃咎,将后老阴长寿,少阴可保,难为六十已下三十已上人。日上午是阳刃,午与未合,又临午上眷属,亦难保。除是外来者,可以居此。中年男女皆难保。除是更改,却不见如此也。"伊伯一秀才,弟兄三人,有祖母及母在堂,父五十一岁已丧。壬子年,伯一秀才死,果是后年灾生也。伯二秀才见课灵验,遂惊惧而移居。丙辰年,伯一秀才之妻又死,丁巳年方尽行迁移。祖母方死。先生谓三十以上、六十以下难保,果如是也。课中只有亥为老阴,午为少阴,惟老少可存,若中年人,皆不上课,尽为昂星虎视所食。自移居后,却有外嫁姊妹来居此屋。无事。

占验569 邵占动静

○戊申年十月丙辰日卯将子时,自占动静,本命乙巳年十月十八日亥时生,六十四岁。(《方本占案》、《口鉴》)

```
    合朱蛇贵
    申酉戌亥         蛇勾贵合      财庚申合
  勾未  子后         戌未亥申      官癸亥贵
  青午  丑阴         未辰申丙      父甲寅玄
  巳辰卯寅
  空虎常玄
```

邵彦和曰:"我自占动静。今申生于巳,亥生于申,寅生于亥,宅上又是勾陈入庙,此时何能行?至辛亥年十月方得身动。当往东北,近二百里,为寅地。又转西北为亥地,后复往东北原处,终年六十九矣。果辛亥十月十七辛巳日起行,过婺州,自乡里行一百八十里。壬子年过严州,自乡中东北过西北,癸丑又到婺州,终于州衙中。"盖丙日以申为妻,巳与申合,又作六合,更未作勾陈,在本家,所以恋家,卒难脱解。至辛亥年,巳亥相冲,而寅申又冲,十月又是亥月,三个亥上寅冲巳上三个申,何以三个申?初传一个,太岁一个,本命上一个。又寅马加亥,得冲而动,所以能行动于东北者,乃寅马也。转西北者,寅马加亥也。复往东北原处者,寅马合亥，究难脱也。癸丑死者，老人五行投生方也。①

占验570　陈占公讼

○崇正辛未年四月丙辰日酉将午时，莱阳迟公在京考选，相会时偶占。(《指南》)

```
    合朱蛇贵
    申酉戌亥        蛇勾贵合        财庚申合
  勾未  子后        戌未亥申        官癸亥贵
  青午  丑阴        未辰申丙        父甲寅玄
    巳辰卯寅
    空虎常玄
```

陈公献曰："传将财官驿马，城吏递互相生，大吉之兆。"迟公曰："此公已撄重戮，付刑部狱，生全即出望外，矧敢非分求乎？""日月德发传，中传贵绝，末见长生，此为绝处逢生。支上皇恩化戌，斗罡居命，指日出狱，难免谪戍。然将来仕途显达。"后朝廷因亢旱祈雨，壬戌日，赦文武大臣七人，此公亦在赦内。后知其为张蓬元先生也。十二年后果历仕途显要，今为少冢宰，寻转大司空。

占验571　王占风潮

○乾隆辛巳年七月丙辰日午将卯时，江永兰翁有盐在场，因连日风大，恐有风潮，托占之。(《牧夫占验》) 课式同前。

王牧夫曰："海潮无碍，惟淮徐之地，恐有冲决。"盖支辰纯土，能制四维之水，三传递生，箕星虽克支，支上未乃木墓，又土多不易克制，故主海潮无患也。亥为海水，上乘寅木作合，尚有和气，亦不至是。淮徐之地恐冲决者，传生风伯，又是闭口，主风大伤人。丑戌相刑，又逢旬空，此处空虚，故风得摇荡。丑戌者，徐扬之分野也。次日邵伯镇倒口。果验。

占验572　祝占胎产

○淳祐七年八月初一丙辰日奉旨，再占前月十二戊戌日事具奏。巳将子

---

① 一曰：未加辰宅，辰加丑上，艮为岁之墓也。○《直指》引《《口鉴》》云：将为身，时为命。卯将子时乃卯六子九之数。○愚按：邵公占动静，何故断及六十九而终？老人五行投生方之句，殊属不解。古鉴之言，更无谓之极矣。辰为岁墓，加丑亦似是而非。总之是后人推测之语，勉强附会也。

时。(《一针见血》)

```
    蛇朱合勾
    戌亥子丑         青贵空蛇         父甲寅青
贵酉      寅青     寅酉卯戌         子己未阴
后申      卯空     酉辰戌丙         官 子合◎
    未午巳辰
    阴玄常虎
```

祝泌奏曰：子为今日六丙之胎，六合主小儿，为阳生之胎。此在行年之上，若不入课，犹未为奇。今在末传，此课之收藏也，主国本胚胎，况发用青龙，主喜庆，非寻常。寅加酉亦有喜事，又值月建之位。仰为陛下亲质卜筮，其课得此，是诚为宗社之福。

丁巳日

占验573 邵占疾病

○五月丁巳日未将寅时，某占病。(《方本占案》)

```
    蛇朱合勾
    戌亥子丑         空蛇常合         兄丁巳常⊙
贵酉      寅青     卯戌巳子         子壬戌蛇
后申      卯空     戌巳子丁         父乙卯空
    未午巳辰
    阴玄常虎
```

邵彦和曰："主病人狂言发喘而死。巳作常为用，主言语。丁巳用皆火，中螣蛇乘戌加巳，是火逢旺地，故主发狂。火墓戌，阴气尽也。凡人内以阴气为主，阴能养阳，今阴已绝，则阳气上攻，而不能生阴，阴绝阳弱，更主发喘。"果狂言发喘而死。

占验574 陈占升迁

○崇正丁卯年正月丁巳日子将卯时，京营参将涂松亭先生占彭南溟升迁。(《指南》)

```
         合勾青空
         寅卯辰巳            贵合朱青         官癸亥贵
     朱丑    午虎            亥寅丑辰         财庚申玄
     蛇子    未常            寅巳辰丁         兄丁巳空
         亥戌酉申
         贵后阴玄
```

陈公献曰："太岁月建生日，目今必然迁擢，多是山环水绕之地。盖支为任所，寅艮为山，与亥水相合，故应此地。发用蒿矢建金，即箭之有簇。又贵德驿马入传，财官城吏全逢，迅速之兆。但忌日之阴阳制官，须防辰王田姓人为祟。"癸亥日随授南京巡捕营都司。未几，田大司马以添注参将，罢之。

占验575 邵占家宅

○建炎戊申年六月初七丁巳日未将酉时，童保仪丁巳生五十二岁，占宅。

(《口鉴》、《方本占案》)

```
         空虎常玄
         卯辰巳午           勾空空常         子   丑勾◎
     青寅    未阴           丑卯卯巳        官癸亥朱⊙
     勾丑    申后           卯巳巳丁         财辛酉贵
         子亥戌酉
         合朱蛇贵
```

邵彦和曰："此课六阴相继，更无阳神，兼六月建未，又是阴月，丁巳又是阴命，从此衰败不振。兼婢不测，殒命于厕。丁巳二火，自旺方递归死绝之地，宅前有大树枯朽，若不去之，闲事相扰。主有一子患腹气，又不合将后阁为猪圈，猪盛克人。四年败，六年败尽。"童保仪因地方寇发，遂得名目，自后成家兴旺。及先生与占，却云四年败，六年败尽，彼不甚信。本年十月，一婢上厕，不觉坠死厕中。宅前有二百年大枫树，已枯朽大半，系族人祖坟。① 十二月，外乡一人来树下自缢。童之次子，常患疝气，其家屋宽，兄弟分出去后，无人居住，遂以后阁养猪。第四年拆四边屋卖，六年果败尽。仅存五口，移出店屋居住。大凡丑亥酉卯此四支，先生皆以为极阴，却又丁

---

① 阅此更妙，卯阴上得丑为墓，日治得朱，暮治得勾，且又发用，是以主闲事相扰。

巳日，传归阴方绝地，宅上卯，末传酉，俱六数，故主六年败尽。① 加于巳亥上，亦四年之数。甲寅旬，乙卯为真木，一作卯加巳为真木，故有大树在门，天空主朽。丑为阁，亥加丑上，故作猪圈。酉加亥上为今日死神，酉为婢，亥为厕，故主婢死于厕也。

占验576　祝占风烛

○二月初五丁巳日亥将子时，占风烛。（《一针见血》）

```
      青勾合朱
    辰巳午未            空青勾合          父乙卯空
  空卯    申蛇         卯辰巳午          父甲寅虎
  虎寅    酉贵         辰巳午丁          子　丑常◎
    丑子亥戌
      常玄阴后
```

祝泌奏曰：三传卯寅丑，已往之气加于来，主新至之气不殊于旧日。此课之数，终于季春，不能知九夏之事。谓传自三月建辰而退归太岁之上，无四月以后之支也。天空之神发用归墓，则主京都平静。三传无属火，天官地将宜无风烛之灾，但是白虎临城门，白虎主惊扰，今日干是丁火生于寅而白虎乘之，亦渐有惊而不至蔓延，亦不伤动，只应在此月，所损不一二家而已。

占验577　邵占前程

○建炎戊申年六月丁巳日未将未时，童七秀才壬申命九月二十四日巳时生三十七岁，占前程。（《口鉴》、《方本占案》）

```
      空虎常玄
    巳午未申            空空常常          兄丁巳空
  青辰    酉阴         巳巳未未          财庚申玄
  勾卯    戌后         巳巳未丁          父甲寅合
    寅丑子亥
      合朱蛇贵
```

邵彦和曰：“此课主来年发解，只是不及第。又妻为猿怪所迷，四年后移居妻家，因妻家子死，并为一家住。又合主科第授推官，将满，丧妻。再授

---

① 断家宅，故取宅上神，酉为归计门，是以取此二处决之。

财赋,官至任七月而死于奴婢之手,不见子息,一边动哀,一边子息喜事至。"童果次年得解,至冬赴省,其家近山,妻为猿怪所迷,终日歌笑不已,邻人记得先生言,治之而愈。四年,遂移妻家居。七年,妻父止有一子而亡,遂与童共居。戊辰科,童果及第,授南安州司李。任满,妻叶氏亡。再授临安楼务官,到任七月,二子归秋试,童死,只有五六奴婢措置后事。及子息来扶丧,次子得第七名解矣。盖丁以未传寅为学堂,三十八岁行年在卯扶之,故发解。又曰上常为职,初传临官,天空主声誉也。中传妻宫,元武乘之,并光怪煞,申为猿,武为贼,故主猿迷。归妻家者,日止一丁,巳有两个,支上、初传两巳相并也,丁、巳皆生于寅。宅为妻,故主入妻家同居。晚年及第得官者,皆末传寅也。死不见子者,传中无子爻也。

占验578 江占幕馆

○**乾隆甲寅年四月初一丁巳日酉将申时,占幕馆。**(《说约》)

```
    青勾合朱
    午未申酉        勾青朱合         财庚申合
空巳    戌蛇       未午酉申         财辛酉朱
虎辰    亥贵       午巳申丁         子壬戌蛇
    卯寅丑子
    常玄阴后
```

张江村曰:占此事又现出他事者,又有为他人占牵连及我者,此间或有之,真变幻之极,非明眼人不能见也。余占幕馆,甲寅四月初一丁巳日酉将申时,三传申酉戌。申为道路神,主有行动。酉为月将作长生乘朱雀,主途次有大力人谀荐。酉生亥贵,荐必允从。此本指也。又看申为妻,乘六合内战,主妻患病。申遁庚而为重金,主患腹疾,阴见太阳不致伤生。后于七八月间,妻果大病,始疟后痢,几几不保。又妻病重时,为占生死,七月二十七壬子日午将酉时,三传午卯子,午为妻,乘天后外战,幸午为太阳,病虽重无妨,此本指也。又看干为我,申作长生临干,主有人作荐。巳作贵人临申六合,余亦有馆矣。旋于八月初九日癸亥,由沈湘葵荐,熊枭台来延。此皆占此而现出他事也。

占验 579　邵占终身

○宣和辛丑年十二月丁巳日子将申时，某丁丑生二十五岁，占终身。（《青钱秘诀》）

```
    朱蛇贵后
    酉戌亥子
 合申    丑阴        阴朱常贵      财辛酉朱
 勾未    寅玄        丑酉卯亥      子  丑阴◎
    午巳辰卯         酉巳亥丁      兄丁巳空⊙
    青空虎常
```

邵彦和曰："丁日贵人作鬼，切不可近贵人，当为所害。以丁火又绝在亥也。支为宅，见破碎，又作阴贵人乘朱雀。丁巳二火皆以酉为财，财即破碎，又是阴贵人，切忌与贵人交财。日后宅子及财物皆为人所有，当主为阴人所坏。中传丑作太阴加酉上，丑是空亡，中间家资必丧尽。有老阴人守寡，田地皆尽。末传巳即宅神，临丑下是空亡，田园屋宇安能存留也？三十岁其不免乎？后果一一不爽。"人问其故。先生曰："余与此人占时，乃宣和三年十二月二十七日。十二月二十一日立春，则作壬寅岁占也。占人二十五岁，行年在寅，见午。午为日之禄神，并干支旺相，故无恙。至二十八岁，其人为本处徐参议兜尽家财田宅，是岁行年在巳，巳上酉乃破碎，雀乃文书，是必阴贵人文书，兜罗卷尽也。三十岁，其人身亡，乃靖康元年丙午也。其母守寡，其屋零落，不久必卖。何也？丁干见亥，是干支之绝气；巳支见酉，是干支之死神，故主此人不长。况三十岁行年在未，又见亥水，是身与年俱绝，所以死也。"大凡占人，不见死墓绝，未可言死，既见休囚死墓绝，行年又临此地，鲜有能逃者矣。

占验 580　邵占行人

○戊申年二月丁巳日亥将未时，黄秀才占庚午命行人。（《口鉴》）课式同前。

```
    朱蛇贵后
    酉戌亥子
 合申    丑阴        阴朱常贵      财辛酉朱
 勾未    寅玄        丑酉卯亥      子  丑阴◎
    午巳辰卯         酉巳亥丁      兄丁巳空⊙
    青空虎常
```

邵彦和曰："此课亥作贵人加丁，是绝神，又来克我，本主行人来，奈因所干事未遂，兼以宅上财作文书乘破碎，文书次第未备，尚有更改之意。行年在辰，辰上见申，亥水又生在申，绝神带生，目下未归，在三月子日至也。"黄占友人过浙江干事，行人是庚午命，午加寅，是行人脚下生气，踪迹不定，又过东北干事也。亥为绝神，临日克日，主必归。行年上见申德又来生，故不归。又不合初传自宅上发出，末传又归今日支神，宅神反出，在彼是二不归。日上亥水，病于东北，巳乃水绝，反去彼绝，其人在彼，是三不归也。后果于三月初九戊子日至。

戊午日

占验581　王占射覆

○甲戌年酉月戊午日辰将巳时，射覆。（《牧夫占验》）

```
    合勾青空
    辰巳午未            合勾朱合         官乙卯朱
  朱卯   申虎          辰巳卯辰         官甲寅蛇
  蛇寅   酉常          巳午辰戊         兄　丑贵◎
    丑子亥戌
    贵后阴玄
```

王牧夫曰："阳日视干上，天罡乃坚刚之物。六合又相合之形，又兼为手。再视发用，卯乘朱雀一气连茹，乃长形金木一体，坚刚兼传见艮止，有断止之义。"出之，乃解手刀也。

占验582　祝占泰州

○十月初九戊午日卯将卯时，上宣谕卜泰州休咎事，或守或攻。（《一针见血》）

```
    勾青空虎
    巳午未申            青青勾勾         父丁巳勾
  合辰   酉常          午午巳巳         子庚申虎
  朱卯   戌玄          午午巳戊         官甲寅蛇
    寅丑子亥
    蛇贵后阴
```

祝泌奏曰：课得伏吟，巳申寅，静中有动，守中有战，围中有攻之应也。勾陈颂曰：勾陈前四大将军，兵灾两斗讼留连。此课勾陈为用，虽主战，而今日干为戊，勾陈乃德神与日干支不相克制，则是寇来向我，未至攻战也。申为游都，在传亦不能制日辰。其神乘白虎归家，不来用事，当是寇兵已合而未临城。况泰州城守见太阴厌翳之神，亦未易动兵。有自刑临，恐人民惊动有伤，尚不至于大伤。蛇在末传，恐未宁静，只是未免忧疑。

占验583　某占晴期

○雍正十二年十月十六日，在海宁之尖山公署，可翁命占久雨何日晴。戊午日卯将卯时。（《残编》）课式同前。

断曰："雨自十二甲寅日落起，连日晴夜雨者，干为日间，支为夜间。日干上勾，宜日晴；支上龙，宜夜雨。湛湛不休也。况青龙升天，海水空地，自然久雨而又大也。"问："晴期在于何日？""查雨虽甲寅日落起，其实次日乙卯倾注大下，庶几在十九辛酉日方可晴耳。"果于十九日大晴。有质余何以断十九日大晴之故。余曰："乙卯为雨之头，干支皆木，至十九日辛酉，干支皆金，两相克制，而雨不复猖狂其势，一也。又卯酉者，乃日月之门也。今太阳卯是也，久为云雨遮蔽，得酉一冲，推荡其云；月主水，水入酉户也；日主火，火升卯门也，一轮红日，皎皎而出，安有不晴者哉？"

占验584　陈占仕宦

○崇正辛未年四月戊午日酉将酉时，山东吏垣宋大升先生相召，占课云非己占，代占。（《指南》）

```
        朱蛇贵后
        巳午未申           蛇蛇朱朱        父丁巳朱
   合辰        酉阴         午午巳巳        子庚申后
   勾卯        戌玄         午午巳戊        官甲寅青
        寅丑子亥
        青空虎常
```

陈公献曰："在朝官占此，提防台谏封章而回，还得好旨归里。"曰："何以知之？""盖因传将互克，伏吟丁马，且太阳无光矣。岂能久居廊庙乎？然喜朱雀德禄生日，故得好旨归里。"后知为四明讳象坤钱相公所占。果因人言，请告而去。

占验 585　邵占官职

○建炎戊申年十月初七戊午日卯将寅时，汪司户辛未生十二月二十一日午时三十八岁，占官职。（《口鉴》、《方本占案》）

```
    青空虎常
    午未申酉         虎空空青        官甲寅蛇⊙
勾巳    戌玄        申未未午        父戌午青
合辰    亥阴        未午午戌        父戌午青
    卯寅丑子
    朱蛇贵后
```

邵彦和曰："司户今无正位，必主上司责罚而别有迁改。寅乃今日之鬼，鬼生午火，午乃今日阳刃煞，且是天鬼，在于中末传，与支上未合，亦忧宅眷人口有死者。"后果病死三人，又为米仓事发，遂罢去也。盖寅乃日鬼，生三个午，十月建亥，合寅来生，宅犯丁神，以未中有丁，非旬丁也。丁主动，天空主空，是宅因有事动而空虚矣。汪司户，饶州人，为衢州司户，起得此课，后果宅中患时气，遂死三人。十月间，因提举检踏常平仓，事露，遂致贬斥。

占验 586　王占求财

○乾隆戊辰年申月戊午日巳将辰时，占求财。（《牧夫占验》）课式同前。

王牧夫曰："此数主卑就尊，二门求恳，乃亲戚之家，但不能如数，主得宴会酒食而返。"果验。盖干为尊，支为卑，支就干位而生干，乃上门求恳也。未为眷属，故主亲戚。传不足，故不得如数。干支交合无克，故必允。午为宴会，与支上未作合，故应之也。

占验 587　邵占疾病

○建炎戊申年二月初四戊午日亥将戌时，占病。（《口鉴》）

```
    蛇贵后阴
    午未申酉         后贵贵蛇        官甲寅青⊙
朱巳    戌玄        申未未午        父戌午蛇
合辰    亥常        未午午戌        父戌午蛇
    卯寅丑子
    勾青空虎
```

邵彦和曰："天鬼午火，受寅鬼之生，犯了东岳城隍香火神，因而疫气入宅，遂合宅皆病。"盖春占，寅木正旺，鬼极有气，又干上与中末传三个阳刃天鬼煞，故不止一人也。其家果病七人，后死三人，急告东岳禳之，余人遂愈。盖中末日上三个天鬼煞，所以丧三人也。青龙到此最不好，名为夺命神。

占验588　褒占物价

○元祐二年正月初五日，山阳吴员外，年三十九岁，兴贩油麻到东京，未就其价，遂于僧仲褒求课。是日戊午，得戌时，以月将神后加戌。（《一针见血》）

```
  贵后阴玄
  未申酉戌            玄后阴贵           子庚申后
蛇午    亥常          戌申酉未         兄壬戌玄
朱巳    子虎          申午未戌         财 子虎◎
  辰卯寅丑
  合勾青空
```

仲褒曰："君有货物，欲求售乎？又是油麻，目下则价利渐退，至清明后，宜有倍利，可候至时货矣。"吴云："货是油麻，在此多日，欲随贾售之。"褒曰："若信此课，留至其时，必无所误。吴遂一半去了，一半寄顿在京而且归家。"其年二月五日复到京师，其麻价未增。吴乃往褒问前课，褒云："更待数日，必有厚利，但守之无疑矣。"自清明后，京城绝无，货之果得倍利，吴乃重谢仲褒。议曰：戌土克水为财，水生于申，是初不见财神，只发财生之位，故主货物也。油麻者，申之所主也。今加午上，法以午为市，正月申金囚死，虽货物入市，缘市未动，故未有价。清明后土旺，乃申金相气，法以相气为财也，虽被大克制，却得末传子水为救，而免其损伤。行年上神是今日支神，带螣蛇来临，兼所得之时与物同类，与今日干神相生，课值日辰支干无损，目下不中，后有倍息也。应验若此。

占验589　祝占飞蝗

○**六月初一戊午日未将辰时，占蝗。**（《一针见血》）

```
  青勾合朱
  申酉戌亥            蛇勾朱青           子辛酉勾
空未    子蛇          子酉亥申         财 子蛇◎
虎午    丑贵          酉午申戌         官乙卯阴⊙
  巳辰卯寅
  常玄阴后
```

祝泌奏曰：谨按此课，三传酉子卯为三交课。夫课中主事之神，固以蛇为飞蝗，而初传酉亦是飞蝗之象。何以言之？蝗乃败辛之魂所变，乃勾陈发用，所乘之酉金死于午，即勾陈所立辛位而死于午者也。又酉为变而死之物，是飞蝗之象也。今初传、次传皆有飞蝗之证，则飞腾而众多，将捕之不可胜捕矣。然三交课，多主伏匿凶丑，又中子末卯乘太阴为翳蔽之象。要课之终而论之，酉加午，子加酉，卯加子皆居败暴之地，而终之以翳蔽，则亦可灭，不致猖炽也。

占验590　王占射覆

○甲戌年亥月戊午日寅将戌时，友人于灯下射覆。（《牧夫占验》）

```
    朱合勾青
    酉戌亥子          虎合空朱        官甲寅虎
蛇申      丑空     寅戌丑酉        父戊午后
贵未      寅虎     戌午酉戌        兄壬戌合
    午巳辰卯
    后阴玄常
```

王牧夫曰："炎上之课，主外明而内虚。三传带后六淫泆，火旺主气当有芳香。干上酉乘朱，酉与初传寅合，参形为图，午酉又当可食，其味辛苦，其色青黄，酉属秋，成实于秋也。"出之乃香橼耳。

己未日

占验591　陈占仕宦

○崇正辛未年四月己未日酉将辰时，东省吏科宋大斗先生占功名。（《指南》）

```
    朱蛇贵后
    戌亥子丑          虎贵虎贵        父丁巳虎⊙
合酉      寅阴     巳子巳子        兄壬戌朱
勾申      卯玄     子未子己        官乙卯玄
    未午巳辰
    青空虎常
```

陈公献曰："四月内定转长垣，居官难以久任。盖因月建虎马发用，其力更见雄矣。又铸印乘轩，定应迁转，但嫌贵临空害，故难久任耳。"果随转吏长垣，后因提武场事，降大行。

占验 592　陈占仕宦

○崇正辛巳年十月己未日酉时，东省莘县工部孙兴功先生占功名。(《指南》)课式同前。

陈公献曰："仲冬月令必有起官之征。"曰："何以见之？""干上贵人虽空，幸乘进气，交仲冬子水司令，填实旬空矣。且喜虎马丁神发用，作岁君生日，又四墓覆生，已废复兴之象。起官何疑乎？"后果然。凡有官君子得此，定主迁官转职，面君奏事。次年冬，推补兵部车驾司。

占验 593　陈占来意

○崇正己巳年正月己未日午时，闽中张少司空维枢索占来意。(《指南》)①

```
贵后阴玄
子丑寅卯        合阴合阴        子辛酉合
蛇亥　辰常      酉寅酉寅        兄丙辰常
朱戌　巳虎      寅未寅巳        财癸亥蛇
酉申未午
合勾青空
```

陈公献曰："正时胜光，值事天空，此为章奏而占。"曰："吉凶若何？"余曰："四课克下，名为无禄。况贵乘旬空，龙神克下，主在上者不足，轻则降罚，重则削权。又财官禄马俱入墓绝之乡，急流勇退为佳，否则必有意外之虞。"曰："上疏旨意若何？"余曰："朱雀乘天喜，阴神见丁马，还得好旨归里。"后准冠带闲住回家，未久仙游矣。

占验 594　陈占仕宦

○崇正丁丑年六月己未日午将戌时，浣中刘允平太史占会推浣抚成否，日后结局如何。(《指南》)

```
蛇朱合勾
丑寅卯辰        后合后合        官乙卯合
贵子　巳青      亥卯亥卯        财癸亥后
后亥　午空      卯未卯巳        兄己未虎
戌酉申未
阴玄常虎
```

---

① 愚按：正月己未是正月初三日，何故仍用丑将？年月必有一错。

陈公献曰："目今会推必遂，但结局不佳耳。何也？用合干支传成官局，推升必矣。但干支死伤，丧吊全逢，又贵履天罗，斗系日本，且行年酉金冲破官局，末后大有不如意事。若出兵击贼，必有被围失利之应。"其后流贼犯界，统副将程龙、潘可大御之，全军覆没。己卯岁抚军丁艰而归。

占验595　郭占城池

○**崇正辛巳年十二月己未日丑将巳时，为绣衣马公惕中占陈留县城。**（《郭氏占案》）**课式同前。**

郭御青曰："此课木局克身，又干支皆逢死气，与许州课同。① 卯为丧门，又是死神，引中传天后入墓，主妻财受惊，大凶之课。为马公屡言之，勿令渡河。"公不听，抵家即遇贼至，家口遂多丧失。较之王公肯听余言，吉凶天壤。始信人生祸福，一定者也。

占验596　徐占来意

○**八月己未日辰将午时，卦得八专占来意。**（《一字诀玉连环》）

```
    合勾青空
    卯辰巳午        合青合青        兄　丑蛇◎
朱寅    未虎        卯巳卯巳        父丁巳青
蛇丑    申常        巳未巳己        父丁巳青
    子亥戌酉
    贵后阴玄
```

徐次宾曰："来意主与南面属马妇人来往，事败露。内有一姓孙人，吓诈惊恐，坏钱十一贯文。至庚申日即无事也。"盖午时为日干六合，卦得八专，主淫乱。午属马又南方也。何知事败露？缘日上太乙得青龙木将，与日为鬼故也。发用大吉主姓孙，上乘蛇，主惊恐。何知坏钱十一贯文？日上青龙主财帛，七数，太乙四数，共十一数也。至庚申日无事，何也？盖青龙木鬼死绝于申，又为庚金所克。又申上得天空，故知庚申日无事也。

占验597　刘占凶梦

○**元祐六年六月初二日在楚州天庆观，道士费知祥年四十二岁云夜梦不**

---

① 见壬辰日干上辰。

吉，卜之。己未日未将未时伏吟课。（《玉连环》末卷）

```
青空虎常
巳午未申       虎虎虎虎        兄己未虎
勾辰    酉玄   未未未未        兄  丑蛇◎⊙
合卯    戌阴   未未未己        兄壬戌阴
寅丑子亥
朱蛇贵后
```

刘日新曰："事起吾师，不可饮醉。今夜若闻犬吠，不可看视，恐墙崩地陷，更忌井边行。"道士以为戏耳，不复记念。至晚大醉，忽闻犬吠，惊起见本房光怪如火，恐遗漏盗贼，披衣出逃。观中住人亦皆惊起，事止，独不见费师。人忆余言，向井中寻之，则费师已堕井中而死矣。论曰：三传未丑戌三刑，岁月日辰皆是未并而为刃，又乘白虎，故凶。费公行年又在未，故应在费公自己。未为酒，为井，故云莫饮酒，莫井边行，又未为六丁，为天目，为光怪，中丑乘蛇受虎刑，故发声，末戌乘阴受蛇刑，戌为犬，主犬吠。三传墓煞，课无生意，故主死也。

占验598　王占阴晴

○乾隆甲子年六月己未日未将未时占阴晴。（《牧夫占验》）**课式同前。**

王牧夫曰："天虽晴明，午后主有大风，当拔木号空；风止，有小雨；雨止，天阴，不久即晴朗。"盖未为风伯，踞于干支，主风盈宇宙。乘虎，主有力而大，故曰"拔木号空"。中传丑，末传戌，相刑，土气不和，主有小雨。太阴在末，主天阴。三传纯土制水，故不久而晴朗也。午与未合，午后阴生，故验于午后，一一皆应。

凡渡江河，咸池煞动，亦主大风，不可不知。

昔在淮阴，六月间偶至大字店程雨宸世兄处，示以占遇返吟一数，问阴晴。余曰："今日未时，西南上云起，有雷声，风大雨大，一时而止。"乃海盐宗兄仲簾所起之数，断以明日，余不知也。宗兄云："来日始有风雨。"雨宸兄云："存以为验。今日不验，则来日以验。"先生一笑而起。余归饭后，闻雷声，云果起西南，风大于雨，一时而霁。诸人叹服。仲簾兄亦服。问余"何以应今日"？余曰："此返吟课，其应甚速。"

占验599　陈占卜相

○崇正丁丑年八月己未日辰时，经延讲官安庆阮允平太史云：先日吴门

申相公以八年讲官拜相，吾今亦八年，枚卜若何。（《指南》）

```
    空虎常玄
    午未申酉            玄常玄常            兄己未虎
青巳        戌阴        酉申酉申            子庚申常
勾辰        亥后        申未申己            子庚申常
    卯寅丑子
    合朱蛇贵
```

陈公献曰："太史虽有公卿推荐，恐不能也。"曰："何以见之？""盖因日比虎刃，自他处发用，突有秦人任风宪兵刑之职者，不由词馆入阁。且中末干支年命俱见罗网，是秦晋梁益之人在中阻隔。又夜贵居本命，太史必赋归来矣。"后果点秦中薛国观先生、蜀中刘宗伯入阁。

占验600　王占天时

○**乾隆庚申年五月己未日申将未时，占云起有雨否。**（《牧夫占验》）**课式同前。**

王牧夫曰："此课主今日午后风雨雷电俱大。"盖八专为体，不辨干支，而水母重重见于其上。未为风伯，又乘白虎劫煞。卯为雷，勾陈加之。巳为电，丁神附之。是以主四者俱大也。主本日者，本日之支发动，未中有丁，主迅疾倏发。是日午后果大风雨雷电至申时止，传中申不足故耳。再视贵登天门，龙神升天，丙丁逢空，亦主雨之象。

占验601　邵占终身

○**建炎己酉年九月己未日卯将寅时，顾孔目甲子生四十六岁，占终身。**（《方本占案》）

```
    朱蛇贵后
    午未申酉            后贵后贵            兄己未蛇
合巳        戌阴        酉申酉申            子庚申贵
勾辰        亥玄        申未申己            子庚申贵
    卯寅丑子
    青空虎常
```

邵彦和曰："己去就禄，便就禄上作初传，若贵人相委财赋，须是仔细，不得走作财物，及非理饮酒，与亲戚妇人交往，皆主杖责。杖责了，却得垂顾带去，终有名目相呼，此长生贵人垂顾之力也。"顾缘初太守委提点财赋，后用官钱失检,杖八十。月余又与妇人在酒店饮酒,被仇人翁仲达理论,太守勘无赃,杖一百。又二月,郑侍郎上任,顾甚得宠,遂成家计,得本州参军。后随郑去五年,大得意归。盖己禄在午,刃在未,作蛇,主非横得罪。未为眷属、酒浆,蛇主棒,故见之,只不合在初传也。中末皆长生贵人,可以立身。郑贪贿,顾与他经画,因得意。盖土生金,申作贵,为日长生,中末皆是,故以此终。

占验602　王占失职

○**乾隆甲戌年亥月己未日寅将丑时,辛未人六十四岁,占失贼。**(《牧夫占验》)**课式同前。**

王牧夫曰:"八专之课,干支不别,一派寒金,自身又作腊蛇,事由自己疏懒致有此也。财失五百金,必非一人。以玄武论之,乘亥,阴见子,乃少年也。亥数四,当主四人。玄武临戌,当在西北近水之地。子乘太常,勾陈制之;太阳之阴,又与相刑,告官必为捕役所获。"果于辛酉日因包课之布为认记,因是而获。同伙者共四人。

占验603　邵占子嗣

○**建炎戊申年八月己未日巳将卯时,何解元癸酉生三十六岁,占子嗣。**
(《口鉴》、《捷要》、《方本占案》)

```
　　青勾合朱
　　未申酉戌　　　　蛇合蛇合　　　子辛酉合
　空午　亥蛇　　　　亥酉亥酉　　　子辛酉合
　虎巳　子贵　　　　酉未酉己　　　子辛酉合
　　辰卯寅丑
　　常玄阴后
```

邵彦和曰:"课名独足,若传飞散,便不应也。何兄此占,当有五女,如要得子,除非过房。行年在丑,酉为六合,而冲卯之元武,毕竟男胎不成也。本身有肠风痔病,乃好色得之,不利成名,成名则不过四十八矣。"盖身宅三传俱是酉,酉为兑,兑为少女,六合乘酉,亦是女,三传日辰俱见酉,故主五女也。行年上见卯,为震,为长男,酉来合丑,而卯相冲,上又见玄武盗耗之神,所以男胎不成也。酉金为大肠,又酉为血,故为肠风脏毒也。酉为脱气,又为色欲,六合为女,故主好色也。酉六未八,乃六八四十八也。

占验 604　邵占官讼

○**张世南同日时得此课，占讼。**（《口鉴》、《直指》）

邵彦和曰："两边行不得，只好从中自后行。若两边争时，不知宁息。公潜地用轿自走去地头，定解。"果如其说。○《直指》引《口鉴》云：两边俱不得力，官当自行，干贵无益。后果县宰潜往。验矣。

占验 605　邵占贸易

○**二月己未日亥将酉时，张克用商人占远方买卖。**（《口鉴》、《捷要》）**课式同前。**

邵彦和曰："酉为兑，兑为泽，六合为船，只利船行，独足止一足，不利陆行。若船行，加倍得利。"果应。

占验 606　陈占起造

○**杭州学桥水涨，太尉重起府门及造赁屋房廊，请陈相干天民占问。己未日戌将申时辛亥命。**（《一针见血》）①**课式同前。**

陈天民曰："独足课，即亥酉未。辛命得三个酉，是三重天禄，三重帝旺，主富贵两全，官至一品。依朝廷之威势，起造昌盛，尚有三十年大发。"太尉大喜。天民退而告人曰："此独足课，课既不足，传又不行，终无百年久远。将来太尉殒后命即不存，禄旺何在？恐其子孙不肖犯法，此屋没入于官矣。"果然。

占验 607　邵占官事

○**建炎己酉年九月己未日卯将丑时，陆孔目己巳生四十一岁，占官事。**
（《方本占案》）

```
           蛇贵后阴
           未申酉戌         玄后玄后      子辛酉后
      朱午    亥玄         亥酉亥酉      子辛酉后
      合巳    子常         酉未酉己      子辛酉后
           辰卯寅丑
           勾青空虎
```

---

① 张本作邵彦和占。

邵彦和曰："己巳生人，见酉为破碎。今日又是己日，未即是己，支干又皆败于酉，酉合己成配字。行年更在背后，乘悬针煞，一因奸事，二防官钱，三防酒。必配本州，盖独足不远行也，配后当再配西北牢城方止耳。"陆漫应之。月余太守差沽酒，渠夹带刘宅私酒，又与二夫娘何盼盼凭照。太守轿出，见陆在面店，即搜寻他事迹，共用官钱五十多贯，及招认与何盼盼有奸，乃发配本州牢城。后在通判厅，累与人作闹，仍与何盼盼往来。通判大怒，禀过太守，断配润州。盖独足课，故在本州；来岁行年到日辰之上，与日辰并聚；凡并聚者，必飞散；既飞散，必再出外方。① 况并众即散，来年行年并聚，遂即飞散；兼有二己字，岂一番可了？② 酉上见亥，不离西北；亥乃江海，必润州矣。不合是己巳生末传飞开，丑加亥是西北海角，况亥为点水，酉为门，酉上见丑土，似王字，合之成润字也。

占验608　邵占失婢

○**己未日子将戌时，某占婢走失。**（《方本占案》）**课式同前。**

邵彦和曰："酉为婢，加干支上，是不离身宅矣。兼之独足课，一足焉能逃也？不须寻，当自归矣。"果然。

占验609　陈占功名

○**崇正辛未年四月己未日辰时，东省兵长垣仇庸足先生占功名。**（《指南》）

```
        合朱蛇贵
        酉戌亥子        玄蛇玄蛇        财癸亥蛇
    勾申    丑后        卯亥卯亥        官乙卯玄
    青未    寅阴        亥未亥己        兄己未青
        午巳辰卯
        空虎常玄
```

陈公献曰："此课占功名，将来远大，非常格也。"曰："何以论之？""传将木局，官星峥嵘，喜本命丁马恩星以化之，为逢凶化吉、遇难呈祥之象。且木逢初夏，正在荣旺之际；又蛇化为龙，将来事业日新，功名显赫，不待言矣。"后历任通州擦重南大司农大司马，请告归里。

---

① 若何解元占子嗣课，行年不加，故不飞散。
② 不合是己巳生。

庚申日

占验610　陈占燕京

○崇正甲申年四月初三庚申日酉将辰时，如皋铨部李大生先生占燕京安危。（《指南》）

```
      合朱蛇贵
      戌亥子丑          虎贵虎贵          财乙卯阴
   勾酉   寅后          午丑午丑          父  丑贵◎
   青申   卯阴          丑申丑庚          父  丑贵◎
      未午巳辰
      空虎常玄
```

陈公献曰："贼自西山出奇，用骡车木辊，先攻西南，后攻东北，且有内变之虞。"盖贼符自戌发用，克中末干支贵人，而天空临寅，① 此地疏虞，贼必乘虚而入。两阴神虎鬼克干支及岁君，左右献城之象。后闻李贼明攻张掖，暗踰东直，城中鼎沸，开门出降。先帝自缢。②

占验611　陈占远行

○庚寅年五月初八庚申日申将丑时，徐盟鹿占得此课，问远行，携有妻子同往，看吉凶若何。（《指南》）

```
      蛇贵后阴
      子丑寅卯          合阴合阴          父壬戌合
   朱亥   辰玄          戌卯戌卯          官丁巳常
   合戌   巳常          卯申卯庚          子  子蛇◎
      酉申未午
      勾青空虎
```

陈公献曰："男女远行，俱不得意。中途被劫，死于他乡，有沉溺破舟之虞。"盖因男干女支，行入空墓之地。中传劫煞、旬丁刑克支干。末传日死，加巳是阳生临于阳绝，合为死字。且壬戌加卯发用，是河井相加，卯受干克，

---

① 愚按：寅为燕之分野。
② 愚按：虎鬼并丝麻煞克太岁，故主怀宗自缢。

主车船破坏，其祸必矣。近江西百余里，男女五人，被盗而死。

占验612　王占流年

○乾隆己巳年五月庚申日未将子时，女命丁丑生五十三岁，占流年。（《牧夫占验》）

```
        青空虎常
        子丑寅卯          合常合常          父壬戌合
      勾亥    辰玄        戌卯戌卯          官丁巳阴
      合戌    巳阴        卯申卯庚          子　子青◎
        酉申未午
        朱蛇贵后
```

王牧夫曰："妇人占，用起鬼墓，不见官星，乃寡妇也。家本富厚，有模范，因妇人用事，先业渐亏，今便改削愈见衰落不振也。"其人云："彼夫家夫亡后，尚有数万金为此妇用，费将尽矣。问流年者，看将来若何耳。"余曰："未见青龙子孙为月破，又为囚水，聊且度日而已。"盖戌巳子，亦铸印也。子去刑卯，卯为日财，乃先成后败之体，故铸印以巳戌卯三字为有成也。今得戌巳子，安能有兴象乎？故曰不振。干支同体而财无分别，是人用我，我用人，俱不论也。我之财，为他人之财，亦可也。外用内用，终日斧削，岂能不耗？庚与申，内外皆斧也。其象如此，能不衰乎？

占验613　某占夜梦

○九月庚申日卯将未时，占梦。（《张本占案》）

```
        贵后阴玄
        丑寅卯辰          蛇玄蛇玄          子　子蛇◎
      蛇子    巳常        子辰子辰          兄庚申青⊙
      朱亥    午虎        辰申辰庚          父丙辰玄
        戌酉申未
        合勾青空
```

断曰：此课润下，值时冬旺，吉。蛇主奇怪惊恐，乘子为半夜之神发用，是梦感于三更时候。子在十月为天马、为游神、为咸池，令人精神恍惚也。然太岁之位，即系万乘之尊，申禄临之上，乘青龙，虽有惊梦，不成凶也。①

---

① 愚按：此课似为祝氏、元氏、苗氏为宋主占者。然他本未见，姑阙疑焉。

占验 614　邵占官讼

○陆孔目癸亥生四十七岁于己酉年九月庚申日卯将巳时，占讼。（《口鉴》）

```
    朱合勾青
    卯辰巳午              合青合青              官戊午青
蛇寅    未空              辰午辰午              父丙辰合
贵丑    申虎              午申午庚              财甲寅蛇
    子亥戌酉
    后阴玄常
```

邵彦和曰："此课讼有源头，今乃再发，非蓦地生起也。盖顾祖课，主原有讼根耳。且金日得巳时，又午发用，为天网，此事已不及止。更与人多不足，始终被他害。末寅只管生午火，午火遂来克身，又是自取其灾也。兼为事太过当，故至此。何以知之？行年上见戌会起火局，自去烧身，患必自招。甲寅旬见寅，乃第一位公人害尔。午为悬针，必遭刺配，且年上见戌为军，当配一千八百里也。"陆应祥初与徐都院不足，被他窨拾，不服，至后来有短事，再被窨拾，遂送至院勘问，众人又来首。初时陆氏不合强骂众人，因被众懵。所谓会成火局，乃是他自凑起。又是天网，亦自取也。因彼之身与宅先见克，则末寅乘势而生火。若非自招，如何得见此事？事了，配鄂州，一千八百里也。因午又见午，二九一十八，是其数也。午加申，是西南方，阳刃破碎加本命，真针也。午鬼又为悬针煞，青龙加申为退鳞，所以笞背。行年见戌，为配军也。

占验 615　江占猫子

○乙卯年三月庚申日摇得酉将亥时，戏占猫生子几只。（《说约》）

```
    勾合朱蛇
    卯辰巳午              合蛇合蛇              官戊午蛇
青寅    未贵              辰午辰午              父丙辰合
空丑    申后              午申午庚              财甲寅青
    子亥戌酉
    虎常玄阴
```

张江村曰："此猫当生子三只，但有灾难，必不能平安。"举家笑余妄言。次日老猫生小猫一只，即欲食之，屡禁而不能止，老猫不复再生。直至次日，又生小猫二只，俱被老猫压死。邻里亲戚闻以为异，问余何以知之。余曰：

"寅为猫，午为寅之子。午火数二，蛇亦为寅之子，故云三只。午为用，中传辰压之，火逢压则灭，况天罡凶神，又并天目煞，何可当乎？一也。乘蛇即巳，乃寅刑之，二也。占产顺传为吉，逆传为凶，三传逆行则倒行而逆施矣，三也。"

占验616　王占索债

〇**甲戌年十月庚申日寅将卯时，占索逋。丁未命二十八岁。**（《牧夫占验》）

```
合勾青空
辰巳午未        青空青空      兄辛酉常
朱卯    申虎    午未午未      父己未空
蛇寅    酉常    未申未庚      父己未空
丑子亥戌
贵后阴玄
```

王牧夫曰："这债得好笑，我问他索，他问我索，我暗里制他，他暗里制我，各自怀主意，都是一样。"盖发用之酉，干支之罗网也。我去网他，他亦网我，到后都无分别，必须讼而后明也。勾陈在午，坐于明堂。未是占人本命，未中带丁克支，午又合未。勾陈刑支合支，甚是糊涂。贵人在丑，墓干亦墓支。此讼而可明者，以干支皆戴文书，似必各怀券纸，俱有可凭耳。不然何索逋而得此课，一样葫芦之象也。事必中止，无例顿耳。未命理直，贵坐寅上冲申为干之财也。

占验617　邵占生产

〇**己酉年九月庚申日卯将寅时，白生占生产，夫丁卯生四十三岁，妾戊子生二十二岁。**（《口鉴》、《方本占案》）

```
蛇贵后阴
午未申酉        玄阴玄阴      子癸亥常
朱巳    戌玄    戌酉戌酉      兄辛酉阴
合辰    亥常    酉申酉庚      兄辛酉阴
卯寅丑子
勾青空虎
```

邵彦和曰："干支不分，人宅不别，故不可晓。且庚为子，申为母，见酉为阳刃，乃面前阳刃也。太阴兼之尤甚。申母以酉为破碎，乃面前破碎也。夫行年兼之，是与妻子皆受破碎。女行年亥上见子乘虎，又泄气，作大福，方可保。夫干支中末，俱见阳刃破碎，又是自刑自害，必不利于母子也。"白妾果于庚戌年生子，其子倒生，用刀破身方出，母几不保。幸秋占申旺，偶得性命。后连生子皆不育。白生复问于先生，先生曰："公生子不育，皆倒生之子作祟耳，恐终久必来害母。今虽得儿，若不戒欲，必为他害。"盖干支见酉，皆阳刃破碎自刑，故先害身，终来害母耳。于是白生与妾分居，乃得免。

占验 618　刘占行人

○**庚申日酉将未时，占行人。**（《玉连环》末卷）

```
  空虎常玄
  未申酉戌           后玄后玄          子　子后◎
青午　　亥阴         子戌子戌         财甲寅蛇⊙
勾巳　　子后         戌申戌庚         父丙辰合
  辰卯寅丑
  合朱蛇贵
```

刘日新曰：主行人七日至，应西北来，戌上发用故也。已在道路，子为道路也。七日至者，驿马在寅也。凡占行人信息，若发用并三传在日支后及将不顺，皆主不动。占他动，见天驿马，魁罡临日辰或入传将顺，定主动也。取日期先取魁罡加驿马，来速。此课马在寅，末传得天罡加之，所以主寅日归也。又云贵人临日，亦主归也。

辛酉日

占验 619　邵占微病

○**建炎己酉年八月辛酉日巳将寅时，蒋六公乙巳生六十五岁，占自身不安。**（《方本占案》）

```
  空虎常玄
  申酉戌亥           蛇阴朱后         财乙卯蛇⊙
青未　　子阴         卯子辰丑         官戊午勾
勾午　　丑后         子酉丑辛         兄辛酉虎
  巳辰卯寅
  合朱蛇贵
```

邵彦和曰："吾丈年高，尚有此病，何也？凡三交中有空亡六合，皆不正之合。其患有三：一主吾丈思前妻；二主恋一少妇不在眼前，多方烦燥，遂致下部流利不定；三主长子非横。因斯三者而成病。今末传酉禄，居行年午火之上，为鬼所算，不免贪食生冷酸咸之物。若能如愿，尚可活七八年，否则怀思便死矣。"蒋公之病，果因欲取一意中人，诸子不肯，遂生烦躁。又因大郎私一奶子，蒋公更加不悦，遂得下部病。只好酸咸物吃。后先生劝彼乃郎，取此意中人与之，其病渐减，直至丙辰年死。盖干支上子丑合，而乘太阴夜神，是淫乱合也。却是空亡，乃虚想其合，而无实事。四课遥克为传，事主在内。长子非横，乃卯为长子，作蛇故主非横。卯子相刑，因奸妇而成祸。主事初传空亡，便不行传，喜得末上行年相接，所以用之。日上丑土，得中午生，土遂生金，丑八，故八年也。①

占验620　中黄占讼

○戊申年十一月辛酉日丑将申时，乙巳命人六十四岁，占讼。（《中黄经》）

```
        勾青空虎
        戌亥子丑           蛇常朱玄          父己未蛇
    合酉    寅常         未寅申卯        子　子空◎
    朱申    卯玄         寅酉卯辛        官丁巳后⊙
        未午巳辰
        蛇贵后阴
```

断曰：初传未中有丁鬼，且作螣蛇，末传又是巳鬼。此鬼得党助为凶，所以必起官讼。未为眷属阴人，蛇为小口惊恐。此讼多因阴人小口不足而起。戌作勾陈压命，必主囚系。巳鬼坐空，不遭刑责。今年六月起讼，明年正月必了结，乃解神未临寅上故也。春木既旺，勾陈与戌之临命上者，均受其制，戌墓开而巳命之火光辉矣，主官断明晰而释放也。

---

① 愚按：丑为墓库，何得因此而活八年？此转抄者之误，或疏解者之错也。盖此数幸赖墓空可救。八月辛金旺，末传酉金，年命上生酉金，重重相比，日干旺甚，故可不死。金数四，旺则倍之，故八年也。○又按：思前妻者，干上天后为妻，乘丑已入墓也。恋少妇者，支上子作太阴且加行年上也。

占验 621　灵文来意

○辛亥年正月辛酉日亥将辰时，占来意。（《灵文论》）

```
    空虎常玄
    子丑寅卯              青阴空后              子癸亥青
青亥    辰阴              亥辰子巳              官戊午贵
勾戌    巳后              辰酉巳辛              父　丑虎◎
    酉申未午
    合朱蛇贵
```

断曰："此课占来意，十月有迁官之喜。至壬子年正月，主有大人见怒，谪降虚挠之忧。至亥年①十月，却复有迁官之庆。"盖亥为用，是十月建，又将得青龙，下临天罡，为青龙之象。如龙之见天，臣之见君，故言十月有迁官喜庆。中传贵人与末传丑为六害，故言贵人见怒。午加亥为火临绝地，式中午丑为六害，甲寅旬丑落空亡，故云虚挠。亥为太岁主人君之象，又十月亥为月建，将得青龙而与旺气并，故云复有迁官之庆也。

占验 622　邵占前程

○戊申年十月辛酉日卯将未时，何上舍己巳年八月二十日午时生四十岁，占前程。（《口鉴》、《方本占案》）

```
    青勾合朱
    丑寅卯辰              青蛇勾贵              官丁巳蛇
空子    巳蛇              丑巳寅午              父　丑青◎
虎亥    午贵              巳酉午辛              兄辛酉亥⊙
    戌酉申未
    常玄阴后
```

邵彦和曰："官星临日，初传助之，谓之催官符。官星又作贵人，辛藏于戌，主庚戌年及第。嗣后便丁父母服，服满赴任，见禄而终，②止于五十四岁矣。兄弟相害，因争分居而大生不足。又不得子息力，其旬丁作蛇，不云怪

---

① 亥年二字似衍。
② 酉禄加空亡上故也。

者，辛以巳为德神。子不得力者，三传无子爻也。辛见午为官，巳又助之，名催官符也。"何果庚戌及第，壬子丁母忧，乙卯丁父忧，庚申赴利州推官，辛酉五十三岁八月十四日卒。先是，戊午年兄弟争家财，四次入官，估刳以死。子三人，长十三岁，次者九岁，三者七岁，皆再娶所生。巳为长生，作旬丁，又作蛇，是丙丁也。金日金局，是兄弟争也。三传无子爻，故子不得力。五十三者，乃午九酉六，六九五十四之内也。

占验 623　中黄占盗

○**十一月辛酉日丑将巳时，占捕盗。**（《直指》引《中黄经》）**课式同前。**

断曰："酉为玄武临丑，其贼往东南方，盗得他人财。先向西行六里，便待往西南方还家。因正南上见贵人，不敢行，欲从西北方还家。因巳火绝地，又不敢行，只往北行五里藏匿财物，后却于西北还家。藏匿五日方敢再行。干上贵人克玄武，勾陈又克其藏处，即可擒获矣。"果验。

占验 624　邵占继子

○**己酉年九月十六辛酉日卯将午时，季官人己卯生三十一岁，占过房子息。**（《口鉴》、《方本占案》）

```
        勾合朱蛇
    寅卯辰巳         合贵朱后        官戌午贵
  青丑　午贵         卯午辰未        财乙卯合
  空子　未后         午酉未辛        子　子空◎
    亥戌酉申
        虎常玄阴
```

邵彦和曰："此乃天网课。若继子，便是一个冤家入门，此后生出无限事。支干上午与未合，合起天网，妻卯加鬼上，必无亲子，末传子爻加妻爻上，作天空，天空本家戌，即今日之辛，是己与妻皆空，何能有子？惟子之阴神见酉能生子爻，主妾生子，奈酉作玄武，又非己出，主因奸而成也。"季子因先生不允过继，遂买一妾，两年不生。季子有妹夫郑元益，时常往来，妾遂与私而得孕。季颇知，但记先生言不较。至乙丑年生儿，实甲子年有孕。因酉加子，故子年乘元武，是偷合。先生曰："将来妾子亦是取债人也。家业必为所败矣。"季官人前私姑家一女，又私一婢，恐其有孕，豫以绝胎药阻其经。两女后皆不生子，季亦无子，此报应之不爽也。

占验 625　邵占疾病

○己酉年八月辛酉日巳将申时，蒋七婆戊申生六十二岁，占子病。其子辛未生，三十九岁。（《方本占案》）

```
        勾合朱蛇
    寅卯辰巳        合贵朱后        官戌午贵
    青丑　午贵      卯午辰未        财乙卯合
    空子　未后      午酉未辛        子　子空◎
    亥戌酉申
    虎常玄阴
```

邵彦和曰："病因情人或眷属不足，致得此病。想此情人今已卖入官家，为使女之类。尔子欲见不能，思恋极矣，故生心病。日晡潮热，临晓泄精，若要病好，须是释思。更此妇人临别赠有手迹，尔子常留身畔，须与彼烧毁，另娶一妻方可，否则渐成痨疾矣。"蒋七婆之子因丧妻，遂与邻妇私通。彼夫知之，却典雇与何通判，七婆之子苦思成病。又妇人别时，绣一香囊赠之，其子时常观玩，睹物思人，病势转增。七婆闻先生之言，遂索出烧毁，又为子娶一妇，疾果自愈。盖未作后加日生日，支上午鬼与未合，乃是鬼合，便为不正之交，传退，与妇人相离也。三交，交易之象，宅上贵人是此女卖入贵人宅去也。末传是子，行年上丑，子与丑合，更日辰上实合，末又见空亡合，即是思望悬切，欲合不合，传退既值空亡，只得在此思想，所以成痨。午未合，子丑合，化而为子午冲，丑未冲，合处相伤，反成不足。子丑又空，是往彼不得见矣。

占验 626　徐占来意

○八月辛酉日辰将未时，占来意。（《一字诀玉连环》）课式同前。

徐次宾曰："来意主本人欲往运司理会旧房钱，其外动必速。其中一姓马人，作鬼贼。却得陈姓人力，至丁亥日，见事务定作归计。"何知往运司理会旧房钱？盖胜光发用，上见天乙为三品衙门。中传太冲主门户，下临午，四正为方，相配为房字。卯上得六合，俱为日下财，故言房钱。既是三品衙门理会房钱，故言运司。何知动速？时为日刑又发用，午为道路，又天乙在酉，临门为励德，故知外动必速。何知姓马人作鬼贼？盖初传胜光为马，为日鬼也。却言得陈姓人力者，末传神后水为曲阜，下临卯为东字，相配为陈字。神后反克胜光日鬼，故言得陈姓人力。至丁亥日定见归计者，缘甲申旬午鬼落空，丁合壬与亥水克胜光也。不言戊子日者，缘戊为大煞也。

占验627　徐占来意

○**六月辛酉日午将申时，壬戌命人占来意。**（《玉连环》）

```
         合朱蛇贵
       卯辰巳午           蛇后贵阴         官戌午贵
    勾寅      未后       巳未午申         父丙辰朱
    青丑      申阴       未酉申辛         财甲寅勾
       子亥戌酉
       空虎常玄
```

徐次宾曰："来意因藏有夫之妇，今败露到官，旬日案成，断徒五年，杖一百。丁丑日决之，发邻州居住。"盖本命与日上见太阴，主蔽匿不正妇人。先锋门上发用，上见天乙为今日之鬼，故言事败到官也。时为干马，主紧速，故旬日案成。初传天乙克日，中传天罡上得朱雀火神，又为今日之鬼。末得勾陈又是凶神。此课伤日始末俱凶。又辰午两重自刑，《经》云"三刑弃市，二刑流递"，今曰"断徒五年"是也。何知丁丑日断决发邻州居住？盖丁为日下之鬼，丑又为日刑也，又时为日之鬼马也。

占验628　邵占官事

○**丙戌年十二月辛酉日丑将丑时，张大郎占官事。**（《方本占案》）

```
         合勾青空
       巳午未申           虎虎常常         兄辛酉虎
    朱辰      酉虎       酉酉戌戌         父壬戌常
    蛇卯      戌常       酉酉戌辛         父己未青
       寅丑子亥
       贵后阴玄
```

邵彦和曰："本主徒罪，因发用自刑，乘虎临门户也。喜得中戌太岁作常，末天喜乘龙作解神，必有恩赦相救，先凶而后吉也。"果然。

占验629　陈占进兵

○顺治乙酉年四月初九辛酉日酉将申时，左藩良玉南侵，总漕田公百原，奉命勤王，① 已进发矣。诸将士索占吉凶。（《指南》）

```
       贵后阴玄
       午未申酉           虎常空虎           子癸亥虎
   蛇巳      戌常       亥戌子亥         子    子空◎
   朱辰      亥虎       戌酉亥辛         父    丑青◎⊙
       卯寅丑子
       合勾青空
```

陈公献曰："此行不吉，主至半途而回。何也？白虎驿马临干，虽有狐假虎威之势，奈戌土定能克制。如彼猖狂妄动，定有阻塞。但我兵此行，中末俱空，岂能前进？况辛日南征为灭没旺方，于军不利。干神临支，恐有锐卒前扰。"后至扬州，高杰之兵出城抢船，遂与阁部史公商议，抽兵而退。

壬戌日

占验630　天民占婚

○湖州城西，沈尚书宅娘子，与本郡赵府结姻。沈女丑生人，赵氏未生人，求陈天民占成后夫妇如何。（《一针见血》）

```
       蛇朱合勾
       午未申酉           虎空常虎           兄癸亥空
   贵巳      戌青       子亥丑子         兄    子虎◎
   后辰      亥空       亥戌子壬         官    丑常◎⊙
       卯寅丑子
       阴玄常虎
```

陈天民曰："壬戌日，占得亥子丑连茹课，但只上门乱首。何况夫妇本命，丑未相刑，他日主不到头。虽有德容，性欠尊重。"其后夫妇果不和，公

---

① 南京福王也。

姑不睦。其女忽生喘疾，抑郁半年而终。

占验631　王占挽回

○乾隆己卯年九月壬戌日卯将寅时，占事坏，今欲托人能挽回否。癸丑命四十七岁。（《牧夫占验》）课式同前。

王牧夫曰："此事不能挽回，无跂望也。盖亥乃壬身，投支受克，乃身为他人之财。传归子丑空位，又入夜乡，前路黑暗，安能复见？而丑为太常，作鬼临身，此乃亲故中人来坏汝事也。其丑之阴神带玄武，乃一疾病多须人欲坏其事耳。子亥乃干支罗网，岂能让汝出头乎？故曰无跂望也。"果验。

占验632　邵占平生

○韩监仓修职癸酉生三十七岁，占平生，己酉年六月十五壬戌日未将巳时。（《口鉴》、《方本占案》）

```
        朱合勾青
        未申酉戌         玄虎阴常              兄　子虎◎
    蛇午      亥空     寅子卯丑          子甲寅玄⊙
    贵巳      子虎     子戌丑壬          官丙辰后
        辰卯寅丑
        后阴玄常
```

邵彦和曰："此课虽曰向三阳，奈初中空亡，依旧不见阳光。四课间隔，事多阻隔，支内干外，支刑日上神，主孝服。① 子为虎刃，虽是空亡，不死人亦主多是非。白虎乘子为棺椁，为何起棺而未葬，致亡者不安？传进而子息落空，才生一子便死，非是过去空亡，庶不害现在子息也。现在子息临宅，加于犬地而见虎，若见鼠咬衣服，小儿必有大灾。宅内不合蓄水，若不开导，监仓自损，宅亦难保矣。"

占验633　邵占前程

○己酉年八月壬戌日巳将卯时，蒋秀才乙酉生，二十五岁，求占。（《一针

---

① 愚按：太常破碎加干，主服。

见血》、张本作苗公达占）**课式同前。**

邵彦和曰："汝问寿数，抑问功名？"蒋曰："何如？"曰："寿数却有中寿；若问前程，重重凶服。初中传空，末传不空，到其时又是何①日。"蒋曰："何日得地？"曰："更过二十四年方得地，是时胜如今日。吾丈平日衣食有余，②但服阻多，不利功名。后有十七年大富享福寿，年六十四五矣。"蒋秀才读书正当年富力强，先生言其服阻，多不利，况其人是过房二重父母。初不知先生神口，哪晓得果是四十八前四重丧服，所养父母先丧了，却丧所生父母，丁心丧服，至四十八俱足，其时已废学多年，不复望功名矣。支干子与丑合，皆是空亡，初传又空亡，上见太常为服，白虎为丧，进间值空为服所阻，所以阻前程也。至末传辰加寅为财，辰为官鬼临财，③辰数五，寅数七，五七三十五，折半得十七年。此十七年，二男先已娶，二女又已嫁，进多用少，果然荣旺安然享福。至乾道五年二月十三日终，六十五矣。

占验634　邵占秋试

○己酉年二月壬戌日亥将申时，徐秀才丙子生三十四岁，占秋试。（《宋本占案》、《口鉴》、《方本占案》）

```
  合勾青空
  申酉戌亥              后常贵玄          官丙辰后⊙
朱未    子虎          辰丑巳寅          官己未朱
蛇午    丑常          丑戌寅壬          官壬戌青
  巳辰卯寅
  贵后阴玄
```

邵彦和曰："此课不可问试，防今年有瘫痪之疾。兼破碎作太常乘鬼入宅，又主孝服。破碎空亡，主外服。初墓加破碎上虽空，亦主妇人有血气疾。甲寅旬，寅加亥，真闭口，三传并宅，四土塞之，气血不行，荣卫不通，能早疏决，不致壅滞，可免瘫痪。"徐于三月间，因食菱成风，四肢不遂，状如瘫痪，后虽无事，却行履不得。六月丧妻母，九月又丧生母。盖甲寅加癸亥为真闭口；玄武又乘之，又是一重闭口。寅主风，玄武亦主风，寅与亥合，故主瘫痪。辰戌丑未重重壅塞，又兼闭口，便是血气不调，所以主此疾。要

---

① "何"字似应改"好"字。
② 日禄加命之故。
③ 此二句令人不解，大约是寅为行年，克上辰土，谓之行年见财。

好，决坤申水，通艮寅风，便可免此风疾，否则更甚。徐当年因疾病未愈，不得入试场。①

占验635　张占终身

○**乾隆甲寅年八月初八壬戌日巳将寅时，占终身。**（《说约》）**课式同前。**

张江村曰：六壬变幻莫测，有为他人占而牵连及我者，间或有之，不可不察也。余家人毛丹占终身，得此课。余曰："干上寅为衙门，寅阴巳为月将乘贵人，大贵人也。遁丁与干五合，汝一生只能在衙门中得贵人微财，不能别作营生。此本指也。"余又曰："寅巳集于日上，事在目下。汝系厮仆，安能骤进衙门见大贵人？此必余有馆，汝随进耳。余今日本欲占课，今汝得此，可不必再占矣。"果于次日得馆，初十甲子日毛丹跟进，此为他人占及我也。

占验636　邵占家宅

○**己酉年六月壬戌日未将丑时，童得松丁巳生五十三岁，占宅。**（《口鉴》、《方本占案》）

```
        勾合朱蛇
        亥子丑寅
   青戌       卯贵      青后勾阴      财丁巳阴
   空酉       辰后      戌辰亥巳      兄癸亥勾
        申未午巳         辰戌巳壬      财丁巳阴
        虎常玄阴
```

邵彦和曰："此课德丧神消，主人亡家破。盖壬德在亥，亥为闭口，无德可言，是谓德丧。②身命临亥，火被水克，是谓神消。生气受克而死气为主，是谓人亡。辰来破宅，又为干支之墓，是谓家破。一为宅水不通，二为灶厕不便。巳为灶，亥为厕，巳亥相加为不便。我去彼绝，彼来此绝，墓来克日，此凶课也。"童遂迁居，其屋空而祸解。

---

① 愚按：鬼临三四所以多灾，不得考试。中传虽有朱雀，末传虽有青龙，皆无益也。
② 愚按：《毕法赋》云："德临绝地为德丧。"

占验637　郭氏自占

○正月壬戌日子将巳时，自占。（《课经集》）

```
        青勾合朱
        子丑寅卯              青贵勾后            财戊午后
        空亥　辰蛇            子巳丑午            官　丑勾◎
        虎戌　巳贵            巳戌午壬            父庚申亥☉
        酉申未午
        常亥阴后
```

郭御青曰：初传天后水与亥水夹克妻财，财生官，官生印，印转生身，时人或以破财损官断，岂知壬以午为妻，乘死气火，以戌为墓，带白虎，加妻卯命上，为墓门开格，后果因好饮水致病丧身。何其效验如此。

占验638　陈占升迁

○崇正癸酉年正月壬戌日巳将申时，丹阳贺中怜先生居大寅台时，占升迁吉凶如何。（《指南》）

```
        合朱蛇贵
        寅卯辰巳              蛇阴贵玄            财丁巳贵
        勾丑　午后            辰未巳申            子甲寅合
        青子　未阴            未戌申壬            兄癸亥空
        亥戌酉申
        空虎常玄
```

陈公献曰："目今必然荣转，日后因他人之事请告。盖因传将递互相生，城吏二马出现，定有公卿推荐。但嫌鬼临三四，必主他非退位。"曰："应于何年？"曰："丁丑行年蛇墓克日，必自惊忧而退。"月内升天津巡抚，后以标官劫皇销事发，请告归里。

占验639　陈占行人

○戊辰年十一月壬戌日寅将巳时，倪子元占父何日到京。（《指南》）**课式同前。**

陈公献曰："行人已抵燕界，丙寅日方到。但途遇马贼劫夺。盖二马见于课传，末足临寅乃幽燕之分。二阴夹阳，中传见寅，故主寅日到。玄武驿马临干遥克庚午命神，主大路有马贼劫夺之应。"果寅日至平子门外，雪中遇马贼，劫银四十两。

癸亥日

占验640　邵占进畜

○建炎己酉年九月癸亥日卯将辰时，吴四公丙午生六十四岁，占进畜。（《方本占案》、《口鉴》）

```
    蛇贵后阴
    辰巳午未         常虎空青         官壬戌虎
  朱卯    申玄       酉戌亥子         父辛酉常
  合寅    酉常       戌亥子癸         父庚申玄
    丑子亥戌
    勾青空虎
```

邵彦和曰："欲进六畜，而猪牛栏皆不得其所。戌加亥作白虎，大猪入栏反小，只如犬大，兼且多病死伤。牛临寅地，自是畏乡，岂能长久？要好，移栏到西南长生之地，牛羊猪皆可养之。宅基皆不利畜，牛羊猪鸡皆无位，至于犬反要咬猪，猫亦不能捕鼠。盖缘天目在宅作白虎，宅中有伏尸，所以不荣。五年之内，伏尸必伤人矣。"吴宅自造新屋十三四年来，诸畜皆养不得，故占之。当先宅前一半是田，一半是山，其山有古冢骸骨，不知何人之墓，吴尽撤去造屋，是以不利。后至甲寅三月，宅中屡现火光，怪异并作。吴记先生断课之语，遂迁别宅居住。大凡占宅，天目加支，多主伏尸。秋以戌为天目，戌数五，故主五年现影响也。

占验641　邵占谒选

○寅年七月癸亥日巳将巳时，辰命人占谒选。（《直指》）

```
    贵后阴玄
    巳午未申         空空勾勾       官　丑勾◎⊙
  蛇辰    酉常       亥亥丑丑       官壬戌虎
  朱卯    戌虎       亥亥丑癸       官己未阴
    寅丑子亥
    合勾青空
```

邵彦和曰："稼穑乃守土之官也。干支上神，格合拱禄，三传皆官，中传白虎为催官符，至且两贵拱命，上乘喜神，行年又带天马，与日禄青龙相会，谓之蛟龙得雨，天马腾空，子月必选。禄临女分，当在北方。"果验。

占验642　邵占秋试

○戊申年六月癸亥日未将巳时，伊秀才戊辰生四十一岁，占科试。(《宋本占案》、《口鉴》)

```
         朱合勾青
         未申酉戌          阴常贵阴          官　丑常◎
      蛇午　　亥空        卯丑巳卯        子乙卯阴☉
      贵巳　　子虎        丑亥卯癸        财丁巳贵
         辰卯寅丑
         后阴玄常
```

邵彦和曰："课名出户，占试甚吉。太阴乘卯作幕贵，加日干，又日贵在末传，先晦后明，准拟登科，来年五甲无疑矣。"盖癸亥乃六甲极日，日去加支，至终身如斯而已。喜传出幕贵又出而向日贵，是旧蒙晦室，从此发辉而出。日贵在夜贵之上，故先晦后明。且行年午上乘申，为干支长生，系文星学堂，合起日贵，寅上辰为本命，昼夜贵人拱之，故必及第也。伊乃伊知县之弟，屡试不中，今先生许其中，渠甚不信，及试果高中，次年中五甲矣。

占验643　灵文来意

○四月癸亥日申将巳时，占来意。(《指归灵文论》)

```
         合勾青空
         申酉戌亥          贵玄朱后          官丙辰后☉
      朱未　　子虎        巳寅未辰        官己未朱
      蛇午　　丑常        寅亥辰癸        官壬戌青
         巳辰卯寅
         贵后阴玄
```

断曰："来意事起阴人粗恶，暗中设谋，众人入官之状，终不成忧。"盖辰为用，为日鬼，天后为阴人，主阴翳事，天罡为凶恶神，故云粗恶阴人暗中设谋相害。三传皆是日鬼，小吉未被刑并朱雀，故云众人入官之象。日为占者，甲寅旬中癸落空亡，三传皆鬼，不见占者，将与谁争？故云终不成忧也。

占验644　陈占隐遁

○顺治乙酉年四月十一癸亥日酉将午时，淮安总漕部院田公百原占该城住、乡住。(《指南》)

```
        合勾青空
        申酉戌亥          贵玄朱后        官丙辰后⊙
   朱未　子虎             巳寅未辰        官己未朱
   蛇午　丑常             寅亥辰癸        官壬戌青
        巳辰卯寅
        贵后阴玄
```

陈公献曰："此课正宜归隐，住乡安稳；住城虽有众贼飞攻，亦不足畏。何也？因游子斩关发用，阳将传入阴位，理应归隐之象。住城虽有贼攻，实赖支上寅木以敌之，不若就西北水乡卜居安稳。"及到邗关，船被兵掳入城。史阁部命守西城，城破，一家投水未死。

占验645　陈占官讼

○崇正辛未年四月癸亥日酉将午时，商城熊兵长垣奋渭为戊寅命人代占。(《指南》) 课式同前。

陈公献曰："课象虽凶，终不为畏。"曰："较张蓬元课何如？"余曰："张公课好。此课太岁克日，君上不喜，须得木姓人救解方可消释。何也？三传纯官鬼，又关墓覆日，岂不为凶？喜两贵拱身，福德仪神临支；又丁马贵德居命，且是皇书天诏，定转凶为吉。"其后刑长垣讳觉斯李先生上疏救之，减死谪戍。后知为云间钱相公也。

占验646　郭占任所

○崇正丁丑年八月癸亥日，真定刘梦严邦弼占任所，报丑时。(《郭氏占案》) 课式同前。

郭御青曰：据此课，天上行年临酉，岂赵人选赵地乎？官星为用，临丑，北人难得吴越。驿马不在传，又临燕，亦本地也。细详干支上神，拱地盘子地，为山东。卯为草，必有草头处也。查现缺，有莘县、蓬莱两缺，必为蓬莱，以子又水乡也。至十月乙亥日，果籤选蓬莱，信乎食禄有方也。①

占验647　邵占赴试

○八月癸亥日辰将子时，丑命人占赴试。（《直指》）

```
　　空虎常玄
　　酉戌亥子　　　　　勾贵空朱　　　　　父辛酉空
　青申　　丑阴　　　　未卯酉巳　　　　　官　丑阴◎
　勾未　　寅后　　　　卯亥巳癸　　　　　财丁巳朱⊙
　　午巳辰卯
　　合朱蛇贵
```

邵彦和曰：三传递生生日，帘幕贵人临干，更兼干支两贵拱实行年上神，又系天罡，必中高魁。中末虽空，却是本命，不以空论。

占验648　陈占功名

○崇正癸酉年四月癸亥日酉将辰时，宜兴同首辅延儒因陈科长弹论，命医者周诚生来占。（《指南》）

```
　　青空虎常
　　戌亥子丑　　　　　勾后空蛇　　　　　财戊午蛇⊙
　勾酉　　寅玄　　　　酉辰亥午　　　　　兄癸亥空
　合申　　卯阴　　　　辰亥午癸　　　　　官丙辰后
　　未午巳辰
　　朱蛇贵后
```

陈公献曰："朝官占此，必主退位。盖因传将递克，德不胜刑，主小人进用而君子退位。且贵禄财马俱逢空陷，岂能善后乎？又夜贵临行年，即不仕闲官也。交六月后，年上日禄天马冲动身命，是其行期矣。喜四墓覆生，乃有复起之兆。"果六月准辞驰驿回里。

占验649　邵占出行

○己酉年九月癸亥日卯将酉时，应秀才丙子生三十四岁，占出行。（《方本占案》、《口鉴》）

---

① 愚尝以支为任所，支上寅为山，玄武为草头，又为近水之处，寅加长生为道士，彼道家有蓬莱山在海中之说，似与县名符合焉。况木加长生，则发生蓬勃，来字亦有木字形也。

```
        勾合朱蛇
        亥子丑寅            勾阴朱常            财丁巳阴
    青戌      卯贵        亥巳丑未            兄癸亥勾
    空酉      辰后        巳亥未癸            财丁巳阴
        申未午巳
        虎常玄阴
```

邵彦和曰："此课占出行，当半路回家。盖初传自支上发出，末传复回支上，当主一骨肉有丧，遂遣人邀回。"应曰："不去如何？"先生曰："巳从支上发用，如何不去？奈中传复回，末传又见巳，如何去得？"应恐家中有事，先生曰："非也。"应遂于月朔起程，欲往袁州岳丈任中。行至抚州界，却有一亲戚，乃伊亲姐，在信州玉山县赴任，病重，遂遣人赶应回，亲姐死，应遂不得袁州去。盖宅上见巳，初末皆巳，巳乃癸之绝神，虽为绝神，却是三层驿马，又系旬丁，所以主动。但中传即宅阴，所以半路归也。日上未鬼作太常，主亲戚眷属之服。日主外，故主外服；发用太阴，主阴人丧。所乘之巳为妻，是妻之姐也。巳火亥水去了又来，互换相冲，不得不动；既动，彼此俱绝，所以止也。

占验650　邵占前程

○己酉年六月十六癸亥日未将亥时，伊知县丙寅生，四十四岁，占前程及赴任。（《宋本占案》、《口鉴》）

```
        朱蛇贵后
        丑寅卯辰            贵常阴空            官己未常
    合子      巳阴        卯未巳酉            子乙卯贵
    勾亥      午玄        未亥酉癸            兄癸亥勾
        戌酉申未
        青空虎常
```

邵彦和曰："公既贪女色，又贪男色。若能调摄，可以赴任；若不节欲，必入泉乡。近日饮酒不得，渐欲呕吐。"伊曰："果然。"先生曰："此乃醉饱行房，肾气都耗，五脏走作，故呕逆也。子息加太阳上，公子清贵过于公。"伊曰："得子强我，尤妙。但我寿若何？"先生曰："寿尽于今年八月。因公避妻并母，在灶后与婢行淫。灶君申奏于天，遂折公寿筭。"伊大惊曰："为之奈何？可忏悔否？"先生曰："须露天谢罪七夜，庶可少延也。"伊遂每夜拜天谢过，不入寝室。八月初一梦神告曰："汝知过修德，增寿一纪。"伊后竟不仕，至庚申年八月十六日而殁。有三子，长子早丧，次子戊辰科发，少子甲戌科发。盖癸上见酉为色欲，作天空，干支俱败于酉，故主女色男色，以阴阳皆败也。酉为色故也。酉见癸水为酒，天空主吐逆，故渐不纳酒。癸亥为六甲极日，又此课六阴相继，癸亥二水败于酉，死于卯，更水日得木局，阴极而脱，自然暗消，内既空虚，外徒形体。巳为丁神，临行年酉上，作太阴，巳为灶，太阴为阴私，酉为婢，是于灶间行淫，以致酉来败损。况又是破碎，破碎者，色与酒病俱发也。水日木局，故主子位，太阳发传，子爻加太阳之上，故显。①

占验651　邵占家宅

○戊申年六月初十癸亥日未将酉时，徐八公甲寅生五十五岁，占家宅。
（《方本占案》、《口鉴》）

```
       朱蛇贵后
     卯辰巳午        阴常常空       官己未阴
   合寅    未阴     未酉酉亥       财丁巳贵
   勾丑    申玄     酉亥亥癸       子乙卯朱
     子亥戌酉
       青空虎常
```

邵彦和曰："癸亥是六甲极日，阴长阳消，而此课又为六阴相继，宅势到此耗力极矣。然物极必变，今宅中现有六分共居，而甲寅人多是从门侧出入。②来年有阴人死，各自东西南北，往后必升进，颇胜于前。时娶得贵家阴人为妻，乃守缺贵人，遂得其力，做成家业。其子又好，必晚年享福，寿又高也。"徐八公弟兄六分共居，果是窄狭，常从便路出入，到店多是后边过。次年太孺人故，八公即出外居住。盖癸亥是极日，亥来加癸，又极。却喜自北复转至西，自西投东南见卯，自半夜亥至黄昏酉，自酉至未，自未至巳接卯，谓之迎阳课。中末传见贵人，用并太阴，故徐公续娶，得某先待制之妾，带二千贯财物嫁来。盖癸以巳为妻财，而太阴作贵人之侧室，故有庞人嫁他。其子又乘夜贵临日贵人财上。③徐公委其官干，自此发迹，终身享福，八十四寿终。言六分者，酉为破碎入宅，而败癸水，酉乃六数也。

---

① 愚按：巳为日德，故改过修德，尚可延年也。
② 本命寅，天上寅却作合，为私门。又在卯侧，故主从门侧出入。
③ 卯子息爻，乘夜贵加巳妻财之上，则此子为待制妾所生可知。

占验 652　邵占生地

○建炎己酉年九月癸亥日卯将亥时，徐承务丁未生六十三岁，占生地。

（《一针见血》）

```
    空虎常玄
    酉戌亥子              勾贵空朱            父辛酉空
 青申    丑阴           未卯酉巳         官　丑阴◎
 勾未    寅后           卯亥巳癸         财丁巳朱⊙
    午巳辰卯
    合朱蛇贵
```

邵彦和曰："前后左右皆有空坟穴，主山山侧又是一阴人坟，若不去此坟，如何得葬？"徐曰："此地若何？"先生曰："甚好。以干支上皆贵人也。且金局又生日干，有何不利？但丑为墓田，空亡，则是虚墓，兼有天空，亦是虚坟，必须去此，然后可以论生而葬，日后必出贵人。最好是水路合星辰，文笔双峰，出人清秀也。"徐问汪家买山，汪家兄弟三分，只卖出二分，其长兄一分，故将空棺葬于内。其先亦有三个虚冢，皆葬不着。徐乃倍价向汪家长兄买之。庚戌年七月葬妻，壬子年徐宅三房媳妇，两房得二男，至五六岁聪明，日读百余字，十岁五经读尽，十六岁入试场，十九岁发科举，二十二岁兄又发举，二十六岁及第。想此地应矣。盖巳加癸作朱雀，巳主双，故有文笔双峰高起。支上又见贵人，癸见卯不可谓之脱气，乃子孙秀贵也。申酉为今日水母，故水来去皆合星辰，巳为双，故出双贵也。

北京学易斋书目

书　　名	作　者	定　价	版别
影印涵芬楼本正统道藏[宣纸线装；全512函1120册]	[明]张宇初编	480000.00	九州
影印涵芬楼本正统道藏[道林纸线装；全512函1120册]	[明]张宇初编	280000.00	九州
易藏[宣纸线装；全50函200册]	编委会主编	98000.00	九州
重刊术藏[精装全100册]	编委会主编	68000.00	九州
续修术藏[精装全100册]	编委会主编	68000.00	九州
易藏[精装全60册]	编委会主编	48000.00	九州
道藏[精装全60册]	编委会主编	48000.00	九州
御制本草品汇精要[彩版8函32册]	(明)刘文泰等著	18000.00	海南
御纂医宗金鉴[20函80册]	(清)吴谦等著	28000.00	海南
影宋刻备急千金要方[4函16册]	(唐)孙思邈著	2380.00	海南
影元刻千金翼方[2函12册]	(唐)孙思邈著	2380.00	海南
芥子园画传[彩版3函13册]	(清)李渔纂辑	3800.00	华龄
十竹斋书画谱[彩版2函12册]	(明)胡正言编印	2800.00	华龄
影印明天启初刻武备志[精装全16册]	(明)茅元仪撰	13800.00	华龄
药王千金方合刊[精装全16册]	(唐)孙思邈著	13800.00	华龄
焦循文集[精装全18册，库存1套]	(清)焦循撰	9800.00	九州
邵子全书[精装全16册]	[宋]邵雍撰	12800.00	九州
子部珍本1：校正全本地学答问	1函3册	680.00	华龄
子部珍本2：赖仙原本催官经	1函1册	280.00	华龄
子部珍本3：赖仙催官篇注	1函1册	280.00	华龄
子部珍本4：尹注赖仙催官篇	1函1册	280.00	华龄
子部珍本5：赖仙心印	1函1册	280.00	华龄
子部珍本6：新刻赖太素天星催官解	1函2册	480.00	华龄
子部珍本7：天机秘传青囊内传	1函1册	280.00	华龄
子部珍本8：阳宅斗首连篇秘授	1函1册	280.00	华龄
子部珍本9：精刻编集阳宅真传秘诀	1函2册	480.00	华龄
子部珍本10：秘传全本六壬玉连环	1函2册	480.00	华龄
子部珍本11：秘传仙授奇门	1函2册	480.00	华龄
子部珍本12：祝由科诸符秘卷秘旨合刊	1函2册	480.00	华龄
子部珍本13：校正古本入地眼图说	1函2册	480.00	华龄
子部珍本14：校正全本钻地眼图说	1函2册	480.00	华龄
子部珍本15：赖公七十二葬法	1函2册	480.00	华龄
子部珍本16：杨筠松秘传开门放水阴阳捷径	1函2册	480.00	华龄
子部珍本17：校正古本地理五诀	1函2册	480.00	华龄
子部珍本18：重校古本地理雪心赋	1函2册	480.00	华龄

书　名	作　者	定　价	版别
子部珍本19:吴景鸾先天后天理气心印补注	1函1册	280.00	华龄
子部珍本20:宋国师吴景鸾秘传夹竹梅花院纂	1函2册	480.00	华龄
子部珍本21:影印原本任铁樵注滴天髓阐微	1函4册	1080.00	华龄
子部珍本22:地理真宝一粒粟	1函1册	280.00	华龄
子部珍本23:聚珍全本天机一贯	1函3册	680.00	华龄
子部珍本24:阴宅造福秘诀	1函1册	280.00	华龄
子部珍本25:增补诹吉宝镜图	1函2册	480.00	华龄
子部珍本26:诹吉便览宝镜图	1函1册	280.00	华龄
子部珍本27:诹吉便览八卦图	1函1册	280.00	华龄
子部珍本28:甲遁真授秘集	1函4册	880.00	华龄
子部珍本29:太上祝由科	1函2册	680.00	华龄
子部珍本30:邵康节先生心易梅花数	1函1册	280.00	华龄
子部善本1:新刊地理玄珠(需预订)	2函10册	3000.00	华龄
子部善本2:参赞玄机地理仙婆集(需预订)	2函8册	2400.00	华龄
子部善本3:章仲山地理九种(需预订)	1函5册	1500.00	华龄
子部善本4:八门九星阴阳二遁全本奇门断	2函18册	5400.00	华龄
子部善本5:六壬统宗大全(需预订)	2函6册	1800.00	华龄
子部善本6:太乙统宗宝鉴(需预订)	2函8册	2400.00	华龄
子部善本7:重刊星海词林(需预订)	14函56册	16800.00	华龄
子部善本8:万历初刻三命通会(需预订)	2函12册	3600.00	华龄
子部善本9:增广沈氏玄空学(需预订)	2函8册	2400.00	华龄
子部善本10:江公择日秘稿(需预订)	2函6册	1800.00	华龄
子部善本11:刘氏家藏阐微通书(需预订)	3函12册	3600.00	华龄
子部善本12:影印增补高岛易断(需预订)	2函8册	2400.00	华龄
子部善本13:清刻足本铁板神数(需预订)	3函13册	3900.00	华龄
子部善本14:增订天官五星集腋(需预订)	2函10册	3000.00	华龄
子部善本15:太乙奇门六壬兵备统宗(需预订)	9函36册	10800.00	华龄
子部善本16:御定景祐奇门大全(需预订)	8函32册	9600.00	华龄
子部善本17:地理四秘全书十二种(需预订)	4函16册	4800.00	华龄
子部善本18:全本地理统一全书(需预订)	3函15册	4500.00	华龄
子部善本19:廖公画策扒砂经(需预订)	1函4册	1200.00	华龄
子部善本20:明刊玉髓真经(需预订)	7函21册	6300.00	华龄
子部善本21:蒋大鸿家藏地学捷旨(需预订)	1函4册	1200.00	华龄
子部善本22:阳宅安居金镜(需预订)	1函4册	1200.00	华龄
子部善本23:新刊地理紫囊书(需预订)	2函6册	1800.00	华龄
子部善本24:地理大成五种(需预订)	8函24册	7200.00	华龄
子部善本25:初刻鳌头通书大全(需预订)	2函10册	3000.00	华龄
子部善本26:初刻象吉备要通书大全(需预订)	3函12册	3600.00	华龄
子部善本27:武英殿板钦定协纪辨方书	8函24册	7200.00	华龄
子部善本28:初刻陈子性藏书(需预订)	2函6册	1800.00	华龄

书　名	作　者	定　价	版别
重刻故宫藏百二汉镜斋秘书四种(一):火珠林	1函1册	300.00	华龄
重刻故宫藏百二汉镜斋秘书四种(二):灵棋经	1函1册	300.00	华龄
重刻故宫藏百二汉镜斋秘书四种(三):滴天髓	1函1册	300.00	华龄
重刻故宫藏百二汉镜斋秘书四种(四):测字秘牒	1函1册	300.00	华龄
中外戏法图说:鹅幻汇编鹅幻余编合刊	1函3册	780.00	华龄
连山[一函一册]	[清]马国翰辑	280.00	华龄
归藏[一函一册]	[清]马国翰辑	280.00	华龄
周易虞氏义笺订[一函六册]	[清]李翊灼订	1180.00	华龄
周易参同契通真义	1函2册	480.00	华龄
御制周易[一函三册]	武英殿影宋本	680.00	华龄
宋刻周易本义[一函四册]	[宋]朱熹撰	980.00	华龄
易学启蒙[一函二册]	[宋]朱熹撰	480.00	华龄
易余[一函二册]	[明]方以智撰	480.00	九州
奇门鸣法	[一函二册]	680.00	华龄
奇门衍象	[一函二册]	480.00	华龄
奇门枢要	[一函二册]	480.00	华龄
奇门仙机[一函三册]	王力军校订	298.00	华龄
奇门心法秘篡[一函三册]	王力军校订	298.00	华龄
御定奇门秘诀[一函三册]	[清]湖海居士辑	680.00	华龄
宫藏奇门大全[线装五函二十五册]	[清]湖海居士辑	6800.00	星易
遁甲奇门秘传要旨大全[线装二函十册]	[清]范阳耐寒子辑	6200.00	星易
增广神相全编[线装一函四册]	[明]袁珙订正	980.00	星易
龙伏山人存世文稿[五函十册]	[清]矫子阳撰	2800.00	九州
奇门遁甲鸣法[一函二册]	[清]矫子阳撰	680.00	九州
奇门遁甲衍象[一函二册]	[清]矫子阳撰	480.00	九州
奇门遁甲枢要[一函二册]	[清]矫子阳撰	480.00	九州
遁甲括囊集[一函三册]	[清]矫子阳撰	980.00	九州
增注蒋公古镜歌[一函一册]	[清]矫子阳撰	180.00	九州
古本皇极经世书[一函三册]	[宋]邵雍撰	980.00	九州
明抄真本梅花易数[一函三册]	[宋]邵雍撰	480.00	九州
订正六壬金口诀[一函六册]	[清]巫国匡辑	1280.00	华龄
六壬神课金口诀[一函三册]	[明]适适子撰	298.00	华龄
改良三命通会[一函四册,第二版]	[明]万民英撰	980.00	华龄
增补选择通书玉匣记[一函二册]	[晋]许逊撰	480.00	华龄
绘图全本鲁班经匠家镜	1函4册	680.00	华龄
菊逸山房地理正书(天函):地理点穴撼龙经	1函3册	680.00	华龄
菊逸山房地理正书(地函):秘藏疑龙经大全	1函1册	280.00	华龄
菊逸山房地理正书(人函):杨公秘本山法备收	1函1册	280.00	华龄
青囊海角经	1函4册	680.00	华龄
阳宅三要	1函3册	298.00	华龄

书　　　名	作　者	定　价	版别
子部珍本备要（宣纸线装）		分函售价	九州
001 峒嵝神书	1函1册	280.00	九州
002 地理唊蕉録	1函4册	880.00	九州
003 地理玄珠精选	1函4册	880.00	九州
004 地理琢玉斧峦头歌括	1函4册	880.00	九州
005 金氏地学粹编	3函8册	1840.00	九州
006 风水一书	1函4册	880.00	九州
007 风水二书	1函4册	880.00	九州
008 增注周易神应六亲百章海底眼	1函1册	280.00	九州
009 卜易指南	1函1册	280.00	九州
010 大六壬占验	1函1册	280.00	九州
011 真本六壬神课金口诀	1函3册	680.00	九州
012 太乙指津	1函2册	480.00	九州
013 太乙金钥匙 太乙金钥匙续集	1函1册	280.00	九州
014 奇门遁甲占验天时	1函2册	480.00	九州
015 南阳掌珍遁甲	1函1册	280.00	九州
016 达摩易筋经 易筋经外经图说 八段锦	1函1册	280.00	九州
017 钦天监彩绘真本推背图	1函2册	680.00	九州
018 清抄全本玉函通秘	1函3册	680.00	九州
019 灵棋经	1函1册	280.00	九州
020 道藏灵符秘法	4函9册	2100.00	九州
021 地理青囊玉尺度金针集	1函6册	1280.00	九州
022 奇门秘传九宫纂要	1函1册	280.00	九州
023 影印清抄耕寸集－真本子平真诠	1函2册	480.00	九州
024 新刊合并官板音义评注渊海子平	1函2册	480.00	九州
025 影抄宋本五行精纪	1函6册	1080.00	九州
026 影印明刻阴阳五要奇书1－郭氏阴阳元经	1函2册	480.00	九州
027 影印明刻阴阳五要奇书2－克择璇玑括要	1函1册	280.00	九州
028 影印明刻阴阳五要奇书3－阳明按索图	1函2册	480.00	九州
029 影印明刻阴阳五要奇书4－佐玄直指	1函2册	480.00	九州
030 影印明刻阴阳五要奇书5－三白宝海钩玄	1函1册	280.00	九州
031 相命图诀许负相法十六篇合刊	1函1册	280.00	九州
032 玉掌神相神相铁关刀合刊	1函1册	280.00	九州
033 古本太乙淘金歌	1函1册	280.00	九州
034 重刊地理葬埋黑通书	1函2册	480.00	九州
035 壬归	1函2册	480.00	九州
036 大六壬苗公鬼撮脚二种合刊	1函1册	280.00	九州
037 大六壬鬼撮脚射覆	1函2册	480.00	九州
038 大六壬金柜经	1函1册	280.00	九州
039 纪氏奇门秘书仕学备余	1函1册	280.00	九州

书　名	作　者	定　价	版别
040 八门九星阴阳二遁全本奇门断	2函18册	3680.00	九州
041 李卫公奇门心法	1函1册	280.00	九州
042 武侯行兵遁甲金函玉镜海底眼	1函1册	280.00	九州
043 诸葛武侯奇门千金诀	1函1册	280.00	九州
044 隔夜神算	1函1册	280.00	九州
045 地理五种秘笈合刊	1函1册	280.00	九州
046 地理雪心赋句解	1函2册	480.00	九州
047 九天玄女青囊经	1函1册	280.00	九州
048 考定撼龙经	1函1册	280.00	九州
049 刘江东家藏善本葬书	1函1册	280.00	九州
050 杨公六段玄机赋杨筠松安门楼玉辇经合刊	1函1册	280.00	九州
051 风水金鉴	1函1册	280.00	九州
052 新镌碎玉剖秘地理不求人	1函2册	480.00	九州
053 阳宅八门金光斗临经	1函1册	280.00	九州
054 新镌徐氏家藏罗经顶门针	1函2册	480.00	九州
055 影印乾隆丙午刻本地理五诀	1函4册	880.00	九州
056 地理诀要雪心赋	1函2册	480.00	九州
057 蒋氏平阶家藏善本插泥剑	1函1册	280.00	九州
058 蒋大鸿家传地理归厚录	1函1册	280.00	九州
059 蒋大鸿家传三元地理秘书	1函1册	280.00	九州
060 蒋大鸿家传天星选择秘旨	1函1册	280.00	九州
061 撼龙经批注校补	1函4册	880.00	九州
062 疑龙经批注校补一全	1函1册	280.00	九州
063 种筠书屋较订山法诸书	1函2册	480.00	九州
064 堪舆倒杖诀 拨砂经遗篇 合刊	1函1册	280.00	九州
065 认龙天宝经	1函1册	280.00	九州
066 天机望龙经刘氏心法 杨公骑龙穴诗合刊	1函1册	280.00	九州
067 风水一夜仙秘传三种合刊	1函1册	280.00	九州
068 新镌地理八窍	1函2册	480.00	九州
069 地理解醒	1函1册	280.00	九州
070 峦头指迷	1函3册	680.00	九州
071 茅山上清灵符	1函2册	480.00	九州
072 茅山上清镇禳摄制秘法	1函1册	280.00	九州
073 天医祝由科秘抄	1函2册	480.00	九州
074 千镇百镇桃花镇	1函2册	480.00	九州
075 轩辕碑记医学祝由十三科治病奇书合刊	1函1册	280.00	九州
076 清抄真本祝由科秘诀全书	1函3册	680.00	九州
077 增补秘传万法归宗	1函2册	480.00	九州
078 祝由科诸符秘卷祝由科诸符秘旨合刊	1函1册	280.00	九州
079 辰州符咒大全	1函4册	880.00	九州

书　名	作　者	定　价	版别
080 万历初刻三命通会	2函12册	2480.00	九州
081 新编三车一览子平渊源注解	1函3册	680.00	九州
082 命理用神精华	1函3册	680.00	九州
083 命学探骊集	1函1册	280.00	九州
084 相诀摘要	1函2册	480.00	九州
085 相法秘传	1函1册	280.00	九州
086 新编相法五总龟	1函1册	280.00	九州
087 相学统宗心易秘传	1函2册	480.00	九州
088 秘本大清相法	1函2册	480.00	九州
089 相法易知	1函1册	280.00	九州
090 星命风水秘传	1函1册	280.00	九州
091 大六壬隔山照	1函2册	480.00	九州
092 大六壬考正	1函1册	280.00	九州
093 大六壬类阐	1函2册	480.00	九州
094 六壬心镜集注	1函1册	280.00	九州
095 遁甲吾学编	1函2册	480.00	九州
096 刘明江家藏善本奇门衍象	1函1册	280.00	九州
097 遁甲天书秘文	1函2册	480.00	九州
098 金枢符应秘文	1函2册	480.00	九州
099 秘传金函奇门隐遁丁甲法书	1函2册	480.00	九州
100 六壬行军指南	2函10册	2080.00	九州
101 家藏阴阳二宅秘诀线法	1函2册	480.00	九州
102 阳宅一书阴宅一书合刊	1函1册	280.00	九州
103 地理法门全书	1函1册	280.00	九州
104 四真全书玉钥匙	1函1册	280.00	九州
105 重刊官板玉髓真经	1函4册	880.00	九州
106 明刊阳宅真诀	1函2册	480.00	九州
107 阳宅指南	1函1册	280.00	九州
108 阳宅秘传三书	1函1册	280.00	九州
109 阳宅都天滚盘珠	1函1册	280.00	九州
110 纪氏地理水法要诀	1函1册	280.00	九州
111 李默斋先生地理辟径集	1函2册	480.00	九州
112 李默斋先生辟径集续篇 地理秘缺	1函2册	480.00	九州
113 地理辨正自解	1函1册	280.00	九州
114 形家五要全编	1函4册	880.00	九州
115 地理辨正抉要	1函1册	280.00	九州
116 地理辨正揭隐	1函1册	280.00	九州
117 地学铁骨秘	1函1册	280.00	九州
118 地理辨正发秘初稿	1函1册	280.00	九州
119 三元宅墓图	1函1册	280.00	九州

书　名	作　者	定　价	版别
120 参赞玄机地理仙婆集	2函8册	1680.00	九州
121 幕讲禅师玄空秘旨浅注外七种	1函1册	280.00	九州
122 玄空挨星图诀	1函1册	280.00	九州
123 影印稿本玄空地理筌蹄	1函1册	280.00	九州
124 玄空古义四种通释	1函2册	480.00	九州
125 地理疑义答问	1函1册	280.00	九州
126 王元极地理辨正冒禁录	1函1册	280.00	九州
127 王元极校补天元选择辨正	1函3册	680.00	九州
128 王元极选择辨真全书	1函1册	280.00	九州
129 王元极增批地理冰海原本地理冰海合刊	1函1册	280.00	九州
130 王元极三元阳宅萃篇	1函2册	480.00	九州
131 尹一勺先生地理精语	1函1册	280.00	九州
132 古本地理元真	1函2册	480.00	九州
133 杨公秘本搜地灵	1函1册	280.00	九州
134 秘藏千里眼	1函1册	280.00	九州
135 道光刊本地理或问	1函1册	280.00	九州
136 影印稿本地理秘诀	1函2册	480.00	九州
137 地理秘诀隔山照 地理括要 合刊	1函1册	280.00	九州
138 地理前后五十段	1函2册	480.00	九州
139 心耕书屋藏本地经图说	1函1册	280.00	九州
140 地理古本道法双谭	1函1册	280.00	九州
141 奇门遁甲元灵经	1函1册	280.00	九州
142 黄帝遁甲归藏大意 白猿真经 合刊	1函1册	280.00	九州
143 遁甲符应经	1函2册	480.00	九州
144 遁甲通明钤	1函1册	280.00	九州
145 景祐奇门秘纂	1函2册	480.00	九州
146 奇门先天要论	1函2册	480.00	九州
147 御定奇门古本	1函2册	480.00	九州
148 奇门吉凶格解	1函1册	280.00	九州
149 御定奇门宝鉴	1函3册	680.00	九州
150 奇门阐易	1函2册	480.00	九州
151 六壬总论	1函1册	280.00	九州
152 稿抄本大六壬翠羽歌	1函1册	280.00	九州
153 都天六壬神课	1函1册	280.00	九州
154 大六壬易简	1函2册	480.00	九州
155 太上六壬明鉴符阴经	1函1册	280.00	九州
156 增补关煞袖里金百中经	1函1册	280.00	九州
157 演禽三世相法	1函2册	480.00	九州
158 合婚便览 和合婚姻咒 合刊	1函1册	280.00	九州
159 神数十种	1函1册	280.00	九州

书　　　名	作　　者	定　价	版别
160 神机灵数一掌经金钱课合刊	1函1册	280.00	九州
161 阴阳二宅易知录	1函2册	480.00	九州
162 阴宅镜	1函2册	480.00	九州
163 阳宅镜	1函1册	280.00	九州
164 清精抄本六圃地学	1函1册	280.00	九州
165 形峦神断书	1函1册	280.00	九州
166 堪舆三昧	1函1册	280.00	九州
167 遁甲奇门捷要	1函1册	280.00	九州
168 奇门遁甲备览	1函1册	280.00	九州
169 原传真本石室藏本圆光真传秘诀合刊	1函1册	280.00	九州
170 明抄全本壬归	1函4册	880.00	九州
171 董德彰水法秘诀水法断诀合刊	1函1册	280.00	九州
172 董德彰先生水法图说	1函1册	280.00	九州
173 董德彰先生泄天机纂要	1函2册	480.00	九州
174 李默斋先生地理秘传	1函2册	480.00	九州
175 新锓希夷陈先生紫微斗数全书	1函3册	680.00	九州
176 海源阁藏明刊麻衣相法全编	1函2册	480.00	九州
177 袁忠彻先生相法秘传	1函3册	680.00	九州
178 火珠林要旨 筮杙	1函2册	480.00	九州
179 火珠林占法秘传 续筮杙	1函1册	280.00	九州
180 六壬类聚	1函4册	880.00	九州
181 新刻麻衣相神异赋	1函1册	280.00	九州
182 诸葛武侯奇门遁甲全书	1函2册	480.00	九州
183 张九仪传地理偶摘	1函1册	280.00	九州
184 张九仪传地理偶注	1函1册	280.00	九州
185 阳宅玄珠	1函1册	280.00	九州
186 阴宅总论	1函1册	280.00	九州
187 新刻杨救贫秘传阴阳二宅便用统宗	1函1册	280.00	九州
188 增补理气图说	1函2册	480.00	九州
189 增补罗经图说	1函1册	280.00	九州
190 重镌官板阳宅大全	1函4册	880.00	九州
191 景祐太乙福应经	1函1册	280.00	九州
192 景祐遁甲符应经	1函3册	680.00	九州
193 景祐六壬神定经	1函3册	680.00	九州
194 御制禽遁符应经	1函2册	480.00	九州
195 秘传匠家鲁班经符法	1函3册	680.00	九州
196 哈佛藏本太史黄际飞注天玉经	1函1册	280.00	九州
197 李三素先生红囊经解	1函1册	280.00	九州
198 杨曾青囊天玉通义	1函1册	280.00	九州
199 重编大清钦天监焦秉贞彩绘历代推背图解	1函2册	680.00	九州

书　名	作　者	定　价	版别
200 道光初刻相理衡真	1函4册	880.00	九州
201 新刻袁柳庄先生秘传相法	1函3册	680.00	九州
202 袁忠彻相法古今识鉴	1函2册	480.00	九州
203 袁天纲五星三命指南	1函2册	480.00	九州
204 新刻五星玉镜	1函3册	680.00	九州
205 游艺录:筮遁壬行年斗数相宅	1函1册	280.00	九州
206 新订王氏罗经透解	1函2册	480.00	九州
207 堪舆真诠	1函3册	680.00	九州
208 青囊天机奥旨二种	1函1册	280.00	九州
209 张九仪传地理偶录	1函1册	280.00	九州
210 地学形势集	1函8册	1680.00	九州
211 神相水镜集	1函4册	880.00	九州
212 稀见相学秘笈四种合刊	1函2册	480.00	九州
213 神相金较剪	1函1册	280.00	九州
214 神相证验百条	1函2册	480.00	九州
215 全本神相全编	1函3册	680.00	九州
216 神相全编正义	1函3册	680.00	九州
217 八宅明镜	1函2册	480.00	九州
218 阳宅卜居秘髓	1函3册	680.00	九州
219 地理乾坤法窍	1函3册	680.00	九州
220 秘传廖公画筴拨砂经	1函4册	880.00	九州
221 地理囊金集注	1函1册	280.00	九州
222 赤松子罗经要旨	1函1册	280.00	九州
223 萧仙地理心法堪舆经	1函2册	480.00	九州
224 新刻地理搜龙奥语	1函2册	480.00	九州
225 新刻风水珠神真经	1函2册	480.00	九州
226 寻龙点穴地理索隐	1函1册	280.00	九州
227 杨公撼龙经考注	1函2册	480.00	九州
228 李德贞秘授三元秘诀	1函1册	280.00	九州
229 地理支陇乘气论	1函2册	480.00	九州
230 道光刻全本相山撮要	2函6册	1500.00	九州
231 药王真传祝由科全编	1函1册	280.00	九州
232 梵音斗科符箓秘书	1函2册	580.00	九州
233 御定奇门灵占	1函4册	880.00	九州
234 御定奇门宝镜图	1函2册	480.00	九州
235 汇纂大六壬玉钥匙心诀	1函1册	280.00	九州
236 补完直解六壬五变中黄经	1函2册	480.00	九州
237 六壬节要直讲	1函2册	480.00	九州
238 六壬神课捷要占验	1函1册	280.00	九州
239 六壬袖传神课捷要	1函1册	280.00	九州

书　名	作　者	定　价	版别
240 秘藏大六壬大全善本	2函8册	1800.00	九州
241 阳宅藏书	1函2册	480.00	九州
242 阳宅觉元氏新书	1函1册	280.00	九州
243 阳宅拾遗	1函2册	480.00	九州
244 阳基集腋	1函2册	480.00	九州
245 阴阳二宅指正	1函2册	480.00	九州
246 九天玄妙秘书内经	1函1册	280.00	九州
247 青乌葬经葬经翼	1函1册	280.00	九州
248 阳宅六十四卦秘断	1函1册	280.00	九州
249 杨曾地理秘传捷诀	1函3册	680.00	九州
250 三元堪舆秘笈救败全书	1函4册	880.00	九州
251 纪氏地理末学	1函2册	480.00	九州
252 堪舆说原	1函1册	280.00	九州
253 河洛正变喝穴集	1函1册	280.00	九州
254 太上洞玄灵宝素灵真符	1函1册	280.00	九州
255 道家神符霁咒秘传	1函1册	280.00	九州
256 堪舆秘传六十四论记师口诀	1函2册	480.00	九州
257 相法秘笈太乙照神经	1函3册	680.00	九州
258 哈佛藏子平格局解要	1函2册	480.00	九州
259 三车一览命书详论	1函2册	480.00	九州
260 万历初刊平学大成	1函4册	880.00	九州
261 古本推背图说	1函2册	680.00	九州
262 董氏诹吉新书	1函2册	480.00	九州
263 蒋大鸿四十八局图	1函1册	280.00	九州
264 阳宅紫府宝鉴	1函2册	480.00	九州
265 宅经类纂	1函3册	680.00	九州
266 杨公画筴图	1函1册	280.00	九州
267 刘江东秘传金函经	1函1册	280.00	九州
268 茔元总录	1函2册	480.00	九州
269 纪氏奇门占验奇门遁甲要略合刊	1函1册	280.00	九州
270 奇门统宗大全	1函4册	880.00	九州
271 刘天君祛治符法秘卷	1函3册	680.00	九州
272 圣济总录祝由术全编	1函2册	480.00	九州
273 子平星学精华	1函1册	280.00	九州
274 紫微斗数命理宣微	1函1册	280.00	九州
275 火珠林卦爻精究集	1函2册	480.00	九州
276 韩图孤本奇门秘要	1函1册	280.00	九州
277 哈佛藏明抄六壬断易秘诀	1函1册	280.00	九州
278 大六壬会要全集	1函3册	680.00	九州
279 乾隆初刊六壬视斯	1函2册	480.00	九州

书　名	作　者	定　价	版别
280 精抄历代六壬占验汇选	2函6册	1280.00	九州
281 张九仪先生东湖地学	1函1册	280.00	九州
282 张九仪先生东湖砂法	1函1册	280.00	九州
283 张九仪先生东湖水法	1函1册	280.00	九州
284 姚氏地理辨正图说	1函1册	280.00	九州
285 地理辨正补注	1函2册	480.00	九州
286 地理丛谈元运发微	1函1册	280.00	九州
287 元空宅法举隅	1函1册	280.00	九州
288 平洋地理玉函经	1函1册	280.00	九州
289 元空法鉴三种	1函3册	680.00	九州
290 蒋大鸿先生地理合璧	2函7册	1480.00	九州
291 新刊地理五经图解	1函3册	680.00	九州
292 三元地理辨惑	1函1册	280.00	九州
293 风水内传秘旨	1函1册	280.00	九州
294 杜氏地理图说	1函2册	480.00	九州
295 地学仁孝必读	1函5册	1080.00	九州
296 地理秘珍	1函2册	480.00	九州
297 秘传四课仙机水法	1函1册	280.00	九州
298 地理辨正图诀	1函1册	280.00	九州
299 灵城精义笺	1函1册	280.00	九州
300 仰山子新辑地理条贯	2函6册	1280.00	九州
301 秘传堪舆经传类纂	1函1册	280.00	九州
302 秘传堪舆论状类纂	1函1册	280.00	九州
303 秘传堪舆秘书类纂	1函1册	280.00	九州
304 秘传堪舆诗赋歌诀类纂	1函2册	480.00	九州
305 秘传堪舆问答类纂	1函1册	280.00	九州
306 秘传堪舆杂录类纂	1函2册	480.00	九州
307 秘传堪舆辨惑类纂	1函1册	280.00	九州
308 秘传堪舆断诀类纂	1函1册	280.00	九州
309 秘传堪舆穴法类纂	1函1册	280.00	九州
310 秘传堪舆葬法类纂	1函1册	280.00	九州
311 大六壬兵占三种	1函2册	480.00	九州
312 大六壬秘书四种	1函2册	480.00	九州
313 大六壬毕法注解	1函1册	280.00	九州
314 大六壬课体订讹	1函1册	280.00	九州
315 大六壬类占	1函2册	480.00	九州
316 大六壬全编	1函2册	480.00	九州
317 大六壬杂释	1函1册	280.00	九州
318 大六壬心镜	1函2册	480.00	九州
319 六壬灵课玉洞金书	1函1册	280.00	九州

书　　名	作　者	定　价	版别
320 六壬通仙	1函4册	880.00	九州
321 五种秘窍全书－1－地理秘窍	1函1册	280.00	九州
322 五种秘窍全书－2－选择秘窍	1函4册	880.00	九州
323 五种秘窍全书－3－天星秘窍	1函1册	280.00	九州
324 五种秘窍全书－4－罗经秘窍	1函4册	880.00	九州
325 五种秘窍全书－5－奇门秘窍	1函2册	480.00	九州
326 新编杨曾地理家传心法捷诀一贯堪舆	2函8册	1780.00	九州
327 玉函铜函真经阴阳剪裁图注	1函3册	680.00	九州
328 新刻石函平砂玉尺经全书	1函2册	480.00	九州
329 三元通天照水经	1函2册	480.00	九州
330 堪舆经书	1函5册	1080.00	九州
331 神相汇编	1函2册	480.00	九州
332 管辂神相秘传	1函1册	280.00	九州
333 冰鉴秘本七篇月波洞中记合刊	1函1册	280.00	九州
334 太清神鉴录	1函2册	480.00	九州
335 新刊京本厘正总括天机星学正传	2函10册	2180.00	九州
336 新监七政归垣司台历数袖里璇玑	1函4册	880.00	九州
337 道藏古本紫微斗数	1函2册	480.00	九州
338 增补诸家选择万全玉匣记	1函2册	480.00	九州
339 杨公造命要诀	1函1册	280.00	九州
340 造命宗镜	1函6册	1280.00	九州
341 上清灵宝济度金书符咒大成	2函9册	1980.00	九州
342 青城山铜板祝由十三科	1函2册	480.00	九州
343 抄本祝由科别传	1函1册	280.00	九州
344 遁甲演义	1函2册	480.00	九州
345 武侯奇门遁甲玄机赋	1函1册	280.00	九州
346 北法变化禽书	1函1册	280.00	九州
347 卜筮全书	1函6册	1280.00	九州
348 卜筮正宗	1函4册	880.00	九州
349 易隐	1函4册	880.00	九州
350 野鹤老人占卜全书	1函5册	1280.00	九州
351 地理会心集	1函2册	480.00	九州
352 罗经会心集	1函2册	480.00	九州
353 阳宅会心集	1函1册	280.00	九州
354 秘传图注龙经全集	1函3册	680.00	九州
355 地理精微集	1函2册	480.00	九州
356 地理拾铅峦头理气合编	1函2册	480.00	九州
357 萧客真诀	1函1册	280.00	九州
358 地理铁案	1函2册	480.00	九州
359 秘传四神课书仙机消纳水法	1函2册	480.00	九州

书　　名	作　者	定　价	版别
360 蒋大鸿先生地理真诠	2函7册	1480.00	九州
361 蒋大鸿仙诀小引	1函1册	280.00	九州
362 管氏地理指蒙	1函1册	280.00	九州
363 原本山洋指迷	1函2册	480.00	九州
364 形家集要	1函1册	280.00	九州
365 重镌地理天机会元	3函15册	3080.00	九州
366 地理方外别传	1函2册	480.00	九州
367 堪舆至秘旅寓集	1函1册	280.00	九州
368 堪舆管见	1函1册	280.00	九州
369 四神秘诀	1函2册	480.00	九州
370 地理辨正补	1函3册	680.00	九州
371 金书秘奥地理一片金合刊	1函1册	280.00	九州
372 阳宅玉髓真经阴宅制煞秘法合刊	1函1册	280.00	九州
373 堪舆至秘旅寓集 堪舆秘传	1函1册	280.00	九州
374 地学杂钞连珠水法合刊	1函1册	280.00	九州
375 黄妙应仙师五星仙机制化砂法	1函2册	480.00	九州
376 造葬便览	1函1册	280.00	九州
377 大六壬秘本	1函2册	480.00	九州
378 太乙统类	1函1册	280.00	九州
379 新雕注疏珞琭子三命消息赋	1函1册	280.00	九州
380 新编四家注解经进珞琭子消息赋	1函2册	480.00	九州
381 清代民间实用灵符汇编	1函2册	680.00	九州
382 王国维批校宋本焦氏易林	1函2册	480.00	九州
383 新刊应验天机易卦通神	1函1册	280.00	九州
384 新镌周易数	1函5册	1080.00	九州
增补四库青乌辑要[，全18函59册]	郑同校	11680.00	九州
第1种：宅经[1册]	[署]黄帝撰	180.00	九州
第2种：葬书[1册]	[晋]郭璞撰	220.00	九州
第3种：青囊序青囊奥语天玉经[1册]	[唐]杨筠松撰	220.00	九州
第4种：黄囊经[1册]	[唐]杨筠松撰	220.00	九州
第5种：黑囊经[2册]	[唐]杨筠松撰	380.00	九州
第6种：锦囊经[1册]	[晋]郭璞撰	200.00	九州
第7种：天机贯旨红囊经[2册]	[清]李三素撰	380.00	九州
第8种：玉函天机素书/至宝经[1册]	[明]董德彰撰	200.00	九州
第9种：天机一贯[2册]	[清]李三素撰辑	380.00	九州
第10种：撼龙经[1册]	[唐]杨筠松撰	200.00	九州
第11种：疑龙经葬法倒杖[1册]	[唐]杨筠松撰	220.00	九州
第12种：疑龙经辨正[1册]	[唐]杨筠松撰	200.00	九州
第13种：寻龙记太华经[1册]	[唐]曾文迪撰	220.00	九州
第14种：宅谱要典[2册]	[清]铣溪野人校	380.00	九州

书　　名	作　者	定　价	版别
第15种:阳宅必用[2册]	心灯大师校订	380.00	九州
第16种:阳宅撮要[2册]	[清]吴鼐撰	380.00	九州
第17种:阳宅正宗[1册]	[清]姚承舆撰	200.00	九州
第18种:阳宅指掌[2册]	[清]黄海山人撰	380.00	九州
第19种:相宅新编[1册]	[清]焦循校刊	240.00	九州
第20种:阳宅井明[2册]	[清]邓颖出撰	380.00	九州
第21种:阴宅井明[1册]	[清]邓颖出撰	220.00	九州
第22种:灵城精义[2册]	[南唐]何溥撰	380.00	九州
第23种:龙穴砂水说[1册]	清抄秘本	180.00	九州
第24种:三元水法秘诀[2册]	清抄秘本	380.00	九州
第25种:罗经秘传[2册]	[清]傅禹辑	380.00	九州
第26种:穿山透地真传[2册]	[清]张九仪撰	380.00	九州
第27种:催官篇发微论[2册]	[宋]赖文俊撰	380.00	九州
第28种:入地眼神断要诀[2册]	清抄秘本	380.00	九州
第29种:玄空大卦秘断[1册]	清抄秘本	200.00	九州
第30种:玄空大五行真传口诀[1册]	[明]蒋大鸿等撰	220.00	九州
第31种:杨曾九宫颠倒打劫图说[1册]	[唐]杨筠松撰	200.00	九州
第32种:乌兔经奇验经[1册]	[唐]杨筠松撰	180.00	九州
第33种:挨星考注[1册]	[清]汪董缘订定	260.00	九州
第34种:地理挨星说汇要[1册]	[明]蒋大鸿撰辑	220.00	九州
第35种:地理捷诀[1册]	[清]傅禹辑	200.00	九州
第36种:地理三仙秘旨[1册]	清抄秘本	200.00	九州
第37种:地理三字经[3册]	[清]程思乐撰	580.00	九州
第38种:地理雪心赋注解[2册]	[唐]卜则嵬撰	380.00	九州
第39种:蒋公天元余义[1册]	[明]蒋大鸿等撰	220.00	九州
第40种:地理真传秘旨[3册]	[唐]杨筠松撰	580.00	九州
增补四库未收方术汇刊第一辑(全28函)	线装影印本	11800.00	九州
第一辑01函:火珠林·卜筮正宗	[宋]麻衣道者著	340.00	九州
第一辑02函:全本增删卜易·增删卜易真诠	[清]野鹤老人撰	720.00	九州
第一辑03函:渊海子平音义评注·子平真诠·命理易知	[明]杨淙增校	360.00	九州
第一辑04函:滴天髓·附滴天秘诀·穷通宝鉴·附月谈赋	[宋]京图撰	360.00	九州
第一辑05函:参星秘要诹吉便览·玉函斗首三台通书·精校三元总录	[清]俞荣宽撰	460.00	九州
第一辑06函:陈子性藏书	[清]陈应选撰	580.00	九州
第一辑07函:崇正辟谬永吉通书·选择求真	[清]李奉来辑	500.00	九州
第一辑08函:增补选择通书玉匣记·永宁通书	[晋]许逊撰	400.00	九州
第一辑09函:新增阳宅爱众篇	[清]张觉正撰	480.00	九州
第一辑10函:地理四弹子·地理铅弹子砂水要诀	[清]张九仪注	340.00	九州
第一辑11函:地理五诀	[清]赵九峰著	200.00	九州

书　名	作　者	定　价	版别
第一辑12函:地理直指原真	[清]释如玉撰	280.00	九州
第一辑13函:宫藏真本入地眼全书	[宋]释静道著	680.00	九州
第一辑14函:罗经顶门针·罗经解定·罗经透解	[明]徐之镆撰	360.00	九州
第一辑15函:校正详图青囊经·平砂玉尺经·地理辨正疏	[清]王宗臣著	300.00	九州
第一辑16函:一贯堪舆	[明]唐世友辑	240.00	九州
第一辑17函:阳宅大全·阳宅十书	[明]一壑居士集	600.00	九州
第一辑18函:阳宅大成五种	[清]魏青江撰	600.00	九州
第一辑19函:奇门五总龟·奇门遁甲统宗大全·奇门遁甲元灵经	[明]池纪撰	500.00	九州
第一辑20函:奇门遁甲秘笈全书	[明]刘伯温辑	280.00	九州
第一辑21函:奇门庐中阐秘	[汉]诸葛武侯撰	600.00	九州
第一辑22函:奇门遁甲元机·太乙秘书·六壬大占	[宋]岳珂纂辑	360.00	九州
第一辑23函:性命圭旨	[明]尹真人撰	480.00	九州
第一辑24函:紫微斗数全书	[宋]陈抟撰	200.00	九州
第一辑25函:千镇百镇桃花镇	[清]云石道人校	220.00	九州
第一辑26函:清抄真本祝由科秘诀全书·轩辕碑记医学祝由十三科	[上古]黄帝传	800.00	九州
第一辑27函:增补秘传万法归宗	[唐]李淳风撰	160.00	九州
第一辑28函:神机灵数一掌经金钱课·牙牌神数七种·珍本演禽三世相法	[清]诚文信校	440.00	九州
增补四库未收方术汇刊第二辑(全36函)	线装影印本	13800.00	九州
第二辑第1函:六爻断易一撮金·卜易秘诀海底眼	[宋]邵雍撰	200.00	九州
第二辑第2函:秘传子平渊源	燕山郑同校辑	280.00	九州
第二辑第3函:命理探原	[清]袁树珊撰	280.00	九州
第二辑第4函:命理正宗	[明]张楠撰集	180.00	九州
第二辑第5函:造化玄钥	庄圆校补	220.00	九州
第二辑第6函:命理寻源·子平管见	[清]徐乐吾撰	280.00	九州
第二辑第7函:京本风鉴相法	[明]回阳子校辑	380.00	九州
第二辑第8-9函:钦定协纪辨方书8册	[清]允禄编	780.00	九州
第二辑第10-11函:鳌头通书10册	[明]熊宗立撰辑	880.00	九州
第二辑第12-13函:象吉通书	[清]魏明远撰辑	1080.00	九州
第二辑第14函:选择宗镜·选择纪要	[朝鲜]南秉吉撰	360.00	九州
第二辑第15函:选择正宗	[清]顾宗秀撰辑	480.00	九州
第二辑第16函:仪度六壬选日要诀	[清]张九仪撰	680.00	九州
第二辑第17函:葬事择日法	郑同校辑	280.00	九州
第二辑第18函:地理不求人	[清]吴明初撰辑	240.00	九州
第二辑第19函:地理大成一:山法全书	[清]叶九升撰	680.00	九州
第二辑第20函:地理大成二:平阳全书	[清]叶九升撰	360.00	九州

书　　名	作　者	定　价	版别
第二辑第21函:地理大成三:地理六经注·地理大成四:罗经指南拔雾集·地理大成五:理气四诀	[清]叶九升撰	300.00	九州
第二辑第22函:地理录要	[明]蒋大鸿撰	480.00	九州
第二辑第23函:地理人子须知	[明]徐善继撰	480.00	九州
第二辑第24函:地理四秘全书	[清]尹一勺撰	380.00	九州
第二辑第25－26函:地理天机会元	[明]顾陵冈辑	1080.00	九州
第二辑第27函:地理正宗	[清]蒋宗城校订	280.00	九州
第二辑第28函:全图鲁班经	[明]午荣编	280.00	九州
第二辑第29函:秘传水龙经	[明]蒋大鸿撰	480.00	九州
第二辑第30函:阳宅集成	[清]姚廷銮纂	480.00	九州
第二辑第31函:阴宅集要	[清]姚廷銮纂	240.00	九州
第二辑第32函:辰州符咒大全	[清]觉玄子辑	480.00	九州
第二辑第33函:三元镇宅灵符秘箓·太上洞玄祛病灵符全书	[明]张宇初编	240.00	九州
第二辑第34函:太上混元祈福解灾三部神符	[明]张宇初编	360.00	九州
第二辑第35函:测字秘牒·先天易数·冲天易数/马前课	[清]程省撰	360.00	九州
第二辑第36函:秘传紫微	古朝鲜抄本	240.00	九州
子部善本1:新刊地理玄珠	精装古本影印	380.00	华龄
子部善本2:参赞玄机地理仙婆集	精装古本影印	380.00	华龄
子部善本3:章仲山地理九种(上下)	精装古本影印	760.00	华龄
子部善本4:八门九星阴阳二遁全本奇门断	精装古本影印	760.00	华龄
子部善本5:六壬统宗大全	精装古本影印	380.00	华龄
子部善本6:太乙统宗宝鉴	精装古本影印	380.00	华龄
子部善本7:重刊星海词林(全五册)	精装古本影印	1900.00	华龄
子部善本8:万历初刻三命通会(上下)	精装古本影印	760.00	华龄
子部善本9:增广沈氏玄空学(上下)	精装古本影印	760.00	华龄
子部善本10:江公择日秘稿	精装古本影印	380.00	华龄
子部善本11:刘氏家藏阐微通书(上下)	精装古本影印	760.00	华龄
子部善本12:影印增补高岛易断(上下)	精装古本影印	760.00	华龄
子部善本13:清刻足本铁板神数	精装古本影印	380.00	华龄
子部善本14:增订天官五星集腋(上下)	精装古本影印	760.00	华龄
子部善本15:太乙奇门六壬兵备统宗(上中下)	精装古本影印	1140.00	华龄
子部善本16:御定景祐奇门大全(上下)	精装古本影印	760.00	华龄
子部善本17:地理四秘全书十二种	精装古本影印	380.00	华龄
子部善本18:全本地理统一全书	精装古本影印	380.00	华龄
子部善本19:廖公画策扒砂经(上下)	精装古本影印	760.00	华龄
子部善本20:明刊玉髓真经(上下)	精装古本影印	760.00	华龄
子部善本21:蒋大鸿家藏地学捷旨	精装古本影印	380.00	华龄
子部善本22:阳宅安居金镜(上下)	精装古本影印	760.00	华龄
子部善本23:新刊地理紫囊书(上下)	精装古本影印	760.00	华龄

书　　名	作　者	定　价	版别
子部善本 24：地理大成五种（上下）	精装古本影印	760.00	华龄
子部善本 25：初刻鳌头通书大全（上中下）	精装古本影印	1140.00	华龄
子部善本 26：初刻象吉备要通书大全（上中下）	精装古本影印	1140.00	华龄
子部善本 27：武英殿板钦定协纪辨方书（上下）	精装古本影印	760.00	华龄
子部善本 28：初刻陈子性藏书（上下）	精装古本影印	760.00	华龄
子平遗书第 1 辑（命例集，甲子至戊辰全三册）	精装古本影印	980.00	华龄
子平遗书第 2 辑（命例集，庚午至甲戌全三册）	精装古本影印	980.00	华龄
子平遗书第 3 辑（命例集，乙亥至戊子全三册）	精装古本影印	980.00	华龄
子平遗书第 4 辑（命例集，庚寅至庚子全三册）	精装古本影印	980.00	华龄
子平遗书第 5 辑（命例集，辛丑至癸丑全三册）	精装古本影印	980.00	华龄
子平遗书第 6 辑（命例集，甲寅至辛酉全三册）	精装古本影印	980.00	华龄
风水择吉第一书：辨方（简体精装）	李明清著	168.00	华龄
珞琭子三命消息赋古注通疏（精装上下）	一明注疏	188.00	华龄
增补高岛易断（简体横排精装上下）	（清）王治本编译	198.00	华龄
中国古代术数基础理论（精装1函5册）	刘昌易著	495.00	团结
飞盘奇门：鸣法体系校释（精装上下）	刘金亮撰	198.00	九州
白话高岛易断（上下）	孙正治孙奥麟译	128.00	九州
润德堂丛书全编 1：述卜筮星相学	袁树珊著	38.00	华龄
润德堂丛书全编 2：命理探原	袁树珊著	38.00	华龄
润德堂丛书全编 3：命谱	袁树珊著	68.00	华龄
润德堂丛书全编 4：大六壬探原 养生三要	袁树珊著	38.00	华龄
润德堂丛书全编 5：中西相人探原	袁树珊著	38.00	华龄
润德堂丛书全编 6：选吉探原 八字万年历	袁树珊著	38.00	华龄
润德堂丛书全编 7：中国历代卜人传（上中下）	袁树珊著	168.00	华龄
三式汇刊 1：大六壬口诀纂	[明]林昌长辑	68.00	华龄
三式汇刊 2：大六壬集应铃	[明]黄宾廷撰	198.00	华龄
三式汇刊 3：奇门大全秘纂	[清]湖海居士撰	68.00	华龄
三式汇刊 4：大六壬总归	[宋]郭子晟撰	58.00	华龄
三式汇刊 5：大六壬心镜	[唐]徐道符辑	48.00	华龄
三式汇刊 6：壬窍	[清]无无野人撰	48.00	华龄
青囊汇刊 1：青囊秘要	[晋]郭璞等撰	48.00	华龄
青囊汇刊 2：青囊海角经	[晋]郭璞等撰	48.00	华龄
青囊汇刊 3：阳宅十书	[明]王君荣撰	48.00	华龄
青囊汇刊 4：秘传水龙经	[明]蒋大鸿撰	68.00	华龄
青囊汇刊 5：管氏地理指蒙	[三国]管辂撰	48.00	华龄
青囊汇刊 6：地理山洋指迷	[明]周景一撰	32.00	华龄
青囊汇刊 7：地学答问	[清]魏清江撰	58.00	华龄
青囊汇刊 8：地理铅弹子砂水要诀	[清]张九仪撰	68.00	华龄
青囊汇刊 9：地理唆蔗录	[清]袁守定著	48.00	华龄
青囊汇刊 10：八宅明镜	[清]箬冠道人编	48.00	华龄

书　　名	作　　者	定　价	版别
青囊汇刊11:罗经透解	[清]王道亨著	58.00	华龄
青囊汇刊12:阳宅三要	[清]赵玉材撰	48.00	华龄
青囊汇刊13:一贯堪舆(上下)	[明]唐世友辑	108.00	华龄
青囊汇刊14:地理辨证图诀直解	[唐]杨筠松著	58.00	华龄
青囊汇刊15:地理雪心赋集解	[唐]卜应天著	58.00	华龄
青囊汇刊16:四神秘诀	[元]董德彰撰	58.00	华龄
子平汇刊1:渊海子平大全	[宋]徐子平撰	48.00	华龄
子平汇刊2:秘本子平真诠	[清]沈孝瞻撰	38.00	华龄
子平汇刊3:命理金鉴	[清]志于道撰	38.00	华龄
子平汇刊4:秘授滴天髓阐微	[清]任铁樵注	48.00	华龄
子平汇刊5:穷通宝鉴评注	[清]徐乐吾注	48.00	华龄
子平汇刊6:神峰通考命理正宗	[明]张楠撰	38.00	华龄
子平汇刊7:新校命理探原	[清]袁树珊撰	48.00	华龄
子平汇刊8:重校绘图袁氏命谱	[清]袁树珊撰	68.00	华龄
子平汇刊9:增广汇校三命通会(全三册)	[明]万民英撰	168.00	华龄
纳甲汇刊1:校正全本增删卜易	郑同点校	68.00	华龄
纳甲汇刊2:校正全本卜筮正宗	郑同点校	48.00	华龄
纳甲汇刊3:校正全本易隐	郑同点校	48.00	华龄
纳甲汇刊4:校正全本易冒	郑同点校	48.00	华龄
纳甲汇刊5:校正全本易林补遗	郑同点校	38.00	华龄
纳甲汇刊6:校正全本卜筮全书	郑同点校	68.00	华龄
纳甲汇刊7:火珠林注疏	刘恒注解	48.00	华龄
古今图书集成术数丛刊:卜筮(全二册)	[清]陈梦雷辑	80.00	华龄
古今图书集成术数丛刊:堪舆(全二册)	[清]陈梦雷辑	120.00	华龄
古今图书集成术数丛刊:相术(全一册)	[清]陈梦雷辑	60.00	华龄
古今图书集成术数丛刊:选择(全一册)	[清]陈梦雷辑	50.00	华龄
古今图书集成术数丛刊:星命(全三册)	[清]陈梦雷辑	180.00	华龄
古今图书集成术数丛刊:术数(全三册)	[清]陈梦雷辑	200.00	华龄
四库全书术数初集(全四册)	郑同点校	200.00	华龄
四库全书术数二集(全三册)	郑同点校	150.00	华龄
四库全书术数三集:钦定协纪辨方书(全二册)	郑同点校	98.00	华龄
增补鳌头通书大全(全三册)	[明]熊宗立撰辑	180.00	华龄
增补象吉备要通书大全(全三册)	[清]魏明远撰辑	180.00	华龄
增广沈氏玄空学	郑同点校	68.00	华龄
地理点穴撼龙经	郑同点校	32.00	华龄
绘图地理人子须知(上下)	郑同点校	78.00	华龄
玉函通秘	郑同点校	48.00	华龄
绘图入地眼全书	郑同点校	28.00	华龄
绘图地理五诀	郑同点校	48.00	华龄
一本书弄懂风水	郑同著	48.00	华龄

书 名	作 者	定 价	版别
风水罗盘全解	傅洪光著	58.00	华龄
堪舆精论	胡一鸣著	29.80	华龄
堪舆的秘密	宝通著	36.00	华龄
中国风水学初探	曾涌哲	58.00	华龄
全息太乙(修订版)	李德润著	68.00	华龄
时空太乙(修订版)	李德润著	68.00	华龄
故宫珍本六壬三书(上下)	张越点校	128.00	华龄
大六壬通解(全三册)	叶飘然著	168.00	华龄
壬占汇选(精抄历代六壬占验汇选)	肖岱宗点校	48.00	华龄
大六壬指南	郑同点校	28.00	华龄
六壬金口诀指玄	郑同点校	28.00	华龄
大六壬寻源编[全三册]	[清]周螭辑录	180.00	华龄
六壬辨疑 毕法案录	郑同点校	32.00	华龄
大六壬断案疏证	刘科乐著	58.00	华龄
六壬时空	刘科乐著	68.00	华龄
御定奇门宝鉴	郑同点校	58.00	华龄
御定奇门阳遁九局	郑同点校	78.00	华龄
御定奇门阴遁九局	郑同点校	78.00	华龄
奇门秘占合编:奇门庐中阐秘·四季开门	[汉]诸葛亮撰	68.00	华龄
奇门探索录	郑同编订	38.00	华龄
奇门遁甲秘笈大全	郑同点校	48.00	华龄
奇门旨归	郑同点校	48.00	华龄
奇门法窍	[清]锡孟樨撰	48.00	华龄
奇门精粹——奇门遁甲典籍大全	郑同点校	68.00	华龄
御定子平	郑同点校	48.00	华龄
增补星平会海全书	郑同点校	68.00	华龄
五行精纪:命理通考五行渊微	郑同点校	38.00	华龄
绘图三元总录	郑同编校	48.00	华龄
绘图全本玉匣记	郑同编校	32.00	华龄
周易初步:易学基础知识36讲	张绍金著	32.00	华龄
周易与中医养生:医易心法	成铁智著	32.00	华龄
增广梅花易数(精装)	刘恒注	98.00	华龄
梅花心易阐微	[清]杨体仁撰	48.00	华龄
梅花心易疏证	杨波著	48.00	华龄
梅花易数讲义	郑同著	58.00	华龄
白话梅花易数	郑同编著	30.00	华龄
梅花周易数全集	郑同点校	58.00	华龄
梅花易数	[宋]邵雍撰	28.00	九州
梅花易数(大字本)	[宋]邵雍撰	39.00	九州
河洛理数	[宋]邵雍述	48.00	九州

书　　名	作　者	定　价	版别
一本书读懂易经	郑同著	38.00	华龄
白话易经	郑同编著	38.00	华龄
知易术数学：开启术数之门	赵知易著	48.00	华龄
术数入门——奇门遁甲与京氏易学	王居恭著	48.00	华龄
周易虞氏义笺订（上下）	[清]李翊灼校订	78.00	九州
阴阳五要奇书	[晋]郭璞撰	88.00	九州
壬奇要略（全5册：大六壬集应钤3册，大六壬口诀纂1册，御定奇门秘纂1册）	肖岱宗郑同点校	300.00	九州
周易明义	邸勇强著	73.00	九州
论语明义	邸勇强著	37.00	九州
中国风水史	傅洪光撰	32.00	九州
古本催官篇集注	李佳明校注	48.00	九州
鲁班经讲义	傅洪光著	48.00	九州
天星姓名学	侯景波著	38.00	燕山
解梦书	郑同、傅洪光著	58.00	燕山
命理精论（精装繁体竖排）	胡一鸣著	128.00	燕山
辨方（繁体横排）	张明清著	236.00	星易
古易旁通	刘子扬著	320.00	星易
四柱预测机缄通	明理著	300.00	星易
奇门万年历	刘恒著	58.00	资料
图解新编中医四大名著：温病条辨	周重建、郭号	68.00	天津
图解新编中医四大名著：伤寒论	周重建、郭号	68.00	天津
图解新编中医四大名著：黄帝内经	周重建、郭号	68.00	天津
图解新编中医四大名著：金匮要略	周重建、郭号	68.00	天津
中药学药物速认速查小红书（精装64开）	周重建	88.00	天津
国家药典药物速认速查小红书（精装64开）	高楠楠	88.00	天津

周易书斋是国内最大的提供易学术数类图书邮购服务的专业书店，成立于2001年，现有易学及术数类图书现货6000余种，在海内外易学研究者中有着巨大的影响力。

　　通讯地址：北京市102488信箱58分箱　邮编：102488　王兰梅收。

1、学易斋官方旗舰店网址：xyz888.jd.com　微信号：xyz15116975533
2、联系人：王兰梅　电话：15652026606，15116975533，13716780854
3、邮购费用固定，不论册数多少，每次收费7元。
4、银行汇款：户名：**王兰梅**。
　　邮政：601006359200109796　农行：6228480010308994218
　　工行：0200299001020728724　建行：1100579980130074603
　　交行：6222600910053875983　支付宝：13716780854
5、QQ：（周易书斋2）2839202242；QQ群：（周易书斋书友会）140125362。

北京周易书斋敬启